ब्रांड मोदी का तिलिस्म

बदलाव की बानगी

ब्रांड मोदी का तिलिस्म

बदलाव की बानगी

धर्मेन्द्र कुमार सिंह

वाणी प्रकाशन

वाणी प्रकाशन
4695, 21-ए, दरियागंज, नयी दिल्ली 110 002

शाखा

अशोक राजपथ, पटना 800 004

फ़ोन : +91 11 23273167 फ़ैक्स : +91 11 23275710

www.vaniprakashan.in
vaniprakashan@gmail.com
sales@vaniprakashan.in

BRAND MODI KA TILISM
Badlav Ki Banagi

by Dharmendra Kumar Singh

ISBN : 978-93-5229-497-8
Social Science

प्रथम संस्करण
मूल्य : ₹595

ओम ऑफ़सेट, दिल्ली-110 093 में मुद्रित

वाणी प्रकाशन का लोगो मक़बूल फ़िदा हुसेन की कूची से

आकाश को भविष्य
की असीम सम्भावनाओं
की आशा में

प्राक्कथन

भारत में 2014 के आम चुनावों से कई मुद्दे उभरे, जिनका जवाब अभी पूरी तरह नहीं जाना जा सका है। क्या ये चुनाव देश में किसी बड़े चुनावी और राजनैतिक बदलाव का आईना थे, जिसे राजनीति विज्ञानियों ने 'अहम सामाजिक गोलबंदी' कहा या फिर यह कोई अल्पकालिक परिघटना रही है? क्या तथाकथित आकांक्षी वर्ग चुनावी नतीजों में फर्क डालने की हैसियत में पहुंच गया है? क्या विचारधारा की मौत हो चुकी है? क्या वंशवाद के साथ निचली जातियों की अस्मिता की राजनीति के दिन भी लद गए? आखिर मोदी के पक्ष में पिछड़ी जातियों, दलित और आदिवासियों में इस कदर आकर्षण क्यों पैदा हुआ? क्या मोदी की जीत में हिंदू राष्ट्रवाद के उभार की बड़ी भूमिका थी? धर्मेन्द्र कुमार सिंह ने इन महत्त्वपूर्ण सवालों की गहन पड़ताल की है। अनेक तरह के आँकड़ों तथा जानकारियों से भरपूर उनकी किताब इनसाइक्लोपीडिया जैसा आभास देती है और पठनीय है।

आशुतोष वार्ष्णेय

अमेरिका के ब्राउन यूनिवर्सिटी में
राजनीति शास्त्र और समाज विज्ञान के प्रोफेसर

चुनावी लहर की हेडलाइन बनाना जितना आसान है, उतना ही कठिन है उसका विश्लेषण करना। जिस चुनाव में तीन दशक बाद एक पार्टी को स्पष्ट बहुमत मिले, उसमें तो यह काम और भी दुश्वार हो जाता है। ऐसे में सबसे आसान है किसी एक कारक को थामकर हर सवाल का जवाब देना, विजयी टीम की हर चाल को समझदारी और दूसरों के हर कदम को भूल बताना, एक व्यक्ति के सिर हर सफलता का सेहरा बाँधना, या फिर इस पूरी परिघटना को एक महा–षड्यंत्र का हिस्सा समझना। इस किस्म की वैचारिक सुस्ती से बचना धर्मेन्द्र कुमार सिंह की इस पुस्तक की सबसे बड़ी उपलब्धि है।

2014 के असाधारण लोकसभा चुनाव का अक्स पेश करती यह पुस्तक

इसके हर महत्त्वपूर्ण पहलू को खंगालती है। लेखक चुनाव के आसानी से दृष्टिगोचर पहलुओं जैसे पार्टी नेतृत्व, रणनीति, मीडिया के साथ–साथ वोट के सामाजिक–आर्थिक आधार जैसे पहलुओं की पड़ताल में कोताही नहीं करते हैं। चुनावों में मध्य वर्ग की बढ़ती भूमिका और इस चुनाव में मीडिया के झुकाव की शिनाख्त इस विश्लेषण को पैना बनाती है। एक मीडियाकर्मी होने के बावजूद मीडिया की भूमिका का वस्तुपरक मूल्यांकन इस पुस्तक की खूबी है। इस पड़ताल में सिर्फ किस्सागोई का सहारा लेने की बजाय धर्मेन्द्र कुमार सिंह चुनावी आंकड़ों और सर्वे आधारित साक्ष्य की विधा का भरपूर इस्तेमाल करते हैं। सतही पक्षधरता से परहेज करती यह व्याख्या देश और समाज की गहरी चिंताओं से जुड़ी है। धर्मेन्द्र कुमार सिंह ने लोकसभा 2014 से लेकर दिल्ली और बिहार विधानसभा के परिणामों का गहन अध्ययन करके सारे पहलुओं पर प्रकाश डालने की भरपूर कोशिश की हैं।

आप लेखक की व्याख्या से असहमत हों, तो भी यह पुस्तक आपको अपनी बात आगे रखने में मदद देती है। प्रश्नों का उत्तर देने के साथ–साथ यह पुस्तक नए सवाल पूछने और भविष्य की खोज का रास्ता खोलती है। 'ब्रांड मोदी का तिलिस्म' हमारे समय का एक मानीखेज दस्तावेज है और हिंदी में गंभीर राजनैतिक विश्लेषण की परंपरा को एक कदम आगे बढ़ाता है।

योगेन्द्र यादव

चुनाव विश्लेषक,
स्वराज अभियान के नेता

इतिहास रचने वाली शख्सियतें अमूमन अपने दौर की उपज होती हैं। वे कमोबेश समाज की दबी–छुपी आकांक्षाओं की अभिव्यक्ति होती हैं। बेशक, नरेन्द्र मोदी की बहुआयामी शख्सियत भाजपा की सफलता में बड़ी वजह बनी लेकिन भारत में उच्च दर की आर्थिक प्रगति (और अचानक गिरावट) के वर्षों में आए बदलावों, उम्मीदों और नाउम्मीदी ने भी अहम भूमिका निभाई होगी, इसी की छानबीन करने और समझने की दरकार है। जनादेश 2014 राजनैतिक भूचाल जैसा था, इसलिए गम्भीर अध्ययन की माँग करता है।

क्रिस्टॉफ जैफरले

दक्षिण एशिया के विशेषज्ञ, फ्रांसीसी समाज
और राज़नीतिक विज्ञानी

प्रस्तावना

संजय बारू

हर राजनैतिक विश्लेषक और पत्रकार की प्रधानमंत्री नरेन्द्र मोदी और 2014 के लोकसभा चुनावों में उनकी ऐतिहासिक जीत के बारे में अपनी राय है। हालांकि, कुछ ही लोगों ने 2014 के जनादेश का व्यवस्थित अध्ययन करने की जहमत उठाई और मोदी की जीत की अहमियत को समझने की कोशिश की। चुनाव और राजनीतिक विश्लेषक धर्मेन्द्र कुमार सिंह ने यह कमी पूरी करने की कोशिश की है।

अब यह पूरी तरह स्थापित हो चुका है कि 2014 का जनादेश ऐतिहासिक था। तीन दशक और 1984 के बाद पहली दफा कोई इकलौती राष्ट्रीय पार्टी लोकसभा में पूर्ण बहुमत पा सकी। मोदी भाजपा को 272 के जादुई आंकड़े से आगे ले जाने में कामयाब हुए और उसे अपने दम पर बहुमत दिला दिया। उस जनादेश का दूसरा बड़ा नतीजा सोनिया गांधी और उनके बेटे राहुल गांधी की अगुआई वाली भारतीय राष्ट्रीय कांग्रेस का प्रदर्शन सबसे कम हो जाना है। 'सोनिया कांग्रेस' महज 44 सीटों पर सिमट गई।

अब यह भुला दिया गया है कि 1996 के आम चुनावों में कांग्रेस को सिर्फ 140 सीटें मिलने पर पूर्व प्रधानमंत्री नरसिम्हा राव को पार्टी अध्यक्ष पद छोड़ने पर मजबूर किया गया था। लेकिन सोनिया के नेतृत्व में कांग्रेस को 1999 में और कम महज 114 सीटें ही मिलीं। 2004 में भी उसे 145 सीटों से ही सन्तोष करना पड़ा था। इसका एक मतलब यह भी है कि इन्दिरा गांधी की मृत्यु के बाद कांग्रेस के पतन का दौर शुरू हो गया था। आज भी कांग्रेस उस पतन से उबर नहीं पाई है।

दूसरी ओर भाजपा भी लालकृष्ण आडवाणी के नेतृत्व में अच्छा प्रदर्शन नहीं कर सकी। भाजपा को अच्छी चुनावी जीत दिलाने के लिए मोदी को पार्टी का नेतृत्व अपने हाथ में लेने के खातिर लगभग तख्तापलट ही करना

पड़ा था। इसमें यूपीए–2 सरकार (2009–2014) के खिलाफ लोगों की नाराजगी ने भी काफी योगदान किया। 2009 में देश के मतदाताओं ने कांग्रेस को 206 सीटें देकर प्रधानमंत्री मनमोहन सिंह को तोहफा दिया था। वह जनादेश डॉ. मनमोहन सिंह के लिए था। लेकिन सोनिया गांधी और कई कांग्रेस नेताओं ने उसका श्रेय मनमोहन सिंह को नहीं दिया। कई ने तो उसे राहुल के नेतृत्व की विजय बताया। दरअसल यूपीए सरकार में सत्ता डॉ. सिंह से राहुल को सौंपने में कांग्रेस की कमजोरी से एक असमंजस की स्थिति पैदा हुई। फिर, बड़े पैमाने पर भ्रष्टाचार और निकम्मेपन से वोटरों ने कांग्रेस से मुंह मोड़ लिया।

यह किताब चुनावी आंकड़ों की गम्भीर और व्यवस्थित विश्लेषण करती है और उसकी राजनैतिक अहमियत का विवेचन करती है। धर्मेन्द्र कुमार सिंह इस राय पर पहुंचते हैं कि यह जीत मोदी की थी। अगर वे भाजपा चुनाव प्रचार अभियान की अगुआई नहीं करते तो आँकड़ों से पता चलता है कि भाजपा शायद 200 सीटों के करीब भी नहीं पहुंच पाती। तो, आखिर मोदी की इस जीत की वजहें क्या थीं? धर्मेन्द्र सिंह तीन वजहों पर जोर देते हैं : मजबूत और निर्णायक नेतृत्व की जनआकांक्षा, यूपीए–2 सरकार के भ्रष्टाचार और निकम्मेपन के खिलाफ भारी नाराजगी, और मोदी का पिछड़ी जाति का होना, जिससे उत्तर प्रदेश और बिहार के पिछड़े नेताओं के वोट बैंक में वे सेंध लगा पाए लेकिन जैसे ही सामाजिक समीकरण में उलट फेर हुए तो नतीजे भी पलट गये। लोकसभा 2014 की लहर और दिल्ली और बिहार विधानसभा में मोदी का जादू क्यों खत्म हुआ उस पर बारीकी से इस किताब में व्याख्या की गई है।

धर्मेन्द्र सिंह ने पूरी स्पष्टता के साथ साफ–साफ लिखा है। आंकड़ों के उनके विश्लेषण में गहराई है। किताब बेशक पठनीय और संग्रहणीय है।

पूर्व प्रधानमंत्री मनमोहन सिंह के पूर्व मीडिया सलाहकार,
सेंटर फॉर पॉलिसी रिसर्च के फेलो

दो शब्द

चुनाव अध्ययन के सिलसिले में यूपीए–2 के शुरुआती वर्षों में ही भारतीय समाज के बदलते मानस का संकेत मिलने लगा था। कई स्थापित जनमत सर्वेक्षणों के मानकों के बारे में कई तरह की जिज्ञासाएं उठने लगी थीं। उनमें कई मामलों में अधूरापन दिखने लगा था। इस बीच दो घटनाएं हुईं जिनसे सामाजिक बदलाव की धड़कन साफ–साफ सुनाई देने लगी। 2011 में कुछ सक्रिय समूहों की एक भ्रष्टाचार विरोधी सामान्य–सी हलचल अचानक देशव्यापी आन्दोलन बन गई और रालेगण सिद्धि के समाजसेवी अन्ना हजारे की छवि विराट बन गई। बाद में इसी आन्दोलन से अरविन्द केजरीवाल के रूप में नया जननेता पैदा हो गया। दूसरी घटना 2012 में गुजरात विधानसभा चुनावों में नरेन्द्र मोदी की तीसरी बार जीत के रूप में आई। देश की इस बदलती धड़कन के एहसास से ही इस लेखक का आकलन था कि नरेन्द्र मोदी चुनाव जीत जाएंगे, जबकि उस समय कई स्थापित राजनैतिक विश्लेषकों को गुजरात में मोदी सरकार के खिलाफ एंटी–इन्कन्बेन्सी की लहर दिखाई पड़ रही थी। उसके बाद ही यह स्पष्ट होने लगा था कि पुरानी राजनैतिक हस्तियों के दिन लद गए हैं, लोगों को नए प्रतीकों की तलाश है। इसी वजह से यह एहसास होने लगा था कि मोदी को भाजपा के प्रधानमंत्री पद का उम्मीदवार बनने से रोका नहीं जा सकेगा और उनके नेतृत्व में भाजपा लोकसभा का चुनाव भी जीतेगी। लेकिन 2015 में ही जैसे मोदी लहर पर ग्रहण लगने शुरू हुए तो यह स्पष्ट हो गया कि लोग कुछ नया तलाश रहे हैं। चुनाव नतीजों और खासकर लोगों के वोट रुझान में आ रहे निरंतर बदलाव सही विकल्प की तलाश की बेचैनी का इजहार हैं। इसकी व्याख्याएं कई तरह से की गई हैं। 2014 के लोकसभा चुनाव पर कई किताबें भी आ चुकी हैं। लेकिन ये समूचे परिदृश्य को जाहिर नहीं करतीं और समाज के स्वरूप में इस बदलाव की कहानी अधूरी–सी लगती है। दिल्ली और बिहार विधानसभा चुनावों के नतीजों के साथ लोगों के मानस में आ रहे बदलाव को जाहिर करने वाली यह पहली किताब है। सो, इसमें बदलाव के तमाम

राजनैतिक और सामाजिक पहलुओं को समेटने की कोशिश की गई है और विस्तृत आंकड़ों के जरिए मोदी की जीत और कांग्रेस की हार या फिर मोदी लहर के इतनी जल्दी सिमटने के तरीकों की ही नहीं, बल्कि समाज के हर वर्ग में बदलते चुनावी रुझानों को दर्शाने की कोशिश की गई है, ताकि एक मुकम्मल तस्वीर खड़ी हो सके।

अन्त में यह कहे बिना नहीं रहा जा सकता कि वरिष्ठ पत्रकार राशीद किदवई की हौसलाअफजाई की वजह से इस किताब की शुरुआत हुई। वरिष्ठ पत्रकार हरिमोहन मिश्र के सहयोग से यह किताब अन्तिम मुकाम पर पहुँची। उन्होंने इसके सम्पादन में अहम भूमिका निभाई। वरिष्ठ पत्रकार अभय दुबे और अरविन्द मोहन ने कुछ अध्यायों में छूटे हुए बिन्दुओं को समाहित करने का मार्गदर्शन किया। वरिष्ठ पत्रकार आकार पटेल मोदी की जीत में हिन्दू वोटरों के योगदान वाले अध्याय से काफी प्रभावित हुए। वरिष्ठ पत्रकार शेषनारायण सिंह का निरन्तर प्रोत्साहन काम को गति देने में काफी मददगार रहा। हर तरह के आंकड़े मुहैया कराने में सीएसडीएस के डायरेक्टर संजय कुमार का योगदान अहम रहा। पत्नी अंजू सिंह के सहयोग, समर्थन और प्रोत्साहन के बिना यह किताब सम्भव नहीं हो पाती।

इन सबका आभार
धर्मेन्द्र कुमार सिंह

अनुक्रम

बदलाव की बानगी

धर्मेन्द्र कुमार सिंह और हरिमोहन मिश्र

जब इतिहास करवट बदल लेता है, जब लगे कि समाज और राजनीति तथा राजकाज की धारा मुड़ने लगी है, ऐसे बदलावकारी चुनाव और जनादेश के मर्म को समझना आसान भले लगता हो, लेकिन इसके पीछे की कहानी काफी पेचीदगी भरी होती है। फिर, लगातार थोड़े ही अंतराल में अलग–अलग चुनावों में जनादेश उलटने–पलटने लगें तो बस एक ही बात भरोसे से कही जा सकती है कि लोगों में बदलाव की गहरी बेचैनी है और वे हर विकल्प को मौका देने को तैयार हैं। दरअसल लोगों में जो गहरी बेचैनी दिख रही है उसके रंग–रूप अलग–अलग हो सकते हैं। इसे बारीकी से समझने की कोशिश नहीं की गई तो उसके मर्म को समझना मुश्किल हो सकता है।

असल में 2014 में 16वीं लोकसभा के चुनाव के नतीजे लोगों की बदलाव और नए विकल्प को मौका देने की तैयारी का सबसे बड़ा इजहार थे और उसी वजह से वह जनादेश ऐतिहासिक बन गया। उसे (नरेन्द्र) मोदी लहर कहा गया। मोदी लहर का असर इतना व्यापक था कि उसके बाद कुछ महीने के भीतर हुए हरियाणा, महाराष्ट्र, झारखंड और जम्मू–कश्मीर के विधानसभा चुनावों में भी लगभग एकतरफा फैसले सुनाए गए। एक मायने में नरेन्द्र मोदी की भारतीय जनता पार्टी (भाजपा) नए विकल्प का प्रतीक बन गई थी। आखिर मोदी को अपनी पार्टी में भी शीर्ष पर आने के लिए काफी मशक्कत करनी पड़ी थी। वे विकास के ऐसे ब्रांड के प्रतीक बन गए, जो राजनीति के पुराने रंगढंग से अलग था। लेकिन 2015 के शुरू में दिल्ली विधानसभा चुनावों के नतीजे मोदी लहर के सिमटने का बड़े पैमाने पर संकेत देने लगे तो उसकी बड़ी वजह यह हो सकती है कि लोग राजकाज में जिस नएपन की उम्मीद पाले हुए थे, उसका असर आठ–नौ महीनों में केंद्र में मोदी सरकार के कामकाज में नहीं दिखा। खासकर भूमि अधिग्रहण और जरूरी चीजों के दाम के मामलों

में उसकी छवि अमीर समर्थक बताई जाने लगी। 2014 के जनादेश में पस्त पड़े विपक्षी दल ही नहीं, गैर–राजनैतिक संगठन और अन्ना हजारे जैसे लोग भी खासकर भूमि अधिग्रहण के खिलाफ मैदान में उतर गए। भाजपा और संघ परिवार के नेताओं के उग्र बोल और भाजपा अध्यक्ष अमित शाह के काला धन वापस लाने के वादे को 'जुमला' बताने से भी शायद लोगों को ब्रांड मोदी की काबिलियत पर सन्देह होने लगा था। फिर भी, दिल्ली के नतीजे लोगों के नए विकल्प को आजमाने की ही गवाही दे रहे थे। उसमें भले राजनैतिक दल के चयन में अलग तरह का रुझान दिखा, मगर आम आदमी पार्टी और अरविन्द केजरीवाल भी पुरानी राजनीति में बदलाव के ही प्रतीक थे। विकास को लेकर केजरीवाल एक अलग नजरिए के प्रतीक भी थे। वे बता रहे थे कि बिजली, पानी के दाम में इजाफे की एक बड़ी वजह भ्रष्टाचार और 'याराना पूंजीवाद' को शह देने वाली नीतियां हैं।

मगर 2015 के आखिर में बिहार ने नई दिशा का संकेत दिया। इस समय तक ब्रांड मोदी कई मोर्चों पर फीका पड़ने लगा। मोदी केंद्र में पिछली यूपीए सरकार की जिन नाकामियों का हवाला देकर लोगों को यह भरोसा दिलाने में कामयाब हुए थे कि उनके पास ''विकास का ऐसा मंत्र'' है जिससे ''अच्छे दिन'' आ जाएंगे, उसका वास्तविक धरातल पर कोई संकेत नहीं मिल रहा था। महंगाई रोके रुकी नहीं थी। रोजगार के मामले में कोई इजाफा होता नहीं दिख रहा था। ज्यादातर पुरानी योजनाओं को ही नए कलेवर के साथ पेश किया जा रहा था। फिर भाजपा और संघ परिवार की ओर से ऐसे मुद्दे उठाए जा रहे थे जो लोगों की नाराजगी का कारण बन रहे थे। खासकर सांप्रदायिक माहौल बिगाड़ने और आरक्षण व्यवस्था की समीक्षा जैसे बड़बोले बोलों ने शायद एक तरह की धारणा फैलाई कि मोदी ब्रांड लोगों की उम्मीदों के मुताबिक विकास में गंभीर नहीं है या उसमें नएपन की गुंजाइश कम है। उधर, बिहार में नीतीश कुमार विकास के प्रति संजीदा ऐसा चेहरा थे जिनके काम लोगों की जिंदगी में फर्क दिखा रहे थे। उनका विकास का नजरिया सिर्फ बिजली, सड़क और बड़े उद्योग को शह देने तक सीमित नहीं, बल्कि वे समाज के निचले पायदान के लोगों को ऊपर लाने और खासकर महिलाओं को हक दिलाने की कई योजनाओं पर काम कर चुके थे। इस तरह लोगों ने नीतीश के साथ लालू यादव के पुराने सामाजिक न्याय की धारा और उससे उपजे समीकरणों की ओर लौटने जैसा फैसला सुना दिया। यानी ब्रांड नीतीश और ब्रांड केजरीवाल विकास की राह में लोगों को ब्रांड मोदी से ज्यादा उपयुक्त लगने लगे। सवाल यह भी है कि लालू यादव फिर कैसे सामाजिक न्याय के प्रतीक बन कर उभरे, जबकि उन्हें भ्रष्टाचार के

लिए एक अदालत दोषी ठहरा चुकी है?

यह भी समझने की जरूरत है कि मोदी 2014 में लोकसभा और विधाससभा के सारे चुनाव जीत गये लेकिन 2015 के सारे चुनाव क्यों हार गये? दरअसल भाजपा 2014 के लोकसभा चुनाव के बाद जिन चार राज्यों हरियाणा, महाराष्ट्र, झारखंड और जम्मू–कश्मीर में जीती, उन राज्यों में या तो कांग्रेस के मुख्यमंत्री थे या कांग्रेस समर्थित मुख्यमंत्री थे। नतीजे गवाह हैं कि भाजपा, कांग्रेस से सीधी लड़ाई में तो शेर बन जाती है लेकिन जहां भाजपा की टक्कर क्षेत्रीय पार्टियों से होती है तो स्थिति उसकी बिल्ली जैसी होती जाती है। जयललिता, ममता बनर्जी, नवीन पटनायक, अरविन्द केजरीवाल और नीतीश कुमार–लालू यादव जैसे क्षत्रप इसके जीते–जागते उदाहरण हैं।

इससे ब्रांड मोदी गंभीर सवालों के घेरे में आ गया। भाजपा के कुछ सांसदों और मार्गदर्शक मंडल के नेताओं ने इस हार को नरेन्द्र मोदी–अमित शाह जोड़ी के तौर–तरीकों से जोड़कर बगावत के बगूलों को हवा दे दी। दरअसल लंबे समय से भाजपा में एक तरह की असहज स्थिति खदबदा रही थी। अनेक नेता और कार्यकर्ता मोदी–शाह की कार्यशैली से दिक्कत महसूस कर रहे थे लेकिन लोकसभा चुनावों का भारी जनादेश उन्हें मौन किए हुए था। अब जनादेश पलटता देख वे आवाजें खुलकर इजहार पाने लगीं। लेकिन संघ के तेवर कड़े हुए तो मोदी विरोधियों की आवाजें ठंडी पड़ गईं।

अगर लोकसभा 2014 चुनावों के दौर को याद करें तों ब्रांड मोदी देश भर में एक नई उम्मीद, आकांक्षा और देश को विकसित करने का एकमात्र सूत्र बनता दिख रहा था। लेकिन दो साल में ही ये उम्मीदें इस कदर सवालों के घेरे में आ जाएंगी, शायद ही किसी ने सोचा होगा। बेशक, मोदी सरकार इन दो साल में वैसा प्रदर्शन नहीं दिखा पाई है, जिसके धरातल पर कोई असर दिखें। उसने बड़ी परियोजनाओं और विदेशी निवेश पर ज्यादा ध्यान दिया, ताकि देश की अर्थव्यवस्था में उम्मीद का वातावरण तैयार किया जा सके। इन सबके धरातल पर उतरने में कुछ समय लग सकते हैं, बशर्ते वे आगे बढ़ सकें। लेकिन तात्कालिक मोर्चे पर बढ़ती महंगाई और रोजगार बाजार में कोई इजाफा न होने से लोग परेशानी महसूस करने लगे।

अब यह जानना सबसे महत्त्वपूर्ण है कि ये बदलाव कितने तात्कालिक और किस कदर दीर्घकालिक असर वाले हैं? इससे हमारी आगे की सियासत पर क्या असर पड़ने वाला है? क्या यह विकास के मॉडलों की टकराहट है जिसे देश के लोग तेजी से अदल–बदलकर देखना चाहते हैं और कोई नया भरोसेमंद मॉडल तलाशने की छटपटाहट का संकेत दे रहे हैं? इसलिए यह

कहना अभी जल्दबाजी होगी कि ब्रांड मोदी के दिन लद गए। हालांकि यह संकेत तो 2014 के जनादेश में ही निहित था कि मोदी लहर की एक सीमा है जिसका अंदाजा उसे पूरे देश में मिले 31 फीसदी वोटों से पता चलता है। इसी वजह से दिल्ली और बिहार के 2015 के नतीजे बेहद अहम हैं। असल में मोदी का सबसे अधिक मुरीद मध्यवर्ग रहा है और एक मायने में मोदी लहर को कथित तौर पर 'सूनामी' में बदलने में उसकी बड़ी भूमिका रही है। मध्यवर्ग का सबसे अधिक असर दिल्ली में ही है जहां से देश भर में जनमत को प्रभावित करने का वह जज्बा रखता है। बिहार और उत्तर प्रदेश में इसका बेशक सबसे अधिक असर रहा होगा, जहां से लोकसभा चुनावों में सर्वाधिक सीटें हासिल करके ही मोदी और भाजपा अपना ऐतिहासिक प्रदर्शन करने में कामयाब हो पाए थे। इसी वजह से 2014 में ये सवाल उभर आए था कि क्या वाकई महत्त्वाकांक्षी मध्यवर्ग की तूती बोलने लगी है और उसमें देश के नतीजों को प्रभावित करने की ताकत आ गई है? फिर, क्या इसमें देश में बह रही अनेक राजनैतिक धाराओं के सूख जाने या विलुप्त हो जाने का भी संकेत निहित है? क्या गठजोड़ की राजनीति से अब लोगों का मन भर चुका है? क्या इसमें खासकर हिंदी पट्टी में 'सामाजिक न्याय' की राजनीति करने वाली पार्टियों की छोटी–छोटी सामाजिक खेमेबंदियों और तथाकथित वोटबैंक की राजनीति के दिन लदने के भी संकेत छुपे हुए हैं? क्या कांग्रेस की धारा वाकई सूख जाएगी, जिसे भारतीय जनता पार्टी के वरिष्ठ नेता लालकृष्ण आडवाणी भी महानद की तरह बताकर अपने कार्यकर्ताओं को सावधान करते रहे हैं कि अच्छी बरसात होते ही हजारों नदी–नाले उसमें मिलकर उसे विशाल जलधारा बना सकते हैं? क्या देश दो पार्टियों की व्यवस्था की ओर बढ़ रहा है, जिसकी पैरोकारी खासकर नव–उदारवाद के पैरोकारों के साथ कुछ हद तक कांग्रेस और भाजपा जैसे दल भी करते रहे हैं? क्या देश में वाकई नव–उदारवादी और बाजारोन्मुख आर्थिक नीतियों के प्रति सहमति बनती जा रही है और इसी में गैर–बराबरी को मिटाने तथा सामाजिक न्याय को तलाशने की राह खोजी जा रही है? क्या टीवी की चमक–दमक और चमत्कारी विज्ञापनों से ही अब चुनाव लड़े जाएंगे? क्या विचारधारा की राजनीति का खास मतलब नहीं रह गया है? क्या परिवारवाद की राजनीति का सूर्यास्त हो गया है? क्या अब देश की दिशा और दशा निर्णायक नेता तय करेंगे?

इन तमाम सवालों पर दिल्ली और बिहार के नतीजों ने नए सिरे से विचार करने की जरूरत पर बल दे दिया है। खासकर इसलिए भी कि भाजपा और उसके सहयोगियों का जिस कदर सूपड़ा साफ हुआ, वह

निश्चित रूप से लोगों में बदलाव की बेचैनी को इजहार कर रहा है (दिल्ली में भाजपा कुल 70 सीटों में से सिर्फ 3 सीट जीत पाई, 67 सीटें आम आदमी पार्टी को मिलीं। बिहार में एनडीए को कुल 243 सीटों में 58 सीटें मिलीं जबकि नीतीश–लालू–कांग्रेस के महागठबंधन को 178 सीटें हासिल हुईं)। हालांकि पहले यह जानना जरूरी है कि 2014 की मोदी लहर किस पैमाने पर लोगों को प्रभावित कर गई थी और उससे कैसे सवाल पैदा हो गए थे?

इसमें दो राय नहीं कि 2014 के लोकसभा चुनावों के सबसे अधिक मुखर नतीजे दो थे। एक, देश की विशाल हिंदी पट्टी और पश्चिम तथा उत्तर के प्रदेशों में कांग्रेस की जगह भारतीय जनता पार्टी (भाजपा) ने ले ली। वैसे भी पूर्वोत्तर के कुछेक राज्यों को छोड़कर दक्षिण या पूरब के कई राज्यों से उसका शामियाना पहले ही उतर चुका था। लोकसभा चुनावों में भाजपा का भारी असर उन्हीं राज्यों में दिखा, जहां वह पहले से स्थापित थी और जहां कांग्रेस से लोगों का भारी मोहभंग हो चुका था। दूसरे, लगभग तीस साल बाद केंद्र में कोई इकलौती पार्टी लोकसभा की आधी से ज्यादा सीटें (282) लेकर पूर्ण बहुमत हासिल करने की हकदार बनी और पहली बार कोई गैर–कांग्रेस पार्टी अपने दम पर सरकार बनाने का जनादेश हासिल कर सकी। तो, क्या लगभग आधी सदी के गैर–कांग्रेसवाद से निकली गठजोड़ की राजनीति को देश के बड़े हिस्से ने अलविदा कह दिया? गठजोड़ की राजनीति का एक लोकतांत्रिक और विकेंद्रीकरण का पहलू रहा है। फिर, इसमें स्थानीय और विविध तरह की सामाजिक पहचानों को उभरने का मौका देकर उनके गठजोड़ से परस्पर सहयोग पर आधारित संघीय व्यवस्था बनाने की सोच रही है। इसी तरह इसके सिद्धांतकारों ने अलग–अलग इलाकों और क्षेत्रों की खासियत के हिसाब से आर्थिक गतिविधियों के संयोजन से देश में एक विकेंद्रीकृत टिकाऊ अर्थव्यवस्था की ओर ले जाने की कल्पना की थी। उसमें हर इलाके को समान मजबूती प्रदान करने और स्थानीय जरूरतों को पूरा करने के लिए स्थानीय उपक्रमों पर जोर रहा है, जो महात्मा गांधी के ग्राम स्वराज और समाजवादी विचारक राममनोहर लोहिया के छोटी मशीनों, छोटे उपक्रमों के आर्थिक सिद्धांतों के करीब था (आजादी के बाद महात्मा गांधी का कांग्रेस को लोक स्वराज परिषद में बदल देने का प्रस्ताव भी कुछ इसी दिशा की ओर प्रेरित लगता है)। इसके जरिए गैर–बराबरी को कम से कम करने और आमदनी के समान बंटवारे की भी कल्पना की गई थी। यानी गठजोड़ का यह सिद्धांत देश को एक आर्थिक इकाई मानने के विचार के विपरीत रहा है। लेकिन 1991 में आर्थिक उदारीकरण का सिद्धांत देश को एक आर्थिक इकाई

बनाकर दुनिया में आर्थिक महाशक्ति बनाने के सपने के साथ शुरू हुआ। इसीलिए इसके पैरोकार बहुदलीय व्यवस्था को देश के विकास में बाधक मानते रहे हैं और दो दलीय व्यवस्था की पुरजोर हिमायत करते रहे हैं। इसी सोच से देश में अमेरिका जैसी राष्ट्रपति प्रणाली के चुनावों की भी वकालत की जाती रही है और हाल के वर्षों में निर्णायक नेतृत्व की बातों पर भी जोर दिया जाने लगा। यहां यह जिक्र करना भी गैर–मुनासिब नहीं होगा कि गठजोड़ के राजनैतिक दर्शन और पहचान की राजनीति के तहत उभरे दलों और छोटी–छोटी पार्टियों ने स्थानीयता पर जोर देने वाले सिद्धांत का मखौल ही उड़ाया और किसी अलग तरह की राजनैतिक सोच और आर्थिक विचारों के भयंकर अकाल का ही परिचय दिया था, लेकिन लोकसभा चुनाव और बिहार के विधानसभा चुनाव के नतीजे ये साबित करते हैं कि गठबंधन की राजनीति का दौर जारी है। जिसका जितना बड़ा और मजबूत गठबंधन हो गया वही केन्द्र की राजनीति पर राज करेगा।

नरेन्द्र मोदी के मुख्य चुनाव मैनेजर, तत्कालीन उत्तर प्रदेश के प्रभारी भाजपा महासचिव अमित शाह ने लोकसभा चुनावों के बीच जब इसे 'आंधी नहीं, सूनामी' बताया था, तब भी कई राजनैतिक पंडितों के लिए यकीन करना मुश्किल था। विविध मीडिया घरानों के जनमत सर्वेक्षण इसका अंदाजा तो दे रहे थे लेकिन भाजपा के भीतर भी ऐसे नतीजे की कल्पना नहीं की जा रही थी। हालांकि नतीजों के बाद भी यह रहस्य खोलना आसान नहीं रहा है कि महज 31 प्रतिशत वोट पाकर भाजपा को 282 सीटें कैसे मिल गईं। वोट प्रतिशत और सीटों का यह अनुपात इसके पहले कभी नहीं दिखा। इसका राज तब खुलता है जब हम नतीजों के विस्तार में जाते हैं। भाजपा ने हिंदी पट्टी की 225 सीटों में से 43 फीसदी वोट हासिल करके 190 सीटें जीत ली थीं जबकि एनडीए के हिस्से 45 फीसदी वोट और 199 सीटें मिली थीं। लोकसभा की कुल 392 सीटों में एनडीए को 325 सीटों(सफलता दर 83 फीसदी) पर सफलता हासिल हुई। ये वो इलाका है जहां एनडीए (भाजपा) का वजूद पहले से कायम था। इन सीटों पर एनडीए को 43 फीसदी वोट मिले। खासकर उत्तर प्रदेश में 80 में 73 सीटें (भाजपा की 71 और उसकी सहयोगी अपना दल की 2) मिलीं। उत्तर प्रदेश में असंभव–से प्रदर्शन ने ही अमित शाह को चुनावी जादूगर की ख्याति दिला दी और वे पार्टी के अध्यक्ष पद पर काबिज हो सके। लेकिन बिहार विधानसभा चुनावों के बाद अमित शाह ही नही, नरेन्द्र मोदी के जादू पर भी सवाल खड़ा हो गया। बेशक, मोदी की 'सूनामी' ने कांग्रेस को तो अब तक की सबसे कम महज 44 सीटों पर समेट ही दिया, नेहरू–गांधी परिवार के जादू के छंटने का भी संकेत दे

दिया। इसकी एक मिसाल कांग्रेस उपाध्यक्ष राहुल गांधी की परंपरागत सीट अमेठी में जीत का अंतर काफी कम हो जाना था। इसका इससे भी बड़ा संदेश यह था कि खासकर हिंदी पट्टी के कई क्षत्रपों के पुख्ता और भरोसेमंद समझे जाने वाले जाति समीकरण के शामियाने में भी छेद हो गया। कुछ का तो खाता ही नहीं खुल पाया। उत्तर प्रदेश में बहुजन समाज पार्टी (बसपा), राष्ट्रीय लोकदल, दक्षिण में द्रविड़ मुनेत्र कड़गम (द्रमुक), जम्मू–कश्मीर में नेशनल कॉन्फ्रेंस को एक भी सीट नसीब नहीं हुई। कई राज्यों में कांग्रेस भी खाता नहीं खोल पाई। सबसे चौंकाने वाला नतीजा जम्मू–कश्मीर में भाजपा को तीन सीटें मिलना था। उसे जम्मू क्षेत्र की दो सीटों के अलावा लद्दाख की सीट भी मिल गई, जहां बौद्ध और मुस्लिम मतदाता ही बहुलता में हैं।

इसी में वह राज छुपा है जो नरेन्द्र मोदी को बहुमत दिला गया। यहां यह जिक्र करना भी जरूरी है कि यह वोट भाजपा को कम, मोदी को ज्यादा मिला है। इसका प्रमाण सबसे अधिक राजस्थान, मध्य प्रदेश, गुजरात, महाराष्ट्र, उत्तर प्रदेश तथा बिहार जैसे राज्यों में देखने को मिला, जहां पिछड़ी, अति पिछड़ी और दलित जातियों के खासकर युवा मतदाताओं के बड़े हिस्से के 'मोदीमय' होने से भाजपा को बढ़त मिल गई। झारखंड, छत्तीसगढ़, मध्य प्रदेश में आदिवासियों के एक हिस्से में भी यही रुझान दिखा। जाहिर है कि इस जीत में मोदी के भाषण की भी जादूगरी थी। उस चुनाव में सारे फैक्टर मोदी के समर्थन में चले गये जबकि मोटे तौर पर भाजपा विरोधी परंपरागत वोटों में सिर्फ अल्पसंख्यकों में ही मोदी की गुजरात दंगों से बनी कट्टर सांप्रदायिक छवि का असर होता दिखा। लेकिन अल्पसंख्यकों में इस रुझान से दूसरे वर्गों में उतना ही अधिक ध्रुवीकरण हुआ और उन सीटों पर भी भाजपा जीत गई, जहां मुसलमान मतदाता 40–45 फीसदी तक हैं। यह खासकर पश्चिम उत्तर प्रदेश में देखने को मिला, जहां मुजफ्फरनगर दंगों और अमित शाह की अगुआई में 'लव जेहाद' तथा 'बेटी बचाओ' जैसे अभियानों से चुनाव के पहले ही पुख्ता ध्रुवीकरण हो चुका था।

दरअसल दो राज्यों के नतीजों से 2014 के लोकसभा के ऐतिहासिक चुनाव और 4 राज्यों में भाजपा की जीत को धाराशायी नहीं किया जा सकता है। यह भी समझने की जरूरत है कि क्या वोटरों ने लोकसभा चुनाव से लेकर विधानसभा और स्थानीय चुनाव से लेकर छात्रसंघ के चुनाव में क्या अलग–अलग पैमाना तय कर रखा है। क्या विधानसभा चुनाव की जीत–हार को लोकसभा चुनाव का पैमाना माना जा सकता है? एक बात तो साफ है कि 2014 के लोकसभा चुनाव के बाद माहौल बदल गया है। वहीं 2014 के लोकसभा चुनाव में मोदी की जीत में हिन्दू मतदाताओं का भी अहम रोल

था। दो साल हो गये हैं। हिन्दू मतदाताओं की जो मांगें हैं उसे पूरा करने की बात तो दूर, चर्चा भी शुरू नहीं हुई है। राज्यसभा में बहुमत नहीं होने का बहाना बनाकर कब तक पार्टी हिन्दू वोटरों को दिलासा देती रहेगी। भाजपा को वोट देने वाले मतदाताओं को न माया मिली न राम वाली स्थिति पैदा होने की वजह से शायद उत्साह खत्म होना एक मुद्दा हो सकता है। सत्ता में आना मुश्किल है और सत्ता में आ गये तो बने रहना उससे भी ज्यादा मुश्किल है। जब भाजपा के खिलाफ दुश्मनों की एक फौज खड़ी है तो काम के ही सहारे मोदी वर्चस्व बनाए रख सकते थे लेकिन पार्टी फिलहाल दोनों लड़ाई में पीछे छूटती जा रही है।

दिल्ली और बिहार के नतीजों ने साबित कर दिया है कि मोदी के मोहिनी मंत्र का जादू फीका हो रहा है। इस जीत से विपक्षी पार्टियों के हौसले बुलंद हुए हैं। विपक्षी पार्टियां मोदी की राजनीतिक जमीन मिट्टी पलीत कर सकती हैं। लेकिन क्या वाकई यह संभव है? भाजपा असम से जम्मू–कश्मीर, मणिपुर से केरल तक फैल रही है। पार्टी पश्चिम बंगाल से लेकर तमिलनाडु तक में जमीन मजबूत करती जा रही है। सारे राज्यों में कांग्रेस की जगह भाजपा लेती जा रही है। दिल्ली और बिहार के नतीजे से लोकसभा 2019 के नतीजों तक पहुंचना मुश्किल है क्योंकि केजरीवाल का वजूद सिर्फ दिल्ली में हैं और नीतीश कुमार का वजूद बिहार में, वे भी सिर्फ विधानसभा के चुनावों में ही प्रभावी हैं। दूसरी बात हालाँकि यह है कि नीतीश ने संघ मुक्त और भाजपा मुक्त का नारा दिया है लेकिन अभी कहना मुश्किल है कि ये नारा कब तक चलेगा क्योंकि नीतीश कुमार के समर्थन और विरोध में नेता उतरने लगे हैं। क्या ये सम्भव है कि नीतीश के नेतृत्व में कांग्रेस लड़ेगी। तीसरी बात यह है कि क्या उत्तर प्रदेश में मुलायम सिंह यादव और मायावती एकसाथ आएंगे, पश्चिम बंगाल में ममता बनर्जी और वामपंथी दल एकसाथ आएंगे? अगर यह संभव हुआ भी तो क्या ये सारी पार्टियां राहुल गांधी और सोनिया को अपना नेता मानेंगी, ये सवाल अहम हैं।

दिल्ली के 2013 के विधानसभा चुनाव में भी भाजपा के प्रधानमंत्री के उम्मीदवार बनने के बाद भी नरेन्द्र मोदी भाजपा को जीत नहीं दिला सके। जिनका इंतजार पूरा देश कर रहा था, दिल्ली में ही उनकी हवा नहीं थी। दिल्ली राजनीति का भूकंप केन्द्र था। सारी राजनीति और रणनीति यहीं से तय हो रही थी, संसद से सड़क तक यूपीए सरकार के खिलाफ गूंज सुनाई पड़ रही थी तो फिर क्यों भाजपा को बहुमत नहीं मिला? जनता वही थी, नेता वहीं थे, मुद्दे भी कमोबेश वही थे तो फिर क्यों भाजपा और आम आदमी पार्टी में कांटे की टक्कर हो गई? इसके बाद हुए लोकसभा चुनाव में भाजपा का

शानदार प्रदर्शन हुआ, लेकिन 2015 के विधानसभा चुनाव में भाजपा दिल्ली से लगभग गायब हो गई। कांग्रेस के खिलाफ राजनीति शुरू करने वाले केजरीवाल 2013 में कांग्रेस के समर्थन से सरकार बनाने में कामयाब हुए, लेकिन जनता की नजरों में केजरीवाल कांग्रेस के नंबर वन दुश्मन बने रहे। दिल्ली में लोकसभा चुनाव में केजरीवाल का पत्ता साफ हो गया और फिर विधानसभा चुनाव 2015 में भाजपा सेल्फ गोल कर बैठी। इससे यही साबित होता है कि जनता का नजरिया विधानसभा के लिए अलग है और लोकसभा के लिए अलग है। कोई पार्टी विधानसभा चुनाव जीतकर भी लोकसभा हार सकती है और विधानसभा चुनाव हार कर भी लोकसभा जीत सकती है यानी यह कहें कि विधानसभा और लोकसभा चुनावों का एक पैमाना नहीं होता और उनके नतीजों से एक जैसा निष्कर्ष नहीं निकाला जा सकता है तो अतिशयोक्ति नहीं होगी। खासकर 1977 के बाद ऐसे कई मौके आए जब केन्द्र में सत्तारूढ़ पार्टी विधानसभा चुनाव हार गई लेकिन फिर सत्ता में आई। ऐसे भी कई चुनाव हुए हैं जब लोकसभा चुनाव से ठीक एक साल पहले विधानसभा में हार कर भी लोकसभा का चुनाव जीती और विधानसभा जीतकर भी लोकसभा हारी। दिल्ली और बिहार के नतीजों को समझने से पहले यह समझते हैं कि 1967 में कांग्रेस पार्टी 8 राज्यों का विधानसभा का चुनाव हार गई। उसके बावजूद इंदिरा गांधी लोकसभा चुनाव जीतीं। उस समय कांग्रेस की तूती बोलती थी। पार्टी इसके पहले एकाध राज्य में ही चुनाव हारी थी। यही नहीं 1977 में जनता पार्टी की शानदार जीत हुई। इसके बावजूद कांग्रेस 77 से लेकर 1980 के बीच केरल, आंध्रप्रदेश, कर्नाटक, महाराष्ट्र, बिहार, गुजरात, मध्यप्रदेश, ओड़ीशा और उत्तर प्रदेश जीती और साथ ही साथ 1980 का लोकसभा चुनाव भी जीती। सबसे बड़े चुनाव की बात करते हैं। 1984 में कांग्रेस को रिकॉर्ड तोड़ 415 सीटें मिलीं। 1984 से लेकर 1988 में कांग्रेस तमिलनाडु, आंध्रप्रदेश, असम, हरियाणा, जम्मू–कश्मीर, केरल, पश्चिम बंगाल हारी। ऐसे ही 1998 में केन्द्र में अटलबिहारी वाजपेयी की सरकार थी और भाजपा 1998 में मध्यप्रदेश, दिल्ली और राजस्थान में विधानसभा का चुनाव हार गई। लेकिन अगले साल हुए लोकसभा चुनाव में भाजपा जीत गई। 1999 से लेकर 2001 के बीच भाजपा महाराष्ट्र, गोवा, कर्नाटक, बिहार, हरियाणा, पश्चिम बंगाल, तमिलनाडु, केरल और असम में हुए विधानसभा में पार्टी कहीं नहीं जीती लेकिन 2004 के लोकसभा चुनाव की हार के ठीक पहले भाजपा गुजरात, मध्यप्रदेश, राजस्थान और छत्तीसगढ़ का चुनाव जीत गई। 2004 का चुनाव तो यूपीए जीत गई लेकिन ओड़ीशा विधानसभा में पार्टी की हार हुई। छोटे राज्यों को छोड़ दें तो 2004 से लेकर

2009 के बीच करीब 23 राज्यों में चुनाव हुए जिसमें कांग्रेस 8 राज्यों में चुनाव जीती जबकि करीब 15 राज्यों के विधानसभा में हार का मुंह देखना पड़ा। गौर करने की बात यह है कि 2009 के लोकसभा चुनाव के ठीक पहले भी कर्नाटक, मध्यप्रदेश, छत्तीसगढ़ चुनाव हार गई थी। जम्मू–कश्मीर में विधानसभा के नतीजे त्रिशंकु हो गये तो इसके बाद कांग्रेस और नेशनल कॉन्फ्रेंस में गठबंधन हुआ था वहीं राजस्थान में पार्टी की जीत हुई। कांग्रेस के विधानसभा चुनाव में खराब प्रदर्शन के बाद भी पार्टी 2004 लोकसभा चुनाव की तुलना में 2009 में बेहतर प्रदर्शन कर गई। 1991 के चुनाव के बाद पार्टी ने पहली बार बेहतर प्रदर्शन किया था। जीत और हार के खेल से यही लगता है कि विधानसभा के नतीजे को लोकसभा के नतीजे से लिंक करना सही नहीं है। दूसरी वजह यह है कि भाजपा 2014 की जीत की खुमारी से बाहर नहीं आ पाई है। यही वजह है कि ब्रांड मोदी को हर चुनाव में पार्टी महाबली की तरह पेश करती है जबकि ऐसी परंपरा पहले नहीं थी। लोकसभा चुनाव में भी 'अबकी बार मोदी सरकार' और विधानसभा चुनाव में यही नारा दोहराया जाता है। यह स्वाभाविक है कि हर चुनाव में जीत की दवा मोदी नहीं हो सकते हैं। वही वजह है कि विपक्ष ने इसे उछाल कर बड़ा मुद्दा बना दिया है।

अगर हम देश के चुनावी इतिहास को खंगालें तो जनता की विकल्प तलाशने की यह प्रयोगधर्मिता प्रारंभ से ही रही है। पहले तीन चुनावों (1952, 1957, 1962) में तो लोगों ने आजादी की लड़ाई के दौरान कांग्रेस और उसके नेताओं के प्रति स्थापित आस्था और विश्वास को ही प्रकट किया। लेकिन 1962 में ही मोहभंग के संकेत मिलने लगे। 1967 में लोहिया के गैर–कांग्रेसवाद के नारे के तहत कई राज्यों में संविद(साझा) सरकारों के बनने के साथ मोहभंग और विकल्प की तलाश को मुखर अभिव्यक्ति मिलने लगी। लेकिन साझा सरकार में शामिल दलों के टकराव से वह प्रयोग नाकाम होते ही लोग कांग्रेस की ओर लौटे। इंदिरा गांधी के रूप में एक सशक्त नेता और गैर–बराबरी मिटाने वाले कुछेक आर्थिक कदमों (बैंक और खनिज संपदा के राष्ट्रीयकरण, गरीबी हटाओ जैसे नारे) से नया विश्वास पैदा हुआ था। लेकिन भ्रष्टाचार, इमरजेंसी की ज्यादतियों ने इंदिरा गांधी की कलई उतारी तो 1977 में जयप्रकाश नारायण के जनता पार्टी के प्रयोग में लोगों ने अपना विश्वास प्रकट किया। जनता पार्टी की कलह खुली तो लोग फिर 1980 में कांग्रेस की ओर लौटे 1984 में इंदिरा गांधी की हत्या से उपजी सहानुभूति में राजीव गांधी को 415 संसदीय सीटों के बहुमत के बावजूद ढ़ाई–तीन साल में मोहभंग शुरू हो गया और विश्वनाथ प्रताप सिंह के नेतृत्व में जनता

दल को 1989 में भाजपा और कम्युनिस्ट पार्टियों के समर्थन से बहुमत प्राप्त हो गया। वह प्रयोग भी नेताओं की टकराहट में गुम हुआ तो 1991 में राजीव गांधी की हत्या की सहानुभूति से कांग्रेस सबसे बड़े दल के रूप में उभरी। पी.वी. नरसिम्हा राव प्रधानमंत्री बने तो वित्त मंत्री मनमोहन सिंह ने आर्थिक उदारीकरण की नीति शुरू की। लेकिन उदार आर्थिक नीतियों से कुछ लोगों की समृद्धि में तेजी आई तो आम लोग की दिक्कतें बढ़ीं। सो, 1996 के बाद संयुक्त मोर्चा सरकारों और फिर एनडीए की सरकार और बाद में यूपीए की सरकारों में भी नई आर्थिक नीतियों में तेजी–नरमी आती रही और लोग हर चुनाव में सरकारों को बदलते रहे। इस दौर में सिर्फ 2009 में यूपीए की सरकार ही दोबारा आ सकी। इस पूरे दौर में मुख्यधारा की लगभग हर पार्टी को सरकार में आने और अपना प्रदर्शन दिखाने का मौका मिला। इनसे उपजी निराशा का बड़े पैमाने पर इजहार ही 2014 के चुनाव को कुछ अलग करता है।

दिल्ली की सत्ता पर मोदी इसीलिए काबिज हुए क्योंकि भारी मोहभंग के साथ आर्थिक उदारीकरण के करीब ढाई दशकों में एक तबके में समृद्धि हासिल करने की बेचैनी और बड़े तबके में बढ़ती आर्थिक दिक्कतों ने बड़े बदलाव की पटकथा लिख दी। उदारीकरण के दौर में खेती–किसानी की खस्ताहाली ने शहरों में पलायन तेज किया और एक खास तबके में आई अचानक समृद्धि के खुलकर इजहार से उसके नीचे के वर्गों में भी तेजी से समृद्ध होने की आकांक्षा पैदा हो गई। यह बात 2010 के राष्ट्रीय नमूना सर्वेक्षण में भी उभरकर सामने आती है कि मध्यवर्ग के ठीक नीचे निम्न मध्यवर्ग का एक तबका तेजी से विकास करने की छटपटाहट महसूस कर रहा है। यह आबादी छोटी–मोटी नहीं, बल्कि करीब 27 प्रतिशत है और इसका विस्तार शहरों से लेकर गांवों तक में है। दूसरी तरफ समृद्ध और नव–समृद्ध वर्गों में अपने हक़ में सरकारी नीतियों को और तेज करने की बेचैनी भी है। यही छटपटाहट शायद सरकार में अनुकूल विकल्प की तलाश के लिए हड़बड़ाहट भी पैदा कर रही है और इसका एकमुश्त इजहार भी चुनावों में तेजी से हो रहा है। यह रुझान 2014 के लोकसभा चुनाव और उसके बाद हुए राज्य चुनावों में भी साफ–साफ दिखाई पड़ता है।

असल में इसके लक्षण 2010–11 से ही दिखने लगे जब एक के बाद एक भ्रष्टाचार के मामलों के खुलासे से मनमोहन सिंह की अगुआई वाली यूपीए–2 सरकार से गुस्सा भड़कने लगा। राजकाज से सरकार की लगाम छूटने लगी। भ्रष्टाचार के आरोपों से सरकार पंगु हो गई। बाजार पर उसका नियंत्रण नहीं रह गया और महंगाई बेपनाह बढ़ने लगी। इसी बीच, समाज

सेवी अन्ना हजारे के नेतृत्व में भ्रष्टाचार विरोधी आंदोलन सख्त लोकपाल व्यवस्था के लिए शुरू हुआ तो मानो देश भर में उफन रहे गुस्से को एक मंच मिल गया। इस आंदोलन ने सिर्फ सरकार ही नहीं, तमाम संसदीय दलों और संसद के कामकाज पर सवाल उठाया। इस बीच, अर्थव्यवस्था की हालत खराब होने लगी। उत्पादन क्षेत्र बेदम होने लगा। वैश्विक आर्थिक मंदी से निर्यात घटा तो सेवा क्षेत्र की हालत भी चरमराने लगी। शेयर बाजार के सूचकांक लगातार लुढकने लगे। 2012 आते–आते सरकार के अस्थिपंजर ढीले हो गए थे। इससे आर्थिक अखबारों और नव–उदारवाद के पैरोकारों ने 'नीतिगत पंगुता' (पॉलिसी पैरालाइसिस) का सवाल उठाया। इस 'नीतिगत पंगुता' की एक वजह सरकार और कांग्रेस के आला नेतृत्व में नीतियों को लेकर अस्पष्टता भी थी। कांग्रेस अध्यक्ष सोनिया गांधी को एहसास था कि 2004 में एनडीए सरकार की हार की एक बड़ी वजह उदारीकरण की नीतियों के आधार पर 'इंडिया शाइनिंग' (भारत उदय) का दावा था। इसी वजह से उनका और बाद में उनके बेटे राहुल गांधी का भी झुकाव कल्याणकारी आर्थिक नीतियों की ओर था इसी मकसद से राष्ट्रीय सलाहकार परिषद बनाई गई थी, जिसके सुझाव पर महात्मा गांधी ग्रामीण रोजगार कार्यक्रम (मनरेगा), सूचना के अधिकार, शिक्षा का अधिकार, खाद्य सुरक्षा कानून जैसी नीतियां तैयार की गईं। लेकिन प्रधानमंत्री मनमोहन सिंह के नेतृत्व में सरकार नव–उदारवादी नीतियों की ओर बढना ही एकमात्र लक्ष्य मानती रही। सोनिया या राहुल का भी इन नीतियों से कोई पुख्ता विरोध रहा हो, ऐसे संकेत तो नहीं थे लेकिन दो तरह अर्थव्यवस्था चलाने की कोशिश में असमंजसता पूरे समय बनी रही। फिर, यूपीए सरकार के पहले कार्यकाल में बाहर से समर्थन दे रहे वामपंथी दलों की वजह से और यूपीए–2 में तृणमूल कांग्रेस जैसे सहयोगियों की वजह से आर्थिक सुधारों के बड़े कदम उठाना संभव नहीं था। जब तृणमूल कांग्रेस 2012 के आखिर में अलग हुई, तब तक इस अस्पष्टता को दूर करने का समय नहीं बचा था। तब तक खुल चुके 2जी और कोयला ब्लॉक घोटाले की वजह से नौकरशाही भी कोई फैसला नहीं लेना चाहती थी। इस तरह कांग्रेस से आम आदमी से लेकर उच्च वर्ग सभी नाराज हो चुका था।

उधर, नरेन्द्र मोदी 2012 में गुजरात विधानसभा चुनाव लगातार तीसरी बार जीतकर अपने लिए आकर्षण पैदा कर रहे थे। मोदी गुजरात में बड़े उद्योगपतियों को सहूलियत देकर अपनी छवि कारोबार हितैषी और विकास के पैरोकार की बनाने में अरसे से जुटे थे। याद कीजिए, पश्चिम बंगाल के सिंगूर में जब टाटा घराने के नैनो कारखाने के लिए जमीन अधिग्रहण पर

विवाद गहराया तो मोदी ने उन्हें गुजरात में फौरन जमीन उपलब्ध करा दी। वे 'वायब्रेंट गुजरात' नाम से हर साल निवेशक सम्मेलन करते थे और हर मंच से गुजरात के विकास का गुणगान करते थे। शुरू में उनकी इन कोशिशों का मकसद 2002 के दंगों का दाग धोना था। लेकिन बाद में उन्होंने इसे देश में अपनी लोकप्रियता बढ़ाने का भी शगल बनाया। इस कोशिश में वे अपनी छवि भाजपा के तमाम नेताओं से अलग बनाने में कामयाब हो गए। कहा तो यह भी जाता है कि उन्होंने अमेरिकी पीआर फर्म एपको वर्ल्डवाइड को भी अपनी छवि निखारने का जिम्मा दिया था। एपको वर्ल्डवाइड की वेबसाइट पर 'वाइब्रेंट गुजरात' की सफल मुहिम तैयार करने का भी दावा किया गया है। छवि निखारने और राष्ट्रीय मंच पर स्थापित करनें में उन्हें कॉरपोरेट घरानों में अपनी लोकप्रियता का भी खासा लाभ मिला। लोकसभा चुनावों के दौरान तो मोदी इसी ताकत के बूते अब तक का सबसे महंगा चुनाव प्रचार चला सके। उन्होंने लगभग 440 सभाएं कीं और इस कदर तथा इतनी बार देश के कोने–कोने को नापा कि उतने में करीब चार बार पूरी पृथ्वी का चक्कर लगाया जा सकता है। यही नहीं, वे देश के सुदूर कोने से भी हर रात लौटकर अहमदाबाद पहुंच जाया करते थे।

कॉरपोरेट जगत में लोकप्रियता के अलावा उन्होंने अमेरिकी राष्ट्रपति बराक ओबामा की तरह सोशल मीडिया को भी अपना हथियार बनाया। हालांकि सोशल मीडिया का इस्तेमाल अन्ना आंदोलन के दौरान ही लोगों को एकजुट करने में बड़े पैमाने पर हुआ और बाद में आम आदमी पार्टी ने भी उसे अपना औजार बनाया। मोदी को युवा मतदाताओं में फिजा तैयार करने के लिए सोशल मीडिया की अहमियत का एहसास शिद्दत से हो चुका था। उन्होंने इसके लिए एक खास टोली बनाई और उसने कथित तौर पर 30,000 से अधिक 'इंटरनेट हिंदुओं' का मंच तैयार कर लिया। ये 'इंटरनेट हिन्दू' मोटे तौर पर नई अर्थव्यवस्था से अचानक समृद्धि हासिल करने वाले ज्यादातर 'टेक्नोसेवी' युवा थे और एक बड़ा तबका कॉरपोरेट घरानों की बड़ी कंपनियों के पदों पर आसीन था। ये मोदी के पक्ष में हवा बनाने और मोदी विरोधियों को बेहद आक्रामक 'मैसेज' भेजने को उतावले रहते थे। यहां तक कि ये मोदी को मई 2013 में भाजपा की चुनाव अभियान समिति की कमान सौंपने और बाद में सितंबर 2013 में प्रधानमंत्री पद का उम्मीदवार घोषित करने का विरोध करने वाले पार्टी के वरिष्ठ नेता लालकृष्ण आडवाणी के खिलाफ भी बेहद मर्यादाहीन टिप्पणियों से नहीं हिचके। इनकी आक्रामक टिप्पणियों की वजह से मोदी को अपनी पार्टी में वरिष्ठ नेताओं के विरोध को दबाने और पार्टी पर पूरी तरह काबिज होने में भी काफी मदद मिली।

अहमदाबाद से दिल्ली के सफर में नरेन्द्र मोदी के सामने कम रोड़े नहीं थे। लेकिन अपनी कुशल रणनीति और राष्ट्रीय स्वयंसेवक संघ के सक्रिय समर्थन से पार्टी में वरिष्ठ नेताओं के बगावती तेवरों को भोथरा कर दिया और उनके चक्रव्यूह को तोड़ दिया। कहा जाता है कि ये चुनाव भाजपा ने नरेन्द्र मोदी और मोहन भागवत की पार्टनरशिप में जीता है। असल में राष्ट्रीय स्वयंसेवक संघ की लंबे समय की योजना भी मोदी के राष्ट्रीय मंच पर उभार की बड़ी वजह थी। मोहन भागवत 2009 में सरसंघचालक बनने के पहले से ही भाजपा पर अपनी पकड़ मजबूत करने के लिए आडवाणी की जगह किसी अपेक्षाकृत युवा नेता को उभारने की योजना बना रहे थे। संघ और भाजपा में कट्टर जमात आडवाणी से उनकी जिन्ना की सराहना वाली टिप्पणी से नाराज थी। 2004 के लोकसभा चुनावों में हार के बाद आडवाणी अपनी छवि उदार बनाना चाहते थे और 2005 में पाकिस्तान यात्रा के दौरान उन्होंने जिन्ना की मजार पर फूल चढ़ाया और उन्हें सेक्यूलर करार दिया तो उनके स्वदेश लौटने के पहले ही यहां हडकंप मच गया था। भागवत 2009 में तो आडवाणी को नेता पद से नहीं हटवा पाए थे, लेकिन 2014 के लिए उन्होंने योजना तभी से बनानी शुरू कर दी थी और नितिन गडकरी तथा बाद में राजनाथ सिंह को भाजपा अध्यक्ष बनवाना उसी योजना का हिस्सा था। गडकरी तो कुछ विवादों के चलते अध्यक्ष पद से हटाए गए लेकिन यह बात भी सही है कि मोदी की उनसे पटरी नहीं बैठती थी। आखिर राजनाथ ने आकर आडवाणी के लाख विरोध के बावजूद मोदी को पहले चुनाव अभियान समिति का अध्यक्ष और फिर प्रधानमंत्री पद का उम्मीदवार बना दिया।

बहरहाल, मोदी और भाजपा को भी लोकसभा चुनावों में ऐसी विजय की उम्मीद नहीं थी इसीलिए मिशन 272 का नारा दिया गया था, लेकिन पार्टी को उम्मीद से ज्यादा 282 सीटें मिलीं। मोदी ने लोकसभा चुनाव प्रचार दौरान अमेठी के गौरीगंज इलाके में कहा था, "कांग्रेस के नेता कहते हैं कि राहुल गांधी हार जाएंगे तो वे विपक्ष में बैठेंगे, मगर मोदी हार गया तो कहां जाएगा? कांग्रेस मेरी चिंता न करे, मेरी चाय बनाने की केतली का सामान तैयार है।" असल में मोदी को अपने परिवार की कमजोर आर्थिक पृष्ठभूमि और पिछड़ी जाति का होने का भी लाभ काफी मिला। वे घांची जाति (तेल का करोबार करने वाले, तेली के समकक्ष) से संबंधित हैं और उनके पिता वडोदरा के पास एक रेलवे स्टेशन पर चाय की दुकान चलाया करते थे। संयोग देखिए कि कांग्रेस नेताओं के बयानों को ही मोदी ने ऐसे पेश किया कि ये दोनों बातें चुनाव में उनकी ताकत बन गईं। कांग्रेस के मणिशंकर अय्यर ने उन्हें जैसे ही चाय बेचने वाला कहा, उन्होंने 'चाय पर चर्चा' का जुमला उछाला

और अपनी गरीबी का हवाला पूरे प्रचार में देते रहे। इसी तरह राजीव गांधी पर मोदी की एक टिप्पणी के जवाब में रायबरेली में प्रियंका गांधी वाड्रा ने इसे 'नीच राजनीति' करार दिया तो फौरन मोदी ने उसे अपनी निचली जाति पर हमला बता दिया। मोदी ने जन भावनाओं को मोड़ने और उसका लाभ उठाने की कला गुजरात के मुख्यमंत्री रहते ही विकसित कर ली थी। याद कीजिए कि 2007 के गुजरात विधानसभा चुनावों के पहले कैसे उन्होंने सोनिया गांधी के बयान 'मौत के सौदागर' को अपने पक्ष में फिजा तैयार करने का औजार बना लिया था और उसी से चुनाव का नजारा पलट दिया था। इस मामले में उन्हें जनता की नब्ज का बखूबी इल्म है। वे जनता की चाहत, परेशानी, उसकी आकांक्षाएं भांपने की कला में भी माहिर हैं। इसलिए लोकसभा में उनकी जीत के दो–चार नहीं, बल्कि सैकड़ों पहलू हो सकते हैं क्योंकि किसी मामूली सोसायटी या ग्राम पंचायत तक के चुनाव में पचासों मुद्दे हो सकते हैं तो देश की सबसे बड़ी गद्दी के चुनाव में ढेरों पहलू और फैक्टर होना लाजिमी ही है।

लेकिन अपेक्षाकृत छोटे और चुनावी दृष्टि से अप्रभावी (गुजरात में लोकसभा की सिर्फ 26 सीटें हैं और केंद्र की सियासत में कोई खास अहमियत भी नहीं रखता) राज्य के मुख्यमंत्री से देश का प्रधानमंत्री बनने की कहानी साधारण तो नहीं ही है। मोदी के राजनैतिक उभार में कई संयोगों का भी खासा असर रहा है। मसलन, गुजरात में अगर 2001 में भूकंप नहीं आता तो दिल्ली में पार्टी के सामान्य से महासचिव मोदी शायद मुख्यमंत्री भी नहीं बनते और 2002 में गोधरा कांड के बाद गुजरात में भयावह दंगे नहीं हुए होते तो उनकी इतनी चर्चाएं भी नहीं होतीं। उसके बाद गुजरात में आर्थिक विकास का डंका नहीं बजता तो कॉरपोरेट घराने और मध्यवर्ग उनका मुरीद नहीं बनता और वे 'विकासपुरुष' भी नहीं कहलाते। अगर लालकृष्ण आडवाणी की छवि जिन्ना विवाद की वजह से संघ परिवार में धराशायी नहीं होती तो वे प्रधानमंत्री बनने का सपना भी नहीं देख पाते। अगर यूपीए सरकार भ्रष्टाचार काबू में रखती और मनमोहन सरकारी की ऐसी दुर्दशा नहीं हुई होती, अगर अन्ना हजारे का भ्रष्टाचार विरोधी आंदोलन नहीं हुआ होता तो शायद मनमोहन सरकार से जनता में इस कदर मोहभंग नहीं हुआ होता। अगर नितिन गडकरी की जगह राजनाथ सिंह भाजपा के अध्यक्ष नहीं बनते तो क्या मोदी की राह इतनी आसान होती?

मोदी का सफरनामा

मोदी का चुनावी राजनैतिक कैरियर भूचाल से शुरू हुआ। 26 जनवरी 2001 को आए विनाशकारी भूकंप ने गुजरात को तहस–नहस कर दिया। इसमें

हजारों लोग मारे गए। इस प्राकृतिक आपदा से गुजरात की राजनीति में भी भूचाल आ गया और इससे निपटने में असफल रहे तत्कालीन मुख्यमंत्री केशुभाई पटेल को हटाकर आडवाणी की पहल पर अक्टूबर 2001 में नरेन्द्र मोदी को मुख्यमंत्री बनाया गया। मोदी के मुख्यमंत्री बनने के साथ ही युद्ध स्तर पर भूकंप से प्रभावित इलाके को बसाने का काम शुरू हुआ। मोदी के मुख्यमंत्री बने हुए चार महीने भी नहीं हुए थे कि गोधरा स्टेशन पर साबरमती एक्सप्रेस में आगजनी से अयोध्या से लौट रहे 59 भाजपा तथा संघ परिवार के कार्यकर्ताओं की मौत हो गई। इसका आरोप स्टेशन पर सामान बेचने वाले मुसलमानों पर लगा। मोदी सरकार ने जली हुई लाशें परिजनों को सौंपने का फैसला किया। फिर, देखते ही देखते गुजरात के एक बड़े इलाके में मुसलमानों को निशाना बनाकर दंगे फैल गए। गुजरात सरकार के मुताबिक इन दंगों में 1267 लोगों की मौत हुई थी जिसमें 70 फीसदी मुसलमान थे। तीन दिन तक गुजरात जलता रहा। दंगों को रोकने में नाकाम रहे मोदी पर चौतरफा हमले शुरू हुए। विपक्ष के आलवा भाजपा में भी मोदी के खिलाफ आवाजें मुखर हो गईं। हालांकि भाजपा और संघ परिवार के कट्टर तत्त्व उनके समर्थन में खड़े हुए। तब केंद्र में अटल बिहारी वाजपेयी की अगुआई में एनडीए सरकार थी। प्रधानमंत्री वाजपेयी बुरी तरह नाराज थे। उन्होंने मोदी को 'राजधर्म' पालन करने की नसीहत दी। यह भी कहा कि हमारे शासन में ऐसा हो रहा है तो 'मैं बाहर मुंह क्या दिखाऊंगा।' लेकिन तब केंद्रीय गृह मंत्री लालकृष्ण आडवाणी भाजपा में कट्टर तत्त्वों और संघ परिवार के नेता हुआ करते थे। उन्होंने मोदी को बचा लिया।

अब मोदी कट्टर हिंदुत्ववादी तत्त्वों के नए मुखौटा बन गए थे। संघ ने गुजरात को अपनी प्रयोगशाला बनाने का कार्यक्रम शुरू किया। मोदी देश–विदेश में मुस्लिम विरोध के कट्टर चेहरे माने जाने लगे। हिंदुत्ववादी उन्हें 'हिन्दू हृदय सम्राट' कहने लगे। दुनिया भर में गुजरात दंगों की निंदा हुई और अमेरिका तथा पश्चिमी देशों ने मोदी को वीजा देने से इनकार कर दिया। इससे मोदी को शायद एहसास हुआ कि उन्हें यह दाग धोने के लिए विकास और बड़े कॉरपोरेट घरानों को तरजीह देनी पड़ेगी। वैसे भी, नर्मदा बांध की ऊंचाई बढ़ाने और कारोबार के लिए हर तरह की सहूलियत देकर वे एक खास वर्ग में अपनी लोकप्रियता बढ़ाते गए। इससे उनकी छवि सांप्रदायिक के साथ–साथ बड़े उद्योगों के हितैषी की बन गई। आखिर सुप्रीम कोर्ट द्वारा गठित एसआइटी दंगों के लिए सीधे उन पर किसी आरोप की पुष्टि नहीं कर पाई तो उन्होंने 2012 में एक दिन का 'सद्भावना' कार्यक्रम आयोजित किया, ताकि कट्टर सांप्रदायिक छवि से कुछ निजात मिल सके।

हालांकि उसमें भी एक इमाम द्वारा भेंट की गई दुपल्ली टोपी पहनने से इनकार करके उन्होंने विवाद छेड़ दिया था। सेक्युलरवादी पार्टियां मोदी को गुनहगार मानती रहीं। इस विरोध को उन्होंने अपने पक्ष में सहानुभूति बटोरने के काम में लगाया। उन्होंने अपनी दोहरी छवि बनाए रखी। एक तरफ वे हिंदुत्ववादियों के हमदर्द बने रहे तो दूसरी तरफ विकास समर्थक बने रहे। वे राष्ट्रीय मंच पर पांव रखने के इरादे के साथ ही गरीबी और बेरोजगारी दूर करने के लिए अपने 'विकास, विकास और विकास' के मंत्र को दोहराने लगे। वे फिक्की जैसे कार्यक्रमों में 'कारोबार से सरकार क्या लेनादेना' जैसे बयानों से कॉरपोरेट घरानों और मध्यवर्ग को आकर्षित करते रहे। अपनी छवि बड़े राजनेता की बनाने के मकसद से उन्होंने कहा, "मेरे लिए भारत ही धर्म है और संविधान ही एकमात्र पवित्र पुस्तक।" उनकी बड़ी पूंजी यह भी है कि उन पर अभी तक भ्रष्टाचार का आरोप नहीं लग पाया है। उन्हें बेहद मेहनती माना जाता है और अपने उद्देश्य के प्रति एकनिष्ठ समर्पण वाला भी माना जाता है। इसके साथ ही उनकी छवि एक निरंकुश प्रशासक की भी है, जो अपनी पार्टी के विरोधी नेताओं को भी कतई बर्दाश्त नहीं करता।

मोदी की यह निरंकुश छवि भी उन्हें निर्णायक नेता के रूप में स्थापित करने में कारगर हुई है। वे बड़े पूंजीपतियों से अपनी दोस्ती का भी खुलकर इजहार करते हैं। इससे उनकी छवि एक दबंग नेता की बनी। ये सभी छवियां मिलकर उनके लिए आकर्षण का कारण बनीं। भाजपा में तो नेताओं की भरमार थी लेकिन मजबूत नेतृत्व की कमी से कार्यकर्ताओं में भारी निराशा थी। तीसरी बार गुजरात जीत के बाद मोदी के प्रधानमंत्री पद की दावेदारी मजूबत हो गई और आरएसएस के पास भी मोदी के अलावा कद्दावर नेता नहीं दिख रहा था। आखिरकार, आरएसएस ने मोदी ने नाम पर मुहर लगाने का काम किया। मोदी को पीएम पद पर पहुंचाने में भाजपा अध्यक्ष राजनाथ सिंह की भूमिका को भी दरकिनार नहीं किया जा सकता। उत्तर प्रदेश और बिहार में पार्टी की जीत के पीछे राजनाथ सिंह की अहम भूमिका से इनकार नहीं किया जा सकता।

हालांकि मोदी को शह मिलने में खासकर कांग्रेस के दिवालिएपन और आम आदमी पार्टी का बेहद नया होना तथा राष्ट्रीय पहुंच न होना भी मददगार साबित हुआ। कांग्रेस 2जी, कोयला ब्लॉक आवंटन और कॉमनवेल्थ खेल घोटालों में इस कदर फंसी कि उसकी रही–सही साख जाती रही। अन्ना हजारे के नेतृत्व में चले आंदोलन ने तो मानो उसे जमीन से ही उखाड़ दिया। इसके साथ ही यूपीए सरकार की उल्टी गिनती शुरू हो गई थी। यह दिखने लगा कि आने वाले लोकसभा चुनाव में कांग्रेस की हार तो पक्की

है। 2013 में 5 राज्यों के चुनाव में मध्य प्रदेश, राजस्थान, छत्तीसगढ़ और दिल्ली में कांग्रेस की करारी हार हुई। यह कांग्रेस की प्रादेशिक इकाइयों के बदले केंद्र सरकार के प्रति गुस्से का ही इजहार था। इसकी सबसे नायाब मिसाल दिल्ली है। वहां शीला दीक्षित सरकार के कामकाज सड़क से लेकर हर मामले में उम्दा दिखाई पड़ते थे लेकिन केंद्र सरकार की नीतियों, महंगाई और बिजली वितरण कंपनियों की मनमानी से उभरे गुस्से ने कांग्रेस को महज आठ सीटों पर समेट दिया। बमुश्किल साल भर पहले बनी आम आदमी पार्टी को 28 सीटें मिल गईं और भाजपा 32 सीटों पर आकर अटक गई। तब मोदी लहर जैसी चीज का प्रमाण नहीं मिलता। मसलन, दिल्ली में मोदी ने 8 रैलियां कीं लेकिन भाजपा सिर्फ दो रैलियों वाली सीटों पर ही जीत पाई। इसी तरह मध्य प्रदेश, राजस्थान और छत्तीसगढ़ में भी भाजपा की जीत मोदी लहर से नहीं हुई। मध्य प्रदेश शिवराज सिंह चौहान और छत्तीसगढ़ में रमन सिंह की अपनी लोकप्रियता का ग्राफ ऊंचा था जबकि राजस्थान में कांग्रेस की अशोक गहलोत सरकार के खिलाफ काफी गुस्सा घुमड़ रहा था। हालांकि इन प्रदेशों में भाजपा की जीत का माहौल तैयार करने में मोदी और अन्ना आंदोलन की भूमिका से इनकार नहीं किया जा सकता।

बेशक, विकल्प के रूप में आम आदमी पार्टी भी उभर रही थी लेकिन दिल्ली से बाहर सांगठनिक ढांचे के अभाव में उसका असर घट गया। फिर, अरविन्द केजरीवाल ने कांग्रेस को मरा मानकर मोदी पर निशाना साधना शुरू किया तो उससे लोगों में शायद भ्रम ही पैदा हुआ और उसे गंभीरता से नहीं लिया गया। दिल्ली के मुख्यमंत्री पद से 49 दिन में इस्तीफा देने से भी केजरीवाल के प्रति लोगों के मन में एक तरह की आशंका उभर आई थी। जो पार्टी दिल्ली में दिसंबर में 28 सीटें जीती थी, उस पार्टी को सिर्फ पांच महीने बाद संसदीय चुनावों में एक भी सीट नहीं मिली। अलबत्ता पंजाब में अकाली दल और भाजपा गठजोड़ सरकार के प्रति गुस्से का लाभ उसे मिला और उसके चार सांसद जीत गए। मोदी के सबसे कुशल रणनीतिकार अरुण जेटली अमृतसर की सीट कांग्रेस के अमरिंदर सिंह के हाथों गंवा बैठे। विडंबना देखिए कि जेटली दिल्ली में आम आदमी पार्टी से घबराकर अमृतसर चुनाव लड़ने पहुंच गए थे जबकि दिल्ली की सातों सीटें भाजपा को मिल गईं। यह भी साबित करता है कि भाजपा को भी मोदी लहर के जरिए 282 सीटों का आंकड़ा छूने की उम्मीद नहीं थी।

बहरहाल, भाजपा और संघ परिवार ने ऐसी कामयाबी की कल्पना सपने में भी शायद ही की होगी। इसके पहले 1999 में भाजपा को अटल बिहारी

वाजपेयी की नेतृत्व में सत्ता तो मिली थी लेकिन सरकार बनाने और चलाने के लिए उसे बैसाखी का सहारा लेना पड़ा था। अटल बिहारी वाजपेयी और लालकृष्ण आडवाणी की नेतृत्व में भाजपा 2 सांसदों से 182 सांसदों तक तो पहुंची थी लेकिन उसके बाद उसकी गाड़ी पीछे ही लुढ़कने लगी थी। लेकिन मोदी ने उसे बहुमत ही नहीं दिलाया, उसका आधार भी ब्राह्मण, बनिया, पंजाबी से आगे पिछड़ी, आदिवासी और दलित जातियों तक में फैलाया है। यह अलग सवाल है कि यह आधार उसके पास कितने समय तक टिकता है। पिछले लोकसभा चुनावों में तो मुस्लिम और ईसाई मतदाताओं को छोड़ दें तो एनडीए गठबंधन को हर दो में से एक का वोट मिला है। यह अगले चुनाव तक कायम रह पाएगा और भाजपा अपने नए मतदाता वर्ग में आधार मजबूत बना पाएगी कि नहीं, यह सब केंद्र में मोदी सरकार के कामकाज पर ही निर्भर करेगा। याद रहे, इससे भी ज्यादा बहुमत वाली और चमत्कारिक चुनावी सफलता हासिल करने वाली सरकारें अपने आधे कार्यकाल में जाकर लोगों की नजरों से उतरने लगी हैं। और अब तो मतदाता वर्ग में जैसी बेचैनी है, उससे यह खतरा और बड़ा बन जाता है।

ब्रांड मोदी पर सवाल

धर्मेन्द्र कुमार सिंह

लोकसभा 2014 की शानदार जीत के बाद भारतीय जनता पार्टी (भाजपा) लगातार चार विधानसभा के चुनाव महाराष्ट्र, हरियाणा, झारखंड और जम्मू–कश्मीर में भी जीत गई लेकिन दिल्ली और बिहार के विधानसभा चुनाव में पार्टी घुटनों के बल गिर पड़ी। खासकर बिहार की हार लोकसभा और चारों राज्यों के विधानसभा चुनावों की जीत पर भारी पड़ी। इससे फौरन ब्रांड मोदी की रंगत फीकी पड़ने लगी। प्रधानमंत्री नरेन्द्र मोदी और उनके खासमखास भाजपा अध्यक्ष अमित शाह के खिलाफ उनकी पार्टी में तमाम आवाजें उठने लगीं, जो लोकसभा चुनावों के जनादेश की गर्मी में मौन हो गई थीं। लोकसभा चुनाव के दौरान जो मानक और मापदंड तय हुए थे, उन्हीं पर सवाल खड़े होने लगे। गौरतलब यह भी है कि 2014 के जनादेश 2015 के शुरू होते ही पलटने लगे। फरवरी में दिल्ली विधानसभा चुनाव में भाजपा का पत्ता पूरी तरह साफ हो गया तो साल के अंतिम महीनों में बिहार में उसके पैरों से जमीन ही खिसक गई। इतनी जल्दी मोदी लहर के खामोश होने की आखिर वजहें क्या हैं? क्यों मोदी जनता की नजर से इतनी जल्दी उतरने लगे हैं? क्या यह एहसास घर करने लगा है कि मोदी ने लोकसभा चुनाव के दौरान जो वादे किए थे, उन्हें पूरा करने के वे काबिल नहीं हैं? क्या बेपनाह आकांक्षाएं उभारने के बाद वास्तविक मोर्चों पर वे बुरी तरह नाकाम हैं? क्या 'सबका साथ, सबका विकास' के नारे के बावजूद मोदी सरकार देश में बढ़ते कट्टरता के माहौल पर कोई अंकुश नहीं लगा पा रही है? क्या देश में असहिष्णुता बढ़ गई है? मोदी के खिलाफ माहौल पैदा होने की तमाम वजहें हो सकती हैं लेकिन इतनी जल्दी किसी ऐतिहासिक किस्म का जनादेश पाने वाले नेता का आकर्षण उतर जाएगा, इससे जनता की विकल्प चुनने की बेचैनी का भी इजहार होता है। इससे यह भी पता चलता है कि

लोग आपके कामकाज और वास्तविक प्रदर्शन पर पहले अधिक बारीक नजर रख रहे हैं और उन्हें बड़ी–बड़ी घोषणाओं से नहीं भुलाया जा सकता। एक निष्कर्ष यह भी निकाला जा सकता है कि लोग जैसा बदलाव देखना चाहते हैं और उन्हें जो पेश किया जा रहा है, उसमें काफी फर्क है इसलिए लोगों के फैसले इतनी तेजी से बदल रहे हैं।

इससे जुड़े कुछ और अहम सवाल राजनीति के गंभीर विद्यार्थियों के जेहन में उठ सकते हैं। यह तो देखा गया है कि कोई लहर उतरने के बाद लोग अपने परंपरागत रुझानों और सामुदायिक खेमेबंदियों में वोट करने लगते हैं लेकिन क्या दिल्ली और बिहार के चुनावों का यही संकेत है? क्या फिर पहचान और जाति समूहों की राजनीति लौट आई है? क्या गठबंधन अहम है यानी जिसका जितना बड़े सामाजिक समूहों का गठबंधन उसकी उतनी बड़ी जीत का सिद्धांत ही एकमात्र सूत्र है? क्या आकांक्षी मध्यवर्ग और युवाओं में विकास के लिए विचारधारा निरपेक्ष चाहतें कमजोर पड़ने लगी हैं? क्या विकास के मॉडल पर नए सिरे से विचार होने लगा है? क्या चुनाव एक शख्सियत या निर्णायक नेता पर केंद्रित हो गया? क्या चुनाव मंजे हुए रणनीतिकार का खेल हो गया है? या फिर यह विकास के विभिन्न आयामों और उसके इर्द–गिर्द बने नेताओं के ब्रांड की टकराहट है? फिलहाल केंद्र में मोदी जैसे निर्णायक नेता हैं, उसी तरह अपने–अपने राज्यों में निर्णायक नेता अरविन्द केजरीवाल और नीतीश कुमार भी हैं। दरअसल यह अलग तरह की राजनीति की दौर है। एक मायने में नरेन्द्र मोदी, अरविन्द केजरीवाल और नीतीश कुमार की व्यावहारिक राजनीति एक जैसी है। तीनों निर्णायक नेता हैं। तीनों को साम, दंड, भेद की नीति अपनाने में कोई गुरेज नहीं है। तीनों रणनीति और राजनीति के महारथी हैं। तीनों अपनी मंजिल पाने के लिए सियासत की लक्ष्मण रेखा को पार करने में संकोच नहीं करते इसीलिए मंजिल पाने के लिए माध्यम को रोड़ा नहीं बनने देते हैं। तीनों में काम करने की ललक है, तीनों में विकास की झलक है। तीनों पर भ्रष्टाचार के कोई प्रत्यक्ष आरोप नहीं है। तो, फिर मोदी क्यों पिछड़ रहे हैं?

लोकसभा और उसके बाद हुए चार राज्यों के विधानसभा चुनावों में भाजपा की जीत हुई तो फिर जीत का रथ दिल्ली और बिहार में आकर क्यों रुक गया? क्या अरविन्द केजरीवाल ने मोदी से ज्यादा सपने दिखाए? उन्होंने सस्ती बिजली और पानी देने का वादा किया। क्या बिहार में नीतीश कुमार के सुशासन–विकास की राजनीति और लालू प्रसाद का सामाजिक गठबंधन भाजपा पर भारी पड़ गया? दरअसल सपनों की राजनीति, विकास की आकांक्षा और निर्णायक नेताओं का दौर चल रहा है और वोटरों में

जबर्दस्त बेचैनी है। इससे नतीजे भी लगातार बदल रहे हैं। लोकसभा चुनाव में मोदी ने सपने दिखाने का काम किया। उस समय निर्णायक नेता की दौड़ में वे सबसे आगे चल रहे थे लेकिन दिल्ली और बिहार विधानसभा चुनाव में अरविन्द केजरीवाल और नीतीश कुमार नरेन्द्र मोदी की तुलना में आगे निकल गए। लोकसभा चुनाव की हार के बाद अरविन्द केजरीवाल और नीतीश कुमार दूध से जले की तरह छाछ भी फूंक–फूंक कर पीने लगे। नरेन्द्र मोदी की चाल को देखकर पल–पल की रणनीति तय करने लगे और उन्हीं की चाल से उन्हें मात देने की बाजी खेली जाने लगी। मोदी ने ही यह खेल शुरू किया था। लोकसभा चुनावों में मोदी प्रधानमंत्री का स्पष्ट उम्मीदवार होने का लाभ उठा पाए थे। दूसरी ओर कोई स्पष्ट नेता नहीं था। न ही कांग्रेस का, न तीसरे मोर्चे का कोई नेता उभर रहा था।

सो, उसी रणनीति के तहत दिल्ली और बिहार के चुनावों में अरविन्द केजरीवाल और नीतीश कुमार दोनों ने ही अपने मुकाबले मुख्यमंत्री के चेहरे का सवाल उठाया। उनकी यह बात वोटरों को ज्यादा समझ में आई कि नरेन्द्र मोदी तो प्रधानमंत्री हैं, राज्य का मुख्यमंत्री तो कोई और होगा लेकिन भाजपा वह चेहरा साफ नहीं कर पाई। लोकसभा चुनाव में जिस फॉर्मूले की वजह से मोदी की जीत हुई, वही फॉर्मूला मोदी दिल्ली और बिहार के विधानसभा चुनाव में हार का कारण बन गया। लोकसभा चुनाव में जैसे मोदी के सामने प्रधानमंत्री पद के लिए कोई उम्मीदवार नहीं था, उसी तरह दिल्ली और बिहार में अरविन्द केजरीवाल और नीतीश कुमार के सामने भाजपा के पास कोई चेहरा नहीं था। दिल्ली में मुख्यमंत्री के उम्मीदवार की घोषणा नहीं होने के बावजूद अरविन्द केजरीवाल ने अपने बरक्स भाजपा के जगदीश मुखी का पोस्टर निकाल दिया जबकि मुखी मुख्यमंत्री की दौड़ में कहीं नहीं थे। एक तरह से भाजपा पर दबाव बनाया गया कि पार्टी बताए कि कौन उसका उम्मीदवार है। दिल्ली में भाजपा ने अंतिम क्षण में किरण बेदी को मुख्यमंत्री पद का उम्मीदवार बनाने का फैसला किया लेकिन तब तक काफी देर हो चुकी थी। बिहार में मोदी को मात देने के लिए पहले महागठबंधन बनाया गया फिर भाजपा से यह सवाल किया गया कि इधर मुख्यमंत्री का चेहरा नीतीश कुमार हैं तो उधर कौन है। इसी रणनीति के तहत 'बिहारी और बाहरी' का जुमला भी उछाला गया। हकीकत यह भी थी कि इन दोनों राज्यों में अरविन्द केजरीवाल और नीतीश कुमार को टक्कर देने वाला भाजपा में कोई कद्दावर नेता नहीं था। अगर था भी तो उसे पेश नहीं किया गया। मसलन, दिल्ली में डॉ. हर्षवर्द्धन की जगह आयातित किरण बेदी को उतार दिया गया जिन्हें राजनीति का जरा–सा भी अनुभव नहीं था।

बिहार में कोई नेता नीतीश की टक्कर का नहीं मिला तो नरेन्द्र मोदी के चेहरे को फिर से आगे कर दिया गया। इस तरह पहले दौर में ही अरविन्द केजरीवाल और नीतीश कुमार को बढ़त मिल गई। यही बढ़त जीत की कहानी का मूल मंत्र बन गया।

मोदी, केजरीवाल और नीतीश की कहानी में यह भी समानता है कि पहले तीनों सीएम बने, फिर राष्ट्रीय मंच पर दावेदारी की कोशिश में लगे। एक सफल हुए तो दो फेल हुए। नरेन्द्र मोदी अपनी मंजिल पा चुके हैं तो दूसरी तरफ राष्ट्रीय मंच पर हार के बाद अरविन्द केजरीवाल और नीतीश कुमार अपना वजूद ढूंढ़ रहे थे। यही वजह रही है कि दोनों नेताओं ने अपनी हार को जीत का औजार बनाने का फैसला किया। पहले अपनी कमजोरी को समझने की कोशिश की। फिर उसमें सुधार कर मजबूती देने की कोशिश हुई। यह रणनीति का ही हिस्सा था कि केजरीवाल और नीतीश कुमार ने मुख्यमंत्री पद से इस्तीफे के लिए जनता से माफी मांगी और यह संदेश देने की कोशिश की वही राज्य का भला कर सकते है। हर निर्णायक नेता अपनी चाल में मात खाने के बाद अपनी चाल और मुद्दे बदल लेता है। यह अलग बात है कि उसमें वह कितना सफल हो पाता है। लेकिन दिल्ली और बिहार के चुनाव के नतीजों को देखें जितना अरविन्द केजरीवाल और नीतीश कुमार को बदलना था शायद उससे ज्यादा ही बदल गये। जंग में ये नहीं पूछा जाता है कि कौन–सी रणनीति अपनाई गई बल्कि ये देखा जाता है कि जीत किसकी हुई है। इसीलिए कहा जाता है कि प्यार और जंग में सब तरीके जायज होते हैं। जैसे लोकसभा चुनाव में भाजपा को बड़ी जीत प्राप्त हुई है, लेकिन इस विजय का श्रेय एक मायने में कांग्रेस के राहुल गांधी की कमजोरी को भी जाता है। उसी तरह दिल्ली और बिहार में हार की जिम्मेदारी नरेन्द्र मोदी और अमित शाह की होनी चाहिए। लोकसभा चुनाव की शानदार जीत के बाद भी भाजपा महाराष्ट्र, हरियाणा, झारखंड और जम्मू–कश्मीर में जीती तो उन प्रदेशों में तत्कालीन सत्तारूढ़ पार्टियों और मुख्यमंत्रियों के खिलाफ जबरदस्त एंटी–इन्कन्बेन्सी लहर थी। जाहिर है, उन राज्यों में नरेन्द्र मोदी को टक्कर देने के लिए कोई अरविन्द केजरीवाल या नीतीश कुमार जैसी लोकप्रिय शख्सियत नहीं थी। लोकसभा चुनाव में भी उन राज्यों में भाजपा कुछ खास प्रदर्शन नहीं दिखा पाई थी, जहां पहले से कोई निर्णायक नेता मौजूद था। मसलन, तमिलनाडु में जयललिता, पश्चिम बंगाल में ममता बनर्जी और ओड़ीशा में नवीन पटनायक अपनी पकड़ बनाए हुए थे। उस मायने में लोकसभा चुनाव में दिल्ली, बिहार और उत्तर प्रदेश में ही भाजपा और मोदी को जबरदस्त सफलता मिली। इसलिए दिल्ली और बिहार

विधानसभा चुनावों में हार के बाद मोदी लहर के उतरने की चर्चाएं शुरू हो गईं। सवाल है कि क्या मोदी का जलवा खत्म हो गया? क्या मोदी के दिन लदने लगे? क्या मोदी बतौर निर्णायक नेता का करिश्मा फीका पड़ने लगा है? दिल्ली और बिहार के विधानसभा के नतीजों की चीरफाड़ करने से पहले यह देखना जरूरी है कि दोनों राज्यों की राजनीति कैसे करवट ले रही थी।

इस दौरान दिल्ली और बिहार में अलग–अलग तरह के चार बार छोटे–बड़े चुनाव हुए। नतीजे बार–बार डोलते रहे। 2013 के दिल्ली विधानसभा चुनाव में भाजपा और अरविन्द केजरीवाल की आम आदमी पार्टी के बीच कांटे की टक्कर थी। किसी भी पार्टी को स्पष्ट बहुमत नहीं मिला। भाजपा बड़ी पार्टी होकर उभरी लेकिन अरविन्द केजरीवाल कांग्रेस की मदद से दिल्ली में सरकार बनाने में कामयाब रहे। लेकिन महज 5 महीने के बाद दिल्ली में हुए लोकसभा चुनाव में आम आदमी पार्टी का सूपड़ा साफ हो गया और फिर 8 महीने के बाद 2015 के फरवरी के विधानसभा चुनाव में भाजपा की मिट्टी पलीत हो गई। दिल्ली की राजनीति कैसे करवटें बदल रही है, नेता वही है, पार्टी वही है लेकिन वोटर का मूड हर चुनाव में एकदम बदल जा रहा है। विधानसभा चुनाव के बाद दिल्ली विश्वविद्यालय के छात्र संगठन के चुनाव में आम आदमी पार्टी खाता भी नहीं खोल पाई। दिल्ली की तरह ही बिहार में भी यही देखने को मिला।

बिहार में नीतीश कुमार भी निर्णायक नेता और विकास पुरुष दोनों हैं। बिहार के लोकसभा चुनावों के दौरान भी उनकी यह छवि बरकरार थी और विधानसभा चुनावों में भी उनके खिलाफ कोई एंटी–इन्कन्बेन्सी फैक्टर नहीं था। लेकिन लोकसभा चुनावों में नीतीश गठबंधन की राजनीति में पिछड़ गए थे। लिहाजा, उन्हें इसका खमियाजा भुगतना पड़ा। इसके विपरीत भाजपा ने रामविलास पासवान की लोक जनशक्ति पार्टी (एलजेपी) और उपेंद्र कुशवाहा की राष्ट्रीय लोक समता पार्टी (आरएसएलपी) के साथ मिलकर बड़ा गठबंधन कायम कर लिया। इनके अलावा तीसरा गठजोड़ लालू यादव के राष्ट्रीय जनता दल (राजद), कांग्रेस और एनसीपी का था लेकिन कांग्रेस के खिलाफ जबरदस्त लहर के कारण वह फीका पड़ गया। इस तरह तितरफा वोटों के बंटवारे से नीतीश 40 लोकसभा सीटों में से महज दो सीटें पर ही खाता खोल पाए। बेशक, विकास के मोदी मॉडल के प्रति उत्सुकता ने भी कुछ इसमें योगदान किया होगा। नीतीश को यह भांपते देर नहीं लगी कि विकास, साफ–सुथरी और बेहतर नेता की छवि के भरोसे ही चुनाव नहीं जीता जा सकता है। नीतीश को लगने लगा कि अगर वे अपनी रणनीति नहीं बदले तो उनका राजनैतिक वजूद खत्म हो जाएगा। शायद कुछ यही एहसास लालू

यादव को भी हुआ। हालांकि बड़ी पहल शायद नीतीश के पाले से शरद यादव के जरिए हुई। फिर तो नीतीश जिन लालू प्रसाद यादव के 15 साल के जंगलराज के खिलाफ आवाज बुलंद करके बिहार में सत्ता में आए थे, लोकसभा चुनाव के नतीजों के दिन यानी 16 मई 2014 को ही लालू यादव को फोन किया और नए गठजोड़ की ओर बढ़ गए। हालांकि कुछ खबरों के मुताबिक बेटी मीसा के मनाने पर लालू ने नीतीश को फोन किया। जो भी हो, दोनों अपना राजनैतिक वजूद बचाने के लिए नई राह पर चल पड़े। इस तरह लोकसभा चुनाव के बाद बिहार में हुए विधानसभा उपचुनावों में भाजपा की करारी हार हुई।

उपचुनाव में लालू–नीतीश–कांग्रेस गठबंधन ने 10 में 6 सीटों पर सफलता हासिल की। इस जीत के बाद नीतीश कुमार का हौसला बुलंद होने लगा। नीतीश कुमार और लालू प्रसाद की जीत के बाद एनडीए खेमे में मायूसी की लहर दौडने लगी। लोकसभा चुनाव की जीत के पांच महीने भी पूरे नहीं हुए थे कि मोदी की नेतृत्व में बिहार में भाजपा की करारी हार हुई। बिहार ही नहीं, उत्तर प्रदेश के विधानसभा उपचुनावों में भी भाजपा की करारी हार के बाद यह सवाल उठने लगा था कि मोदी की लहर धूमिल होती जा रही है। हालांकि बिहार में विधानसभा चुनावों के महज 5 महीने पहले विधान परिषद के नतीजों ने सबको चौंका दिया था। बिहार विधान परिषद चुनाव में नीतीश–लालू गठबंधन पर फिर से एनडीए भारी पड़ा। विधान परिषद की 24 सीटों पर भाजपा के नेतृत्व में एनडीए ने 14 सीटों पर शानदार जीत हासिल की। बिहार विधानसभा चुनाव के फाइनल से पहले भाजपा के नेता विधान परिषद के चुनाव को सेमीफाइनल समझने की भूल कर बैठे। उस चुनाव से भाजपा के हौसले बुलंद हो गए और महागठबंधन में मायूसी का माहौल छा गया लेकिन नीतीश और लालू प्रसाद यादव ने इस मायूसी से सबक लेकर आगे की रणनीति तय की जबकि विधान परिषद की जीत से इतराई भाजपा बिहार चुनावों में एक पर एक गलती करती चली गई। वैसी ही गलती जैसे भाजपा दिल्ली विधानसभा चुनाव में कर रही थी। आखिरकार एनडीए बुरी तरह पराजित हो गया। मानो कोई अच्छा तैराक किनारे पर डूब गया हो।

लेकिन इस निर्णय पर पहुंचना शायद जल्दबाजी होगी कि ब्रांड मोदी के दिन लद गए क्योंकि देश की राजनीति लगातार करवटें बदल रही है। लोकसभा चुनाव की तुलना विधानसभा के चुनावों से नहीं की जा सकती है। विधानसभा चुनाव की तुलना विधान परिषद से नहीं की जा सकती या यूनिवर्सिटी छात्र संगठन के चुनाव की तुलना स्थानीय निकाय के चुनावों से नहीं की जा सकती। लेकिन विधानसभा चुनावों के नतीजों को नजरअंदाज

भी नहीं किया जा सकता है। केंद्र में नरेन्द्र मोदी का कार्यकाल अभी तीन साल बचा हुआ है। एक हार–जीत से उनकी राजनीति के तिलिस्म को नहीं तोड़ा जा सकता। दरअसल चुनाव छोटा हो या बड़ा, हर चुनाव में कोई एक मुद्दा महत्त्वपूर्ण होता है और दूसरे तमाम मुद्दे उसके मददगार होते हैं। मुख्य मुद्दा और मददगार मुद्दे मिलकर चुनावी जीत की इबारत लिखते हैं। हालांकि यह कहना मुश्किल है कि किस चुनाव में कौन–सा मुद्दा मुख्य होगा। कभी निर्णायक नेता तो कभी विकास का मुद्दा प्रमुख हो सकता है। कभी 'मौत का सौदागर' जैसा नारा नाकाम हो सकता है तो कभी 'सपनों के सौदागर' की चल निकल सकती है। कभी विकास आपको जिता सकता है तो कभी विकास करके भी आप हार सकते हैं। कभी भ्रष्टाचार का मुद्दा उछालकर चुनाव जीता जा सकता है तो कभी भ्रष्टाचार करके भी आपकी फतह हो सकती है। कभी गठबंधन की राजनीति करके चुनाव जीत सकते हैं कभी अपने बलबूते भी चुनाव जीत सकते हैं। कभी सांप्रदायिकता की राजनीति करने से चुनाव जीत सकते हैं तो कभी सेकुलर राजनीति करके भी चुनाव हार सकते हैं। कभी मंडल की राजनीति करके चुनाव जीत सकते हैं तो कभी मंडल पर कमंडल को भारी करके भी चुनाव जीत सकते हैं। कभी मंदिर–मस्जिद पर चुनाव जीत हार सकते हैं तो कभी महंगाई बेकाबू होने पर चुनाव हार सकते हैं। कभी जाति की राजनीति करके भी चुनाव जीत–हार सकते हैं। कभी आतंकवाद के खिलाफ जंग लड़कर चुनाव जीत सकते हैं तो कभी युद्ध करके भी चुनाव जीत सकते है। कभी प्याज और दाल की कीमत बेकाबू होने पर भी चुनाव हार सकते हैं। असल मसला यह है कि किस चुनाव में कौन–सा मुद्दा ज्यादा प्रभावी ढंग से मतदाताओं को प्रभावित करता है। कौन–सा मुद्दा किस समय मजबूत होगा और वही कब कमजोर हो जाएगा, कहना मुश्किल है। ये मुद्दे नेता और पार्टी तय नहीं करते बल्कि समय के कालचक्र से स्वतः ये मुद्दे तय होते हैं। इन मुद्दों की आयु कितनी होगी, यह राजनैतिक परिस्थितियां तय करती हैं।

बिहार में महागठबंधन की महाजीत

बिहार में नीतीश कुमार पांचवी बार मुख्यमंत्री की कुर्सी पर विराजमान हुए। 243 सदस्यीय वाली बिहार विधानसभा में नीतीश–लालू और कांग्रेस के महागठबंधन ने 178 सीटों पर जीत हासिल की जबकि एनडीए गठबंधन को सिर्फ 58 सीटें मिलीं। इस बार बिहार के मतदाताओं पर न प्रधानमंत्री मोदी का जादू चल पाया और न भाजपा अध्यक्ष अमित शाह अपने चक्रव्यूह में नीतीश और लालू की जोड़ी को फंसा पाए। वोटिंग मशीनों से महागठबंधन

की आंधी निकल पड़ी। लालू यादव मजाक में अक्सर कहते रहे हैं कि 'जब तक समोसे में रहेगा आलू, तब तक बिहार में रहेगा लालू।' उनके सियासी भविष्य पर ही सवाल खड़ा करने वालों को चुनावी नतीजों ने करारा जवाब दिया है। लालू की पार्टी और नीतीश की पार्टी ने राज्य में बराबर ही उम्मीदवार उतारे थे। पर चुनाव में लालू की पार्टी नीतीश की पार्टी से ज्यादा सीटों पर चुनाव जीती। नीतीश को भी एहसास हो गया कि राज्य में किस पार्टी की कितनी ताकत है। खैर! नीतीश–लालू और कांग्रेस ने गठबंधन करके एनडीए को पटखनी देने का कामयाबी पाई। भाजपा यही कोशिश करती रही कि नीतीश और लालू के अंतरविरोधों को उभारकर मतदाताओं में भ्रम की स्थिति पैदा की जाए, मगर ऐसा नहीं हो सका। शायद इसका उलटा असर ही हुआ। लालू और नीतीश के वोट बैंक एक–दूसरे को ही नहीं, बल्कि कांग्रेस को भी एकमुश्त मिले। इससे राजद को 80, जदयू को 71 और कांग्रेस को 27 सीटें मिलीं। महागठबंधन की जीत की मुख्य वजहें नीतीश की छवि और लालू के सामाजिक समीकरण थे जबकि एनडीए गठबंधन के घटक भाजपा, लोक जनशक्ति पार्टी, आरएसएलपी और हिंदुस्तान अवाम मोर्चा महागठबंधन की टक्कर में कहीं नहीं दिखे। लालू को अपने पिछड़ा वोट बैंक को एकजुट करने में आरएसएस प्रमुख मोहन भागवत की आरक्षण की समीक्षा संबंधी बयान का भी असर रहा। इसी तरह केंद्रीय मंत्री वी.के. सिंह के दलितों के संदर्भ में दिए गए बयान से भी दलित वोटों पर असर पड़ा। सिंह हरियाणा में दलित बच्चों को जलाए जाने की घटना पर कह बैठे थे कि "कोई कुत्ते को पत्थर मारे तो उससे केंद्र सरकार प्रभावित नहीं होती।" भाजपा दोनों का खंडन करती रही लेकिन तब तक बहुत देर हो चुकी थी। बहरहाल, भाजपा को 53, लोकजन शक्ति पार्टी और राष्ट्रीय लोक समता पार्टी को 2–2 सीटें और हिंदुस्तान अवाम मोर्चा को 1 सीट मिली। महागठबंधन और एनडीए के बीच वोट फीसदी में भी 8 फीसदी का फासला था। महागठबंधन को करीब 42 फीसदी और एनडीए को 34 फीसदी वोट मिले।

पार्टी	जीती	वोट (%)
महागठबंधन	178	41.9
आरजेडी	80	18.4
जेडीयू	71	16.8
कांग्रेस	27	6.7
एनडीए	58	34.2

बीजेपी	53	24.5
लोकजन शक्ति पार्टी	2	4.8
राष्ट्रीय लोक समता पार्टी	2	2.6
हिंदुस्तान अवाम मोर्चा	1	2.3
अन्य	7	23.9

हार के बाद भाजपा में यह चर्चा होनी ही थी कि पार्टी क्यों हारी। भाजपा में तूफान मचा है। यह कहा गया कि आरएसएस प्रमुख मोहन भागवत के आरक्षण की समीक्षा वाले बयान से भाजपा की करारी हार हुई है। भाजपा के सांसद हार के लिए मोहन भागवत के बयान को मुख्य वजह मान रहे थे लेकिन भाजपा के आला नेता भागवत का बचाव कर रहे हैं। अरुण जेटली ने कहा कि किसी एक बयान से हार–जीत तय नहीं होती। उन्होंने यह भी कहा कि महागठबंधन के गणित को समझने में गड़बड़ हो गई, लेकिन हार की मुख्य वजहों पर कुछ नहीं बोले यानी सारी कवायद मोहन भागवत के बचाव की रही। अरुण जेटली ही नहीं, राजनाथ सिंह से लेकर नितिन गडकरी सभी मोहन भागवत के बचाव में उतर गए। जाहिर है, मोहन भागवत के बयान को बिहार में लालू प्रसाद यादव और नीतीश कुमार ने खूब भुनाया जबकि लालू यादव को जवाब देने में भाजपा ने देर कर दी। नरेन्द्र मोदी ने जब आरक्षण के बचाव में 'जान की बाजी' लगाने की बात की तब तक तीन चरण के मतदान खत्म हो चुके थे। भाजपा की हार में मोहन भागवत का बयान एक मुद्दा हो सकता है लेकिन वह मुख्य मुद्दा नहीं था।

बिहार में करीब 12 फीसदी अगड़ी जातियां हैं जिसमें करीब 2 फीसदी लोग राज्य से बाहर रहते हैं। यानी राज्य में अगड़ी जाति की आबादी करीब 10 फीसदी है। बिहार में करीब 57 फीसदी वोटिंग हुई यानी अगड़ी जाति के 6 फीसदी लोगों ने वोट किया। दूसरी तरफ से देखें तो भाजपा को अगड़ी जाति के 70 फीसदी वोट मिले यानी भाजपा को अगड़ी जाति के सिर्फ 7 फीसदी वोट ही मिले। एनडीए को कुल 34 फीसदी वोट मिले जिसमें 7 फीसदी अगड़ी जाति के वोट भी हैं तो सवाल उठता है कि 27 फीसदी वोट कहां से मिले? 17 फीसदी मुस्लिम वोटरों ने भाजपा को वोट नहीं किया तो जाहिर है कि 27 फीसदी वोट पिछड़ी और दलित वोटरों से मिला। तो फिर यह क्यों कहा जा रहा है कि महागठबंधन के गणित ने भाजपा की केमिस्ट्री खराब कर दी? एक्सिस–माय इंडिया के एक्जिट पोल के मुताबिक एनडीए को यादवों के 13 फीसदी, कोयरी–कुर्मी जाति के 30 फीसदी, अन्य

ओबीसी के 51 फीसदी, दलितों के 48 फीसदी वोट और अगड़ी जाति के 70 फीसदी वोट मिले। यहां यह बताना जरूरी है कि अन्य ओबीसी और दलितों में महागठबंधन की तुलना में एनडीए को ज्यादा वोट मिले। अन्य ओबीसी ने 51 फीसदी एनडीए को वोट दिया जबकि 32 फीसदी वोटरों ने महागठबंधन को वोट दिया। 48 फीसदी दलितों ने एनडीए को वोट दिया जबकि 37 फीसदी दलितों ने महागठबंधन को वोट दिया। हार की थ्योरी को समझने के लिए पहले यह समझना जरूरी है कि 2014 के लोकसभा चुनाव में जब मोदी की लहर थी, तब भी एनडीए गठबंधन को 38 फीसदी वोट मिले थे जबकि वर्तमान महागठबंधन को 44 फीसदी वोट मिले। इस तरह पिछले चुनाव की तुलना में इस बार महागठबंधन को 2 फीसदी का नुकसान हुआ है। अगर उस समय लालू और नीतीश के बीच गठबंधन हो जाता तो लोकसभा की तस्वीर अलग होती। इस बार एनडीए के जीत की संभावना इसीलिए लग रही थी क्योंकि जीतनराम मांझी जदयू से टूटकर एनडीए में शामिल हो गए। पप्पू यादव राजद से टूटकर अलग हो गए थे और असदुद्दीन ओवैसी की पार्टी भी चुनाव मैदान में थी लेकिन इस फैक्टर से एनडीए को फायदा नहीं हुआ। दरअसल बिहार में मुस्लिम आबादी 17 फीसदी है, यादव आबादी 14 फीसदी है और कुर्मी आबादी 4 फीसदी है। इन सारी जातियों के वोट जोड़ दें तो 35 फीसदी हो जाता है। यह मानकर चलें कि मुस्लिम, यादव और कुर्मी ने एकमुश्त वोट महागठबंधन को दे दिया तो इस हिसाब से महागठबंधन को दलित, अन्य ओबीसी और अगड़ी जाति से सिर्फ 7 फीसदी वोट मिले। हालांकि यह अनुमान है और महागठबंधन के उम्मीदवारों की जीत का भारी अंतर इससे अलग तस्वीर भी पेश कर सकता है। हालांकि इससे यह भी साबित हो जाता है कि मोहन भागवत का बयान चुनावी मुद्दा हो सकता है लेकिन एकमात्र मुद्दा कतई नहीं था।

किस जाति ने किसको वोट दिया (%)

गठबंधन	मुस्लिम	यादव	कोइरी/कुर्मी	ओबीसी–अन्य	दलित	सवर्ण
एनडीए	3	13	30	51	48	70
महागठबंधन	81	70	53	32	37	16
अन्य	16	17	17	17	15	14

स्रोत– एक्सिस–माई इंडिया एक्जिट पोल

भाजपा के भीतर बिहार में हार के लिए नरेन्द्र मोदी और अमित शाह की टीम को जिम्मेदार ठहराया गया। लालकृष्ण आडवाणी से लेकर मुरली मनोहर जोशी, यशवंत सिन्हा, शांता कुमार ने बिना नाम लिए हुए ही अमित शाह पर निशाना साधा। शत्रुघ्न सिन्हा का कहना था कि जीत और हार के लिए कप्तान को ताली और गाली दोनों मिलती है। असल में दिल्ली और बिहार दोनों में भाजपा का कोई चेहरा न होना भारी पड़ा। यही नहीं, नीतीश का काम दिखता था। कानून–व्यवस्था, सडक, बिजली वगैरह में सुधार दिखता था और छात्राओं को साइकिल तथा पंचायतों में महिलाओं को 50 फीसदी आरक्षण भी मतदाताओं को प्रभावित कर रहा था। इसके उलट वोटरों को मोदी का कोई काम धरातल पर नहीं दिख रहा था। सत्ता में आए पार्टी को दो साल हो गए लेकिन 'अच्छे दिनों' का हासिल शून्य ही रहा। भाजपा में ये आरोप भी उछले कि पैसे लेकर उम्मीदवार उतारे गए। यह सवाल सांसद आरके सिंह उठा चुके थे। उनकी बात को नजरअंदाज कर दिया गया जबकि हकीकत यही थी कि टिकट बंटवारे में योग्य उम्मीदवारों को तरजीह नहीं दी गई। पार्टी की हार में अहंकार भी बड़ी वजह मानी गई। जो सांसद नाराज थे, उन्हें नहीं पूछा गया बल्कि कुछ ऊपर के नेता रणनीति बनाते रहे गये। ये आरोप भी लगने शुरू हो गए कि भाजपा स्कूटर पार्टी हो गई है यानी तीन लोग ही पार्टी चला रहे हैं।

इसका साफ मतलब है कि पार्टी में संवाद साफ टूट गया। चुनाव में बेवजह मुद्दे भी उठाए गए। पाकिस्तान में पटाखा फूटने की बात कहकर शाह ने ध्रुवीकरण की कोशिश भी की। मोदी नीतीश के डीएनए पर सवाल उठा आए। यह सब नीतीश के पक्ष में सहानुभूति का कारण बना। यही नहीं, टिकट बंटवारे में महागठबंधन की साझा रणनीति थी जबकि एनडीए में खटराग जारी था, इसीलिए एक पार्टी से दूसरी पार्टी के बीच वोट ट्रांसफर नहीं हो पाया। दादरी कांड, गोमांस, असहिष्णुता और साहित्यकारों के अवार्ड लौटाने के मुद्दे को पार्टी ठीक से हैंडल नहीं कर पाई। महंगाई की मार भी उसके खिलाफ गई। प्याज 60 रुपए और दाल 200 रुपए किलो बिकने लगी तो लोगों का गुस्सा सातवें आसमान पर पहुंचा गया जबकि महंगाई रोकने के लिए लोकसभा चुनाव के दौरान लंबे–चौड़े दावे किये गये थे। वादों और दावों को जमीनी हकीकत से दो–चार होना पड़ता है। लोकसभा चुनाव के बाद चुनाव मैनेजमेंट पर भाजपा की रणनीति ढ़ीली पड़ती जा रही है, न तो नारे में दम दिखता है, न ही नेता–कार्यकर्ता में सामंजस्य दिखता है। मोदी की रणनीति की कॉपी करके ही अरविन्द केजरीवाल और नीतीश कुमार उन्हीं को मात दे

रहे हैं। प्रशांत किशोर जैसे चुनाव मैनेजर मोदी का दामन छोड़कर नीतीश के पाले में चले गए। प्रशांत किशोर की वजह से भाजपा की तुलना में नीतीश कुमार–लालू यादव का चुनाव प्रबंधन बेहतर था। लिहाजा, बिहार और दिल्ली की हार संकेत है कि अगर रणनीति–राजनीति में बदलाव नहीं किया गया तो भाजपा के लिए अच्छे दिन नहीं आने वाले हैं।

हिन्दू ध्रुवीकरण का असर

धर्मेन्द्र कुमार सिंह

गुजरात दंगे को एक अरसा बीत गया लेकिन उसकी परछाई 2014 के लोकसभा चुनाव में भी काफी लंबी थी। मोदी की शानदार जीत की एक बड़ी वजह गुजरात दंगों से बनी कट्टर हिन्दुत्व नायक की छवि और चुनावों के कुछ समय पहले मुजफ्फरनगर दंगे की वजह से हुए ध्रुवीकरण को बताया गया। जाहिर है, विपक्षी पार्टियों ने इसे मुद्दा बनाने में कोई कोर कसर नहीं छोड़ी जबकि भाजपा इस मुद्दे पर शांत बनी रही या अपने कुछेक बयानों से समय–समय पर हवा देती रही। भाजपा की दुश्मन पार्टियों ने ही इस मुद्दे पर आक्रामकता दिखाई क्योंकि इसी मुद्दे पर उसे या खासकर मोदी को घेरना चाहती थीं। असल में उनके पास भ्रष्टाचार, विकास जैसे मुद्दों पर कुछ कहने को था भी नहीं। इसी वजह से मोदी विकास पर जोर देते रहे और मतदाताओं की नजर में एक पुश्त ऊंचा नजर आने लगे। फिर, मोदी की पूर्व छवि के कारण मुस्लिम मतदाताओं ने मोदी के खिलाफ वोट देने का फैसला किया तो दूसरा पक्ष शांत कैसे रह सकता था। अब यह जानना जरूरी है कि नरेन्द्र मोदी की यह छवि कैसे बनी। दरअसल गोधरा में ट्रेन में कारसेवकों को जलाने और गुजरात दंगों के बाद पूरे देश की राजनीति की दशा और दिशा बदल चुकी थी। यह ऐसी घटना थी जिससे मोदी जीरो भी साबित हो सकते थे लेकिन लाख उथल–पुथल के बाद भी वे हीरो बनकर निकले क्योंकि विपक्ष इस मुद्दे को मरने नहीं देना चाहता था। यह ऐसा मुद्दा है जिस पर पार्टी के अंदर और बाहर लगातार चर्चा होती रही है। तत्कालीन प्रधानमंत्री अटल बिहारी वाजपेयी इस घटना के बाद नरेन्द्र मोदी का इस्तीफा चाहते थे लेकिन वाजपेयी की मांग के खिलाफ भाजपा के कई दिग्गज और संघ उनके इस्तीफे के खिलाफ था। मोदी ने दंगे के बाद गोवा में भाजपा की कार्यकारिणी में मुख्यमंत्री पद से इस्तीफे की पेशकश भी की, लेकिन उनके इस्तीफे के

खिलाफ आवाज बुलंद हो गई और एक तरह से वाजपेयी की मांग ठुकरा दी गई। प्रधानमंत्री वाजपेयी की नजरों में गुजरात दंगे भारत के माथे पर काला धब्बा हैं और उन्होंने मोदी को राजधर्म निभाने की नसीहत भी दी थी। बात यहीं खत्म नहीं हुई बल्कि इसे चुनाव की जीत और हार से भी जोड़ा गया। कहा जाता है कि नरेन्द्र मोदी की जीत में गुजरात दंगे का जबर्दस्त असर था। नरेन्द्र मोदी गुजरात विधानसभा चुनाव 2002 तो भारी मतों से जीते लेकिन जब भाजपा 2004 में लोकसभा चुनाव हारी, तो यह भी कहा जा रहा था कि गुजरात दंगे की वजह से भाजपा हार गई। कांग्रेस ही नहीं बल्कि हार के बाद पूर्व प्रधानमंत्री अटलबिहारी वाजपेयी भी यही कह रहे थे। उन्होंने तब कहा था, "भाजपा की हार गुजरात दंगों की वजह से हुई है।"

2004 की हार गुजरात दंगों की वजह से हुई या नहीं, इस पर विवाद हो सकता है। इसका जिक्र आगे विस्तार से करेंगे, कैसे यह दलील भी वाजिब नहीं है। यहां गौरतलब यह भी है कि पहले वाजपेयी और आडवाणी ने अपने राजनीतिक रुझान से कैसे नरेन्द्र मोदी को कट्टर हिंदुत्व का नायक बनने में मदद की और कैसे इन दोनों नेताओं से मोहभंग के कारण मोदी राष्ट्रीय स्वयंसेवक संघ और भाजपा के कट्टर समर्थकों के बीच पोस्टर ब्वॉय बन गए। दरअसल राममंदिर आंदोलन और बाबरी मस्जिद विध्वंस के दौर में आडवाणी ही कट्टर हिंदुत्व के नायक और 'हिन्दू ह्रदय सम्राट' हुआ करते थे। लेकिन 1996 में सबसे बड़ी पार्टी बनी भाजपा के साथ कोई दल गठबंधन करने को तैयार नहीं हुआ और वाजपेयी की 13 दिनों की सरकार गिर गई। उसके बाद भाजपा और संघ में नया चिंतन शुरू हुआ। उस समय संघ प्रमुख रज्जू भैया उर्फ राजेन्द्र सिंह के साथ मिलकर वाजपेयी और आडवाणी ने तय किया कट्टर हिंदुत्व की धारा को और आगे नहीं ले जाया जा सकता। इसी विचार से एनडीए गठजोड़ कायम करते वक्त राममंदिर, धारा 370 और समान नागरिक संहिता के तीनों विवादस्पद मुद्दों को दरकिनार कर दिया गया। 2004 की हार के बाद आडवाणी की पाकिस्तान यात्रा के दौरान जिन्ना की तारीफ को भी इसी कड़ी में देखा जा सकता है। वे अपनी स्वीकार्यता बढ़ाने के लिए उदार छवि पेश करने की कोशिश कर रहे थे। इसे संघ और भाजपा के समर्थकों में भारी कसमसाहट का भाव पैदा हो गया।

इस बीच संघ का नेतृत्व भी बदल चुका था। और 2002 के दंगों के बाद मोदी कट्टर हिंदुत्व के नायक और 'हिन्दू ह्रदय सम्राट' बन गये थे। संघ को भी लगा कि भाजपा पटरी से उतर रही है। जिन्ना विवाद के बाद से ही आडवाणी को हटाने की कोशिशें चल रही थीं। लेकिन माकूल चेहरा नहीं मिल पा रहा था। 2009 में मोहन भागवत संघ प्रमुख बनने के पहले

ही इसी दिशा में काम शुरू कर चुके थे। संघ की नेताओं की आडवाणी से दूसरी दिक्कत यह भी थी कि वे सभी उनसे छोटे थे। लिहाजा, उन्हें अपनी लाइन पर चलने को नहीं कह सकते थे। बाद में दिल्ली मंडली को हटाकर पहले नितिन गडकरी और फिर राजनाथ सिंह को अध्यक्ष इसी योजना के तहत में बनाया गया। तीसरी बार गुजरात में चुनाव जीते मोदी की देश भर कट्टर छवि पहले ही बन चुकी थी। मोदी ने संघ की उम्मीदों से ज्यादा बड़ा हिन्दू नायक बनकर दिखाया।

अब उस घटनाक्रम और उसके बाद गुजरात में मोदी की चुनावी सफलताओं पर गौर किया जाए। 2001 में मोदी भुज में भारी भूकंप के बाद फौरी योजना के तहत ही गुजरात भेजे गये थे, लेकिन 27 फरवरी 2002 को गोधरा स्टेशन पर साबरमती एक्सप्रेस के एक डिब्बे में आग लगी और 59 लोग मारे गये जिसमें ज्यादातर कारसेवक थे जो अयोध्या से लौट रहे थे। इसके बाद हुए दंगे में करीब 1200 लोगों की जानें गई। लेकिन राज्य के चुनावी इतिहास में इसका असर बड़े पैमाने पर हुआ। मोदी 2002 से लेकर 2012 तक लगातार तीसरी बार गुजरात के विधानसभा के चुनाव जीते और कांग्रेस का जनाधार काफी सिकुड़ गया। इसके विपरीत 2004 में अटलबिहारी वाजपेयी ने कहा कि गुजरात दंगों ने उन्हें हरा दिया। हालांकि यह भी कहा गया कि 2014 लोकसभा चुनाव में मोदी की जीत में गुजरात दंगे एक महत्त्वपूर्ण कारक थे। क्या यह संभव है एक ही मुद्दे पर 13 साल में एक ही पार्टी गुजरात में तीन बार विधानसभा और एक बार लोकसभा का चुनाव जीत सकती है और उसी मुद्दे पर 2004 का लोकसभा चुनाव हार सकती है? आइए इसकी तलाश करते हैं कि 2002 से लेकर 2014 तक के दो लोकसभा चुनाव और गुजरात के विधानसभा चुनाव में गुजरात दंगे के इर्द–गिर्द देश की राजनीति कैसे चल रही थी।

गुजरात दंगे के बाद देश की राजनीति गरमाई थी और मोदी समय के पहले ही गुजरात में विधानसभा का चुनाव कराना चाहते थे। फिर वही हुआ जो मोदी चाहते थे यानी समय से पहले गुजरात में विधानसभा के चुनाव हुए। हालांकि इसी चुनाव को लेकर गुजरात के मुख्यमंत्री नरेन्द्र मोदी और उस समय के मुख्य चुनाव आयुक्त जे.एम. लिंग्दोह के बीच ठन गई थी। इसके बावजूद मोदी की शानदार जीत हुई। भाजपा कुल 182 में से 127 सीटें जीत गई लेकिन ये सीटें भाजपा को कहां मिली और क्यों मिली यह देखने और समझने लायक है। 2002 के गुजरात विधानसभा चुनाव में भाजपा को सबसे अधिक 127 सीटें मिली थीं। इतनी सीटें भाजपा को 1990 से लेकर 2012 तक कभी नहीं मिलीं। 1998

के चुनाव की तुलना में भाजपा को 11 सीटों को फायदा हुआ जबकि वोट प्रतिशत में 5 फीसदी की बढ़ोतरी हुई थी। भाजपा की जीत पूरे गुजरात में नहीं हुई, बल्कि पार्टी को तीन क्षेत्रों में नुकसान हुआ था, जबकि मध्य गुजरात में जबर्दस्त फायदा हुआ था। जिस क्षेत्र में पार्टी हारी, वह सौराष्ट्र, उत्तर और दक्षिण क्षेत्र के थे। भाजपा को मध्य गुजरात के 50 सीटों में से 42 सीटें मिलीं। उसे 27 सीटों का फायदा अकेले इसी क्षेत्र से हो गया। यही वह इलाका है जहां भाजपा का वोट भी 18 फीसदी बढ़ गया। गौरतलब है कि मध्य और उत्तर गुजरात दंगे से सबसे अधिक प्रभावित हुआ

	कुल सीटें	भाजपा				कांग्रेस				अन्य	
		सीटें	फायदा	वोट	फायदा	सीटें	फायदा	वोट	फायदा	सीटें	वोट
सौराष्ट्र	58	39	−11	46.1	−3.1	18	12	40.2	9.8	1	13.7
उत्तर	52	35	−2	52.5	6.9	16	3	49.1	8.8	1	−1.6
मध्य	50	42	27	54.2	17.8	6	−22	35.8	−5.1	2	10
दक्षिण	22	11	−3	41.6	−8.6	11	5	40.5	2.5	0	17.9
	182	127	10	49.8	5.1	51	−2	39.3	4.4	4	10.9

भाजपा की सीटें

साल	सीटें	वोट (%)
1990	67	26.69
1995	121	42.51
1998	117	44.81
2002	127	49.85
2007	117	49.21
2012	115	47.85

स्रोत– भारतीय चुनाव आयोग

गुजरात के मध्य इलाके में पंचमहल, दाहोद, वडोदरा, खेड़ा, आणंद, भड़ूच और नर्मदा जिले आते हैं। यह वह इलाका है जो गुजरात दंगे की सबसे ज्यादा प्रभावित था। गोधरा, जहां साबरमती एक्सप्रेस में आगजनी में 59 लोगों की जान चली गई थीं, पंचमहल जिले में ही आता है। पंचमहल की सात में से सातों सीटें भाजपा जीतीं, यहां पर भाजपा को 6 सीटों का फायदा हुआ। और उसके वोट 38.3 फीसदी बढ़ गये। भाजपा पंचमहल ही नहीं, दाहोद की सभी 6 सीटें, वडोदरा की सभी 13 सीटें और खेड़ा की सभी 9 सीटें जीतने में कामयाब रही। पार्टी को पिछले चुनाव की तुलना में दाहोद

में 5 सीटें, वडोदरा में 8 सीटें और खेड़ा में 6 सीटों का फायदा हुआ। वोट प्रतिशत के मामले में भी दाहोद में 23.2 फीसदी, वडोदरा में 15.3 फीसदी और खेड़ा में 15 फीसदी वोटों का फायदा हुआ। भाजपा को आणंद की 8 सीटों में से 6, भड़ूच की 5 में से 3 और नर्मदा की 2 में से एक सीट मिली। उत्तर गुजरात में अहमदाबाद सबसे अधिक दंगा प्रभावित इलाका था, जहां पार्टी को 19 में से 17 सीटें मिलीं। उसे 4 सीटों का फायदा हुआ। गांधीनगर और मेहसाणा में ज्यादा फर्क नहीं पड़ा। गांधीनगर में दंगे नहीं हुए तो भाजपा को फायदा भी नहीं हुआ। मेहसाणा में दंगे हुए तो भाजपा को एक सीट का फायदा हुआ। जाहिर है, जहां दंगे हुए वहां राजनीतिक संवेदनशीलता बढ़ गई। जो गोधरा में हुआ था उसे जायज नहीं ठहराया जा सकता है, जो उसके बाद गुजरात में हुआ उसे भी लोकतांत्रिक देश में जायज नहीं ठहराया जा सकता है तो फिर सिर्फ मध्य गुजरात में ही भाजपा को फायदा क्यों हुआ? यह दलील दी जाती है कि गुजरात दंगे की वजह से नरेन्द्र मोदी की जीत 2014 के लोकसभा चुनाव में हुई तो सवाल ये है कि 2002 में ही गुजरात के ही बाकी तीन क्षेत्रों में भाजपा को फायदा क्यों नहीं हुआ? क्या यह माना जाए कि जिस इलाके में दंगे ज्यादा हुए वहीं पर भाजपा को फायदा हुआ और जहां दंगे छिटपुट हुए वहां पर भाजपा को फायदा नहीं हुआ।

गुजरात में भाजपा की जीत

जिले	क्षेत्र	कुल सीटें	भाजपा जीती	फायदा	वोट (%)	वोट फायदा
पंचमहल	मध्य	7	7	6	65.4	38.3
दाहोद	मध्य	6	6	5	52.9	23.2
वडोदरा	मध्य	13	13	8	59.9	15.3
खेड़ा	मध्य	9	9	6	49.1	15.0
आणंद	मध्य	8	6	4	48.9	10.4
भड़ूच	मध्य	5	3	0	47.8	12.4
नर्मदा	मध्य	2	1	1	38.4	8.9
अहमदाबाद	उत्तर	19	17	4	60.1	7.4
गांधीनगर	उत्तर	4	2	–1	46.	5.8

ईपीडबल्यू, जनवरी, 2003, पेंज 270, संजय कुमार, सीएसडीएस

मसलन, गुजरात की 181 सीटों में से 65 विधानसभा सीटें दंगा प्रभावित थीं।

इनमें से 37 सीटें नॉर्थ गुजरात से आती हैं जबकि 26 सीटें मध्य गुजरात में और 2 सीटें सौराष्ट्र इलाके में हैं। भाजपा को सबसे ज्यादा फायदा मध्य गुजरात के दंगे प्रभावित इलाके में हुआ। भाजपा को 26 सीटों में से 25 सीटों पर सफलता हासिल हुई। यहीं पार्टी को पिछले चुनाव की तुलना में 14 सीटें और 20.4 फीसदी वोटों का फायदा हुआ। इसके विपरीत दंगे से अप्रभावित इलाके में 24 सीटों में से पार्टी को 17 सीटें मिलीं। यहां भी पार्टी को 13 सीटों और 14.7 फीसदी वोटों का फायदा हुआ। उत्तर गुजरात के दंगा प्रभावित इलाके की 37 सीटों में से पार्टी को 25 सीटें मिलीं। पिछले चुनाव की तुलना में पार्टी को सीटों का फायदा तो नहीं हुआ लेकिन वोट 8.2 फीसदी बढ़ गए।

कहां भाजपा को अधिक फायदा

	क्षेत्र	कुल सीटें	भाजपा जीती	फायदा	वोट (%)	वोट फायदा
उत्तर गुजरात	दंगा प्रभावित सीटें	37	25	0	55	8.2
	दंगा अप्रभावित सीटें	15	10	–2	45.6	3.5
मध्य गुजरात	दंगा प्रभावित सीटें	26	25	14	58.8	20.4
	दंगा अप्रभावित सीटें	24	17	13	48.8	14.7

ईपीडबल्यू, जनवरी, 2003, पेज 270, संजय कुमार, सीएसडीएस

इन सारे तथ्यों को देखने से पता चलता है कि सिर्फ दंगे की वजह से पूरे गुजरात में नरेन्द्र मोदी की जीत नहीं हुई, लेकिन इस बात से भी इनकार नहीं किया जा सकता है कि दंगों से मोदी को मध्य गुजरात में फायदा हुआ। वहां एक साल पहले इतना बड़ा भूकंप आया था जिससे पूरा इलाका तबाह हो गया था। अगले ही साल बड़े दंगे हुए। ऐसे में भाजपा की सीटें अगर बढ़ती हैं तो इसकी क्या वजहें हो सकतीं हैं? ध्यान देने की बात यह है कि सौराष्ट्र और कच्छ में भूकंप से काफी नुकसान हुआ था और अगर भाजपा

की सरकार ने वहां बेहतर काम किया तो फिर पार्टी को नुकसान क्यों हुआ? दरअसल, सौराष्ट्र भाजपा का गढ़ था लेकिन केशुभाई पटेल की मुख्यमंत्री की कुर्सी गई तो पटेल वोटर नाराज हो गये जिसका खमियाजा पार्टी को भुगतना पड़ा। इसके विपरीत मध्य गुजरात में दंगे और चुनाव के पहले मोदी की गौरव यात्रा से भाजपा के पक्ष में जबर्दस्त हवा चली और उसे काफी फायदा हुआ। गौरतलब है कि यह इलाका आदवासी बहुल है और कांग्रेस का हमेशा से ही यहां वर्चस्व रहा है। इसका मतलब यह है कि भाजपा जहां कमजोर थी वहां उसे फायदा हुआ और जहां मजबूत थी वहां नुकसान उठाना पड़ा। एक बात और है अगर मध्य गुजरात में भाजपा को 27 सीटों का फायदा नहीं भी होता तब भी राज्य में भाजपा की ही सरकार बनती।

अब बात अटलबिहारी वाजपेयी की। उन्होंने कहा था कि गुजरात दंगे की वजह से वे 2004 का लोकसभा चुनाव हारे जबकि इसी मुद्दे पर इसके पहले नरेन्द्र मोदी 2002 में चुनाव जीत चुके थे। 2003 के विधानसभा चुनाव में भी पार्टी मध्य प्रदेश, राजस्थान और छत्तीसगढ़ में चुनाव जीत चुकी थी तो फिर वाजपेयी को ऐसा क्यों लगा कि गुजरात दंगे की वजह से उनकी हार हुई? दरअसल 2004 के लोकसभा चुनाव में हार की दूरारी वजहें थीं। भाजपा अपनी हार से भौचक थी तो कांग्रेस को भी यकीन नहीं हो रहा था कि उसकी जीत कैसे हुई। भाजपा की हार की मौटे तौर पर दो वजहें गिनाई गईं। एक इंडिया शाइनिंग, दूसरा गुजरात दंगा लेकिन यकीनन या आंकड़ों के आधार पर यह नहीं कहा जा सकता है कि भाजपा की हार की सिर्फ यही दो वजहें थीं। यह जरूर था कि सहयोगी दलों से बनते–बिगड़ते रिश्तों पर गुजरात दंगे का साया था। दंगे की वजह से भाजपा से कुछ सहयोगी दल छिटके तो कांग्रेस को इसका लाभ मिला। गौर कीजिए कि हार और जीत में भाजपा और कांग्रेस के बीच सिर्फ सात सीटों का फासला था। भाजपा की हार की सबसे बड़ी वजह यह बनी कि सोनिया गांधी उसकी तुलना में बड़ा गठबंधन खड़ा करने में कामयाब हुईं। 1999 में वाजपेयी सरकार को गिराने वाली जयललिता से पार्टी ने तमिलनाडु में फिर 2004 के लोकसभा चुनाव में समझौता कर लिया जबकि चुनाव से पूर्व पार्टी का डीएमके से गठबंधन था। तमिलनाडु में भाजपा तो हारी ही, साथ ही साथ जयललिता का सूपड़ा भी साफ हो गया। वहीं आंध्र प्रदेश में चंद्रबाबू नायडू का राज्य में 10 साल से शासन था। वहां कांग्रेस चंद्रशेखर राव की नेतृत्ववाली टीआरएस से गठबंधन करके चंद्रबाबू नायडू को पटखनी देने में कामयाब हुई। बिहार में लालू प्रसाद यादव के नेतृत्व वाली आरजेडी, रामविलास पासवान और कांग्रेस गठबंधन ने शानदार प्रदर्शन किया। महाराष्ट्र में पहले से ही एनसीपी और कांग्रेस

के बीच गठबंधन था जबकि जम्मू–कश्मीर में पीडीपी से गठबंधन करने में कांग्रेस सफल हुई। झारखंड में कांग्रेस, आरजेडी और जेएमएम के बीच गठबंधन था। यूपीए के साथ 18 पार्टियां थीं जबकि एनडीए के साथ सिर्फ 13 पार्टियां। अगर तमिलनाडु में पार्टी की गलत रणनीति नहीं होती और रामविलास पासवान एनडीए छोड़कर नहीं भागे होते तो शायद लोकसभा की तस्वीर अलग हो सकती थी। पश्चिम बंगाल में भी ममता बनर्जी की पार्टी कुछ नहीं कर पाई। वहां भाजपा को एक भी सीट नहीं मिली जबकि ममता बनर्जी सिर्फ दो सीटों पर सिमट गईं। झारखंड में भाजपा धोखा खा गई और उसे पहली बार सबसे कम 1 सीट मिली।

सहयोगी दलों की नाकामी और गठबंधन की गलत रणनीति के अलावा भाजपा का अपना कार्यकर्ता भी पार्टी से बिदका हुआ था। उसकी एक वजह रामजन्म भूमि मामले में निराशा और हिंदुत्व पर पार्टी का ढुलमुल रवैया हो सकता है। मसलन, अटलबिहारी वाजपेयी नरेन्द्र मोदी को गुजरात के मुख्यमंत्री पद से हटाना चाहते थे लेकिन जिस ढंग से मोदी के समर्थन में एक माहौल बना, उससे लगने लगा कि वाजपेयी की मांग कट्टर हिंदुत्व के पैरोकारों की समझ से परे थे। मोदी से सहानूभूति रखनेवालों को शायद लगा कि उन्हें अपमानित किया जा रहा है। हिंदुत्ववादी संगठन आरएएस और वीएचपी भी मोदी को मुख्यमंत्री पद से हटाने के पक्ष में नहीं थे। इस तरह 2004 के चुनावों के पहले सोनिया गांधी की नेतृत्व में मजबूत गठबंधन खड़ा हो रहा था लेकिन भाजपा में गुजरात दंगे को लेकर मोदी के समर्थन और खिलाफ में राजनीति शुरू हो गई। इससे भाजपा कार्यकर्ताओं में अजीब असमंजस की स्थिति पैदा हो गई थी। हो सकता है कि इसी असमंजस से संगठन में नकारात्मक संदेश गया। इस नकारात्मक संदेश से हिन्दू वोटरों में बिखराव हो गया जबकि मुस्लिम वोटर हमेशा की तरह भाजपा के खिलाफ लामबंद थे। फिर एक वजह यह भी थी कि जिस राम जन्मभूमि आंदोलन के दम पर पार्टी सत्ता में आई थी, उसी मुद्दे पर अटलबिहारी वाजपेयी की सरकार के तेवर ढीले पड़ गये थे। इससे राम जन्मभूमि आंदोलन से जुड़े लोगों को निराशा हुई, जिसकी झलक लोकसभा चुनाव के नतीजों में दिखाई पड़ी।

शायद गुजरात दंगे, यूपीए का महागठबंधन, मुस्लिम मतदाताओं में एकजुटता और हिन्दू मतदाताओं में उत्साह खत्म होने की वजह से एक ऐसी स्थिति बनी जो एनडीए और भाजपा के खिलाफ चली गई। ध्यान देने की बात भी है कि जहां मुस्लिम आबादी 11 फीसदी से ऊपर है और ऐसी जगह जहां यूपीए का गठबंधन था, वहां भाजपा की स्थिति ज्यादा खराब हुई लेकिन

कर्नाटक का परिणाम अपवाद था। ऐसे प्रदेश जहां मुस्लिम आबादी 10–11 फीसदी से ऊपर है वहां भाजपा की करारी हार हुई। ये राज्य हैं उत्तर प्रदेश, बिहार, पश्चिम बंगाल, असम, जम्मू–कश्मीर, दिल्ली और झारखंड। उत्तर प्रदेश में भाजपा को सिर्फ 10 सीटें मिली, बिहार में पार्टी को 5 सीटें, पश्चिम बंगाल में पार्टी को कोई सीटें नहीं बल्कि टीएमसी को सिर्फ दो सीटें, असम में 2 सीटें, जम्मू–कश्मीर में एक भी सीट नहीं जबकि दिल्ली और झारखंड में सिर्फ एक–एक सीट मिली। गुजरात जिसे हिंदुत्व का प्रयोगशाला कहा जाता था, वहां पार्टी को सिर्फ 14 सीटें मिलीं जबकि 1999 में 20 सीटें थीं। जो पार्टी गुजरात दंगे की वजह से 2002 में चुनाव जीती तो फिर वही क्यों दो साल में इतनी कम सीटों पर सिमट गई। दरअसल राज्य में नरेन्द्र मोदी के खिलाफ भाजपा नेताओं ने लामबंदी शुरू कर दी थी। नरेन्द्र मोदी ने भी सोनिया गांधी और राहुल गांधी पर तीखे हमले शुरू कर दिये थे। शायद इसका खामियाजा उन्हें भुगतना पड़ा। गठबंधन की वजह से पार्टी को जम्मू–कश्मीर, बिहार, झारखंड, आंध्र प्रदेश और तमिलनाडु में नुकसान उठाना पड़ा।

लोकसभा 2004 में भाजपा की सीटें

राज्य	जनसंख्या (%)		सीटें	(%)
	हिन्दू	मुस्लिम	भाजपा (2004)	
जम्मू – कश्मीर	29.63	66.97	0	23.04
असम	65	31	2	22.94
पश्चिम बंगाल	72	25	0	8.06
केरल	56	25	0	10.38
उत्तर प्रदेश	81	18.5	10	22.17
बिहार	83	17	5	14.57
झारखंड	69	14	1	33.01
दिल्ली	82	12	1	40.67
कर्नाटक	84	12	18	34.77
महाराष्ट्र	80	11	13	22.61
आंध्र प्रदेश	89	9	0	8.41

राज्य	जनसंख्या (%)		सीटें	(%)
	हिन्दू	मुस्लिम	भाजपा (2004)	
गुजरात	89	9	14	47.37
राजस्थान	89	8	21	49.01
तमिलनाडु	88	6	0	5.07
हरियाणा	88	6	1	17.21
मध्य प्रदेश	91	6	25	48.13
पंजाब	37	2	3	10.48
ओडीशा	94	2	7	19.3
छत्तीसगढ़	95	2	10	47.78

स्रोत– मुस्लिम जनसंख्या, भारतीय जनगणना, 2001

खैर, 2004 का चुनाव निकला और 2009 भी यूं ही निकल गया। 2014 के चुनाव में मुख्य चेहरा नरेन्द्र मोदी बन गये। इस तरह जिस शख्सियत को लेकर गुजरात में राजनीति होती थी अब वही केंद्र की राजनीति में आ गया था। जो मुद्दा गुजरात तक सिमटा था, मोदी की वजह से पूरे देश में फैल गया। गुजरात दंगे की वजह से शुरुआती दौर में नरेन्द्र मोदी के खिलाफ एक नाराजगी थी लेकिन दो–तीन साल के बाद उन पर लगातार होते हमले से जो वोटर उनसे खफा थे वे भी हमदर्दी रखने लगे क्योंकि वे गुजरात दंगे के बाद काफी बदल गये थे। वे अब विकास और सुशासन की बात करने लगे थे। समय बीतता चला गया लेकिन राजनीति की भट्ठी में गुजरात दंगे की आग सुलगती रही। नरेन्द्र मोदी ने कभी इसके लिए माफी नहीं मांगी और न ही कभी जिम्मेदारी ली। यह सवाल इसीलिए भी अहम हो गया कि उन्हें सुप्रीम कोर्ट की गठित एसआईटी से भी क्लीन चिट मिल गया लेकिन राजनीतिक पटल से यह मुद्दा गायब नहीं हुआ। इस पर 2014 लोकसभा चुनाव प्रचार के दौरान एबीपी न्यूज के घोषणापत्र प्रोग्राम में नरेन्द्र मोदी ने काफी विस्तार से जवाब दिया।

शाजी जमां : आपसे बहुत दफा दंगों के बारे में बहुत सारे सवाल हो चुके हैं। जिम्मेदारी के सवाल हो चुके हैं। कोर्ट केस पर हो चुके हैं। कुत्ते के पिल्ले के बारे में भी हो चुके हैं। एक सवाल मेरा थोड़ा–सा अलग है। किसी भी राज्य में किसी भी नागरिक की जान जाती है तो अंततः जिम्मेदारी मुख्यमंत्री की होती है, नैतिक जिम्मेदारी होती है, वह जिम्मेदीरी आप लेते हैं?

नरेन्द्र मोदी :.पहले दिन से ली है। मेरे विधानसभा में भाषण हैं, मेरे सब इंटरव्यू में है, सब उपलब्ध है। बस मेरी प्रार्थना है रिसर्च कर लीजिए, सब कुछ उपलब्ध है आप जो चाहते हैं वो जवाब उन्हीं शब्दों में है।

शाजी जमां : ऐसा लगता है कि एक ऐसा समय आया जब आपने मुस्लिम समुदाय से संपर्क बढ़ाने की कोशिश की...

नरेन्द्र मोदी : पहली बात है कि मेरी जिम्मेवारी है। गुजरात के मुख्यमंत्री के नाते 6 करोड़ नागरिकों से जितना जुड़ सकूं, उतना जुड़ना चाहिए और इन दिनों मुझे देश की जिम्मेवारी मिली है तो एड़ी–चोटी का जोर लगा करके सवा सौ करोड़ तक पहुंचने की कोशिश करता हूं। ये मेरी जिम्मेवारी है और मैं इसे अवश्य करूंगा। हो सकता है 100 कदम चलना हो लेकिन 3 ही चल पाऊं, 5 चल पाऊं, 7 चल पाऊं यह अलग विषय है लेकिन ये मेरी जिम्मेवारी है कि मेरे देश के हर किसी व्यक्ति तक, मेरे राज्य के हर व्यक्ति तक पहुंचने का मुझे प्रामाणिक प्रयास करना चाहिए।

शाजी जमां : उसमें मुस्लिम समुदाय भी शामिल है ?

नरेन्द्र मोदी : ये आपकी टर्मिनोलॉजी है। मैं इस टर्मिनोलॉजी में कभी जाने वाला नहीं हूं। आप रस्सी बांध करके मुझे ले जाओगे तो भी नहीं ले जा पाओगे। मैं मेरे देशवासियों से मिलूंगा। मैं एक ही भाषा समझता हूं। ये मेरे भारतवासी हैं, ये मेरे भाई हैं। ये आप जिस कलर से देखना चाहते हैं, आप की मर्जी। मोदी उस कलर में जाने वाला नहीं है। कल मैं चुनाव हार जाऊं तो हार जाऊं, मुझे कोई प्रॉब्लम नहीं है। लेकिन देश को तबाह कर दिया इस भाषा ने, बर्बाद कर दिया है आप लोगों की सोच ने। उस सोच को मैं कभी भी स्वीकार नहीं करूंगा और आप मेहरबानी करके मेरी स्वतंत्रता पर इस प्रकार के हमले करना बंद कर दीजिए।

राजीव खांडेकर : मोदी जी जब 2002 के दंगों की बात आती है और हमेशा आपसे ये अपेक्षा होती है और आप इसका कई बार,सैकड़ों बार जवाब दे चुके हैं कि मैं उसके बारे में उस वक्त बोल चुका हूं जो मुझे बोलना है 2002 में।

मोदी : सब कुछ बोलता हूं। ऐसा नहीं है। झूठ बोल रहे हैं आप मेहरबानी कीजिए..ये भाषा ठीक नहीं है आपकी। मैंने 2007 तक हर व्यक्ति के हर सवाल का हर समय जवाब दिया है, प्रिंट मीडिया में पड़ा है, इलेक्ट्रॉनिक मीडिया में पड़ा है, आप लोग इसको रिसर्च कीजिए। आप को बुरा लगे, भला लगे और आप चाहो कि मैं आपसे दब जाऊं तो होने वाला नहीं है।

राजीव खांडेकर : नहीं, मैं ये कह रहा.....

नरेन्द्र मोदी : आप चाहो तो मुझे नोच लो नहीं कर पाओगे, नहीं कर पाओगे। हां, 2009 में जब दोबारा यूपीए सरकार बनी और उसने षड्यंत्र करके कोर्ट, कचहरियों में सुप्रीम कोर्ट तक मुझे घसीटा। फिर मुझे लगा कि अब मुझे कुछ नहीं बोलना चाहिए क्योंकि सुप्रीम कोर्ट को इनफ्लुएंस नहीं होना चाहिए, सुप्रीम कोर्ट को स्वतंत्र रहना चाहिए। आज तक हिंदुस्तान के किसी मुख्यमंत्री को नौ घंटे किसी पुलिसवाले ने ग्रिल किया है? मुख्यमंत्री है जिसको नौ घंटे तक पुलिस अफसरों ने ग्रिल किया था। सुप्रीम कोर्ट के कहने पर किया था और सुप्रीम कोर्ट ने उसको वीडियो रिकॉर्डिंग करके देखा था, ये सब कसौटियों से निकला हूं और आगे भी हर कसौटी के लिए तैयार हूं। लेकिन झूठ और राजनीतिक इरादों के आगे सरेंडर कोई चाहे तो मोदी होने वाला नहीं है (नरेन्द्र मोदी, एबीपी न्यूज, घोषणापत्र, 22 अप्रैल 2014)

न जाने कितनी बार मोदी के इंटरव्यू हुए, कितनी बार सवाल किए गये, कितनी बार विपक्षियों ने हमला बोला लेकिन यह मुद्दा कभी खत्म नहीं हुआ। न तो विपक्ष की तरफ से, न ही भाजपा की तरफ से। भले कहा गया कि इस चुनाव में धर्म कोई मुद्दा नहीं था लेकिन परोक्ष रूप से ये मुद्दा खूब छाया हुआ था। जहां मुसलमानों ने भाजपा और मोदी को वोट नहीं डालने का फैसला किया, वहीं हिन्दू वोटरों में भाजपा के प्रति जबर्दस्त रुझान दिखाई पड़ा। मुसलमानों ने एनडीए को सिर्फ 8 फीसदी वोट दिया जबकि 50 फीसदी से अधिक वोट हिंदुओं के एनडीए को कई राज्यों में मिले। 2014 के नतीजे को देखें तो साफ दिखेगा कि हिंदुओं के झुकाव की वजह से भाजपा जीती। भाजपा को अपने बलबूते पर 31 फीसदी वोट मिले जबकि 36 फीसदी हिन्दू वोटरों ने भाजपा को वोट दिया।

मामला गुजरात दंगों का ही नहीं था। उत्तर प्रदेश में मुजफ्फरनगर के दंगों भी भाजपा पर आरोप लगे। वजहः लोकसभा के चुनाव होने वाले थे और भाजपा का नेतृत्व नरेन्द्र मोदी कर रहे थे। विपक्षियों ने यही संदेश देने की कोशिश की कि नरेन्द्र मोदी ने जो गुजरात में किया, वही अब वे पूरे देश में करेंगे। लेकिन शायद इसका उल्टा असर हुआ। मोदी के प्रति लोगों में एक नई सहानुभूति पैदा हुई क्योंकि अब वे 'सबका साथ, सबका विकास' का नारा दे रहे थे और अपने भाषणों में ज्यादातर समय विकास, सुशासन पर जोर दे रहे थे और 'इंडिया फर्स्ट' का उद्घोष कर रहे थे। हालांकि मुजफ्फरनगर के दंगे में जिस तरह से भाजपा नेताओं के नाम उजागर हुए, उस आरोप से पार्टी बच नहीं सकती है। यह भी साफ है कि मुस्लिम वोटरों ने मोदी के खिलाफ वोट दिया। लेकिन उनके अलावा दूसरे हर वर्ग और जमात के वोटरों ने मोदी को वोट किया। अब सवाल है कि क्या मोदी के

पक्ष में इन वोटरों ने सिर्फ मुस्लिम विरोधी ध्रुवीकरण की वजह से ही वोट दिया या फिर और भी वजहें थीं। दरअसल, अब नरेन्द्र मोदी सिर्फ कट्टर हिंदुत्व के नायक ही नहीं रह गये थे, बल्कि अब वे विकासपुरुष थे, देश की उम्मीदें की एक किरण थे और निर्णायक नेता थे। यानी उनका कद काफी बढ़ चुका था। लेकिन विकास की बातें सिर्फ हिन्दू मतदाताओं को ही क्यों अपील कर रही थीं, मुस्लिम मतदाताओं को क्यों नहीं प्रभावित कर रही थीं? क्या मुस्लिम मतदाताओं को विकास की दरकार नहीं थी? यही सवाल इस चुनाव के ध्रुवीकरण की कहानी कहता है।

मोदी के पक्ष में एक और बात गई। इसके पहले कट्टर हिन्दू वोटरों में यह उम्मीद थी कि अटलबिहारी वाजपेयी और लालकृष्ण आडवाणी सत्ता में आएंगे तो अयोध्या में राम मंदिर बनवाएंगे, जम्मू–कश्मीर से विवादास्पद 370 धारा खत्म करेंगे और देश में समान नागरिक संहिता लागू करेंगे। लेकिन पिछली एनडीए सरकार के 6 साल सत्ता में रहने के बाद भी ये मुद्दे अछूते रह गये। इन दोनों नेताओं से ठगा–सा महसूस करने के बाद हिन्दू संगठन और हिंदुत्ववादी विचारधारा के मतदाताओं को नरेन्द्र मोदी में उम्मीद की नई किरण दिखने लगी। वे आरएसएस और कट्टर हिंदुत्ववालों के पोस्टर ब्वॉय बन गये। इन सभी पहलुओं को परखने के लिए यह देखना जरूरी है कि हिन्दू वोटरों ने किसे वोट दिया। गुजरात जहां से मोदी तीन बार विधानसभा चुनाव जीते, वहां 63 फीसदी हिन्दू वोटरों ने भाजपा को वोट दिया और सभी 26 सीटों पर पार्टी की जीत हुई। यह इकलौता राज्य है, जहां पर हिंदुओं का सबसे ज्यादा वोट भाजपा को मिला। वैसे, गुजरात को हिंदुत्व की प्रयोगशाला भी कहा जाता रहा है। ध्यान देने की बात यह भी है कि गुजरात दंगे के बाद हुए विधानसभा चुनाव में जितने वोट मिले थे उससे भी कहीं ज्यादा मोदी को इस बार के लोकसभा चुनाव में मिले। वहीं मध्य प्रदेश में 59 फीसदी हिन्दू वोटरों का वोट मिला और पार्टी 29 में से 27 सीटें जीतने में कामयाब हुई। असम जहां मुस्लिम वोटरों की जनसंख्या करीब 31 फीसदी है वहां भाजपा को हिंदुओं का 58 फीसदी वोट मिला और 14 में से पार्टी को 7 सीटें मिलीं। असम ही नहीं, राजस्थान में भी भाजपा को 57 फीसदी वोट मिले और पार्टी राज्य में सभी 25 सीटें मिलीं। महाराष्ट्र में भाजपा–शिवसेना को हिंदुओं के 56 फीसदी वोट मिले और यह गठबंधन 48 में से 42 सीटें झटकने में कामयाब रहा। झारखंड में भाजपा 52 फीसदी वोट लेकर 14 में से 12 सीटें जीतीं, वहीं दिल्ली में भी पार्टी को 51 फीसदी से ज्यादा वोट मिले और पार्टी यहां सातों सीटें जीत गई। गुजरात, मध्य प्रदेश, असम, राजस्थान, महाराष्ट्र, झारखंड और दिल्ली में भाजपा और भाजपा

गठबंधन को 50 फीसदी से ज्यादा वोट मिले। इन राज्यों के 163 में से 146 सीटें मिलीं यानी इन सभी राज्यों में पार्टी की औसत सफलता दर 90 फीसदी रही। आंध्र प्रदेश में पार्टी को हिंदुओं के करीब 50 फीसदी वोट मिले और 25 में से 17 सीटें जीती। भाजपा का यहां चंद्रबाबू नायडू की अगुवाई वाली टीडीपी से गठबंधन था। उत्तर प्रदेश में भाजपा गठबंधन को 49 फीसदी हिंदुओं के वोट मिले। चूंकि राज्य में चतुष्कोणीय टक्कर थी इसीलिए इतने ही वोट पर पार्टी को 80 में 73 सीटें मिल गईं। हालांकि यहां पार्टी को 9 फीसदी मुसलमानों का भी वोट मिलने का अनुमान है। उत्तर प्रदेश में भाजपा की मजबूत स्थिति थी लेकिन दलितों में मायावती और यादवों में मुलायम का वर्चस्व होने की वजह से मुस्लिम वोट की तरह हिन्दू वोट भी बंट गये।

छत्तीसगढ़ में पार्टी 49 फीसदी हिन्दू वोट पाकर 11 में से 10 सीटें जीती। कर्नाटक में भी पार्टी 45 फीसदी पाकर 28 में 17 सीटें जीती। बिहार जहां त्रिकोणीय मुकाबला था, वहां पार्टी भाजपा गठबंधन को 45 फीसदी हिंदुओं के वोट मिले। यहां भी यादवों में लालू प्रसाद यादव और कुर्मी वोटरों में नीतीश कुमार का दबदबा है। भाजपा गठबंधन यहां 40 में से 31 सीटें जीता। हरियाणा में भी पार्टी को 43 फीसदी हिंदुओं का वोट मिला और वह 10 में से 7 सीटें जीतने में कामयाब रही। इन राज्यों की 194 सीटों में से भाजपा गठबंधन को 155 सीटें मिलीं। यहां सफलता दर 80 फीसदी थी। लोकसभा की 357 सीटों पर भाजपा गठबंधन को 40 फीसदी से ज्यादा हिंदुओं के वोट मिले और पार्टी इन सीटों में से 301 सीटों पर जीतने में कामयाब रही। उत्तराखंड, हिमाचल प्रदेश, गोवा, अरुणाचल प्रदेश, जम्मू–कश्मीर, मणिपुर और चंडीगढ़ में हिंदुओं ने कैसे वोटिंग की है, यह शामिल नहीं किया गया है। पूरे देश में भाजपा को मिले हिन्दू मतों का औसत 36 फीसदी है लेकिन इन सात राज्यों में हिन्दू वोटरों का रुझान 50 फीसदी से अधिक भाजपा की ओर रहा। जहां एनडीए को सीटें मिली हैं अगर उन्हीं राज्यों की बात करें तो करीब 50 फीसदी हिन्दू वोटरों ने उसका साथ दिया। जाहिर है कि पश्चिम बंगाल, तमिलनाडु, केरल, ओडीशा और तेलंगाना में एनडीए या भाजपा को कम हिन्दू वोट मिले।

अगर इन राज्यों के नतीजे को शामिल कर दें तो माना जा सकता है कि करीब 380 सीटों से भाजपा गठबंधन को 322 सीटें मिलीं। वैसे भी राज्य हैं जहा भाजपा गठबंधन को हिंदुओं के वोट 30 फीसदी से कम मिले। पंजाब में हिंदुओं के सिर्फ 26 फीसदी वोट मिले लेकिन भाजपा–अकाली दल गठबंधन को 6 सीटें मिलीं। पंजाब में इस गठबंधन को सिख मतदाताओं के भी वोट मिले। तेलंगाना में 1, ओडीशा में 1, पश्चिम बंगाल में 2, तमिलनाडु

में 2 सीटें मिलीं। एक बात और ध्यान देने की है। भाजपा को वहां ज्यादा हिंदुओं के वोट मिले, जहां सिर्फ दो पार्टियां थीं और खासकर टक्कर भाजपा और कांग्रेस के बीच थी। भाजपा को उन इलाकों में हिंदुओं के कम वोट मिले जहां पर त्रिकोणीय–चतुष्कोणीय मुकाबला था। गौरतलब यह भी है कि कांग्रेस जहां सीधी टक्कर में नहीं थी और भाजपा की स्थिति मजबूत नहीं थी, वहां भाजपा को कम हिन्दू वोट मिले।

राज्य	हिन्दू	मुस्लिम	हिन्दू	मुस्लिम	एनडीए	
	जनसंख्या (%)		भाजपा का वोट (%)		सीटें	(%)
गुजरात	89	10	63.3	16.9	26	59.05
मध्य प्रदेश	91	7	58.8	7.6	27	54.03
असम	62	34	57.8	3.3	7	36.51
राजस्थान	89	9	57.2	38.1	25	54.94
महाराष्ट्र	80	12	56.5	6.3	42	51.29
झारखंड	68	15	52.5	8.5	12	40.11
दिल्ली	82	13	51.5	2.2	7	46.41
आंध्र प्रदेश	89	10	49.6	32.7	17	47.71
उत्तर प्रदेश	80	19	49.1	9.4	73	43.32
छत्तीसगढ़	93	2	49	28.6	10	48.74
कर्नाटक	84	13	45.5	25.4	17	43.01
बिहार	83	17	45	2	31	38.77
हरियाणा	88	7	43.3	8.8	7	40.86
पंजाब	39	2	26.2		6	35
तेलंगाना	–	–	23.9	13.9	1	10.37
ओडीशा	94	2	21.7		1	21.54
पश्चिम बंगाल	71	27	21	2	2	16.84

राज्य	हिन्दू	मुस्लिम	हिन्दू	मुस्लिम	एनडीए	
	जनसंख्या (%)		भाजपा का वोट (%)		सीटें	(%)
तमिलनाडु	88	6	18.6	16	2	18.52
केरल	55	27	15.3	3.6	0	10.82

स्रोत– सीएसडीएस पोस्ट पोल सर्वे, 2014 लोकसभा और भारतीय जनगणना, 2011

ऐसी स्थिति में अगर मोदी के खिलाफ 14 फीसदी मुस्लिम आबादी का ध्रुवीकरण भी होता तो ज्यादा फर्क नहीं पड़ सकता था। 80 फीसदी हिन्दू वोटरों में से 50 फीसदी वोटर एनडीए के पक्ष में उतर आते हैं तो इसी तरह के नतीजे की अपेक्षा हो सकती है। लेकिन ये नतीजे महज हिन्दू–मुस्लिम ध्रुवीकरण से ही नहीं आ सकते। असल में ज्यादातर वोटरों की पसंद मोदी अनेक तरह के राजनीतिक वजहों से बने। इस चुनाव में हिन्दू वोटरों का मुद्दा था, लेकिन यह इकलौता प्रभावी मुद्दा नहीं था इसमें और कई मुद्दे छिपे हुए थे, जिसका जिक्र दूसरे अध्यायों में विस्तार से है।

अब इस पर नजर रहेगी कि मोदी के प्रधानमंत्री बनने के बाद हिंदुत्व की राजनीति क्या करवट लेती है? कट्टरता की धारा तेज होगी या फिर सामंजस्य, सहिष्णुता और बहुलता देश की राजनीति की धुरी बनेगी? मोदी क्या हिन्दू वोटरों की आकांक्षाओं पर खरा उतर पाएंगे? ये सवाल ही मोदी और भाजपा की अगली राजनीति तय कर सकते हैं।

मुस्लिम मतदाता और प्रतिनिधित्व

धर्मेन्द्र कुमार सिंह

2014 के लोकसभा चुनावों में आजादी के बाद पहली बार संसद में मुस्लिम जन प्रतिनिधियों की संख्या सबसे कम महज 23 हो गई। देश में 14 फीसदी की आबादी की हैसियत रखने वाले मुस्लिम समुदाय के सिर्फ 4.23 फीसदी प्रतिनिधि जीत कर आए हैं। जाहिर है, यह सामान्य ध्रुवीकरण से नहीं हुआ होगा। इस बार भाजपा के प्रधानमंत्री पद के उम्मीदवार नरेन्द्र मोदी के खिलाफ मुस्लिमों की नाराजगी से मोदी के प्रति हिन्दुओं में सहानूभूति पैदा हो गई। मोदी की शख्सियत खासकर गुजरात में 2002 के सांप्रदायिक दंगों के बाद से ही कट्टर हिंदुत्व के नायक की बन गई थी, जिसे तोड़ने की उन्होंने कोशिश भी नहीं की। 2010 में जरूर उन्होंने अहमदाबाद में सद्भावना उपवास किया लेकिन उस आयोजन में भी उन्होंने एक इमाम द्वारा पेश की गई टोपी पहनने से इनकार करके अपनी 'हिन्दू हृदय सम्राट' की छवि टूटने नहीं दी थी। लोकसभा चुनावों से पहले ''कुत्ते के पिल्ले'' और ''हिन्दू राष्ट्रवादी'' जैसे बयानों से भी इसे उन्होंने पुख्ता ही किया था। ये दोनों बातें उन्होंने एक विदेशी संवाददाता से साक्षात्कार में कही थीं। एक सवाल के जवाब में उन्होंने कहा, ''मैं जन्मना हिन्दू हूं और राष्ट्रवादी हूं इसलिए हिन्दू राष्ट्रवादी हूं।'' दूसरा सवाल गुजरात दंगों को लेकर दुख पर था। उनका जवाब था, ''कुत्ते का पिल्ला भी कार के चक्के के नीचे आ जाए तो दुख होता है।''

फिर, उत्तर प्रदेश के मुजफ्फरनगर में 2013 में हुए भीषण सांप्रदायिक दंगों ने भी एक तरह की फिजा तैयार कर दी थी। एक मामूली छेड़छाड़ की घटना मारपीट और हत्या तक जा पहुंची। व्हाट्स ऐप पर किसी और देश की वारदात यहां की बताकर 'वायरल' हुई तो भावनाओं ने ऐसा उबाल पैदा किया कि 59 लोग मारे गए, सैकड़ों जख्मी और हजारों बेघर हो गए।

इसमें ज्यादातर मुसलमान थे। गौर करने की बात यह भी है कि इसके पहले और बाद में पश्चिम उत्तर प्रदेश के इलाकों में तब राज्य के प्रभारी बनाए गए भाजपा महासचिव अमित शाह ने 'लव जेहाद', 'बेटी बचाओ' और 'इज्जत–आबरू की रक्षा' के नारों के साथ कई सम्मेलन किए थे और पर्चे वगैरह बांटे गए थे। भाजपा ने दंगों में भूमिका के कथित तौर पर आरोपी संजीब बालियान, संगीत सोम जैसे नेताओं को सम्मानित भी किया था। यूं तो इलाके के कुछ सपा और बसपा नेताओं की भूमिकाओं पर सवाल उठे थे। इसका चौंकाने वाला पहलू यह था कि पहली बार दंगे गांवों में हुए। जाहिर है, ध्रुवीकरण में इसका असर इतना व्यापक हुआ कि पहली बार इस इलाके में भाजपा की ओर वोटों में रुझान में जबर्दस्त इजाफा हुआ।

मोदी अपने अब तक के सबसे खर्चीले और धुआंधार चुनाव प्रचार के दौरान भी बांग्लादेशी मुसलमानों को वापस भेजने और 'पिंक रिवोल्शून' का जिक्र करके संकेतों में ध्रुवीकरण को तेज और आक्रामक बनाने की कोशिश करते रहे। यही नहीं, नरेन्द्र मोदी ने गुजरात में 13 साल तक मुख्यमंत्री रहते हुए न तो मुस्लिमों को कभी इफ्तार पार्टी देने का काम किया, न ही किसी इफ्तार पार्टी में भाग लिया। अहमदाबाद से दिल्ली आए लेकिन उनकी सोच में कोई परिवर्तन नहीं हुआ। राष्ट्रपति प्रणब मुखर्जी के द्वारा दो बार दी गई इफ्तार पार्टी में बहाना बनाकर शामिल नहीं हुए। हालांकि उनके करीबी जफर सरेशवाला का कहना है कि वे इफ्तार का राजनीतिकरण नहीं करना चाहते हैं। सरेशवाला की बात मानें तो मोदी ने उनसे कहा था कि ''रमजान पवित्र महीना होता है और इसका राजनीतिकरण करने का पाप कभी नहीं करूंगा।'' वे कितनी भी सफाई दें लेकिन उनकी छवि मुस्लिम समुदाय में नकारात्मक ही रही है। खाई एक तरफ ही दिखाई नहीं पड़ रही है बल्कि दूसरा सवाल यह भी है मुस्लिम भी चुनाव के समय खानाबदोश वोटरों के तरह व्यवहार करते हैं। वे दूसरे वोटरों के साथ ताल से ताल नहीं मिलाना चाहते हैं बल्कि अपने ही संसार में मशगूल रहना चाहते हैं। जाहिर है, इसके पीछे लंबी कहानी होगी। भारत में मुसलमानों की सामाजिक, आर्थिक और शैक्षणिक स्थिति जानने के लिए बनी न्यायमूर्ति राजेंद्र सच्चर कमेटी ने अपनी रिपोर्ट में लिखा है, ''कई बार सांस्कृतिक, सामाजिक और धार्मिक क्रियाकलापों और पृष्ठभूमि में अंतर ने अल्पसंख्यकों को बाकी आबादी से अलग कर दिया है। भारत में इतनी विभिन्नताओं के चलते कई बार वर्गों को आपस में सामंजस्य बिठाने में मुश्किल आती है और समाज का अल्पसंख्यक वर्ग आर्थिक विकास से मिलने वाले मौकों के लाभ से वंचित रह सकता है। यह पृथकता की भावना सिर्फ नजरिए की बात हो सकती है या इस बात

से हो सकती है कि अल्पसंख्यकों को पहचान के अंतर की वजह से भेदभाव का शिकार होना पड़ता है" (देखें सच्चर कमेटी रिपोर्ट, 2006)। यही वजह है कि मुस्लिम वोटरों में एक तरह की सोच की वजह से दूसरे राजनीतिक दल उन्हें भाजपा के खिलाफ इसका इस्तेमाल करते आ रहे हैं। आजादी के 67 साल बाद भी मुस्लिम समुदाय की न ही आर्थिक स्थिति ज्यादा सुधरी है और न ही शैक्षणिक स्थिति में सुधार हुआ है।

असल में अपने समाज के विकास की आकांक्षा और सामाजिक न्याय हासिल करने के लिए पहचान की राजनीति का सूत्रपात हुआ। इसी वजह से शायद बिहार और उत्तर प्रदेश में 10 से 12 फीसदी की हैसियत रखने वाली यादव जाति के नेता लालू प्रसाद यादव और मुलायम सिंह यादव हैं। उत्तर प्रदेश में दलित की नेता मायावती, महाराष्ट्र में मराठा नेता शरद पवार, बिहार में दलित नेता रामविलास पासवान, कर्नाटक में लिंगायत के नेता बी. एस. येदियुरप्पा, गुजरात में पटेल समुदाय के नेता केशुभाई पटेल रहे हैं। आंध्र प्रदेश में कम्मा जाति के नेता चंद्रबाबू नायडू है लेकिन देश में 14 फीसदी मुस्लिम आबादी अभी भी विकास और बराबरी हासिल करने की विशेष सियासी पहल नहीं कर पाई है। इसी वजह से शायद वह विभिन्न पार्टियों के लिए वोट बैंक की तरह इस्तेमाल हो जाती है।

यही वजह रही कि कांग्रेस सहित तमाम भाजपा विरोधी दलों ने भी प्रचार के दौरान मोदी के विभाजनकारी व्यक्तित्व पर ही फोकस किया। मुस्लिम और गैर–भाजपा वोटों को ज्यादा से ज्यादा अपने पक्ष करने के चक्कर में ये मोदी को सिर्फ कट्टर हिंदुत्व वाले मुद्दे पर ही घेरने की कोशिश कर रहे थे। इन सबका असर यह हुआ कि मुस्लिम वोट तो भाजपा और उसके सहयोगी दलों को हराने के योग्य उम्मीदवारों की तलाश के असमंजस में बंट गए, लेकिन इसके विपरीत हिंदुओं में ध्रुवीकरण ज्यादा आक्रामक हुआ, खासकर युवा तबके ने ज्यादा बढ़–चढ़कर वोट किया।

इस नतीजे को देखते हुए कहा जा सकता है कि इस बार हिन्दू और मुस्लिम वोटों का ध्रुवीकरण जिस पैमाने पर हुआ, वैसा कभी नहीं हुआ। हमेशा से चुनाव में जाति और धर्म के मुद्दे हावी रहे हैं। कई चुनावों में ये खेमेबंदियां टूटती भी रही हैं लेकिन मोटे तौर पर जाति और धर्म ही वह मूल आधार है जिसमें ज्यादातर लोग अपनी सुरक्षा तलाशते रहे हैं। इसकी लंबी सामाजिक–राजनैतिक वजहें हैं। मुस्लिम मन में भाजपा के प्रति दुराव का इतिहास तो देश की आजादी और बंटवारे के दौर का ही है। हिन्दू महासभा और राष्ट्रीय स्वयंसेवक संघ की स्थापना का मूल मुस्लिम विरोध ही रहा है। लेकिन आजादी के आंदोलन में महात्मा गांधी के नेतृत्व में कांग्रेस की विराट

छतरी के रहते इस विचारधारा को ज्यादा तवज्जो नहीं मिली। बंटवारे के ऐन पहले मुस्लिम लीग के 'डायरेक्ट ऐक्शन डे' और फिर बंटवारे के दौरान भड़के भयावह दंगे और आबादी की अदला–बदली से इस विचारधारा को कुछ शह जरूर मिली मगर नाथूराम गोडसे ने गांधी की हत्या कर दी तो संघ और हिन्दू महासभा भारतीय मानस से लगभग उतर गए। हालांकि दोनों ने ही गोडसे से अपना पल्ला झाड़ लिया था। फिर, अपनी विश्वसनीयता और साख बहाली के लिए श्यामाप्रसाद मुखर्जी की अगुआई में नई पार्टी जनसंघ बनाई गई, जिसने कश्मीर विलय के दौरान संविधान में जोड़े गए अनुच्छेद 370 के तहत राज्य को हासिल विशेष अधिकारों के खिलाफ अपना पहला संघर्ष किया। जनसंघ को कुछ विश्वसनीयता समाजवादी नेता राममनोहर लोहिया के गैर–कांग्रेसवाद से भी मिली। लिहाजा, 1967 में कई संविद सरकारों में वह शामिल रही। इमरजेंसी के बाद जयप्रकाश नारायण की अगुआई में बनी जनता पार्टी में जनसंघ का विलय हो गया लेकिन बाद में राष्ट्रीय स्वयंसेवक संघ से जुड़ाव के मामले में 'दोहरी सदस्यता' छोड़ने के दबाव के कारण जनसंघ के नेताओं ने अलग होकर भारतीय जनता पार्टी बनाई। यहां यह भी याद किया जा सकता है कि भाजपा के पहले अध्यक्ष अटलबिहारी वाजपेयी ने इसकी विचारधारा गांधीवादी समाजवाद बताई थी। यानी उन्हें इसका एहसास था कि पार्टी की साख बहाली महज मुस्लिम विरोध के एजेंडे से संभव नहीं है। तब तक वह ब्राह्मण, बनिया, पंजाबी पार्टी ही कहलाती थी। ब्राह्मणों का भी बड़ा तबका कांग्रेस के साथ था और पंजाबियों में उस पार से आए शरणार्थियों में ही पार्टी को समर्थन हासिल था।

हाल के दौर में भाजपा से मुस्लिम मन की खटास का इतिहास 1980 के दशक के आखिरी वर्षों और 1990 के दशक के बाद शुरू होता है। इस दौरान राजीव गांधी की कांग्रेस सरकार पर बोफोर्स तोप खरीदारी में भ्रष्टाचार के आरोप लग चुके थे। 1986 में राजीव गांधी ने जन समर्थन अपनी ओर करने के लिए दो फैसले किए। एक, अयोध्या में बाबरी मस्जिद और कथित राम जन्मभूमि में हिंदुओं को पूजा की अनुमति देने के लिए ताला खुलवा दिया। दूसरे, शाहबानो प्रकरण में इमामों और ऑल इंडिया मुस्लिम पर्सनल बोर्ड के दबाव में सुप्रीम कोर्ट के आदेश को बदलने के लिए संशोधन ले आए। उनके ये दोनों फैसले भाजपा के अस्तित्व के लिए रामबाण साबित हुए। 1984 से ही विश्व हिन्दू परिषद ने अयोध्या में विवादित ढांचे के ताले को खुलवाने के लिए आंदोलन शुरू कर रखा था। वहीं शाहबानो मामले में सुप्रीम कोर्ट ने 1985 में कानून और मानवीय आधार पर शाहबानो को हरेक महीने गुजारा भत्ते 500 रुपये देने का फैसला किया था। 1986 में राजीव

गांधी ने शाहबानो मुकदमे को पटलते हुए संविधान संशोधन करके गुजारा भत्ते पर रोक लगाने का फैसला किया। इन दोनों घटनाओं के बाद देश की राजनीति की धुरी बदल गई। मुस्लिम नाराज थे कि विवादित बाबरी मस्जिद और राम जन्मभूमि का ताला क्यों खोला गया जबकि हिन्दू नाराज थे कि शाहबानो पर सुप्रीम कोर्ट के फैसले को क्यों पलटा गया।

इन दोनों ही मुद्दों ने देश में सांप्रदायिक तनाव को बढ़ा दिया था। वीएचपी पहले से रामजन्म भूमि पर मंदिर निर्माण को लेकर आंदोलन कर रही थी। 1984 में भाजपा को लोकसभा चुनाव में सिर्फ दो सीटें मिली थीं और भाजपा को मालूम था कि ऐसी स्थिति में भाजपा की गाड़ी आगे नहीं बढ़ने वाली है। भाजपा ने हिन्दू वोटरों के रुख को अपनी तरफ खींचने के लिए रामजन्म भूमि आंदोलन को अपनी ढाल बनाने का फैसला किया। 1990 में तब के भाजपा अध्यक्ष लालकृष्ण आडवाणी ने रामरथ यात्रा निकाली और अखिर 1992 में बाबरी मस्जिद ढहा दी गई। तब कट्टर हिंदुत्व के नायक आडवाणी हो गए थे। फिर, 2002 में अयोध्या से लौट रहे भाजपा कार्यकर्ताओं की ट्रेन में गोधरा स्टेशन पर आगजनी हुई, जिसमें 59 लोग मारे गए। उसके बाद गुजरात दंगे भड़क उठे, जिसमें सैकड़ों लोग मारे गए और हजारों बेघर हो गए। यही क्यों, भाजपा के कथित तौर पर तीन मूल मुद्दे–राम मंदिर निर्माण, समान नागरिक संहिता और कश्मीर से अनुच्छेद 370 हटाने की मांग–भी मुस्लिम विरोध पर ही टिके हुए हैं। इन मुद्दों को पिछली अटलबिहारी वाजपेयी की सरकार में भी मुल्तवी करना पड़ा था और इस बार बहुमत की मोदी सरकार के बाद भी राज्यसभा में विपक्षी ताकत का हवाला देकर मुल्तवी करना पड़ा है।

लेकिन मुस्लिम मतदाताओं के दिमाग में खटास भरने में एक हद तक योगदान गैर–भाजपा पार्टियों का भी रहा है। इसे भाजपा हिन्दू मतदाताओं को गोलबंद करने के काम में लाती है और आरोप लगता है कि तथाकथित धर्मनिरपेक्ष पार्टियां मुस्लिम मतदाताओं को डराकर वोट लेती हैं। भाजपा को यह तो पता है कि उसे मुसलमानों के वोट नहीं मिलेंगे। लेकिन वह ऐसी दलीलें देकर या 'छद्म धर्मनिरपेक्षता' का नारा उछालकर अपने मतदाता वर्ग को पुख्ता बनाने की कोशिश करती है। इस तरह भाजपा की जीत रोकने के लिए मुस्लिम मतदाता ज्यादातर मामलों में उन पार्टियों या उम्मीदवारों की ओर झुकते हैं, जिनकी जीतने की संभावना ज्यादा होती है। इसकी बड़ी मिसाल दिल्ली में 2015 के विधानसभा चुनाव हैं। यहां कांग्रेस को रसातल में जाता देख मुसलमान मतदाताओं ने आम आदमी पार्टी का दामन थाम लिया। वरना 2013 के विधानसभा चुनावों में कांग्रेस के आठ विधायकों में

छह मुसलमान ही थे। एक वजह यह भी हो सकती है कि तब मुसलमानों के वोट ज्यादा न मिलने से ही आम आदमी पार्टी 28 सीटों पर ही अटक गई थी। दरअसल महज दो साल पहले बनी आम आदमी पार्टी और उसके नेता अरविन्द केजरीवाल ने बिजली–पानी और खाद्य पदार्थों की महंगाई को 'याराना पूंजीवाद' और भ्रष्टाचार से जोड़कर निचले वर्गों का वोट अपनी ओर आकर्षित कर लिया और भाजपा तथा मोदी विरोध भी मजबूती से करते दिखे। 2015 के विधानसभा चुनाव में करीब 50 फीसदी से अधिक मुस्लिम वोटरों ने आम आदमी पार्टी को वोट दिया। आम आदमी पार्टी मुस्लिमों की हितैषी पार्टी नहीं थी लेकिन भाजपा को हराने के लिए सांस गिनती कांग्रेस पार्टी से मुस्लिम वोटर आम आदमी की तरफ रुख कर गये। आम आदमी पार्टी की तरफ रुख करने के पीछे की मानसिकता को समझा जा सकता है।

सच्चर कमेटी की रिपोर्ट में कहा गया है कि भारत में सामाजिक, सांस्कृतिक और सार्वजनिक मेलजोल का क्षेत्र भारतीय मुस्लिमों के लिए काफी निराशाजनक हो सकता है। मुस्लिम मन में असहजता की भावना को कई रूपों से देखा जा सकता है। समाज की समझ का एक पहलू देशभक्ति से जुड़ा हुआ है जहां मुस्लिमों को रोज साबित करना पड़ता है कि वे देशद्रोही और आतंकवादी नहीं हैं (सच्चर कमेटी की रिपोर्ट, 2006, पेज नंबर 11)। इस अलगाव की गांठ तो बेशक बंटवारे के दौर की है लेकिन बाबरी मस्जिद विध्वंस, कश्मीर में 80 और 90 की दशक की अलगाववादी लहर और आतंकवादी वारदातों से हाल के दौर में अलगाव ज्यादा घना हो गया है। पाकिस्तान से आतंकियों की आमद ने इसे बढ़ाया है। अभी भी कई भारतीय आतंकवादियों के पाकिस्तान में छिपे होने और शह मिलने की खबर आती रही है। हाल में ही सीरिया और इराक में आतंकवादी संगठन आईएस के प्रति कुछ भारतीय युवकों के झुकाव ने भी खटास बढ़ाई। इस झुकाव से मुस्लिम बुद्धिजीवी और राजनेता भी परेशान हैं।

मुस्लिम समुदाय देश की आर्थिक, शैक्षणिक और रोजगार की रफ्तार में भी पिछड़ता जा रहा हैं। सच्चर कमेटी की रिपोर्ट के मुताबिक है कि प्रतिष्ठित भारतीय प्रशासनिक सेवा यानी आईएएस में मुसलमानों का प्रतिनिधित्व 3 प्रतिशत, भारतीय विदेश सेवा में 1.8 फीसदी और भारतीय पुलिस सेवा यानी आईपीएस में 4 प्रतिशत पाया गया। भारतीय रेल में 4.5 प्रतिशत मुसलमान नौकरी करते पाए गये लेकिन उनमें से लगभग सभी यानी करीब 98.9 प्रतिशत निम्न स्तर की नौकरियों में पाए गये (सच्चर कमेटी की रिपोर्ट, पेज 153)।

भ्रष्टाचार और महंगाई के मुद्दों ने तो लोकसभा चुनावों में मोदी लहर

कायम करने में भी बड़ा योगदान किया था। इसी वजह से गुजरात की बेहतर छवि पेश करके मोदी खुद को विकास और सुशासन का प्रतीक के रूप में प्रचारित करने लगे। खासकर उत्तर और पश्चिम भारत में कांग्रेस और बाकी तमाम दलों से मोहभंग के शिकार लोगों को मोदी में नई उम्मीद दिखी। लेकिन मुस्लिम मतदाताओं पर इसका असर नहीं पड़ा। ऐसा नहीं है कि मुसलमानों में विकास, नौकरी, बेहतर अर्थव्यवस्था और भ्रष्टाचार से मुक्ति की चाहत नहीं है। लेकिन उनके लिए पहले सुरक्षा और सम्मान का मामला ज्यादा अहम है। यह उनके मत रुझान से भी स्पष्ट होता है। भाजपा को महज 31 फीसदी वोट ही मिले हैं। एनडीए गठबंधन के वोट जोड़ लें तो 38 फीसदी हो जाते हैं। लेकिन मार्के का यह आकलन है कि एनडीए को कई राज्यों में हिंदुओं के करीब 50 फीसदी मत मिले, जबकि मुस्लिम वोट न के बराबर हासिल हुए।

अब सवाल यह है कि मुस्लिम मतदाताओं के वोट किसे मिले और वे प्रभावी असर क्यों नहीं पैदा कर पाए? आजादी के बाद 2014 में सबसे कम मुस्लिम सांसद चुने गए। यह लोकतंत्र के लिए शुभ संकेत नहीं है। मुस्लिम मतदाताओं की राजनीति करने वाली कांग्रेस ही नहीं, वामपंथी और तरह–तरह की समाजवादी रुझान वाली तथा जाति पहचान पर आधारित पार्टियों का भी सूपड़ा साफ हो गया। अगर मुद्दा महज भ्रष्टाचार, महंगाई ही था तो आखिर कांग्रेस के अलावा दूसरी पार्टियों की धाराएं क्यों सूख गईं? दरअसल इसका जवाब शायद इनके विकल्प पेश न कर पाने और मोटे तौर पर कांग्रेस जैसा ही राजकाज चलाने से हुआ मोहभंग हो सकता है। एक मायने में वामपंथियों से लेकर तमाम तरह की समाजवादी रुझान, सामाजिक न्याय तथा जाति पहचान वाली पार्टियां आजमाई जा चुकी हैं और सबने अपना दिवालियापन ही जाहिर किया है।

हाल के दौर में यह चुनाव शायद इस मायने में भी पहला था जिसमें जाति, विचारधारा, क्षेत्रीयता की दीवारें ढह गईं, लेकिन सांप्रदायिकता का मुद्दा छाया रहा। यह चुनाव इस मायने में भी सबसे अलग था कि मुसलमानों की आवाज उठाने वाली या भाजपा के शब्दों में मुस्लिम तुष्टीकरण करने वाली पार्टियां हाशिये पर चली गईं। असल में मुस्लिम मतदाताओं की आबादी करीब 14 फीसदी है लेकिन कुछेक सीटों पर वे नतीजों को प्रभावित करने की स्थिति में भी होते हैं। इस बार वे खासकर उत्तर प्रदेश में यह भी नहीं कर पाए। दरअसल उनमें असमंजस पैदा करने में एक हद तक धार्मिक रहनुमाओं–धार्मिक संगठनों ने भी भूमिका निभाई। शुरू में तमाम राजनीतिक दलों का यही आकलन था कि सांप्रदायिकता बनाम धर्मनिरपेक्षता की लड़ाई

में भाजपा की जमीन मिट्टी पलीत हो जाएगी, लेकिन नतीजों ने उनके अरमानों पर पानी फेर दिया। लोकसभा चुनावों में कांग्रेस की अब तक की सबसे बुरी हार के कारणों की पड़ताल के लिए गठित समिति के अध्यक्ष व वरिष्ठ कांग्रेस नेता ए.के. एंटनी ने धर्मनिरपेक्षता के मसले पर पार्टी की नीति पर सवालिया निशान लगाकर नया विवाद खड़ा कर दिया था। एंटनी ने कहा कि समाज के एक वर्ग को ऐसा लगने लगा है कि कांग्रेस केवल एक खास समुदाय को ही आगे बढ़ाने का काम करती है यानी कांग्रेस की मुस्लिम तुष्टीकरण की राजनीति की वजह से हार हुई है। (देखें– http://www.livehindustan.com/news/desh/national/article1-a-k-antony-39-39-434662.html)

मोदी की जीत में मुस्लिम राजनीति अहम है। इसे समझे बिना मोदी की जीत को नहीं समझा सकता है। मोदी और भाजपा के प्रति मुस्लिम मतदाताओं की खटास ने मोदी को हिन्दू मतदाताओं का हमदर्द बना दिया। दरअसल मुस्लिम विद्वेष के मुद्दे पर मोदी को घेरने की जितनी कोशिश हुई, उतनी ही उनके पक्ष में फिजा बनती गई। कांग्रेस, समाजवादी पार्टी, आरजेडी, जेडीयू, टीएमसी, लेफ्ट पार्टियां, मुस्लिम लीग, एआईएमआईएम और आम आदमी पार्टी वगैरह सभी ने मोदी को इसी मसले पर ज्यादा घेरने की कोशिश की। मोदी को जैसे पता था कि यह मुद्दा जितना उछलेगा, उसका लाभ उन्हें ही मिलेगा। मोदी शुरू में सारी पार्टियों की बखिया उधेड़ने और अपने विकास तथा सुशासन के वादे पर ही जोर देते रहे लेकिन गाजियाबाद की रैली में 'गुलाबी क्रांति' का जिक्र करके इस राजनीति को गरमाने की कोशिश की।

उन्होंने कहा, ''हमने श्वेत क्रांति पर बल दिया और गांवों को मजबूत किया। हमने पशुपालन उद्योग पर बल दिया। हमने यूपी और हरियाणा में अमूल दूध का काम शुरू किया है। मुझे बड़े दुख के साथ कहना पड़ रहा है कि देश श्वेत क्रांति चाहता है लेकिन वोट बैंक की राजनीति के कारण कांग्रेस पिंक रिवोल्यूशन करना चाहती है। आपने यह शब्द बार–बार सुना होगा। इसका मतलब है गुलाबी क्रांति, जो पशु काटे जाते हैं उनका रंग गुलाबी होता है। उनका मकसद है कि हिंदुस्तान सबसे ज्यादा मटन एक्सपोर्ट करे।''

इस बयान के बाद राजनीतिक बवाल शुरू हो गया और मुस्लिम मतदाताओं में यह संदेश गया कि मोदी के आने से वे असुरक्षित ही नहीं हैं, बल्कि उनकी रोजी–रोटी भी छिनने वाली है क्योंकि इस समुदाय के ज्यादातर लोग इस धंधे में लगे हुए हैं। मोदी ने इस मुद्दे पर एबीपी न्यूज के कार्यक्रम में सफाई पेश की।

शाजी जमां : आपने अक्सर यह दावा किया कि आप विकास के मुद्दे पर यह चुनाव लड़ रहे हैं, लेकिन कुछ ऐसे मुद्दे भी आते हैं आपके भाषण में जिससे लगता है कि मामला सांप्रदायिकता की तरफ जा रहा है, जैसे पिंक रिवोल्यूशन। क्या वह सही है?

नरेन्द्र मोदी : मुझे बड़ा दुख होता है कि मेरे देश के इतने बुद्धिमान पत्रकार मेरे सामने बैठे हैं, इतने पढ़े–लिखे। कोई मुझे समझाए कि पिंक रिवोल्यूशन शब्द में सांप्रदायिकता कहां आई। कोई मुझे समझाए। आज मेरे पास एक नौजवान आया। बड़ा होशियार लड़का है। वह एक सर्वे लेकर आया कि जैसे किसान जमीन जाने से बर्बाद होता है, वैसे ही पशु के जाने से उसकी पूरी इकोनॉमी खत्म हो रही है। कष्ट झेलकर भी वह पशु पालता है। खैर, अच्छी स्थिति नहीं होगी तो चार लीटर दूध नहीं देगी तो डेढ़ लीटर ही दूध देगी, लेकिन घर चल जाएगा। आज हिंदुस्तान के कई राज्यों में किसान मर रहा है। उसके पशु जा रहे हैं, जा रहे क्यों? वह फौरी लालच और पैसे की जरूरत में दे देता है। यह पूरी तरह आर्थिक मुद्दा है, जैसे किसान की जमीन लेना पाप है, यह सांप्रदायिकता का मुद्दा नहीं है वैसे ही पशु भी उसकी बड़ी संपत्ति है... और भारत को नए सिरे से सोचना पड़ेगा और आवश्यकता है कि देश में, मैं तो कहने वाला हूं भई कुछ लोग स्टडी करिए, अगर इस प्रकार से पशुविहीन हमारी व्यवस्था बन जाएगी तो आगे वाले.. अच्छा आज भारत को मिल्क प्रोडक्टिविटी बढ़ाने की चिंता करने की जरूरत है। हमारे यहां कैटल की संख्या की तुलना में मिल्क प्रोडक्टिविटी बहुत कम है। उसके साइंटफिक तरीकों पर सोचने की जरूरत है, इसको अगर कोई सांप्रदायिक रंग से रंग देगा तो मेरे देश का इतना बड़ा दुर्भाग्य होगा, भगवान ऐसे न्यूज ट्रेडर्स से बचाए। (नरेन्द्र मोदी, घोषणा पत्र, एबीपी न्यूज, 22 अप्रैल, 2014)

हालांकि मोदी ने ये मुद्दे न भी उठाए होते, पिंक रिवोल्यूशन की बात नहीं की होती, तब भी मुस्लिम वोट मोदी को मिलने वाले नहीं थे। मुस्लिम मतदाताओं ने कांग्रेस को वहीं वोट दिया, जहाँ सिर्फ कांग्रेस ही भाजपा को हराने के काबिल थी। दिल्ली में आम आदमी पार्टी, पश्चिम बंगाल में तृणमूल कांग्रेस, तमिलनाडु में एआईएडीएमके, आंध्र प्रदेश में जगनमोहन रेड्डी और बिहार में आरजेडी मुस्लिम मतदाताओं की पहली पसन्द थे। उत्तर प्रदेश के चतुष्कोणीय मुकाबले में मुस्लिम वोट बंटे तो भाजपा को जबर्दस्त फायदा हुआ, लेकिन उनकी पहली पसंद समाजवादी पार्टी थी।

मुस्लिम उम्मीदवार क्यों नहीं जीते, इसे समझने से पहले ये समझने की जरूरत है कि मुस्लिम मतदाताओं ने कैसे वोटिंग की। वैसे इस बार 8

फीसदी मुसलमानों ने भाजपा को वोट दिए, जो कि अभी तक का रिकॉर्ड है, लेकिन 92 फीसदी ने भाजपा के खिलाफ वोट किया। भाजपा गठबंधन को जो 8 फीसदी वोट मिले, हो सकता है कि वो 26 पार्टियों के गठबंधन का असर हो।

"95 प्रतिशत मुसलमानों ने भाजपा को वोट नहीं दिया, न कभी देंगे मोदी को वोट। सवाल यह पैदा होता है कि मुस्लिमों ने तो वोट नहीं दिए मोदी को। इसके बावजूद भाजपा कामयाब हो गई तो ये सवाल उन सेकुलर पार्टियों के ऊपर है कि उनका पारंपरिक वोट बैंक भाग गया। उनकी गलतियों की वजह से मोदी को पावर मिला है।" (असदुद्दीन ओवैसी, प्रेस कांफ्रेंस, एबीपी न्यूज, अगस्त 1, 2015)

लेकिन सबसे अच्छी खबर है कि रसातल में पहुँची कांग्रेस के प्रति अभी भी मुसलमानों की हमदर्दी बनी हुई है। कांग्रेस से अगड़ी, पिछड़ी, आदिवासी और दलित जातियों के मतदाताओं ने मुंह मोड़ लिया, लेकिन मुसलमानों ने इस बार भी कांग्रेस का दामन नहीं छोड़ा। पिछले चुनाव की तुलना में इस बार कांग्रेस को मुस्लिम मतदाताओं के वोट में कोई गिरावट नहीं देखी गई। इस बार 38 फीसदी मुसलमान मतदाताओं ने कांग्रेस को वोट दिया, जबकि इससे ज्यादा 54 फीसदी ने दूसरी पार्टियों को वोट दिया। यह मजबूरी का भी नतीजा है क्योंकि जहां कांग्रेस को मुस्लिम को वोट मिले वहां मुस्लिम मतदाताओं के पास कोई विकल्प नहीं था।

इस स्थिति के लिए कौन जिम्मेदार है? क्या खुद मुस्लिम समुदाय, राजनीतिक परिस्थिति या धर्म धर्मनिरपेक्षता बनाम सांप्रदायिकता की राजनीति। आजादी के बाद जवाहरलाल नेहरू के जमाने में धर्मनिरपेक्षता कांग्रेस की विचारधारा का अभिन्न अंग रहा है। भारतीय संदर्भ में धर्मनिरपेक्षता की कांग्रेस की परिभाषा सभी धर्मों के लिए सम्मान और सुरक्षा का मूल मंत्र था। कांग्रेस की धर्मनिरपेक्षता पर सवाल उठने लगे थे तो जवाहरलाल नेहरू ने दक्षिणपंक्षी कांग्रेस अध्यक्ष पी.डी. टंडन समेत उनके समूह के सभी सदस्यों को इस्तीफा देने को मजबूर किया था। यह शायद संयोग ही रहा कि उसी महीने अटल बिहारी वाजपेयी और लालकृष्ण आडवाणी को लेकर भारतीय जनसंघ की औपचारिक स्थापना हुई थी। टंडन के बाद कांग्रेस के अध्यक्ष बने नेहरू ने 1951 में गांधी की जयंती पर रामलीला मैदान में पार्टी के कार्यकर्ताओं को संबोधित करते हुए कहा, "यदि कोई भी धर्म के नाम पर दूसरे पर हाथ उठाता है तो मैं अन्तिम साँस तक उसके साथ संघर्ष करूंगा, यह चाहे सरकार के अन्दर से हो या बाहर से हो।" हालाँकि शाहबानो मामले से लेकर बाबरी मस्जिद का ताला खुलवाने से लेकर उसके विध्वंस तक की

घटनाओं ने कांग्रेस की इस प्रतिबद्धता को धूमिल किया। नरसिम्हा राव और सीताराम केसरी के समय कांग्रेस के प्रवक्ता रहे वीएन गाडगिल ने नब्बे के दशक के मध्य में एक प्रशिक्षण शिविर में कांग्रेसियों से कहा था कि उन्हें कांग्रेसी नेताओं की मुस्लिम तुष्टीकरण की नीति मंजूर नहीं है। उन्होंने 'द इकोनॉमिस्ट' में प्रकाशित एक कहानी का ज़िक्र करते हुए जिसका शीर्षक था– 'इस्लाम और लोकतंत्र साथ–साथ नहीं चलते यह कहा था, ''इस देश की आबादी में मुसलमान 18 प्रतिशत (जबकि मुसलमानों की संख्या उस समय 12.6 फीसदी थी) और हिन्दू 82 प्रतिशत हैं। यदि सभी मुस्लिम कांग्रेस को वोट दे दें तब भी पार्टी सत्ता में नहीं आएगी।'' जब 1998 में कांग्रेस की बागडोर सोनिया गांधी ने संभाली तो उन्होंने गाडगिल की बात को संतुलित करने की कोशिश की। वर्ष 1999 में स्वामी विवेकानंद की सालगिरह पर उन्होंने कहा, ''भारत हिंदुओं के कारण ही मूल रूप से सेकुलर है, जो इस फलसफे और जीने की शैली पर आधारित है जिसे हमारे पुरखों ने 'सत्य एक है' कहा था।'' उसी साल 16 जनवरी को सीवीसी की बैठक में धर्मनिरपेक्षता को लेकर एक प्रस्ताव पास किया गया। इसमें कहा गया कि, ''कांग्रेस कार्यकारिणी सोनिया गांधी के उस भाषण का समर्थन करती है।''

नरेन्द्र मोदी और भारतीय जनता पार्टी के 16 मई 2014 के सत्ता में पहुंचने के बाद एके एंटनी, गुलाम नबी आजाद और जनार्दन द्विवेदी जैसे कांग्रेसी नेता चाहते थे कि सोनिया–राहुल पार्टी का हिन्दू समर्थक चेहरा सामने लाएं. लेकिन बहुत से कांग्रेसी मानते थे कि यह आत्मघाती होगा (राशीद किदवई, 24 अकबर रोड, पेज 245)

मुस्लिम मतदाताओं ने कांग्रेस को वोट जरूर दिया है, लेकिन उनकी पहली पंसद कांग्रेस नहीं, बल्कि अन्य पार्टियां थीं। उनकी पहली पसंद काग्रेस वहीं थी, जहां भाजपा को कांग्रेस सीधी टक्कर दे रही थी और तीसरी पार्टी का नामोनिशान नहीं था। सीधी टक्कर वाले राज्य वे हैं, जहां मुस्लिम मतदाताओं की जनसंख्या 10 फीसदी से कम है और अममून जहां भाजपा और कांग्रेस के बीच मुकाबला रहता है। दूसरी श्रेणी के वे राज्य हैं, जहां मुस्लिम मतदाताओं की जनसंख्या 10 फीसदी से अधिक है और ये वही राज्य हैं, जहां 1989 के बाद तीसरी शक्ति को उभरने का मौका मिला। इन राज्यों में मुस्लिम मतदाताओं की पहली पसंद क्षेत्रीय पार्टियां हैं और दूसरी पसंद कांग्रेस।

साल	कांग्रेस	भाजपा	अन्य
1996	36	2	62

1998	32	6	62
1999	40	7	53
2004	36	7	57
2009	38	4	58
2014	38	8	54

स्रोत– श्रेयस सरदेसाई, 2 जून 2014, द हिन्दू

एक बात और काबिल–ए–गौर है कि भाजपा पहले उन्हीं राज्यों में फली–फूली, जहां मुसलमानों की जनसंख्या कम है। उत्तर प्रदेश अपवाद रहा है, लेकिन उत्तर प्रदेश में भाजपा की जड़ें मजबूत होने की दो वजहें हैं। एक, हिन्दू महासभा और जनसंघ की थोड़ी–बहुत जमीन और दूसरा, राम मंदिर आंदोलन। मंदिर आंदोलन ने भाजपा को चुनावी सफलताएं दिलाईं लेकिन राज्य में मुस्लिम मतदाताओं की जनसंख्या 18.5 फीसदी होने से भाजपा के सफर में उतार–चढ़ाव होता रहा है। यही वजह है कि भाजपा और कांग्रेस के बीच जहां सीधी टक्कर थी, वहां भाजपा ने सभी सीटें जीत लीं। ये राज्य हैं राजस्थान, गुजरात, दिल्ली, उत्तराखंड, हिमाचल प्रदेश और गोवा। कांग्रेस ने सीधी टक्कर की बजाय त्रिकोणीय लड़ाई वाले राज्यों में बेहतर प्रदर्शन किया। कुछ राज्यों में कांग्रेस का दूसरी पाटियों से गठबंधन भी था। महाराष्ट्र, कर्नाटक, बिहार, केरल, असम, पश्चिम बंगाल में सीधी टक्कर वाले राज्यों से बेहतर प्रदर्शन रहा। मध्य प्रदेश, महाराष्ट्र, कर्नाटक, गुजरात, बिहार, हरियाणा, केरल, झारखंड, तेलंगाना और राजस्थान में कांग्रेस या काग्रेस गठबंधन को मुस्लिमों के 50 फीसदी से वोट मिले, जबकि उत्तर प्रदेश, पश्चिम बंगाल, तमिलनाडु, असम, दिल्ली और आंध्र प्रदेश में त्रिकोणीय मुकाबले की वजह से कांग्रेस को 50 फीसदी से कम वोट मिले। बिहार में भी कांग्रेस को सिर्फ 16 फीसदी वोट मिले थे, जबकि कांग्रेस गठबंधन को 67 फीसदी वोट मिले थे। जहां कांग्रेस और भाजपा की टक्कर है, वहां कांग्रेस को तीन–चौथाई मुस्लिम मत मिला है और जहां त्रिकोणीय और चतुष्कोणीय मुकाबला है, जैसे उत्तर प्रदेश, बिहार,आंध्र प्रदेश, तमिलनाडु, पश्चिम बंगाल, दिल्ली और असम, वहां एक–चौथाई वोट मिले।

मुसलमान वोटों के इस तरह बंटने से उन सीटों पर भी भाजपा जीत गई, जहां मुसलमानों की प्रभावी आबादी है। उत्तर प्रदेश के सहारनपुर, मुरादाबाद और रामपुर में हिंदुओं और मुसलमानों की आबादी लगभग

आधी–आधी है, लेकिन मुस्लिम उम्मीदवारों के रहते हुए वहां भाजपा जीती। साफ है कि मुस्लिम वोट बंट गए, लेकिन हिन्दू वोट नही बंटे। जाहिर है, मुस्लिम मतदाताओं की पहली पसंद समाजवादी पार्टी, दूसरी पसंद कांग्रेस और तीसरी पसंद बसपा थी।

मुस्लिम वोटरों ने कहां किसे वोट दिया

	कांग्रेस	भाजपा	अन्य
मध्य प्रदेश	92	8	0
महाराष्ट्र	83	6	11
कर्नाटक	68	25	7
गुजरात	66	17	17
बिहार	67 (कांग्रेस 16)	2	31
हरियाणा	65	9	26
केरल	63	4	33
झारखंड	60	8	32
तेलंगाना	58	14	28
राजस्थान	55	38	7
असम	42	3	55
दिल्ली	39	2	59
पश्चिम बंगाल	24	2	74
उत्तर प्रदेश	10	9	81
तमिलनाडु	9	16	75
आंध्र प्रदेश	0	32.7	67.3

स्रोत–लोकनीति, सीएसडीएस, पोस्ट पोल सर्वे 2014

देश में 94 लोकसभा की ऐसी सीटें हैं, जहां मुस्लिम मतदाताओं की संख्या 20 फीसदी से अधिक है। इन 94 सीटों में एनडीए गठबंधन को 45 सीटें मिली हैं, जबकि भाजपा को 42 सीटें मिलीं, वहीं क्षेत्रीय पार्टी तृणमूल कांग्रेस को 18 सीटें मिलीं जबकि राष्ट्रीय पार्टी कांग्रेस को 9 सीटें ही मिलीं।

एक और बात ध्यान देने की है कि इन सीटों पर दूसरी सीटों की तुलना में ज्यादा मतदान हुआ। देश भर में 66.38 फीसदी मतदान हुआ जबकि मुस्लिम बहुल सीटों पर 69.15 फीसदी मतदान हुआ। दूसरी सभी सीटों पर 65.81 फीसदी मतदान ही हुआ। जाहिर है, इन सभी 94 सीटों पर दोनों तरफ भारी ध्रुवीकरण हुआ।

आजादी के बाद पहली बार मुस्लिम सांसदों की संख्या घट गई है। देश में मुसलमानों की जनसंख्या 14 फीसदी है जबकि संसद में प्रतिनिधित्व महज 4.3 फीसदी है। इस बार 23 मुस्लिम सांसद लोकसभा के लिए चुने गए। हालांकि 1957 में इतनी ही संख्या थी लेकिन उस समय लोकसभा की सीटें भी कुछ कम थीं। पिछली लोकसभा में मुस्लिम प्रतिनिधियों की संख्या 28 थी। 1980 में पहली बार सबसे ज्यादा मुस्लिम सांसद 49 जीते थे।

साल	मुस्लिम उम्मीदवार जीते	साल	मुस्लिम उम्मीदवार जीते
2014	23	1984	45
2009	28	1980	49
2004	35	1977	32
1999	32	1971	28
1998	38	1967	28
1996	27	1962	26
1991	29	1957	23
1989	33	1952	25

स्रोत– इंडिया एक्सप्रेस, 17 मई 2014

http://www.zoneasia-pk.com/muslim-representation-indian-parliament-never-lower/

लोकतंत्र के लिए यह विडंबना ही कही जाएगी कि जिस पार्टी को केंद्र में स्पष्ट बहुमत मिला, उसका एक भी सांसद मुसलमान नहीं है। वैसे भी भाजपा ने सिर्फ 5 मुस्लिम उम्मीदवारों को ही टिकट दिया था, जो सभी हार गए। सिर्फ बिहार में भाजपा की सहयोगी पार्टी लोक जनशक्ति पार्टी का एक मुस्लिम सांसद ही जीत पाया। मुसलमानों को टिकट न देने की भाजपा की वजहें भी स्पष्ट ही हैं। मुस्लिम उम्मीदवार सिर्फ 8 राज्यों में खाता खोल

पाए। उत्तर प्रदेश जहां मुस्लिम आबादी करीब 19 फीसदी है, वहां पहली बार एक भी मुस्लिम उम्मीदवार जीत नहीं पाया। न तो महाराष्ट्र में, न ही गुजरात और राजस्थान में मुस्लिम उम्मीदवारों की जीत हुई। मुस्लिम उम्मीदवारों की जीत वहीं हुई, जहां भाजपा पहले से कमजोर थी या पार्टी का कभी खाता नहीं खुला। इस बार सबसे ज्यादा 8 मुस्लिम उम्मीदवारों की जीत पश्चिम बंगाल में हुई, जहां भाजपा का वोट प्रतिशत तो बढ़ा लेकिन वह वहां कभी मुकाबले में नहीं रही। इन 8 में से 4 उम्मीदवार तृणमूल कांग्रेस के जीते तो दो–दो उम्मीदवार कांग्रेस और माकपा के जीते। जहां कांग्रेस और माकपा के उम्मीदवार जीते, वहां मुस्लिम मतदाताओं की जनसंख्या 40 फीसदी से अधिक है और जहां तृणमूल कांग्रेस के उम्मीदवार जीते, वहां भी उनकी आबादी अच्छी–खासी है।

इसके बाद बिहार का नंबर आता है जहां चार मुस्लिम उम्मीदवार जीते, जिसमें आरजेडी, कांग्रेस, एनसीपी और लोक जनशक्ति पार्टी को एक–एक सीट मिली। इन चार सीटों में से आरजेडी–कांग्रेस–एनसीपी गठबंधन को तीन सीटें मिलीं, जहां मुस्लिम मतदाताओं की जनसंख्या 40 फीसदी से लेकर 67 फीसदी तक है। मुस्लिम और यादव मतदाताओं के बहुलता से आरजेडी गठबंधन को फायदा हुआ, जबकि खगड़िया, जहां से लोक जनशक्ति पार्टी का उम्मीदवार जीता, वहां मुस्लिम आबादी कम है, लेकिन दलित मतदाताओं की अच्छी–खासी जनसंख्या है। जम्मू–कश्मीर, केरल में तीन–तीन और असम में दो मुसलमान उम्मीदवारों की जीत हुई। जम्मू–कश्मीर की जिन तीनों सीटों पर जीत हुई, वहां भी मुस्लिम आबादी 95 फीसदी है, लेकिन लद्दाख में करीब 45 फीसदी मुसलमान आबादी होने के बाद भी वहां से मुस्लिम उम्मीदवार की जीत नहीं हुई। केरल की जिन तीन सीटों पर मुस्लिम उम्मीदवारों की जीत हुई, उसमें दो सीटों पर तो मुस्लिम मतदाताओं की संख्या करीब 60 फीसदी है। इन दोनों पारंपारिक सीटों पर मुस्लिम उम्मीदवारों की ही जीत होती है, वहीं असम की भी जिन दो सीटों पर जीत हुई है, वहां भी मुस्लिम मतदाताओं का दबादबा है। आंध्र प्रदेश, तमिलनाडु और लक्षद्वीप में एक–एक मुस्लिम उम्मीदवारों की जीत हुई। इन 23 सीटों में से 9 सीटें ऐसी हैं, जहां मुस्लिम आबादी 50 फीसदी से अधिक है, जबकि 6 सीटें ऐसी हैं, जहां आबादी 40 से 50 फीसदी के आसपास है। बची हुई सीटों में से सिर्फ बिहार की खगड़िया सीट है, जहां मुस्लिम आबादी सबसे कम 10 फीसदी है, जबकि अन्य सीटों पर मुस्लिम आबादी 15 फीसदी से अधिक है। यानी इन सीटों को छोड़ दें तो हिन्दू मतदाताओं के ध्रुवीकरण से मुस्लिम मतदाताओं का असर काम नहीं आया।

	जनसंख्या (%)	कांग्रेस	तृणमूल कांग्रेस	भाजपा	वामदल	आरजेडी	पीडीपी	अन्य	कुल
पश्चिम बंगाल	27	2	4	–	2	–	–	–	8
बिहार	17	3	–	1	–	–	–	–	4
असम	34	–	–	–	–	–	–	2	2
जम्मू–कश्मीर	68	–	–	–	–	–	3	–	3
केरल	27	3	–	–	–	–	–	–	3
तमिलनाडु	6	–	–	–	–	–	–	1	1
आंध्र प्रदेश	10	–	–	–	–	–	–	1	1
लक्षद्वीप	47	1 (एनसीपी)	–	–	–	–	–	–	1
कुल	14	9	4	1	2	–	3	4	23

मुस्लिम जनसंख्या, भारतीय जनगणना, 2011

मुस्लिम वोटों का विभाजन ज्यादातर उत्तर प्रदेश और बिहार में हुआ। पश्चिम बंगाल में ममता बनर्जी मुसलमानों को अपने साथ जोड़े रखने में कामयाब रहीं। यही काम असम में बदरुद्दीन अजमल ने भी किया, जिसका फायदा इन दोनों राज्यों में क्रमशः तृणमूल कांग्रेस और ऑल इंडिया डेमोक्रेटिक फ्रंट को मिला। बिहार में ज्यादातर मुसलमानों ने आरजेडी और कांग्रेस गठबंधन को अपना वोट दिया, लेकिन वहां भी मुस्लिम मत बिखराव से नहीं बच सका। कई जगह ऐसा भी हुआ कि दो–तीन मुस्लिम उम्मीदवार उतर जाने से मुस्लिम मत बंट गए और इसका फायदा भाजपा को हुआ। खासकर पूर्वी उत्तर प्रदेश में यही हुआ। यही नहीं, बिहार के मधुबनी में, जहां मुस्लिम आबादी अच्छी–खासी है, वहां आरजेडी और जेडीयू दोनों ने मुस्लिम उम्मीदवार उतार दिए, जिससे भाजपा जीत गई। उत्तर प्रदेश, महाराष्ट्र, कर्नाटक, दिल्ली, गुजरात, राजस्थान और झारखंड से एक भी मुस्लिम प्रतिनिधि जीतकर नहीं आया।

अब बात उन 23 सीटों पर जहां मुस्लिम उम्मीदवारों की जीत हुई है। जम्मू–कश्मीर की तीन लोकसभा सीटें, जहां मुस्लिम आबादी 95 फीसदी से ऊपर है, उन तीनों सीटों पर पीडीपी के मुस्लिम उम्मीदवार की जीत हुई है। लक्षद्वीप में मुस्लिम आबादी करीब 97 फीसदी है इसके बावजूद एनसीपी के मो. फैजल पी. पी. सिर्फ 1500 मतों से जीते हैं, जबकि सारे

उम्मीदवार मुस्लिम ही थे। केरल की मल्लपुरम और पोन्नानी संसदीय सीट से आईयूएमएल के ई. अहमद और ई. टी. मोहम्मद बशीर की जीत हुई। यहां मुस्लिम मतदाताओं की आबादी 60 फीसदी से ऊपर है। वहीं बिहार के किशनगंज से कांग्रेस मो. असरारुल हक जीते। वहां भी मुस्लिम आबादी 60 फीसदी से ऊपर है। असम के धुबरी से एआईयूडीएफ के बदरुद्दीन अजमल की जीत हुई, जहां मुस्लिम मतदाताओं की आबादी 60 फीसदी से ऊपर है। पश्चिम बंगाल के मुर्शिदाबाद से माकपा के बदरुद्दौजा खान की जीत हुई। इस सीट पर भी मुस्लिम आबादी 60 फीसदी से ऊपर है। असम के बरपेटा से एआईयूडीएफ के सिराजुद्दीन अजमल जीते, जहां मुस्लिम आबादी करीब 52 फीसदी है। वहीं पश्चिम बंगाल के मालदा उत्तर से कांग्रेस की मौसम नूर जीतीं, जहां मुस्लिम आबादी 40 फीसदी से ऊपर है। पश्चिम बंगाल के मालदा दक्षिण से कांग्रेस के अबु हाशिम खान चौधरी की जीत हुई, वहां भी मुस्लिम आबादी 40 फीसदी से ऊपर है। पश्चिम बंगाल के रायगंज से माकपा के मोहम्मद सलीम की जीत हुई, लेकिन वे बहुत कम अंतर से जीते। बिहार के कटिहार से एनसीपी के तारिक अनवर की जीत हुई, यहां भी मुस्लिम आबादी 42 फीसदी है। आंध्र प्रदेश के हैदराबाद से एआईएमआईएम असदुद्दीन ओवैसी की जीत हुई, वहीं बिहार के अररिया से आरजेडी के तसलीमउद्दीन की जीत हुई। इन दोनों सीटों पर मुस्लिम आबादी 40 फीसदी से अधिक है।

ऊपर की जिन सीटों पर मुस्लिम उम्मीदवारों की जीत हुई, वहां मुस्लिम आबादी 40 फीसदी से ऊपर है, लेकिन ऐसी भी कई सीटें हैं, जहां मुस्लिम आबादी 40 फीसदी के करीब है। वहां भी मुस्लिम उम्मीदवारों की हार हुई। केरल में वायनाड, पश्चिम बंगाल के बशीरहाट, बर्दमान–दुर्गापुर, उलबेरिया में भी मुस्लिम उम्मीदवार की जीत हुई, जहां इनकी आबादी 19 फीसदी से 26 फीसदी तक है। अन्य तीन सीटों पर भी मुस्लिम उम्मीदवारों की जीत हुई, जहां मुस्लिम आबादी 10 फीसदी से लेकर 15 फीसदी तक थी।

राज्य	लोकसभा सीट	मुस्लिम मतदाता (%)	नाम	पार्टी
जम्मू –कश्मीर	अनंतनाग	98.20	महबूबा मुफ्ती	पीडीपी
जम्मू –कश्मीर	बारामूला	97.50	मुजफ्फर हुसैन बेग	पीडीपी

राज्य	लोकसभा सीट	मुस्लिम मतदाता (%)	नाम	पार्टी
जम्मू –कश्मीर	श्रीनगर	95.80	तारिक हमीद कारा	पीडीपी
लक्षद्वीप	लक्षद्वीप	96.66	मो. फैजल पी पी	एनसीपी
केरल	मल्लपुरम	68.50	ई. अहमद	आईयूएमएल
केरल	पोन्नानी	68.50	ई टी मोहम्मद बशीर	आईयूएमएल
बिहार	किशनगंज	67.60	मो. असरारुल हक	कांग्रेस
असम	धुबरी	67.40	बदरुद्दीन अजमल	एआईयूडीएफ
पश्चिम बंगाल	मुर्शिदाबाद	63.70	बदरुद्दौजा खान	सीपीएम
असम	बरपेटा	52.00	सिराजुद्दीन अजमल	एआईयूडीएफ
पश्चिम बंगाल	मालदा उत्तर	49.70	मौसम नूर	कांग्रेस
पश्चिम बंगाल	मालदा दक्षिण	49.70	अबु हाशिम खान चौधरी	कांग्रेस
पश्चिम बंगाल	रायगंज	47.40	मो. सलीम	सीपीएम
बिहार	कटिहार	42.50	तारिक अनवर	एनसीपी
आंध्र प्रदेश	हैदराबाद	41.20	असादुद्दीन ओवेसी	एआईएमआईएम
बिहार	अररिया	41.10	तस्लीममुद्दीन	राजेडी
केरल	वायनाड	26.90	एस आई शानवास	कांग्रेस
पश्चिम बंगाल	उलूबेरिया	24.40	सुलतान अहमद	तृणमूल कांग्रेस
पश्चिम बंगाल	बसीरहाट	24.20	इदरिस अली	तृणमूल कांग्रेस
पश्चिम बंगाल	बर्दमान–दुर्गापुर	19.80	डॉ ममताज संघमित्रा	तृणमूल कांग्रेस

राज्य	लोकसभा सीट	मुस्लिम मतदाता (%)	नाम	पार्टी
पश्चिम बंगाल	आरामबाग	15.10	अपरुपा पोद्दार (अफरीन अलगी)	तृणमूल कांग्रेस
तमिलनाडु	रामनाथपुरम	14.70	अनवर राझा ए	एआईडीएमके
बिहार	खगड़िया	10.30	महबूब अली कैसर	एलजेपी

नोट– संसदीय क्षेत्रवार मुस्लिम वोटरों की संख्या कहीं उपलब्ध नहीं है। यह अध्ययन के हिसाब से बनाया गया आंकड़ा है।

पिछले लोकसभा चुनावों में संसद में मुस्लिम प्रतिनिधित्व का घटना बेशक चिंता की बात है। यह बड़े पैमाने पर ध्रुवीकरण का ही नतीजा है। क्या यह अलगाव बढ़ाएगा? क्या भाजपा की जीत से उत्साहित कट्टर हिंदुत्ववादी तत्त्वों की आवाजें ज्यादा तेज होंगी या मोदी 'सबका साथ सबका विकास' के नारे के साथ अगले कुछ वर्षों में मुसलमानों को साथ लेकर चलने में कामयाब हो पाएंगे? या सियासत नई करवट बदल लेगी? इसी पर मुस्लिम प्रतिनिधित्व बढ़ने और अलगाव दूर होने की स्थितियां निर्भर करेंगी।

ओबीसी, दलित और आदिवासी भी मोदी के मुरीद

धर्मेन्द्र कुमार सिंह

लोकसभा 2014 का चुनाव नरेन्द्र मोदी के इर्द–गिर्द ही केंद्रित था। देश में चुनावी हवा का हर झोंका मोदी का एहसास दिला रहा था। चुनावी समीकरण का हर रुझान मोदी की जीत को मजबूत कर रहा था। मुस्लिम मतदाताओं की बेरुखी के अलावा वोटरों के हर वर्ग में मोदी आकर्षण के केंद्र बन गए थे। यहां तक कि जिन इलाकों में भाजपा का कोई नामलेवा न था, वहां भी मोदी पर चर्चाओं और कहकहों का दौर चल पड़ा था। यह शायद पहली बार हो रहा था कि नेहरू–गांधी परिवार के अलावा किसी नेता की चर्चा देश के दूर–दराज के कोनों तक पहुंची थी। इसमें दो राय नहीं कि इसमें आधुनिक संचार साधनों–टीवी, मोबाइल, इंटरनेट, सोशल मीडिया और अखबारों की भी बड़ी भूमिका थी, जिन पर मोदी ने चुनाव प्रचार का बड़ा हिस्सा खर्च किया। सोशल मीडिया पर तो उनकी फौज हावी थी ही, जिस चरण में जहां मतदान के दिन नजदीक आते, उस इलाके के अखबारों और टीवी–रेडियो पर भाजपा और मोदी के विज्ञापन छा जाया करते थे। देश में अपने पक्ष में हवा बनाए रखने के लिए मोदी ने हरेक चरण में टीवी को इंटरव्यू देने के लिए अच्छे ढंग से बंदोबस्त किया था। लेकिन बेशक इसके दूसरे राजनीतिक कारण भी रहे हैं, जिसकी ओर 2015 में हुए दिल्ली विधानसभा और बिहार विधानसभा चुनावों के नतीजों ने इशारा किया।

जहां तक देश के उत्तर तथा पश्चिम के राज्यों और हिंदी पट्टी का सवाल है, ऊंची और वैश्य जातियों में भाजपा की पकड़ पहले से थी लेकिन 2014 के आम चुनावों में पिछड़ी जातियों, दलित और आदिवासी मतदाताओं के एक बड़े वर्ग ने भी कमल के निशान का बटन दबाने का फैसला किया। इसी वजह से सारे पुराने मानक और गणित टूट गए। पहले भाजपा को शहरी पार्टी ही कहा जाता था। उसे ग्रामीण क्षेत्रों से कम वोट मिलते थे। इस

बार भाजपा ने शहरों और ग्रामीण इलाकों में लगभग एक बराबर वोट हासिल किए। पहले भाजपा की ओबीसी और दलित वोटरों में पैठ नाममात्र की थी या कुछ गिने–चुने क्षेत्रों में ही उसे उनका वोट मिला करता था, लेकिन इस बार भाजपा ने उन्हें भी हर इलाके में पुख्ता तौर पर अपने साथ जोड़ा। यह साफ दिखता है कि 2014 में अगर ओबीसी, दलित और आदिवासियों के वोट भाजपा को नहीं मिलते, तो शायद उसके लिए बहुमत का जादुई आंकड़ा हासिल करना आसान नहीं होता।

देश में करीब 67 फीसदी मतदाता ओबीसी, दलित और आदिवासी जातियों के हैं। इसमें मोटे तौर पर ओबीसी मतदाताओं की संख्या करीब 42 फीसदी, दलितों की 16.6 फीसदी और आदिवासियों की 8.6 फीसदी है। 2014 में इन तीनों के एक बड़े वर्ग का झुकाव भाजपा की तरफ था। दरअसल ओबीसी यानी पिछड़ी या मध्य जातियों के मतदाताओं पर भाजपा की पैनी नजर लंबे समय से थी। देश की आबादी में यही सबसे बड़ा वर्ग है, जिसका परंपरागत वोटिंग रुझान खासकर हिंदी क्षेत्रों में मोटे तौर गैर–कांग्रेसी रहा है लेकिन ये समाजवादी पृष्ठभूमि और सामाजिक न्याय की पार्टियों के प्रभाव में रहे हैं, जिनकी नीतियां किसान समर्थक रही हैं। लेकिन इस बार 33 फीसदी पिछड़ी जातियों और 45 फीसदी अति पिछड़ी जातियों ने भाजपा को वोट दिया। हालांकि बिहार और उत्तर प्रदेश में पिछड़ी जातियों के मतदाताओं के एक वर्ग ने अपने परंपरागत रुझान के हिसाब से उन्हीं दलों को वोट दिया, जो अब बंटकर क्षेत्रीय दल कहलाने लगे हैं। अगर सिर्फ हिंदी पट्टी की बात करें तो 48 फीसदी ओबीसी वोटरों ने भाजपा को वोट दिया। तो, 2014 में ऐसा क्या हुआ कि ओबीसी मतदाता मोदी पर मेहरबान हो गए। कहा जाता है कि गुजरात दंगे की वजह से बनी कट्टर हिंदुत्व के नायक की छवि से मोदी को हिन्दू वोट मिले, गठबंधन की राजनीति का भी लाभ मिला, यूपीए सरकार की नाकामी और मध्यम वर्ग की मेहरबानी से मोदी की जीत हुई, तो सच्चाई यह भी है कि मोदी अगर पिछड़ी जाति के न होते तो शायद इतनी बड़ी जीत न हो पाती। ऐसी जीत की कल्पना तो भाजपा ने राममंदिर आंदोलन और बाबरी मस्जिद विध्वंस के बाद भी नहीं की थी। अटल बिहारी वाजपेयी की लोकप्रियता के बावजूद पार्टी 200 सीटों के आंकड़े तक भी नहीं पहुंच पाई थी। 1996 में तत्कालीन प्रधानमंत्री पी.वी. नरसिम्हा राव के खिलाफ भ्रष्टाचार के आरोपों और गुटबाजी से पस्त कांग्रेस के बावजूद भाजपा बहुमत से कोसों दूर रही। भाजपा की सरकार तो बनी लेकिन 13 दिन में ही गिर गई। बाद में संयुक्त मोर्चा की एचडी देवेगौड़ा और इंद्रकुमार गुजराल की सरकारों के गिरने के बाद तथा करगिल युद्ध की

सहानुभूति के बावजूद भाजपा 182 सांसदों तक ही पहुंच पाई थी। तो फिर, 2014 में ऐसा क्या हुआ कि नरेन्द्र मोदी के चुनाव मैदान में उतरते ही देश की राजनीतिक फिजा बदल गई।

भाजपा के इतिहास में एकमात्र बड़ा आंदोलन राम जन्मभूमि का ही रहा है। इसी से भाजपा का वजूद कायम हुआ। यही वही दौर था जब पार्टी की पहुंच देश में दूर तक हुई। फिर भी, बाबरी मस्जिद ढहाए जाने के बाद 1996 में हुए लोकसभा चुनाव में पार्टी को पिछले चुनाव की तुलना में सिर्फ 41 सीटों का ही फायदा हुआ था। उस दौर में पार्टी में ओबीसी मतदाताओं और उनके नेताओं की भागीदारी कम थी। उस समय भाजपा के बारे में कहा जाता था कि यह ब्राह्मण और बनियों की पार्टी है। यह सही भी था। पार्टी संगठन में अगड़ी जातियों और बनियों का दबदबा था। अब तक बंगारू लक्ष्मण और अमित शाह को छोड़कर भाजपा के सभी अध्यक्ष अगड़ी जातियों के रहे हैं। मसलन, अटल बिहारी वाजपेयी, लालकृष्ण आडवाणी, मुरली मनोहर जोशी, कुशाभाऊ ठाकरे, जना कृष्णमूर्ति, राजनाथ सिंह और नितिन गडकरी सभी अगड़े रहे हैं। बंगारू लक्ष्मण तो सिर्फ एक साल के लिए अध्यक्ष बने। उन्हें भ्रष्टाचार के आरोप में अपनी कुर्सी गंवानी पड़ी थी। अमित शाह को नरेन्द्र मोदी के प्रधानमंत्री बनने के बाद पार्टी अध्यक्ष बनने का मौका मिला।

भाजपा अध्यक्ष पदों पर ऊंची जाति का दबदबा

वर्ष	नाम	जाति
1980–86	अटल बिहारी वाजपेयी	ब्राह्मण, अगड़ी जाति
1986–91	लालकृष्ण आडवाणी	सिंधी, अगड़ी जाति
1991–93	मुरली मनोहर जोशी	ब्राह्मण, अगड़ी जाति
1993–98	लालकृष्ण आडवाणी	सिंधी, अगड़ी जाति
1998–2000	कुशाभाऊ ठाकरे	कायस्थ, अगड़ी जाति
2000–01	बंगारू लक्ष्मण	दलित, पिछड़ी जाति
2001–02	जन कृष्णमूर्ति	ब्राह्मण, पिछड़ी जाति
2002–04	वेंकैया नायडू	कमा, अगड़ी जाति
2004–06	लालकृष्ण आडवाणी	सिंधी, अगड़ी जाति

2006–09	राजनाथ सिंह	ठाकुर अगड़ी जाति
2009–13	नितिन गडकरी	ब्राह्मण, अगड़ी जाति
2013–14	राजनाथ सिंह	ठाकुर, अगड़ी जाति
2014	अमित शाह	वैश्य, पिछड़ी जाति

भाजपा को 1984 के लोकसभा चुनाव में सिर्फ 2 सीटें मिली थीं। इस प्रदर्शन के बाद एक तरह से चिंतन शुरू हो गया था कि कैसे भाजपा को पूरे देश और सभी जातियों में फैलाया जाए। एक तरफ राम जन्मभूमि आंदोलन शुरू हुआ तो दूसरी तरफ भाजपा ताक में थी कि कैसे ओबीसी जातियों में पैठ बनाई जाए। बोफोर्स के मुद्दे पर राजीव गांधी के खिलाफ लामबंदी शुरू हुई तो भाजपा ने पार्टी के विस्तार के लिए जनता दल के साथ हाथ मिलाने का फैसला किया। विश्वनाथ प्रताप सिंह के नेतृत्व में जनता दल के साथ भाजपा को भी जबर्दस्त फायदा हुआ। इस बार भाजपा ने सरकार का बाहर से समर्थन किया। वह अपनी अलग पहचान बनाने की रणनीति पर चल रही थी। इस बीच जनता दल नेताओं के बीच टकराहट शुरू हुई और चौधरी देवीलाल की चुनौतियों से निबटने के लिए प्रधानमंत्री वी.पी. सिंह ने पिछड़ी जातियों को आरक्षण की सिफारिश करने वाले मंडल कमीशन की रिपोर्ट को लागू करने का फैसला किया। इससे अगड़ी जातियां बिदक गईं और कई शहरों में इसके खिलाफ आंदोलन शुरू हो गए। भाजपा ने खुलकर आरक्षण का विरोध नहीं किया, न ही सरकार से समर्थन वापस लिया क्योंकि जनता पार्टी और फिर जनता दल के साथ होने से उसे हासिल हुई पिछड़ी जातियों में सहानूभूति को खोने का खतरा था। लेकिन उसकी कशमकश जारी थी क्योंकि ऊंची जातियों को नाराज करने का जोखिम वह मोल नहीं ले सकती थी।

वी.पी. सिंह मंडल कमीशन की रिपोर्ट के साथ चुनाव मैदान में जाना चाह रहे थे, तो भाजपा कोई माकूल मुद्दा तलाश रही थी। 1986 में पूर्व प्रधानमंत्री राजीव गांधी कथित राम जन्मभूमि में पूजा–अर्चना के लिए बाबरी मस्जिद का ताला खुलवा चुके थे। राम जन्मभूमि आंदोलन की शुरुआत भी संघ के लोग कर चुके थे। इसी में भाजपा नेतृत्व और खासकर उसके अध्यक्ष लालकृष्ण आडवाणी को मंडल की राजनीति की काट सूझ गई। इससे भाजपा को अगड़ी जातियों की सहानुभूति भी मिल गई और मंडल कमीशन के विरोध से भी बच गई। ऊपर से कट्टर हिंदुत्व की लहर पैदा करने की गुंजाइश भी बन गई। सो, लालकृष्ण आडवाणी गुजरात के सोमनाथ मंदिर

से रामरथ लेकर निकले। वीपी सिंह सरकार के लिए संदेश यही था कि अगर उनकी रथयात्रा को रोका गया, तो भाजपा सरकार से समर्थन वापस ले लेगी। भाजपा को समर्थन तो वापस लेना ही था, बस पार्टी मंडल नहीं बल्कि कमंडल के मुद्दे पर सरकार से समर्थन वापस लेना चाह रही थी। वही हुआ जो भाजपा सोच रही थी। 23 अक्टूबर 1990 को बिहार के समस्तीपुर में आडवाणी को गिरफ्तार कर लिया गया। आडवाणी की गिरफ्तारी के अगले ही दिन भाजपा ने राष्ट्रपति को समर्थन वापसी की चिट्ठी दे दी। वीपी सिंह सरकार खतरे में आ गई।

फिर भी, भाजपा को डर था कि वीपी सिंह की मंडल राजनीति से भाजपा को काफी नुकसान हो सकता है। इसी से मंडल की काट में पार्टी ने कमंडल की राजनीति शुरू की थी, लेकिन भाजपा को मालूम था कि सिर्फ कमंडल की राजनीति से सत्ता हासिल नहीं की जा सकती। इस वजह से कमंडल राजनीति के दौर में हिंदी प्रदेशों में कल्याण सिंह, उमा भारती, विनय कटियार जैसे नेताओं को आगे किया जाने लगा। इसे सोशल जस्टिस के बरक्स सोशल इंजीनियरिंग कहा जा रहा था। आडवाणी की शह पर इसके सूत्रधार केएन गोविंदाचार्य थे, जो बाद में वाजपेयी को 'मुखौटा' कहने पर पार्टी से विदा कर दिए गए। लिहाजा, उत्तर प्रदेश में पिछड़ी जाति के नेता कल्याण सिंह के नेतृत्व में पार्टी पहली बार सत्ता में आई। गुजरात में केशुभाई पटेल, मध्य प्रदेश में सुंदरलाल पटवा मुख्यमंत्री बने। भाजपा केंद्रीय नेतृत्व में भले ऊंची जातियों का दबदबा था, लेकिन राज्यों में पिछड़ी जाति के नेताओं को तरजीह मिलने लगी।

इस तरह मंडल और कमंडल ने देश की राजनीति ही नहीं बदली, बल्कि भाजपा का कलेवर भी बदल दिया। इसी दौर में भाजपा में ओबीसी नेताओं को आगे आने का मौका मिला। बिहार में सुशील मोदी, मध्य प्रदेश में उमा भारती, शिवराज सिंह चौहान, महाराष्ट्र में गोपीनाथ मुंडे और कर्नाटक में बीएस येदियुरप्पा और झारखंड में आदिवासी नेता बाबूलाल मरांडी और अर्जुन मुंडा को बढ़ने का मौका मिला। इसी कड़ी में आगे चलकर गुजरात में नरेन्द्र मोदी का नाम भी जोड़ा जा सकता है। ओबीसी नेताओं को तो आगे बढ़ाया ही गया, जहां यह संभव नहीं था, वहां पिछड़ी और दलित जातियों में पैठ बनाने के लिए गठजोड़ की रणनीति अपनाई गई। बिहार में जेडीयू के नीतीश कुमार से गठबंधन लालू प्रसाद यादव के 'जंगल राज' को खत्म करने के साथ राज्य में पार्टी के विस्तार में काफी मददगार साबित हुआ। इस गठबंधन से पहले पार्टी सिर्फ झारखंड वाले इलाके में गैर–आदिवासियों के बीच ही लोकप्रिय थी। इसी तरह दलितों में पैठ बनाने के लिए उत्तर प्रदेश

में बसपा नेता मायावती के साथ सत्ता में साझेदारी की गई। पार्टी झारखंड में भी आदिवासी नेता शिबू सोरेन से हाथ मिला चुकी है। इस तरह आदिवासी नेताओं को भी फलने और फूलने का मौका दिया गया। भाजपा की रणनीति रही है कि किसी तरह जाति के चक्रव्यूह को तोड़ना है। इसी रणनीति के तहत विवादित राम जन्मभूमि–बाबरी मस्जिद के आंदोलन के जरिए पहले पार्टी ने अगड़ी जाति में पैठ बनाने की कोशिश की और फिर पिछड़ी जाति के वोटरों में सेंध लगाने में सफल हुई। यही समीकरण बिहार विधानसभा चुनाव 2015 मे टूटा तो भाजपा चारों खाने चित हो गई।

2014 में इस 'सोशल इंजीनियरिंग' ने भाजपा की जीत में अहम भूमिका निभाई। भाजपा अब पिछड़ी जातियों के लिए अछूत नहीं रह गई है। मंडल की राजनीति के मसीहा कहे जाने वाले मुलायम सिंह यादव, शरद यादव, नीतीश कुमार और लालू प्रसाद यादव पिछड़ी जाति की राजनीति में 2014 के चुनाव मे मात खा गए। यह दूसरी बार हुआ कि नरेन्द्र मोदी के रूप में कोई ओबीसी नेता प्रधानमंत्री की कुर्सी पर विराजमान हुआ जबकि इसके पहले दक्षिण भारत से एचडी देवेगौड़ा प्रधानमंत्री बने थे।

हालांकि देवेगौड़ा और मोदी के प्रधानमंत्री बनने में एक बड़ा फर्क है। मोदी सीधे चुनाव मैदान में कूदे, जबकि देवेगौड़ा खास परिस्थिति की देन थे। कुछ शहरी किस्म के लोगों को यह भले विचित्र लगे पर अपनी जाति के नेता को ऊंचे पद पर देख लोगों में एक तरह की आश्वस्ति और फख्र का भाव पैदा होता है और वही उस नेता के लिए जनाधार का काम करता है। इसी वजह से नरेन्द्र मोदी को पिछड़ी जाति के होने का लाभ मिला और इसे उन्होंने करीने से भुनाया भी।

2014 के आम चुनाव में नरेन्द्र मोदी सीधे प्रधानमंत्री की कुर्सी के लिए चुनाव लड़ रहे थे। नरेन्द्र मोदी कट्टर हिंदुत्व के नायक, विकास पुरुष, निर्णायक नेता, कॉरपोरेट और मध्यम वर्ग के लाड़ले तो थे ही, वे पिछड़ी जाति से भी आये थे। पिछड़ी जातियों के मतदाता अपने बाकी नेताओं को परख चुके थे और उनसे एक तरह का मोहभंग भी हो चुका था। फिर, यह नया नेता मोदी देश की सर्वोच्च कुर्सी की दावेदारी कर रहा था, जिसकी देशव्यापी अपील बन रही थी। बाकी नेताओं की सर्वोच्च कुर्सी तक पहुंचने की संभावना दूर–दूर तक नहीं थी। ऐसे में मोदी पिछड़ी जातियों के एक वर्ग में खासी दिलचस्पी पैदा करने में कामयाब हुए। इसके पहले एचडी देवेगौड़ा भी पीएम विषम परिस्थति में बने थे, उन्हें चुनाव के पहले प्रधानमंत्री के तौर पर पेश नहीं किया गया। हालांकि चौधरी चरण सिंह को भी ओबीसी मतदाताओं का समर्थन प्राप्त था, लेकिन उन्हें भी चुनाव के पहले प्रधानमंत्री की तौर पर पेश नहीं किया गया,

जब किया भी गया, तब वे चमक खो चुके थे।

यह पहली बार हुआ कि कोई ओबीसी नेता चुनाव के पहले प्रधानमंत्री के तौर पर पेश किया गया। यही वजह है कि इस बार किन्हीं अन्य पार्टियों की तुलना में ओबीसी मतदाताओं ने भाजपा और एनडीए को सबसे ज्यादा मत दिया। वैसे, इस बार मुसलमानों को छोड़कर सभी जातियों का झुकाव भाजपा की तरफ था। पूरे देश में 47 फीसदी ऊंची जाति के लोगों ने भाजपा को वोट दिया। 2009 के लोकसभा चुनाव की तुलना में यही एक वर्ग है, जहां भाजपा को पिछले चुनाव की तुलना में 18 फीसदी वोटों का फायदा हुआ। 34 फीसदी ओबीसी मतदाताओं ने भाजपा को मत दिया, जो पिछले चुनाव की तुलना में 12 फीसदी की बढ़ोतरी है। अगर सिर्फ हिंदी क्षेत्रों की बात करें तो करीब 48 फीसदी ओबीसी मतदाताओं ने भाजपा को चुना। इसके अलावा 24 फीसदी दलित, 38 फीसदी आदिवासी, 8 फीसदी मुस्लिम और 19 फीसदी अन्य लोगों ने भी भाजपा को वोट दिया। पिछले चुनाव की तुलना में भाजपा को ओबीसी मतदाताओं में 12 फीसदी, आदिवासी मतदाताओं में 14 फीसदी, मुस्लिम मतदाताओं में 4 फीसदी और अन्य मतदाताओं में 7 फीसदी का फायदा हुआ। अगर सिर्फ हिंदी क्षेत्र की बात करें तो ऊंची जातियों के 65 फीसदी, ओबीसी के 48 फीसदी, दलित 34 फीसदी, आदिवासी 55 फीसदी, मुस्लिम 11 फीसदी और अन्य 45 फीसदी लोगों ने भाजपा को वोट दिया। यही वह इलाका है जहां पर भाजपा को 226 लोकसभा सीटों में से 191 पर जीत मिली थी वहीं एनडीए की बात करें तो 226 में से 202 सीटें मिली थीं।

भाजपा को किस जाति/धर्म के लोगों का कितना वोट (%)

	2014			2009	फायदा/ नुकसान
	देश	हिंदी क्षेत्र	अन्य क्षेत्र	देश	
ऊंची जाति	47	65	31	29	+18
ओबीसी	34	48	24	22	+12
दलित	24	34	16	12	+12
आदिवासी	38	55	24	24	+14
मुस्लिम	8	11	7	4	+4
अन्य	19	45	14	12	+7
कुल	31	44	22	19	+12

स्रोत– ईपीडब्लू, सितंबर 27,2014, पेज 55, एनईएस 2009 और 2014

नेशनल सैंपल सर्वे 62वें दौर के सर्वेक्षण के मुताबिक देश में ओबीसी की जनसंख्या करीब 41.8 फीसदी है। इसके मुताबिक उत्तर प्रदेश में करीब 50 फीसदी ओबीसी जाति के मतदाता हैं। उत्तर प्रदेश में भाजपा को 77 फीसदी जाट, 53 फीसदी कोइरी–कुर्मी, 60 फीसदी अन्य ओबीसी मतदाताओं ने मत दिया, जबकि 27 फीसदी यादवों ने भाजपा को मत दिया। यादवों पर मुलायम सिंह का दबदबा बना हुआ है। यही हाल बिहार में भी है। बिहार में ओबीसी जाति की जनसंख्या करीब 57 फीसदी है। इस बार भाजपा को 53 फीसदी अति पिछड़ी जातियों, 26 फीसदी कोयरी–कुर्मी और 19 फीसदी यादवों के वोट मिले। बिहार में भी यादव जाति पर लालू प्रसाद यादव का वर्चस्व है, वहीं कुर्मी पर नीतीश कुमार का दबदबा है। उत्तर प्रदेश हो या बिहार यादव जाति के लोग लोकसभा और विधानसभा चुनाव में मुलायम सिंह यादव और लालू प्रसाद यादव के समर्थन में दिखे। बिहार और उत्तर प्रदेश को छोड़ दें तो राजस्थान, गुजरात, मध्य प्रदेश, हिमाचल प्रदेश, उत्तराखंड, आंध्र प्रदेश और छत्तीसगढ़ में भाजपा को 50 फीसदी से लेकर 79 फीसदी ओबीसी जातियों के मत मिले हैं। कर्नाटक और झारखंड में भी भाजपा को ओबीसी जातियों के अच्छे वोट मिले हैं।

जिन राज्यों में भाजपा और कांग्रेस के बीच टक्कर रही है, वहां भाजपा को 50 फीसदी से ज्यादा वोट मिले हैं, जबकि त्रिकोणीय और चतुष्कोणीय मुकाबलों में भाजपा को ओबीसी जातियों के वोट 50 फीसदी से कम मिले हैं।

भाजपा के पक्ष में राज्यवार ओबीसी मतदाताओं का रुझान

राज्य	ओबीसी (%)	जाति	(%)
उत्तर प्रदेश	50.39	अति ओबीसी	60
		जाट	77
		कोइरी–कुर्मी	53
		यादव	27
बिहार	57.76	अति ओबीसी	53
		यादव	19
		कोइरी/कुर्मी	26
राजस्थान	42.94	ओबीसी	60.5
		यादव	69
गुजरात	34.2	क्षत्रिय	60

राज्य	ओबीसी (%)	जाति	(%)
		कोली	79
		अन्य ओबीसी	70
मध्य प्रदेश	39.48	यादव	70
		लोध	75
		अन्य ओबीसी	66
हिमाचल प्रदेश	10.43	ओबीसी	69
उत्तराखंड	10	ओबीसी	50
छत्तीसगढ़	43	यादव	50
		कुर्मी	52
		अन्य ओबीसी	57
झारखंड	46.11	ओबीसी	32
कर्नाटक	39.69	अन्य ओबीसी	41
		लिंगायत	63
		वोकालिगा	38
आंध्र प्रदेश		ओबीसी	55
तेलंगाना		ओबीसी	23
कुल	40		

Source-mospi.nic.in/Mospi New/upload/nsso/seminar_62R.pdf
National Seminar on NSS 62nd round Survey Results, page 2, 9

एनईसी, 2014 लोकनीति–सीएसडीएस सर्वे

मुलायम सिंह यादव और लालू प्रसाद यादव की राजनीति अपनी जाति और अपने परिवार में फंस कर रह गई। यादवों को छोड़कर दूसरी जातियों को लगने लगा कि अब मुलायम सिंह और लालू प्रसाद यादव से भला नहीं होने वाला है। इन दोनों नेताओं को लगने लगा था कि मुसलमान और यादव (एमवाई) गठजोड़ की कृपा से उनकी राजनीति चलती रहेगी। इन पर भाजपा आरोप लगाती रही है कि ये मुस्लिम तुष्टीकरण की राजनीति करते हैं। उसके समर्थक मुलायम सिंह यादव को मौलाना मुलायम भी कहते रहे हैं। मुलायम और लालू को यादवों के अलावा दूसरी ओबीसी जातियों की भी हमदर्दी हासिल थी, लेकिन इन दोनों ने यादवों और मुसलमानों के अलावा

दूसरी जातियों की परवाह छोड़ दी तो ये वोट उनसे कुछ हद तक बिदक गए। ऐसे में शायद नरेन्द्र मोदी में उन्हें नई उम्मीद दिखी, जो उसी वर्ग से हैं लेकिन बिहार ये लालू और नीतीश विधानसभा 2015 में गठबंधन किया तो चुनावी गणित ही बदल गयी।

मोदी की रणनीति भी रही है कि कैसे इन जातियों के रुख को अपनी तरफ मोड़ा जाए, इसीलिए उन्होंने पहले अपने चाय बेचने की बात की, फिर डॉ. भीमराव आंबेडकर की और बाद में अपनी जाति को चुनावी समर में उतार दिया। मोदी की क्या जाति है, लोकसभा चुनाव के पहले ये बात कम ही लोगों को मालूम थी। लेकिन फायदा भांपकर मोदी अपनी जाति बताने से बाज नहीं आए। मोदी बचपन में क्या करते थे और कैसे जिंदगी बसर करते हैं, ये ज्यादातर लोगों को मालूम था, फिर भी मोदी ने अपने मुंह से कहा कि वे चाय बेचते थे। लगता है, वे भाजपा के पीएम उम्मीदवार बनने के पहले पूरी स्क्रिप्ट कर तैयार कर चुके थे। कैसे प्रचार करना है, किस मुद्दे को उछालना है और कैसे जनता का ध्यान अपनी तरफ आकर्षित करना है, सब पर वे बाकायदा पहले ही तैयारी कर चुके थे। हालांकि मोदी शुरुआत में विकास और आर्थिक सुधारों की ही बात करते रहे, लेकिन दिल्ली की एक रैली में मोदी ने अपनी जाति का जिक्र किया और बताया कि वे चाय बेचते थे।

नरेन्द्र मोदी की चाय वाले की छवि को भुनाने के लिए भाजपा ने ''चाय पर चर्चा'' की शुरुआत कर दी। चाय पर चर्चा प्रोग्राम का ऐलान होते ही राजनीति भी शुरू हो गई। आरजेडी प्रमुख लालू प्रसाद यादव ने नरेन्द्र मोदी पर निशाना साधा। उन्होंने मोदी को झूठा और खुद को असली चाय वाला बताया था। लालू यादव ने कहा कि उन्होंने चाय और बिस्कुट बेचा है। उनके भाई की दुकान आज भी है। लालू यादव ने नरेन्द्र मोदी को न सिर्फ झूठा चाय वाला बताया, बल्कि उन्हें 'खून का सौदागर' भी करार दिया। लालू ने कहा, ''मोदी खुद को चाय वाला बताते हैं, जबकि उन्होंने चाय नहीं बेची है, उन्होंने तो खून बेचा है। नरेन्द्र मोदी खून के सौदागर हैं।'' हालांकि बिहार विधानसभा 2015 चुनाव में जाति की राजनीति परकाष्ठा पर पहुंच गई। लालू को मालूम था कि जाति की राजनीति नहीं खेली गई तो बिहार विधानसभा चुनाव जीतना आसान नहीं होगा। इसीलिए खुले तौर पर यादव–अगड़ी पिछड़ी जाति की राजनीति करने में बाज नहीं आये। लोकसभा 2014 में लालू यादव ही नहीं, बल्कि समाजवादी पार्टी के नेता नरेश अग्रवाल ने मोदी पर निशाना साधा और कहा कि चाय बेचनेवाला एक अच्छा प्रधानमंत्री नहीं बन सकता है। अग्रवाल ने एक आम सभा में कहा था कि मोदी प्रधानमंत्री

बनना चाहते हैं लेकिन चाय की दुकान से निकलकर आए व्यक्ति की सोच राष्ट्रव्यापी नहीं हो सकती है। उन्होंने यह भी कहा कि आप किसी सिपाही को कप्तान बना दोगे तो वह कभी पुलिस कप्तान नहीं हो सकता वो सिपाही ही रहेगा।

भाजपा ने इसे मुद्दा बना दिया। भाजपा ने कहा कि कांग्रेस की सहयोगी पार्टी के एक नेता का यह बयान उनकी गरीब विरोधी मानसिकता का परिचायक है। राजनीति में आने से पहले नरेन्द्र मोदी ने बचपन में चाय बेचकर भी जीवनयापन किया है। वरिष्ठ पत्रकार नीलांजन मुखोपाध्याय ने अपनी किताब में जिक्र किया है कि मोदी अपने पिता की चाय दुकान पर उन्हें मदद करते थे। मोदी ने छत्तीसगढ़ के दुर्ग जिले में एक चुनावी रैली को संबोधित करते हुए कहा, "यह सिर्फ मोदी का मामला नहीं है। इससे पता चलता है कि अमीर परिवारों में कैसे लोग पैदा होते हैं, जो शाही जिंदगी गुजारते हैं और गरीबों का मजाक उड़ाते हैं। यही वजह है कि ये लोग ऐसी भाषा का इस्तेमाल करते हैं।"

लालू यादव और नरेश अग्रवाल ही नहीं, बल्कि कांग्रेस के वरिष्ठ नेता मणिशंकर अय्यर ने भी कहा कि 21वीं शताब्दी में वे (नरेन्द्र मोदी) प्रधानमंत्री बन पाएं, ऐसा कतई मुमकिन नहीं हैं, लेकिन यदि वे यहां (कांग्रेस अधिवेशन में) आकर चाय बेचना चाहें तो हम उनके लिए जगह बना सकते हैं।

इस बयान पर यूपीए के सहयोगी दल नेशनल कॉन्फ्रेंस के नेता तथा तब जम्मू–कश्मीर के मुख्यमंत्री उमर अब्दुल्ला ने ट्विटर पर लिखा कि भले ही मोदी के कई नकारात्मक पहलू है, लेकिन उनकी साधारण पृष्ठभूमि ऐसा सकरात्मक पहलू है जिसका दावा हममें कई लोग नहीं कर सकते हैं। इस तरह उनका (नरेन्द्र मोदी का) मजाक बनाकर हम अपने प्रचार अभियान को कोई लाभ नहीं पहुंचा रहे हैं।

दरअसल मणिशंकर अय्यर ने यह टिप्पणी दिल्ली के तालकटोरा स्टेडियम में की थी, जहां कांग्रेस के लगभग 3000 नेता और कार्यकर्ता अधिवेशन में शामिल थे। उस अधिवेशन का मकसद राहुल गांधी को पार्टी का प्रधानमंत्री पद का दावेदार घोषित करना माना जा रहा था, लेकिन पार्टी अध्यक्ष सोनिया गांधी ने इनकार कर दिया।

चाय बेचने और उनकी जाति की राजनीति यहीं खत्म नहीं हुई। नरेन्द्र मोदी ने प्रियंका गांधी के बयान को तोड़–मरोड़कर कहा कि निचली जाति की वजह से उनकी राजनीति को नीचा कहा जा रहा है। प्रियंका ने एक जनसभा में कहा था कि भाजपा उनके शहीद पिता पर "नीच राजनीति" कर रही है। नरेन्द्र मोदी ने ट्विटर पर बिना किसी का नाम लिए कहा कि

सामाजिक रूप से निचले वर्ग से आया हूं, इसलिए उन लोगों के लिए मेरी राजनीति नीच की राजनीति ही होगी। उन्होंने कहा कि हो सकता है कुछ लोगों को यह नजर नहीं आता हो, पर निचली जातियों के त्याग, बलिदान और पुरुषार्थ की देश की इस ऊंचाई पर पहुंचाने में अहम भूमिका है।

मोदी ने अपने भाषण में गांधी परिवार पर हमला करते हुए कांग्रेस पर घमंडी होने का आरोप लगाया था।

बस क्या था इन सारे बयानों के बाद ये बात किसी से छुपी नहीं थी कि मोदी की जाति क्या है और उनकी पृष्ठभूमि क्या है। ओबीसी जाति के लोग और गरीब पृष्ठभूमि के लोग मोदी से कनेक्ट करने लगे कि चाय बेचने वाला क्यों नहीं देश का प्रधानमंत्री बन सकता था। यही वजह है कि इस बार के चुनाव में जाति के नाम पर राजनीति करने वाले नेताओं और पार्टियों की स्थिति बदतर हो गई। यूं कहा जाए तो जनता ने इन नेताओं और पार्टियों को हाशिये पर ढकेल दिया।

पिछड़ा होने से मोदी को फायदा लेकिन पिछड़ों को नुकसान

नरेन्द्र मोदी को ओबीसी जाति होने का फायदा तो मिल गया लेकिन मोदी की वजह से ओबीसी जातियों का नुकसान हुआ। दरअसल जिस पार्टी की नींव ऊंची जाति पर आधारित हो, उससे ओबीसी जातियों के प्रतिनिधित्व पर असर पड़ता है। कांग्रेस और भाजपा जब सत्ता में आती है तो ऊंची जाति का प्रतिनिधित्व बढ़ जाता है जबकि पिछड़ी जातियों का प्रतिनितिधित्व घट जाता है। भाजापा के अध्यक्ष अमित शाह ने कहा था कि भाजपा ने ही देश को पहला ओबीसी पीएम दिया है। उन्होंने यह भी कहा था कि भाजपा ने सबसे ज्यादा ओबीसी मुख्यमंत्री, सांसद और विधायक दिए हैं लेकिन स्थिति इससे उलट है। बिहार में ऊंची जातियों की आबादी करीब 11 से 14 फीसदी है लेकिन 2014 के लोकसभा चुनाव में 40 सांसदों में से 35 फीसदी सांसद ऊंची जाति के जीते। राज्य में पिछड़ी जातियों की आबादी करीब 57 फीसदी है लेकिन इन जातियों के सिर्फ 40 फीसदी ही सांसद चुने गये। बिहार ही नहीं, उत्तर प्रदेश में भी इसी तरह का हाल है। उत्तर प्रदेश में ऊंची जातियों की आबादी 18 से 20 फीसदी तक हो सकती है लेकिन 2014 के लोकसभा चुनाव में 80 सीटों में से 40 फीसदी सांसद ऊंची जाति के चुनकर आए। उत्तर प्रदेश में पिछड़ी जाति यानी ओबीसी की संख्या 50 फीसदी के करीब है लेकिन लोकसभा में इनके 33 फीसदी ही सांसद पहुंच पाए। आजादी से लेकर 1984 तक आबादी की दृष्टि से कम हैसियत रखने वाली ऊंची जातियों का वर्चस्व लोकसभा में रहा है लेकिन 1989 के लोकसभा चुनाव से

ही स्थिति में बदलाव आया। संसद में ऊंची जातियों के अधिक प्रतिनिधित्व की तीन वजहें हैं। पहला, कांग्रेस और भाजपा पिछड़ी जातियों की तुलना में ऊंची जाति के उम्मीदवारों को ज्यादा टिकट देती हैं। दूसरी बात यह है कि ऊंची जाति के वोटर पहले कांग्रेस के साथ थे और बाद में भाजपा की ओर मुड़े। ऊंची जाति के वोट भाजपा को एकमुश्त को मिले जबकि ओबीसी के वोट बंट गये जिसकी वजह से पिछड़ी जातियों की उम्मीदवारों की हार हुई। हालांकि भाजपा के पिछड़ी जातियों के उम्मीदवारों की शानदार जीत हुई लेकिन पिछड़ी जाति की राजनीति करने वाली पार्टियों का सूपड़ा साफ हो गया जिसकी वजह से उनके उम्मीदवारों की जीत नहीं हुई। तीसरी बात ये है कि भाजपा और कांग्रेस उन जातियों को कम टिकट देती हैं जिस जाति पर विपक्षी पार्टियों का दबदबा बरकरार है। मसलन, उत्तर प्रदेश और बिहार में भाजपा ने यादव जाति के उम्मीदवारों को कम तरजीह देने की कोशिश की।

लोकसभा में ऊँची जाति का वर्चस्व है या पिछड़ी जातियों का, यह समझने के लिए जानेमाने फ्रांसीसी राजनीतिक वैज्ञानिक क्रिस्टॉफ जैफरले के अध्ययन को समझना पड़ेगा। उनके अध्ययन के मुताबिक 1989 के लोकसभा चुनाव में ओबीसी जातियों का अनुपात 11 फीसदी से बढ़कर 21 फीसदी हो गया और 2004 के लोकसभा चुनाव तक इनके प्रतिनिधियों की संख्या 26 फीसदी तक पहुँच गई। वहीं ऊँची जातियों के प्रतिनिधित्व में गिरावट आई। 1984 में ऊँची जातियों के प्रतिनिधियों की संख्या 49 फीसदी थी जो 1989 में गिरकर 37 फीसदी हो गई और 2004 में 34 फीसदी पहुंच गई। भले इनके प्रतिनिधित्व में गिरावट जरूर आया लेकिन आबादी से ज्यादा इनकी शक्ति संसद में बरकरार है। हिंदी पट्टी के इलाके में 2009 लोकसभा चुनाव में ऊँची जाति के 43 फीसदी प्रतिनिधि चुने गये जबकि सिर्फ 18 फीसदी पिछड़ी जाति के प्रतिनिधि लोकसभा पहुंच पाये। वहीं 2014 के लोकसभा चुनाव में 44.5 फीसदी ऊँची जातियों और 20 फीसदी पिछड़ी जातियों को प्रतिनिधित्व मिला। लोकसभा 2009 में हिंदी पट्टी में कांग्रेस सांसदों में ऊँची जातियों की संख्या 44 फीसदी थी जो 2014 में बढ़कर 57 फीसदी हो गई। भाजपा की भी स्थिति कमोबेश यही है। 2009 के लोकसभा चुनाव में हिंदी पट्टी से 58.5 फीसदी सांसद ऊँची जाति के थे। यह संख्या 2014 के लोकसभा चुनाव में गिरकर 47.5 फीसदी पर आ गई।

(देखें इंडियन एक्सप्रेस, पेज 14, जुलाई 2015, क्रिस्टॉफ जैफरले का लेख)

http://indianexpress.com/article/opinion/columns/therepresentation-gap-2/

दलित और आदिवासियों में भाजपा की लहर

ओबीसी ही नहीं, दलित मतदाताओं में भी भाजपा ने सेंध लगाई। उत्तर प्रदेश में बसपा का खाता नहीं खुला, इसकी कई वजहें हो सकती हैं, लेकिन दो मुख्य वजहें हैं। सर्वजन की बात करने वाली मायावती की पार्टी में लोकतांत्रिक व्यवस्था नहीं है, क्योंकि उस पार्टी में मायावती के अलावा किसी की पूछ नहीं है। पार्टी के नेता मीडिया में नहीं बोल सकते हैं और न ही अपनी आवाज बुलंद कर सकते हैं। दूसरी वजह यह है कि मुजफ्फरनगर दंगों के बाद दलित मतदाता बसपा से पलायन कर गए। इसकी वजह यह है कि जहां सांप्रदायिक दंगे होते हैं, वहां जाति नहीं, बल्कि धर्म अहम हो जाता है। राज्य में कई जगहों पर दलित और मुस्लिमों के बीच दंगे हुए तो बसपा नहीं, बल्कि भाजपा को उसका लाभ मिला। दलित मतदाताओं में कैसे हृदय परिवर्तन हुआ, इसका जीता–जागता उदाहरण यह था कि मंजू नाम की महिला मेरे गाजियाबाद स्थित घर पर काम करती है। चुनाव में गहरी रुचि की वजह से लोगों से पूछता रहता था कि आप किस पार्टी को वोट देंगे। मंजू गरीब दलित महिला है। वह पांच–छह घरों में काम करके अपना गुजर–बसर करती है। मैंने पूछा कि आप किस पार्टी को वोट दोगी? उसने कहा कि भैया हमलोग तो हाथी को वोट देते हैं, यानी मायावती का चुनाव चिन्ह हाथी। यह पूछने पर कि हाथी को मत देने की क्या वजह है, तो उसने कहा कि उसी पार्टी को लगातार मत देती आ रही हूँ क्योंकि मेरी बस्ती में बहनजी ने अच्छा काम किया है। चुनाव के दौरान कई दलित मतदाताओं से बात हुई। कई लोगों ने मोदी को वोट देने का इजहार किया था। जिस दिन गाजियाबाद में वोटिंग थी, मैं खुद पत्नी के साथ मतदान करने बूथ पर गया। यह बूथ आम आदमी पार्टी के नेता मनीष सिसोदिया और कुमार विश्वास के घर के बगल में था। वोटिंग करने से पहले यह चर्चा चल रही थी कि आम आदमी पार्टी की नेता और मेरी सहयोगी शाजिया इल्मी, जो स्टार न्यूज तथा बाद में एबीपी न्यूज में साथ काम किया करती थीं, भाजपा को कड़ी टक्कर दे रही हैं। यह भी कहा जा रहा था कि राजनाथ सिंह हार की डर से गाजियाबाद से लखनऊ भाग गए और यहां रिटायर्ड आर्मी चीफ वीके सिंह का जीतना मुश्किल है। मैं वोट देने के लिए लाइन में खड़ा था और आदतन लोगों की नब्ज टटोल रहा था। वोट डालने से पहले मैंने वोट डालकर लौट रहे पचास लोगों से बात की और सबने कहा कि कमल का बटन दबाया। यह ऐसा इलाका है जहां पत्रकारों की कमी नहीं है और मंजे

हुए ज्यादातर पत्रकार भाजपा विरोधी ही हैं। मुझे उसी क्षण लग गया कि जनरल वीके सिंह को जीतने से कोई नहीं रोक सकता है।

Dharmendra Singh
April 10, 2014 · BlackBerry Smartphones App

Gen V K Singh is expected to win from Ghaziabad by more than one lakh vote.

गाजियाबाद की वोटिंग खत्म हो गई और दो दिन बाद फिर से मेरी मंजू की मुलाकात हुई तो मैंने उससे पूछा कि आपने किसे वोट दिया तो उसने कहा कि भाजपा को। मैंने पूछा कि ऐसा क्या हो गया कि आप हाथी से कमल पर पहुंच गईं? तो उसने कहा कि भैया पूरी बस्ती ने कमल का बटन दबाया। मैंने पूछा कि ऐसा कैसे हो गया? उसने कहा कि पूरी बस्ती वालों ने चुनाव से एक दिन पहले फैसला किया कि इस बार कमल को वोट देंगे क्योंकि गुजरात में उन्होंने अच्छा काम किया है तो देश में भी अच्छा काम करेंगे। फिर उसने पूछा कि क्या भैया सही में मोदी अच्छा काम करते हैं और क्या हम लोगों का काम करेंगे?

कहने का मतलब है कि रातोरात लोगों का मिजाज बदल गया। दरअसल मतदाता दो तरह के होते हैं, एक किसी खास पार्टी से जुड़े होते हैं, तो दूसरे फ्लोटिंग मतदाता होते हैं जो अपना रुख कभी भी बदल लेते हैं। फ्लोटिंग मतदाताओं में से कुछ मतदाता ऐसे होते हैं जो अपना मत बर्बाद नहीं करते हैं। इस बार तो पारंपरिक मतदाता भी मोदी की लहर में बह गये। इसी का नतीजा था कि पांच महीने पहले दिल्ली की राजनीति में भूचाल लाने वाली आम आदमी पार्टी का सूपड़ा साफ हो गया। देश की जनता ऐसी है जो नेता को आसमान में चढ़ाने में देर नहीं करती है तो उतारने में भी देर नही करती है।

परंपरा से दलित और आदवासी सीटें कांग्रेस का गढ़ हुआ करती थीं लेकिन वहां भी कांग्रेस बुरी तरह हार गई। दलितों की 84 सीटों में से कांग्रेस गठबंधन को सिर्फ 7 सीटें मिलीं, वहीं भाजपा गठबंधन 49 सीटें मिलीं, जिसमें भाजपा की 40 सीटें हैं। दलित सीटों पर भाजपा के प्रदर्शन को देखें, तो इन सीटों पर भाजपा गठबंधन को 58 फीसदी सीटें मिलीं जबकि कांग्रेस गठबंधन को सिर्फ 8 फीसदी सीटें। दलितों की राजनीति करने वाली पार्टी बसपा को उत्तर प्रदेश में एक भी सीट नहीं मिली। मत के लिहाज से देखें तो भाजपा गठबंधन को इन सीटों पर करीब 35.4 फीसदी मत मिले। दलित ही नहीं,

आदवासी सीटों पर भी भाजपा का प्रदर्शन बेहतर था। 47 आदिवासी सीटों में से एनडीए को 28 सीटें मिलीं जिसमें भाजपा की 26 सीटें थीं जबकि यूपीए को सिर्फ 7 सीटें मिलीं। भाजपा गठबंधन को इन सीटों पर 60 फीसदी सफलता मिली। इन सीटों पर भाजपा गठबंधन को 38.5 फीसदी मत मिले।

गौर करने की बात यह है कि आदिवासी सीटों पर सबसे ज्यादा मतदान हुआ। देश में 66 फीसदी मतदान हुआ जबकि आदिवासी सीटों पर 71 फीसदी मतदान हुआ। गौरतलब यह भी है कि भाजपा गठबंधन को आदिवासी सीटों पर 38.5 फीसदी, दलित सीटों पर 35.4 फीसदी और सामान्य सीटों पर 39 फीसदी मत मिले।

श्रेणी	कुल सीटें	मतदान (%)	भाजपा			कांग्रेस		अन्य	
			सीट	(%)	सफलता दर	सीट	(%)	सीट	(%)
दलित	84	66.5	49	35.4	58.3	7	18.9	28	45.7
आदिवासी	47	70.7	28	38.5	59.58	7	31	12	30.5
सामान्य	412	66	259	39	62.9	45	23	108	38
कुल	543	66.4	336	38.39	61.7	59	23.01	148	38.6

दरअसल दलित मतों पर भाजपा की पैनी नजर थी। भाजपा ने बिहार में दलित नेता रामविलास पासवान से गठबंधन किया, दलित नेता उदित राज को पार्टी में शामिल करवाया, वहीं महाराष्ट्र में आरपीआई के नेता रामदास अठावले के साथ गठबंधन किया। लेकिन सबसे बड़ी बात यह थी कि जिन राज्यों में भाजपा के पास मजबूत नेता नहीं थे, वहां भी दलित और आदिवासी मतदाता भाजपा की तरफ झुक गये।

उत्तर प्रदेश में सबसे ज्यादा 17 दलितों की लोकसभा सीटें हैं, लेकिन ताज्जुब की बात यह है कि दलित राजनीति की रहनुमा मायावती को एक भी सीट नहीं मिली, जबकि भाजपा सभी 17 सीटें जीत गई। उत्तर प्रदेश में मायावती ही क्यों, कांग्रेस और समाजवादी पार्टी को भी एक भी दलित सीट नहीं मिली। उत्तर प्रदेश ही नहीं, बल्कि बिहार की सभी 6 दलित सीटें भाजपा गठबंधन को ही मिलीं। महाराष्ट्र की दलित और आदिवासी 10 सीटों, मध्य प्रदेश की 10 सुरक्षित सीटों और राजस्थान की 7 सीटों पर भी भाजपा गठबंधन की ही जीत हुई।

ताज्जुब की बात है कि कांग्रेस और अन्य दल उत्तर प्रदेश, बिहार, महाराष्ट्र, मध्य प्रदेश और राजस्थान में एक भी सुरक्षित सीटें नहीं जीत पाए।

यही नहीं, गुजरात की 6 सुरक्षित सीटें, छत्तीसगढ़ की 5 सीटें, हिमाचल प्रदेश, दिल्ली, और उत्तराखंड की 1–1 सीटों पर भी भाजपा का कब्जा हो गया। इन 12 राज्यों की 286 लोकसभा सीटों में से 66 दलित और आदिवासियों के लिए सुरक्षित सीटें हैं, इन सारी सीटों पर भाजपा गठबंधन की जीत हुई। इसके अलावा आंध्र प्रदेश में भी 10 सुरक्षित सीटों में से 3 सीटें, झारखंड की 6 सीटों में से 4 सीटें, कर्नाटक की 7 सीटों में से 2 और पंजाब की 4 सीटों में से 1 पर भाजपा गठबंधन की जीत हुई। मेघालय की 2 सीटों में से 1 और नगालैंड की 1 सीट पर भी एनडीए की जीत हुई।

दलित और आदिवासी सीटों पर किसका कब्जा रहा

	दलित सीटें			आदिवासी सीटें			
	भाजपा	कांग्रेस	अन्य	भाजपा	कांग्रेस	अन्य	कुल
उत्तर प्रदेश	17	0	0	–	–	–	17
बिहार	6	0	0	–	–	–	6
महाराष्ट्र	5	0	0	4	0	0	9
मध्य प्रदेश	4	0	0	6	0	0	10
राजस्थान	4	0	0	3	0	0	7
आंध्र प्रदेश	3	1	3	0	0	3	10
गुजरात	2	0	0	4	0	0	6
छत्तीसगढ़	1	0	0	4	0	0	5
झारखंड	1	0	0	3	0	2	6
कर्नाटक	1	4	0	1	1	0	7
हरियाणा	1	1	0	–	–	–	2
हिमाचल प्रदेश	1	0	0	–	–	–	1
दिल्ली	1	0	0	–	–	–	1
पंजाब	1	1	2	–	–	–	4
उत्तराखंड	1	0	0	–	–	–	1
ओडीशा	0	0	3	1	0	4	8
असम	0	0	1	0	1	1	3

	दलित सीटें			आदिवासी सीटें			
	भाजपा	कांग्रेस	अन्य	भाजपा	कांग्रेस	अन्य	कुल
पश्चिम बंगाल	0	0	10	0	0	2	12
केरल	0	1	1	–	–	–	2
तमिलनाडु	0	0	7	–	–	–	7
नगालैंड	–	–	–	1	0	0	1
लक्षद्वीप	–	–	–	0	1	0	1
मणिपुर	–	–	–	0	1	0	1
मेघालय	–	–	–	1	1	0	2
मिजोरम	–	–	–	0	1	0	1
त्रिपुरा	–	–	–	0	0	1	1
कुल	49	8	27	28	6	13	131

दरअसल 2014 के चुनावों की जमीन बहुत पहले से तैयार हो रही थी, लेकिन इसकी भनक किसी को नहीं थी। वाकई किसी एक पार्टी को स्पष्ट बहुमत मिलेगा, ऐसी उम्मीद किसी को नहीं थी। चाहे ओबीसी मतदाता हो या दलित मतदाता या आदिवासी मतदाता, मोदी लहर में सभी भाजपा के साथ हो गए। ये सारे मतदाता पारंपरिक रूप से कांग्रेस के मतदाता थे। 1967 से कांग्रेस की दीवारें दरकने लगी थीं, लेकिन नेस्तनाबूद होने में 47 साल लगे। एक प्रक्रिया के तहत चाहे लोकतंत्र में बदलाव हो या सामाजिक स्तर में बदलाव हो, यह सिलसिला चलता रहता है। कई बार इन बदलावों को हम पहले पढ़ नहीं पाते हैं। लेकिन जब यह घटित होता है तो भौंचक रह जाते हैं। धीरे–धीरे ये मतदाता कांग्रेस से दूर होते चले गये और कांग्रेस के पास अब अपना कोई मतदाता वर्ग नहीं है। यह सिलसिला खत्म नहीं हुआ है, बल्कि जारी है। राजनीतिक और सामाजिक बदलाव काल चक्र की तरह निरंतर चल रहा है, न जाने आगे क्या होगा, लेकिन देश जिस लोकतंत्र की राह पर चल रहा है उसमें बेहतर होने की ज्यादा संभावना है। देश में लोकतंत्र मजबूत हो रहा है, लोगों में जागरूकता फैलती जा रही है, शिक्षा का प्रचार–प्रसार हो रहा है। लोग गलत और सही, अच्छाई और बुराई, आकांक्षाएं और असंतोष में फर्क समझने लगे हैं। आपातकाल के बाद 1977 में इंदिरा गांधी की सरकार को जिस तरह से हराया गया, वह जागरूकता और कांग्रेस विरोधी शक्ति

की एकजुटता के बिना संभव नहीं था। 1989 में बोफोर्स घोटाले की वजह से राजीव गांधी की हार हुई। मेरा अभी भी मानना है कि राजीव गांधी की हार बोफोर्स घोटाले की वजह से नहीं हुई, बल्कि बोफोर्स घोटाले की वजह से विखंडित विरोधी दलों के एक मंच पर आ जाने से हुई। यहीं से चुनावी गठजोड़ की एक नई राजनीति शुरू हुई और यह बदस्तूर जारी है।

यह वही दौर है जहां से मंडल और कमंडल की राजनीति से एक नया विस्फोट हुआ। इस विस्फोट से देश की राजनीति का परिदृश्य ही बदल गया। एक तरफ हिन्दूवाद की राजनीति तो दूसरी तरफ आरक्षण के नाम पर ओबीसी की राजनीति शुरू हुई। कालचक्र में समय बीतता गया और राजनीति अंदर ही अंदर करवटें लेने लगी। एक तरफ कमंडल की राजनीति बदलाव और उभार के साथ चलती रही तो दूसरी तरफ मंडल की राजनीति संकुचित विचारधारा, पद लोलुपता और परिवारवाद के दलदल में फंसती चली गई। देश की राजनीति में जमीनी स्तर पर एक ऐसी केमिस्ट्री बनी जिसकी भनक शायद किसी को नहीं थी। यूपीए सरकार ने भी आरक्षण की राजनीति करने की कोशिश की लेकिन इसका कांग्रेस को कोई फायदा नहीं हुआ। अब वही देश है जहां आरक्षण के लॉलीपॉप से भी कुछ असर नहीं हो रहा है। शायद कांग्रेस मुगालते में थी कि आरक्षण के नाम पर अब भी वोट बटोरा जा सकता है। इसका फायदा उठाने के लिए यूपीए ने लोकसभा चुनाव के पहले जाटों को आरक्षण देने का काम किया, ताकि चुनाव में इसका फायदा हो, लेकिन राजस्थान, पश्चिमी उत्तर प्रदेश और हरियाणा की 45 सीटों में से कांग्रेस को सिर्फ एक सीट मिली।

दरअसल देश या जनता का एक बार मूड बन जाता है, तो वह आसमान से तारा तोड़कर लाने के प्रलोभन से भी नहीं हिलती है। ऐसे मौके पर उभरे हुए नेता पर लाख हमला करने से भी जनता विचलित नहीं होती है। इसके विपरीत नेता पर आरोप, लांछन और हमले से नफा कम, नुकसान ज्यादा होता है। महाराष्ट्र में भी कांग्रेस सरकार ने सरकारी नौकरियों और शैक्षणिक संस्थानों में मराठों को 16 फीसदी और मुस्लिम को 5 फीसदी आरक्षण देने का वायदा किया, लेकिन कोई फायदा नहीं हुआ। भाजपा के साथ पहले से ही सवर्ण जाति के लोग जुड़े हुए हैं। इस चुनाव में भाजपा ने ओबीसी, दलित, आदिवासी मतों में अच्छी सेंध लगा ली है। बहरहाल, इस रुझान से यह भी पता चलता है कि लोग अब जाति के जंजाल में नहीं फंसना चाहते हैं, बल्कि उनके लिए अब रोजी, रोटी, कपड़ा, मकान, सुरक्षा और विकास अहम मुद्दा बन गया है। ये मुद्दे साल दर साल बदलते रहते हैं, लेकिन मोदी के ओबीसी होने से भाजपा को जबर्दस्त फायदा हुआ। बिहार और दिल्ली के नतीजे ने फिर ये साबित कर दिया कि राजनीति में चाल, चरित्र, चेहरा, मुद्दे और मापदंड बदलते रहते हैं।

निर्णयकारी नेता की छवि का करिश्मा

धर्मेन्द्र कुमार सिंह

देश की राजनीति में निर्णयकारी नेताओं की अहमियत कमोबेश आजादी के बाद से ही कायम है लेकिन सोलहवीं लोकसभा चुनाव के पहले और बाद में निर्णय लेने में सक्षम नेताओं की तलाश कुछ ज्यादा ही अहम हो कर उभरी। इसकी वजह यूपीए सरकार की बेहद लचर छवि हो सकती है। सिर्फ, नरेंद्र मोदी ही नहीं, अरविन्द केजरीवाल और नीतीश कुमार की जीत में भी इस पहलू की बड़ी भूमिका दिखती है। मोदी की ही तरह नीतीश और केजरीवाल को भी फैसले लेने और उन पर अमल करने में सक्षम माना जाता रहा है। यही वजह है कि अपने–अपने दायरे में ये सभी जीते हैं। मोदी लोकसभा में जीते मगर दिल्ली में केजरीवाल और बिहार में नीतीश को टक्कर नहीं दे पाए। जैसे लोकसभा में केजरीवाल और नीतीश मोदी के समर्थन में जीरो साबित हुए।

आजादी के बाद निर्णयकारी और मजबूत शख्सियत रखने वाले नेताओं में पंडित जवाहरलाल नेहरू और लालबहादुर शास्त्री के बाद बेहद अहम शख्सियत के तौर पर इंदिरा गांधी का उभार हुआ। इंदिरा गांधी ने इस छवि को अपने व्यक्तित्व के साथ इस कदर एकरूप कर लिया कि पार्टी भी एक दौर में इंदिरा कांग्रेस के नाम से जाने लगी। लेकिन निर्णयकारी और अहम चेहरे के रूप में पेश करने की रवायत की शुरुआत एक मायने में 1998 में ढंग से होती है या यूं कहिए पीआर और मार्केटिंग रणनीतियों का इस्तेमाल अटलबिहारी वाजपेयी के दौर में शुरू हुआ। 1998 में भाजपा के एकमात्र चेहरे वाजपेयी को पेश करने का फैसला लिया गया। भाजपा और संघ परिवार में इसका विरोध भी हुआ लेकिन पहली दफा राजनैतिक रणनीति तय करने के लिए लाए गए मार्केटिंग के पेशेवर शुनू सेन का कहना था कि पोस्टरों में सिर्फ वाजपेयी का चेहरा होगा तो विरोध में सोनिया गांधी या

बाकी नेताओं से वे भारी पड़ेंगे और वह रणनीति कारगर भी हुई।

इधर मोदी, केजरीवाल, नीतीश कुमार जैसे नेताओं ने मार्केटिंग रणनीतियों का खुलकर इस्तेमाल किया और अपनी अकेले सक्षम नेता की छवि प्रचारित करवाई। बेशक, उसका असर भी हुआ लेकिन यह भी ध्यान में रखा जाना चाहिए कि यह तभी संभव हो पाता है जब ब्रांड मजबूत हो यानी नेता का अपना कामकाज भी चमकदार हो। यह बात जितनी मोदी के लिए सही है, उसी पैमाने पर नीतीश और केजरीवाल के लिए भी चुनावों के पहले तक उनके कामकाज और निर्णय लेने की क्षमता पर सवाल नहीं उठाया जा सकता था। लेकिन इनके अपने–अपने दायरे है। सो, मोदी केंद्र के लिए मुफीद थे लेकिन दिल्ली और बिहार के लिए मुफीद केजरीवाल और नीतीश ही माने गए। इसमें मोदी के केंद्र में कामकाज का भी कुछ असर लोकप्रियता का ग्राफ उपर नीचे करने में अहम रहा होगा।

इसमें दो राय नहीं कि सोलहवीं लोकसभा के चुनाव में भारतीय जनता पार्टी (भाजपा) की जीत के कई पहलुओं में सबसे प्रमुख था एक निर्णयकारी नेता के रूप में नरेन्द्र मोदी की प्रधानमंत्री पद के उम्मीदवार के रूप में मौजूदगी। दिलचस्प बात यह है कि मोदी का किरदार केवल निर्णयकारी नेता होने की सीमाओं में ही बंधा हुआ नहीं था। उनके व्यक्तित्व के अंतरविरोध भी उन्हें चर्चा के केन्द्र में ला देते हैं। एक तरफ उन पर 2002 के गुजरात दंगे के दौरान मुख्यमंत्री के रूप में मुसलमान–विरोधी हिंसा की अनदेखी करने का आरोप लगता है और दूसरी तरफ वे गुजरात को आर्थिक शक्ति बनाने वाले एक कुशल और सक्रिय राजनेता के तौर पर उभरते हैं। प्रधानमंत्री बनने के बाद भी मोदी ने अपने व्यक्तित्व के विकास को निरंतर नई बुलंदी दी। वे नेपाल, कश्मीर, चेन्नई हर जगह प्राकृतिक आपदाओं में फौरन राहत पहुंचाकर अपनी छवि को नया आयाम देते रहे। विदेश मोर्चे पर उनकी सक्रियता उन्हें अंतरराष्ट्रीय मंच पर एक राजनेता की हैसियत दिला गई है। तभी मोदी बराक ओबामा से लेकर चीन के राष्ट्रपति और जापान के प्रधानमंत्री पर अपनी छठा बिखेरने में कामयाब रहे। विश्व के इन शक्तिशाली नेताओं को मोदी अपनी मोहिनीमंत्र से मोहने में कामयाब रहे।

दरअसल मोदी को मालूम है कि राजनीति में लंबे समय तक बने रहने के लिए हर पांच साल में एक नई लकीर खींचने की जरूरत होती है। वे कभी अपने पर कुछ चिपकने नहीं देना चाहते। जैसे ही कोई आरोप चिपकने लगता है, वे आगे निकल कर नई राह पकड़ लेते हैं। मसलन, राजनीतिक दल गुजरात की अल्पसंख्यक विरोधी हिंसा के नाम पर उन्हें घेरना चाहते थे लेकिन उन्होंने विकास और गुड गवर्नेंस का मसीहा बनने की ठानी।

2003 में गुजरात के विकास के लिए वायब्रेंट गुजरात समिट शुरू किया। निवेशकों को आकर्षित करने के लिए यह सम्मेलन गुजरात में बदस्तूर जारी है। इसमें राज्य में अरबों रुपये के निवेश करने की घोषणा की जाती है। यह अलग बात है कि विश्लेषकों के मुताबिक ऐसे सम्मेलनों में की गई घोषणाएं अमूमन पूरी नहीं होतीं।

निर्णयकारी नेता की छवि बनाने लिए उन्होंने अमेरिकी एजेंसी एप्को वर्ल्डवाइड का सहारा लिया। ब्रांड गुजरात को सजा–संवार कर पेश करने वाले मार्केटिंग गुरुओं और एप्को की मदद से राज्य की विदेशी निवेश अनुकूल छवि न दर्शाई गई होती तो पश्चिमी देशों ने उन्हें इस तरह हाथोहाथ न लिया होता। 2009 में वायब्रेंट गुजरात ग्लोबल इन्वेस्टमेंट समिट, 2011 को ध्यान में रखते हुए इस एजेंसी को मोदी ने अपना आधिकारिक रिलेशनशिप पार्टनर नियुक्त किया था। दुनिया की सबसे प्रभावशाली जनसंपर्क (पीआर) कंपनियों में से एक एप्को ने इस शिखर सम्मेलन के लिए सरकार, कन्फेडरेशन ऑफ इंडियन इंडस्ट्री (सीआईआई) और प्राइस वाटरहाउस कूपर के साथ काम किया और 2011 में 21 लाख करोड़ रु. का निवेश सरकार की झोली में डालने का दावा किया गया। गांधीनगर में हुए गुजरात समिट–2013 के लिए भी इस फर्म की सेवा ली गई। उस आयोजन के एक महीने के भीतर ही मोदी को यूरोपीय संघ की ओर से यूरोपीय संसद और साल के अंत में ब्रसेल्स में होने वाली यूरोपियन बिजनेस मीट के लिए बुलाया गया। 2002 के गुजरात दंगों में विवादास्पद भूमिका की वजह से कुछ अरसा पहले तक यूरोपीय संघ में मोदी का प्रवेश वर्जित था। मोदी को चमकाने का श्रेय एप्को की मार्केटिंग को भी जाएगा जो राज्य में निवेश को आकर्षित करने में अहम भूमिका निभाती रही है और ब्रांड गुजरात को मार्केटिंग और सम्मेलनों से अलग भी पहचान देने के लिए तत्पर रही है। 2012 में फर्म के वरिष्ठ वाइस प्रेसिडेंट स्टीवन किंग ने बताया था कि दुनिया भर की नामी पत्र–पत्रिकाओं में गुजरात के बारे में सकारात्मक खबरें छपी हैं। इस एजेंसी के जरिए गुजरात को दुनिया के सामने एक सशक्त राज्य के तौर पर पेश किया गया और उसके साथ मोदी का नाम भी निवेशकों के दोस्त और विकास के अग्रदूत के रूप में पेश किया गया। (देखें, http://aajtak.intoday.in/story/narendra-modi-who-is-behind-of-brand-modi-1-724206.html)

इसी के साथ मोदी ने कॉरपोरेट आकाओं को ऐसा मंत्र पढ़ाया कि देश के जानेमाने उद्योगपति मुकेश अंबानी, रतन टाटा, अनिल अंबानी और सुनील मित्तल उनके मुरीद हो गये। उन्होंने मोदी को गुजरात के मुख्यमंत्री से देश का प्रधानमंत्री बनाने का बीड़ा उठाने का काम किया। दरअसल

नरेन्द्र मोदी 2009 के लोकसभा चुनाव के पहले ही देश क प्रधानमंत्री बनने की कवायद शुरू कर चुके थे। इसी प्रक्रिया में उन्होंने गुजरात मॉडल का सारे देश में प्रचार किया। गुजरात ऐसा राज्य है जो मोदी के पहले भी बेहतर श्रेणी राज्यों में आता था, लेकिन मोदी के मुख्यमंत्री बनने के बाद गुजरात में बेहतर विकास हुआ। दरअसल मोदी ने देश में अपनी छवि और विकास के प्रति अपना रवैया उजागर करने की कोशिश की और यह जताने की कोशिश की विकास के प्रति वे कितने संवेदनशील हैं। इस चुनाव में गुजरात मॉडल का भी मोदी को फायदा हुआ। जो लोग बिहार, उत्तर प्रदेश, राजस्थान, पश्चिम बंगाल से काम करने के लिए गुजरात जाते थे वे गुजरात की कहानी और मॉडल की चर्चा अपने गांवों में करते थे। इससे मोदी की छवि में चार चांद लग गए। यही नहीं, टाटा समूह की बहुचर्चित नैनो कार जब पश्चिम बंगाल में विरोध की वजह से खटाई में पड़ती दिखाई दी तो नरेन्द्र मोदी ने आगे बढ़कर टाटा को गुजरात में नैनो कार बनाने की अनुमति दी। 2008 की इस घटना की रोशनी में देखने से लगता है कि मोदी उसी समय से दिल्ली आने की राह तलाशने लगे थे। इस समझौते के बाद अहमदाबाद में एक प्रेस कॉन्फ्रेंस में नरेन्द्र मोदी ने कहा था कि यह समझौता टाटा और गुजरात की भागीदारी का नया अध्याय शुरू करेगा। गुजरात सरकार ने अहमदाबाद से कुछ दूर साणंद नामक स्थान पर टाटा को कार बनाने के लिए 1100 एकड़ जमीन दी। रतन टाटा का कहना था कि ''बंगाल में हम पिछले कुछ दिनों में अत्यंत दुखद अनुभव से गुजरे हैं। सरकार की मदद से हमें यहां जितनी तेजी से जगह मिली उससे मैं कह सकता हूं कि गुजरात हमारा नया घर होगा।'' यह पूछे जाने पर कि उन्होंने नैनो के लिए गुजरात को ही क्यों चुना रतन टाटा का कहना था, ''हमें जिस प्रभावी तरीके से और जल्दी जमीन मिली वह एक बड़ा कारण था। फिर गुजरात की रेप्युटेशन बहुत अच्छी है। उद्योग के क्षेत्र में हमें यहां कोई दिक्कत नहीं हुई।'' (देखें, http://www.bbc.com/hindi/regionalnews/story/2008/10/printable/081007_nano_finalgujarat.shtml)

ऐसा लगता है कि मोदी 2009 के लोकसभा चुनाव में ही केन्द्र की राजनीति में अहम भूमिका निभाना चाहते थे लेकिन प्रधानमंत्री पद के उम्मीदवार के रूप में लालकृष्ण आडवाणी के नाम पर मुहर लग जाने से उनकी मंशा पूरी नहीं हो पाई। वैसे 2009 के चुनाव के पहले उनकी तैयारी में कोई कमी नहीं थी। साल 2009 की शुरुआत में वायब्रेंट गुजरात सम्मेलन में अपने देश के दो अग्रणी उद्योगपतियों अनिल अंबानी और सुनील मित्तल ने खुले तौर पर मोदी को प्रधानमंत्री बनाने की वकालत की थी। अनिल अंबानी ने कहा, "नरेन्द्र मोदी के

गुजरात में बहुत अच्छा काम किया और आप कल्पना कीजिए कि अगर वे देश का नेतृत्व करेंगे तो कितना कुछ हो जाएगा।" अनिल अंबानी ही नहीं, बल्कि दूरसंचार क्षेत्र में मुख्य निवेश करने वाली कंपनी भारती के प्रमुख सुनील मित्तल का कहना था कि "मोदी को सीईओ कहा जाता है लेकिन असल में वे सीईओ नहीं हैं क्योंकि वे कोई कंपनी या क्षेत्र का संचालन नहीं करते हैं। वे एक राज्य चला रहे हैं और देश भी चला सकते हैं।" इस अवसर पर मौजूद रतन टाटा ने भी मोदी की प्रशंसा के गीत गाए। उन्होंने कहा, "मोदी की अगुआई में गुजरात दूसरे सभी राज्यों में अग्रणी है। सामान्य तौर पर किसी प्लांट को मंजूरी मिलने में नब्बे से एक सौ अस्सी दिन तक समय लगता है लेकिन नैनो प्लांट के संबंध में हमें सिर्फ दो दिन में जमीन और स्वीकृति मिल गई।" एक ऐसी ही बैठक में निवेशकों संबोधित करते हुए मोदी ने कहा था, "अगर आप गुजरात की मिट्टी में एक रुपया बोओगे तो आपको उसके एवज में एक डॉलर मिलेगा।" सेमिनार पत्रिका (अप्रैल, 2014) में अंग्रेजी दैनिक द हिन्दू के पूर्व संपादक सिद्धार्थ वरदराजन ने लिखा कि 2011 के वायब्रेंट गुजरात समारोह में मोदी का महिमामंडन मुकेश अंबानी ने इन शब्दों में किया कि "गुजरात सोने की चिड़िया की तरह चमक रहा है और इसका श्रेय नरेंद्र मोदी की दूरदृष्टि, कारगर और प्रभावी नेतृत्व को जाता है। नरेन्द्र मोदी में हमें एक कल्पनाशील नेतृत्व मिला है जिनके पास अपनी कल्पनाओं के वास्तव में लागू करने की इच्छाशक्ति है।" 2013 में मोदी–वंदना की जिम्मेदारी एक बार फिर अनिल अंबानी ने ली। उन्होंने नरेन्द्र मोदी को "नेताओं का नेता" कहकर उनकी प्रशंसा की और इकॉनॉमिक टाइम्स के अनुसार अनिल अंबानी ने श्रोताओं से मोदी को खड़े होकर सम्मानित करने का आग्रह किया। जाहिर है कि मोदी देसी उद्योगपतियों के पसंदीदा उम्मीदवार थे। (देखें, http:archive.jansatta.com/index.php?option=com_content&view=article&id=69868:2014-06-01-20-35-22&catid=20:2009-09-11-07-46-16

उद्योगपतियों की फौज मोदी के पीछे खड़ी थी और वे गुजरात के बाहर अपने पैर पसारने की कोशिश कर चुके थे। सांप्रदायिकता की राजनीति की वजह से हिन्दू मतदाताओं में उनकी पहुंच पहले ही हो चुकी थी। यूपीए सरकार पर 'पॉलिसी पैरालाइसिस' का आरोप लग रहा था। कॉरपोरेट जगत कांग्रेस के नेतृत्व वाली सरकार से खासा नाराज था। राष्ट्रीय स्वयंसेवक संघ का प्रचारक होने की वजह से संगठन को उनके प्रति हमदर्दी थी। इस तरह मोदी को केंद्रीय स्तर पर अपने उभार के लिये केवल तीन काम करने थे। पहला, राष्ट्रीय स्तर पर पार्टी में अपने वर्चस्व को बढ़ाना और इसके

लिए दिल्ली में लॉबिंग शुरू करना। और तो और, उन्होंने पार्टी में अपने समर्थन में राज्यस्तर पर भी ऐसे नेताओं को चहेता बनाने का काम किया जो उनका गुणगान करते रहे, भले ही यह रणनीति पार्टी हित के लिए ठीक साबित न हुई हो। दूसरे, उन्होंने यूपीए सरकार का विरोध और हमला दोनों जारी रखा। यूपीए सरकार पर केन्द्रीय नेतृत्व के हमले को मीडिया और सोशल मीडिया उतनी अहमियत नहीं देता था, जितना मोदी द्वारा की गई आलोचनाओं को। तीसरे, गुजरात के बाहर दूसरे राज्यों में पैर पसारने का अभियान। मोदी में अपने नाम और काम के बेचने की कला भी है। बिहार में 2008 में बाढ़ आई थी। गुजरात के मुख्यमंत्री नरेन्द्र मोदी ने बाढ़ पीड़ितों की मदद के लिए 5 करोड़ रुपये देने का ऐलान किया था। गौर करने की बात यह थी कि उसी दौरान भाजपा की राष्ट्रीय कार्यसमिति की बैठक के दौरान गुजरात की तरफ से पटना के अखबारों में पूरे पन्ने के विज्ञापन छापे गये थे जिनमें बताया गया था कि बिहार में आई बाढ़ के दौरान गुजरात ने दिल खोल कर बिहारवासियों की मदद की थी। इस पर नीतीश कुमार भड़क गए थे। उन्होंने कहा था ''किसी की मदद करके उसका बखान करना भारतीय संस्कृति के खिलाफ है। गुजरात सरकार की मदद बेहद मामूली थी। इस तरह मदद का बखान बिहार की जनता का अपमान है।'' आखिरकार इस पैसे को लौटा दिया गया था। इसके बाद भाजपा और जेडीयू के बीच तल्खी बढ़ गई थी और भाजपा के कुछ नेताओं ने उसी समय से नीतीश कुमार पर हमला बोलना शुरू कर दिया था तो दूसरी तरफ मोदी को महिमामंडित करने का भी काम शुरू गया।

नरेन्द्र मोदी को क्यों मौका मिला

एक तरफ निर्णायक नेता, विकास पुरुष और दूरदर्शी नेता के रूप में मोदी की लोकप्रियता बढ़ती जा रही थी, तो दूसरी तरफ जिन्ना विवाद और आरएसएस के नकेल कसने से लालकृष्ण आडवाणी की लोकप्रिता घटती जा रही थी। एक समय भाजपा के लौहपुरुष कहे जाने वाले लालकृष्ण आडवाणी को भाजपा के अध्यक्ष पद से हटा कर उनकी लोकप्रियता कम करने की कोशिश की गई। अगर संघ परिवार में लालकृष्ण आडवाणी के खिलाफ लामबंदी नहीं हुई होती, तो शायद 2009 के लोकसभा में भाजपा की स्थिति बुरी नहीं हुई होती। दरअसल लालकृष्ण आडवाणी ने कराची में जिन्ना की मजार पर दिए भाषण में पाकिस्तान को उसकी संविधान सभा में 1 जुलाई, 1948 का भाषण याद दिलाया था। इस भाषण में जिन्ना ने ऐसे सेक्युलर पाकिस्तान की परिकल्पना की थी, जिसमें मुसलमानों के अलावा

दूसरे धर्मावलंबी भी बराबर के अधिकारों के साथ रहेंगे। इसके पीछे आडवाणी के दो मकसद थे। पहला, वे भारत में इस बयान से मुसलमानों के बीच पैठ बढ़ाने की कोशिश कर रहे थे, इस तरह वे अपनी कट्टर हिन्दूवादी छवि में लचीलापन लाकर मुस्लिम मतदाताओं को लुभाना चाहते थे। दूसरा, वे पाकिस्तान को नसीहत देना चाहते थे कि वह कायदे–आजम के सपनों का देश नहीं बन सका, अलबत्ता धर्मांध जरूर बन गया। लेकिन, आडवाणी के बयानों का भारत में अलग मतलब निकाला गया।

जिन्ना को सेकुलर बताने के कारण आडवाणी से पहले से खार खाए बैठी विश्व हिन्दू परिषद ने उनके खिलाफ मुहिम छेड़ दी। इसी का नतीजा था कि आरएसएस ने जिन्ना प्रकरण पर लालकृष्ण आडवाणी से इस्तीफा मांग लिया। जिस समय आडवाणी से इस्तीफा मांगा गया, उस समय आरएसएस के सरसंघचालक के.एस. सुदर्शन थे। सुदर्शन सरसंघचालक बनने से पहले संघ की तरफ से भाजपा के प्रभारी रहे थे। यह पहली बार हुआ कि कोई सरसंघचालक ऐसा बना हो, जो कभी राजनीतिक दल जनसंघ या भाजपा का प्रभारी रहा हो। प्रभारी रहते समय पार्टी नेताओं के बारे में बनी उनकी धारणा उनके दिमाग में थी। उसी की प्रतिक्रिया आडवाणी से इस्तीफा मांगने के रूप में सामने आई। आडवाणी को गलत मुद्दे और गलत समय पर हटाए जाने से उनके समर्थकों के मन में संघ की कार्यशैली के खिलाफ गांठ बंध गई थी। संघ की पसंद से राजनाथ सिंह भाजपा के अध्यक्ष बने और उनपर आरोप लगता रहा कि उन्होंने भाजपा में संघ का दखल लगातार बढ़ने दिया। इसी समय पार्टी में गुटबाजी बढ़ी। गुजरात के मुख्यमंत्री नरेन्द्र मोदी को पार्टी के संसदीय बोर्ड से और अरुण जेटली को पार्टी प्रवक्ता के पद से हटाया गया। जिन्ना पर किताब लिखने पर जसवंत सिंह को पार्टी से निकाला गया और राजस्थान में वसुंधरा राजे के सामने ओम माथुर को खड़ा करने की कोशिश हुई। यही नहीं, कर्नाटक में अनंत कुमार की बजाय बी.एस. येदियुरप्पा को बढ़ाया गया। पार्टी में एक असमंजस की स्थिति पैदा हो गई, लोकसभा चुनावों की जिस तैयारी के साथ लालकृष्ण आडवाणी कूदना चाहते थे, वह चुनावों से पहले ही धूल धूसरित हो गई थी। वहीं भाजपा अपने गठबंधन को बढ़ाने में नाकामयाब थी, तो दूसरी ओर कांग्रेस के साथ गठबंधन की एक बड़ी फौज खड़ी थी। ऐसे में भाजपा की हार पक्की थी। दूसरी तरफ मोदी, आडवाणी खेमे के ही माने जाते थे, लेकिन आडवाणी की अहमियत कम हुई तो यही दौर था जहां मोदी अपने चेहरे और काम को चमकाने की कोशिश शुरू कर चुके थे। यहीं से आडवाणी और मोदी के बीच दूरी भी बढ़ने लगी। मोदी ने राजनीति की मैराथन

दौड़ में आडवाणी को पीछे छोड़ दिया। (देखें, http:www.livehindustan.comnews/tayaarinews/tayaarinews/article1-story-67-0-69551.html)

आडवाणी के पतन के साथ ही मोदी अपने उत्थान की स्क्रिप्ट लिख चुके थे। मिशन प्रधानमंत्री के लिए वे लोकसभा चुनाव की तैयारी कर रहे थे, भले ही दिल्ली में इसकी भनक नहीं थी। उन्होंने चुपके–चुपके होमवर्क शुरू कर दिया था। अगर केन्द्रीय नेतृत्व को भनक भी थी तो चुप्पी बरतने में बेहतरी समझी गई होगी। एक जमाना था कि वे भाजपा केन्द्रीय नेतृत्व की ताल पर थिरकते थे लेकिन वह भी जमाना आया जब केन्द्रीय नेतृत्व के अधिकतर नेता उनकी ताल पर थिरकने लगे। उन्होंने शायद लंबी रणनीति के तहत ही अपने गुरु लालकृष्ण आडवाणी और अरुण जेटली को लोकसभा और राज्यसभा के लिए गुजरात से चुनाव लड़ने के लिए मनाया। अब राजनीति बदली तो उन्होंने अरुण जेटली को अपने पक्ष में मोड़ लिया और लालकृष्ण आडवाणी को अलग–थलग कर दिया। नरेन्द्र मोदी और अरुण जेटली कभी आडवाणी के चहेते हुआ करते थे। आडवाणी के खिलाफ जब आरएसएस की हवा चली तो आडवाणी के खासमखास अरुण जेटली मोदी के खासमखास बन गये। खैर, गुजरात 2012 के विधानसभा चुनाव में शानदार जीत के बाद मोदी अपनी अगली मंजिल की तलाश में लग गये। उधर भाजपा की राजनीति करवट बदल रही थी। अरविन्द केजरीवाल द्वारा भ्रष्टाचार के आरोप के बाद भाजपा अध्यक्ष नितिन गडकरी ने इस्तीफा दिया तो राजनाथ सिंह को दोबारा अध्यक्ष बनाया गया।

राजनाथ सिंह के अध्यक्ष बनने के साथ ही नरेन्द्र मोदी की दिल्ली की राह आसान हो गई। पहले उन्हें भाजपा चुनाव कमेटी का अध्यक्ष बनाया गया, फिर प्रधानमंत्री पद का उम्मीदवार। भाजपा की राजनीति बदल रही थी और मोदी की लोकप्रियता भी एक वर्ग में बढ़ रही थी। मोदी की रैलियों में भीड़ बढ़ रही थी। मैडसिन वर्ल्ड के एमडी सैम बलसारा का कहना है कि ''मेरा मानना यह है कि विज्ञापन किसी अच्छे प्रोडक्ट को एकदम ऊंचाई तक पहुंचा सकता है लेकिन जो प्रोडक्ट अच्छा न हो, उसको एकदम खत्म भी कर देता है। 'भाजपा कैंपेन में हमारा ऐसा मानना है कि जो हमको प्रोडक्ट दिया गया था, वह अच्छा प्रोडक्ट था। मानो या न मानो हमारा कैंपेन न होता तब भी प्रोडक्ट तो ऐसे भी जीतने वाला ही था। लेकिन हमारी स्ट्रेटजी, हमारे प्लान जो हमने बनाए आपके चैनल और दूसरे चैनलों के मदद के साथ जो इंप्लीमेंट किया। हमने उसका पिच इतना हाई किया, जैसा हर एक कांस्टिट्युएंसी में पोलिंग डेट आने लगा तो हमने उसका पिच इतना हाई किया सिस्टेमेटिकली। पहले शुरू किया यहां से लेकिन फिर

आहिस्ता–आहिस्ता जैसे–जैसे पोलिंग डेट आने लगी तो भी हमने उसको एकदम रेज किया तो उससे ऐसी हवा या ऐसा एक एटमास्फियर बना जो आप मीडिया में कहते हैं कि मोदी वेव हो गया।'' (स्रोत– एबीपी न्यूज)

जैसे ही भाजपा ने नरेन्द्र मोदी को प्रधानमंत्री पद के लिए स्वीकार किया, देश में उनकी स्वीकार्यता बढ़ती गई। मोदी की लोकप्रियता 2009 के लोकसभा चुनाव के दौरान 2 फीसदी थी। लेकिन 2012 के गुजरात विधानसभा में शानदार जीत के बाद उनकी लोकप्रियता 19 फीसदी हो गई। जब वे भाजपा के पीएम उम्मीदवार बने तो लोकप्रियता 36 फीसदी हो गई। 2011 में राहुल गांधी की लोकप्रियता नरेन्द्र मोदी से ज्यादा थी, लेकिन गुजरात चुनाव के बाद राहुल की लोकप्रियता घटती चली गई। ऐसा लगता है कि प्रधानमंत्री पद के लिए देश के पास दो ही विकल्प थे। एक नरेन्द्र मोदी तो दूसरे राहुल गांधी। नरेन्द्र मोदी से राहुल गांधी पीछे छूटते चले गये। दूसरी बात यह थी कि भाजपा के कुछ आला नेताओं को छोड़कर मोदी के पीछे भाजपा की पूरी फौज खड़ी थी। एक तरफ भाजपा में मोदी की वजह से जबर्दस्त उत्साह था, जबकि कांग्रेस खेमे में मायूसी का माहौल था, क्योंकि सोनिया गांधी और राहुल गांधी में मोदी से लड़ने का जज्बा ही खत्म हो गया था। देश किसे निर्णायक नेता मानने लगा था, इसकी झलक इन आंकड़ों में मिल जाती है।

कैसे–कैसे बढ़ी मोदी की लोकप्रियता

प्रधानमंत्री पद के लिए पसंदीदा उम्मीदवार (फीसदी में)

	2009 चुनाव से पहले	2011	जुलाई 2013	जनवरी 2014	मार्च 2014	मई 2014 चुनाव के बाद
नरेन्द्र मोदी	2	5	19	34	34	36
सोनिया गांधी	6	19	12	15	15	14
राहुल गांधी	16	10	6	3	2	2
मनमोहन सिंह	18	10	5	5	3	3

स्रोत– लोकनीति, सीएसडीएस सर्वे 2009 से 2014– ईपीडब्लू सिंतबर 27, 2014

देश में निर्णायक नेता, कथित विकास पुरुष और कुशल प्रशासक की

हमेशा पूछ रही है। दरअसल, देश कभी भी कमजोर प्रशासक नहीं चाहता है, बल्कि मजबूत, दूरदर्शी और निर्णायक नेता चाहता है। निर्णायक नेता की पहचान अलग–अलग हो सकती है। जैसे, वह भ्रष्ट न हो, दबंग हो, जुनूनी हो, लोगों को आकर्षित करने की क्षमता रखता हो, कुशल प्रशासक हो, कुछ करने की तमन्ना रखता हो, सपने दिखाता हो और देश बदलने की क्षमता रखता हो।

आजादी के बाद पहली निर्णायक नेता इंदिरा गांधी हुईं। वे जब पार्टी की अंदरूनी लड़ाई में फंसी थीं तो एक चुनाव के दौरान नारा दिया था कि "मैं कहती हूं कि गरीबी हटाओ, वे कहते हैं कि इंदिरा हटाओ।" इस नारे ने देश की जनता को आकर्षित कर लिया। यह अलग बात है कि देश में अभी तक गरीबी नहीं हटी है। दूसरी तरफ वही इंदिरा गांधी एक लोकतांत्रिक देश में इमरजेंसी लागू करती हैं और इसी वजह से 1977 का चुनाव हार भी जाती हैं। लेकिन उनकी लोकप्रियता कम नहीं होती है, वे हिरासत में भी रखी गईं और फिर 1980 के लोकसभा चुनाव में भारी मतों से जीत भी जाती हैं। इंदिरा गांधी को लोकतंत्र का दुश्मन और निरंकुश कहा जाता था, लेकिन इसके बावजूद वे जीत कर आईं, तो लोगों के दिमाग और मिजाज को समझना पड़ेगा कि एक निर्णायक और मजबूत नेता के पीछे लोगों की क्या दीवानगी होती है। 1977 में इमरजेंसी लागू करने के बाद भी इंदिरा गांधी संभवतः चुनाव नहीं हारतीं, अगर सारी विपक्षी पार्टियां इंदिरा गांधी के खिलाफ लामबंद नहीं होतीं। वहीं गुजरात दंगे में नरेन्द्र मोदी की भूमिका को लेकर सवाल उठ रहे थे और किसी ने सोचा नहीं होगा कि इतने आरोपों के बावजूद वे देश के प्रधानमंत्री बन जाएंगे।

जाहिर है कि नेता और राजनीतिक पार्टियां नेताओं के विषय में क्या सोचती हैं, वह अहम नहीं है, अहम यह है कि जनता की नजरों में नेता का क्या खयाल है। गुजरात में तीसरी बार 2012 में जीत के बाद नरेन्द्र मोदी की निर्णायक नेता और सक्षम प्रशासक के रूप में छवि और बेहतर हुई। दरअसल लोकसभा चुनाव के पहले देश की स्थिति बदतर थी। अर्थव्यवस्था चरमराई हुई थी, भ्रष्टाचार का बोलबाला था और यूपीए के मंत्री और नेता जेल जा रहे थे। सरकार को निर्णय लेने में हाथपांव फूल रहे थे, वहीं लोगों को नौकरियां नहीं मिल रही थीं। ऐसे में देश को ऐसे नेता की तलाश थी, जो इस मंझधार से देश को निकाल सके और ऐसे में देश की नजरों में नरेन्द्र मोदी हनुमान की तरह दिख रहे थे जो प्रधानमंत्री बनने के साथ देश के हर मर्ज का इलाज कर सकें। यह अलग बात है कि वे कुछ मतदाताओं की नजर में हनुमान की तरह दिख रहे थे तो मुसलमान वोटर उन्हें दुश्मन

की तरह देख रहे थे। नरेन्द्र मोदी के प्रति लोगों का दो नजरिया, दो सोच, दो भावनाएं थीं, लेकिन देश का निर्णय एक ही था कि उन्हें स्पष्ट बहुमत मिला। ऐसी जीत आजादी के बाद किसी इकलौती गैर–कांग्रेसी पार्टी को नहीं मिली थी। शायद इस चुनाव के सामने 1977 का चुनाव भी फीका था।

जिस तरह इंदिरा गांधी को हराने के लिए लगभग सारी पार्टियां एकजुट हो गई थीं, वैसा 2014 के चुनाव में नहीं हुआ। हालांकि देश के मिजाज में इस बदलाव की भनक राजनीतिक पंडितों तक को नहीं थी। लेकिन इसका एहसास शायद संघ परिवार और भाजपा को जरूर था। यही वजह थी कि भाजपा और संघ परिवार इस निर्णायक नेता की पीठ पर सवार होकर चुनावी वैतरणी पार करना चाह रहा था। उनकी मुराद पूरी भी हो गई। भाजपा ने इस चुनाव में मोदी को रामबाण की तरह इस्तेमाल किया। यानी हिन्दू मतदाताओं में उत्साह भरने, मध्यमवर्ग और आकांक्षी वर्ग की उम्मीद पूरी करने, पिछड़ी जातियों को यह संदेश देने कि ओबीसी के वही एकमात्र नेता हैं, दलित को अपनी ओर खींचने और आदिवासियों को अपनी तरफ जोड़ने के लिए इस्तेमाल किया गया। असल में मुलायम सिंह की राजनीतिक चादर में मुस्लिम–यादव के अलावा दूसरी जातियों के लिए जगह नहीं है, वहीं मायावती का तानाशाही रवैया अब दलित को रास नहीं आ रहा था। देश में मोदी की जय–जयकार होने लगी तो आदिवासी भी साथ हो चले और मध्यम और आकांक्षी वर्ग को ऐसा लगा कि मोदी ऐसे जादूगर का नाम है, जिसके प्रधानमंत्री बनने के साथ ही शब्दकोश से कष्ट और दुख नाम का शब्द सदा के लिए मिट जाएगा। भाजपा को भी मालूम था कि मोदी की लोकप्रियता कितनी बढ़ गई है, इसीलिए पार्टी ने भी नरेन्द्र मोदी के कद को पार्टी के कद से ऊंचा कर दिया। यह प्रचार की प्लानिंग और रणनीति का हिस्सा था लेकिन साफ दिख रहा था कि मोदी पार्टी से आगे निकल गये और पार्टी उनके पीछे छूट गई। यही वजह रही है कि भाजपा ने निर्णायक नेता की अहमियत समझने में देरी नहीं की, इसीलिए देश और जनता की मांग और चाहत को ध्यान में रखते हुए पार्टी ने मोदी को प्रधानमंत्री पद का उम्मीदवार बनाया गया। हालांकि मोदी यही दावा करते हैं कि प्रधानमंत्री पद की दावेदारी उन्होंने नहीं की, "मोदी ने जिंदगी में कभी किसी चीज की दावेदारी की नहीं है और न ही मैं किसी पद को पाने के लिए पैदा हुआ हूं। मेरी जिंदगी के निर्णय भारतीय जनता पार्टी करती है, मैं भारतीय जनता पार्टी का एक सच्चा सिपाही हूं और आज तक जहां भी पहुंचा हूं वह मांग करके नहीं पहुंचा हूं, छीन करके नहीं पहुंचा हूं, योजना से नहीं पहुंचा हूं। जब जो काम मिलता है, कठोर परिश्रम करता हूं, त्याग, तपस्या परिपूर्ण

प्रयास रहता है मेरा और मैं कल के विषय में ज्यादा नहीं सोचता हूं। वह मेरी प्रकृति में नहीं है।'' (नरेन्द्र मोदी, घोषणा पत्र, एबीपी न्यूज, 22 अप्रैल, 2014)

मोदी ने खुद को दमदार और शानदार ढंग से ऐसे पेश किया कि इस देश में सिर्फ और सिर्फ वही नेता हैं, जो सारी समस्याओं को छूमंतर कर देंगे, विकास कर देंगे, नौकरी देंगे, अर्थव्यवस्था ठीक कर देंगे, भ्रष्टाचार खत्म कर देंगे, पाकिस्तान को सबक सिखा देंगे, विदेश से काला धन वापस ले आएंगे, इत्यादि–इत्यादि। इसके लिए उन्होंने पारंपारिक तरीके से जमकर रैलियां कीं और साथ ही साथ वे खुद को इस तकनीक के जरिए संगठन से बड़ा और ऊपर सिद्ध करने तथा मतदाताओं को सीधे संबोधित करने में सफल रहे। मशहूर विज्ञापन हस्ती पीयूष पांडे का कहना है, ''कुछ स्ट्रैटजिक डिसीजन हर टीम को लेने पड़ते हैं। जब आप बात करते हैं पिछले वर्ल्ड कप की तो आप कहते हैं कि धोनी की टीम जीत गई तो कुछ नेता ऐसे होते हैं जो अपनी टीम का फेस बन जाते हैं और भाजपा ने एक स्ट्रैटजिक डिसीजन लिया था कि टीम इंपार्टेंट है मगर फेस और लीडर मिस्टर मोदी हैं।'' (एबीपी न्यूज)

चुनाव में मोदी को एक जननेता की तरह पेश किया गया। मोदी के पक्ष में हवा बनने की सबसे पहली बात यह है कि यूपीए की सरकार 10 साल से चल रही थी। यह तय था कि सोनिया गांधी अब पीएम नहीं बनेंगी, इसीलिए उन्होंने मनमोहन सिंह को प्रधानमंत्री और राहुल गांधी को पार्टी उपाध्यक्ष बनाया, लेकिन पार्टी मजबूत नेता नहीं बना पाई। मनमोहन सिंह की मजबूरी थी, क्योंकि सोनिया गांधी के इशारे पर चलने का आरोप लगता था। वहीं राहुल को पूरा अधिकार दिया गया लेकिन अक्सर उनके बारे में कहा जाता है कि उनमें काबिलियत नहीं है। ऐसे में मजबूत नेता की ललक और झलक मोदी में दिख रही थी। मोदी में ही क्यों झलक दिख रही थी जबकि दिल्ली में नेताओं की फौज खड़ी थी। जब जनता के अरमानों पर नेता खरे नहीं उतरते है, उन्हें सबक सिखाने में जनता देर नहीं करती है। ये भी सच है कि आजादी के बाद कई सपनों के सौदागर और निर्णायक नेता आए ओर गये पर लोगों की समस्या खत्म नहीं हुई। भाजपा आठ महीने पहले अपने प्रधानमंत्री पद के उम्मीदवार की घोषणा करके और कांग्रेस की सत्ता को चुनौती देने के लिए एजेंडा तय कर चुकी थी। कांग्रेस अपना प्रधानमंत्री तय नहीं कर सकी। कांग्रेस ही क्या, तीसरी ताकतों और वामपंथियों के पास भी प्रधानमंत्री पद के लिए कोई उम्मीदवार नहीं था। प्रधानमंत्री बनने के अरमान कई नेताओं के दिल में उफान मार रहे थे, लेकिन इनके अरमान तब पूरे होते, जब लोकसभा चुनाव में इनकी पार्टी की जीत होती। इसकी

उम्मीद कम थी। इस चुनाव ने साबित कर दिया कि 1984 के बाद नरेन्द्र मोदी ही ऐसे नेता साबित हुए, जिन्होंने अपने बलबूते बहुमत हासिल किया। हालांकि नरेन्द्र मोदी की पहुंच पूरे देश में नहीं थी, लेकिन यह जरूरी नहीं है कि स्पष्ट बहुमत के लिए सभी राज्यों में जीत चाहिए। इस दौर में यह भी साबित हुआ कि भले ही कोई निर्णायक नेता हो, लेकिन सत्ता उसे ही हासिल हुई जिसका जितना बड़ा गठबंधन हो। शायद मोदी को निर्णायक नेता होने के बावजूद स्पष्ट बहुमत नहीं मिलता, अगर उनके पास सबसे बड़ा गठबंधन नहीं होता।

जाहिर है, अगर भाजपा मोदी को प्रधानमंत्री का उम्मीदवार नहीं बनाती, तो शायद नतीजे कुछ और होते। इसका कारण यह है कि मोदी की शख्सियत दूसरे नेताओं से अलग है। उनकी प्राथमिकताओं से लेकर संवाद करने की कला बाकियों से अलग है। उनका व्यक्तिगत जीवन और इच्छाएं भी अन्य नेताओं से अलग हैं। अटलबिहारी वाजपेयी भी आरएसएस के प्रचारक रहे थे, लेकिन उनकी उसके दायरे से बाहर के लोगों से दोस्ती और जान–पहचान थी। अविवाहित होते हुए भी घरेलू जिम्मेदारियां थीं। उनके कई फैसलों में इन सारे मुद्दों का असर था, लेकिन मोदी इससे अलग हैं। न घर, न परिवार की जिम्मेदारी, न दोस्ती। अगर दोस्ती है तो काम की यानी काम के अलावा मोदी कुछ नहीं देखते हैं और न ही सुनते हैं। दोस्ती भी वहां करते हैं, जहां उनकी आकांक्षा पूरी होनेवाली होती है। जब उनकी आकांक्षाएं दूसरे की इच्छाओं से टकराने लगती हैं, तो वे उसकी छत्रछाया से निकल कर अपनी अलग पहचान बनाने में हिचकते भी नहीं हैं। जानकारों के मुताबिक उनके जीवन का मूलमंत्र मेहनत और लगन है, इसमें कहीं कोताही नहीं बरतते हैं। जिस तरह का प्रचार इस चुनाव में हुआ, उस तरह का प्रचार आजादी के बाद कभी नहीं हुआ। दिन में रैली और रात में रोज अहमदाबाद लौट जाना, उनकी जिंदगी का हिस्सा बन गया था। उन्होंने चुनाव प्रचार खत्म होने के बाद कहा था कि सारे चुनाव प्रचार को देखता हूं तो मेरे दिमाग में तीन बातें आती हैं – व्यापक, नवपरिवर्तन और संतोषजनक।

कहते हैं, मोदी के दिन–रात और सुबह–शाम की शुरुआत राजनीति से होती है और राजनीति पर खत्म होती है। उनमें एक बड़ी कला है कि जिससे पंगा लेते हैं, उससे खुलकर पंगा लेते हैं, जिससे दोस्ती करते हैं उससे खुलकर दोस्ती भी करते हैं, लेकिन दोस्ती को कैसे इस्तेमाल किया जाए, उनसे बेहतर कोई नहीं समझ सकता है। जिस से दुश्मनी होती है उसे कैसे किनारा करना है उनसे बेहतर कोई नहीं जानता है। राजनीति में आने के साथ ही वे लालकृष्ण आडवाणी

के सिपहसालार बन गए और आडवाणी के एक निर्णय ने उनकी जिंदगी की राह कितनी आसान कर दी, यह गुजरात से लेकर दिल्ली तक के उनके सफर में देखा जा सकता है। हां, जब पीएम पद की रस्साकशी चल रही थी तो लालकृष्ण आडवाणी ने उनका खुला विरोध भी किया, लेकिन मोदी पार्टी में इतना ताना–बाना बुन चुके थे कि आडवाणी के नाराज होने के बाद उनके पीछे एक लंबी फौज खड़ी हो गई थी। जब स्थिति प्रतिकूल हो तो मोदी चुप्पी साधने में कोताही नहीं बरतते हैं खासकर पार्टी और संघ के मामले में जहां उनका बयान किरकिरी पैदा कर सकता है। जैसे संघ परिवार के 'घर वापसी' प्रोग्राम, 'लव जेहाद' और 'भारत में रहनेवाला सभी हिन्दू हैं' जैसे मौकों पर उनकी चुप्पी उनका हथियार बन जाती है। यहां भी ध्यान देने की बात है जो लोग मोदी के पीएम बनने का विरोध कर रहे थे उन्हें भाजपा में मार्गदर्शक मंडल बनाकर एक तरीके से वनवास दे दिया गया यानी उनकी शक्ति खत्म कर दी गई।

मोदी ने भाजपा के प्रचार का रवैया भी बदला। भाजपा में पहले यही ट्रेंड था कि मनमोहन सिंह पर हमला किया जाता था और कहा जाता कि वे देश के सबसे कमजोर प्रधानमंत्री हैं। दूसरी बात सोनिया के लिंक को इटली से जोड़ा जाता था, लेकिन मोदी ने अपनी रणनीति ही बदल दी। सोनिया और राहुल के इटली लिंक पर वे पहले हमला कर चुके थे, इसीलिए इस बार नई सोच और नये नारे और जुमले के साथ उन्होंने अपने आप को पेश किया ताकि मतदाता और श्रोता ऊब महसूस नहीं करे। पहले मोदी के निशाने पर सोनिया गांधी रहती थीं, तो इस बार सोनिया ही नहीं बल्कि राहुल और प्रधानमंत्री मनमोहन सिंह भी थे। जिस तरह से वे निशाना साधते थे, लगता था कि गांधी–नेहरू खानदान की राजनीति एक परिवाररूपी वृक्ष पर टिकी है और इसी परिवारवाद से देश का बंटाधार हो रहा है, लोकतंत्र खत्म हो रहा है। इस परिवारवाद की राजनीति से निजात पाए बिना देश का भला नहीं हो सकता है। वे यही संदेश दे रहे थे जब तक परिवाररूपी वृक्ष की जड़ें कमजोर नहीं होंगी तब तक देश का भला नहीं हो सकता है।

अगर मोदी प्रधानमंत्री की रेस में नहीं होते, तो शायद कांग्रेस की इतनी बड़ी हार नहीं होती और न ही भाजपा की इतनी बड़ी जीत होती। दरअसल इस बार का चुनाव प्रधानमंत्री पद के उम्मीदवार पर लड़ा गया। इस बार वोट देते वक्त प्रधानमंत्री पद के उम्मीदवार को तरजीह दी गई। करीब 28 फीसदी मतदाताओं ने कहा कि वोट देने का मापदंड इस बार प्रधानमंत्री था जबकि 26 फीसदी लोगों की राय में स्थानीय उम्मीदवार था। 1984 के बाद यह पहला चुनाव है, जहां नेता को देखकर वोट दिया गया। इस बीच

जितने भी चुनाव हुए, उसमें कई राज्यों में विपक्षी पार्टियां जीतीं तो कहीं सत्ता पक्ष जीता, लेकिन इस बार हर राज्य में रुझान कमोबेश केन्द्र सरकार के खिलाफ था।

किस मुद्दे को ध्यान में रखकर हुई वोटिंग (%)

विकल्प	नतीजे
स्थानीय उम्मीदवार	25.9
राज्य स्तरीय नेता	17.5
प्रधानमंत्री उम्मीदवार	28.3
सभी	8.5
कोई नहीं	3.9
अन्य	2.4
नहीं जानते–कह नहीं सकते	13.6

स्रोत– लोकनीति –सीएसडीएस पोस्ट पोल सर्वे 2014

मोदी ढंग से रणनीति तय करते हैं और हर बारीकी पर नजर रखते हैं। मोदी और सिर्फ मोदी को ही पता था कि उनके लिए लोकसभा जीतना कितना चुनौतीपूर्ण था, लेकिन पूरी तैयारी के साथ वे मैदान में उतरे। उनकी नजरें अर्जुन की तरह लक्ष्य पर टिकी हुई थीं और उस लक्ष्य को पाने के लिए मोदी को जो करना था, वह काबिले तारीफ था। यह एक आदमी की सोच से परे था कि भाजपा को स्पष्ट बहुमत मिलेगा। मोदी को पूर्ण बहुमत लाने के लिए पूर्ण अधिकार भी मिला। उन्होंने अपने अंदाज में प्रचार की नई तकनीक को अपनाया। आत्मविश्वास से भरपूर बॉडी लैंग्वेज, जबर्दस्त जज्बा, आंखों में तेज, एक ही इरादा कांग्रेस को हराना है। हर पल, हर वक्त इसी में जीना, सोचना और रहना, रोज रैली करना और फिर अहमदाबाद लौटना। चुनाव के अंतिम चरण में उनकी आवाज फंसने लगी थी, लेकिन जूनून था ऐसा कि आवाज फंसने के बावजूद एक दिन भी रैली नागा नहीं किया। उन्होंने कई बार खुलासा किया कि वे कभी छुट्टी नहीं लेते हैं। ऐसे जुनून, जोश और जज्बा हर चुनाव में नहीं देखे जा सकते हैं।

मोदी की सफलता का राज यह है कि वे पहले समस्या और लक्ष्य को समझने की कोशिश करते हैं। कहा जाता है कि पहले वे समस्या को समझने में काफी समय देते हैं। उनका मानना है कि अगर समस्या को ठीक ढंग से समझ लिया जाए तो समस्या का आधा निदान हो जाता है। जाहिर है कि अहमदाबाद से दिल्ली आने का सपना उन्होंने जो देखा और उस सपने को

कैसे साकार किया जा सकता है, उसके लिए भरपूर मेहनत की। चुनाव के समय वे केवल 3–4 घंटे सोते थे और बकौल उनके ''प्रधानमंत्री बनने के बाद भी 18 घंटे काम करते हैं।'' उन्होंने चुनाव के दौरान आजतक चैनल को दिये गये इंटरव्यू में कहा था कि "मैं मजदूर हूं, बचपन से मजदूरी की है, जो भी काम मिलता है उसे मजदूर की तरह करता हूं। दिल और दिमाग से करता हूं और पार्टी ने काम दिया है तो मेरा मत रहता है कि उसमें कोई ढीलापन न हो। कोताही नहीं बरतनी चाहिए और परमात्मा ने मुझे जो समय दिया है, जितनी शक्ति दी, क्षमता दी है उसका भरपूर उपयोग उस जिम्मेदारी को पूरा करने के लिए करना चाहिए, ईश्वर की कृपा रही, कोई व्यवधान नहीं आया।'' (देखें, http:aajtak.intoday.inèstorynarendra-modi-exclusive-interview-with-aajtak-1-763262.htm)

वे समस्या से डरते नहीं है बल्कि लड़ते हैं। गुजरात दंगे के बाद उनकी खूब आलोचना हुई थी। ऐसी आलोचना इतने लंबे समय तक किसी की नहीं हुई थी। अगर उनकी जगह कोई और नेता होता तो शायद टूट जाता और उसका आत्मविश्वास कमजोर हो जाता, लेकिन मोदी के साथ ऐसा नहीं हुआ, बल्कि अपनी मंजिल की तरफ वे लगातार बढ़ते रहे। मोदी की आवाज में जादू है। मोदी की वाणी बुलंद है एवं उनके पास बोलने की गजब कला है। उन्हें मालूम है कि कहां क्या बोलना है, कैसे बोलना है, कहां पर आवाज बुलंद करनी है, कहां पर आवाज धीमी करनी है और कहां आवाज को तान देना है, कहां आवाज ढीली करनी है। चुनावी रैली में उनका तेवर अलग था। भाषण में वे मेहनत करते हैं। नई बात और नई सोच को रखने की कोशिश करते हैं। यही उनकी खासियत है इसलिए जब भाषण देते हैं तो लोगों को चुंबक की तरह अपनी तरफ आकर्षित कर लेते हैं। मोदी जहां भी जाते हैं, वहां की बात करते हैं। अगर वे राजस्थान जाते हैं तो राजस्थान की विशेषताओं की बात करते हैं और अगर नेपाल जाते हैं तो नेपाल की खूबसूरती की बात करते हैं। लोकसभा चुनाव के दौरान वे जिस राज्य में चुनाव प्रचार करने के लिए गये वहां से अपने आपको जोड़ने का काम किया और साथ ही साथ उस जगह, उस राज्य और वहां की विशेषताओं को उजागर करने का काम किया। उन्होंने यह भी कोशिश की कि वहां की भाषा में संबोधित करें और साथ ही साथ वहां की पोशाक पहनने से गुरेज नहीं किया। यही वजह थी कि रैली के दौरान मोदी कई रंगों में दिखे। उनकी कोशिश यही थी कि उस क्षेत्र के लोगों से अपने आप को जोड़ें और इनका यह फॉर्मूला कारगर साबित हुआ। मसलन, वाराणसी संसदीय सीट से नामांकन दाखिल करने के बाद लोगों को संबोधित करते

हुए उन्होंने कहा, "काशी मैं आया नहीं हूं, मुझे गंगा मां ने बुलाया है।" वाराणसी के लोगों को यह बात छू गई। मोदी की सफलता का तीसरा पहलू यह बताया जाता है कि वे संयमित जिंदगी जीते हैं। समय पर सोना और सुबह उठना और व्यायाम और योगा करना, उनकी दिनचर्या का हिस्सा है। यह प्रचलित है कि वे मांसाहारी नहीं हैं, वे मदिरा का सेवन नहीं करते हैं।

दिल्ली और बिहार में हार के बाद अब मोदी पर सवाल उठ रहे है। बाहर भी सवाल उठ रहे हैं और अंदर भी सवाल उठ रहे हैं। भाजपा में अब खुलकर विरोधी आवाजें उठने लगीं। शत्रुघ्न सिन्हा, कीर्ति आजाद बगैरह तो खुलकर बगावत के संकेत भी देने लगे। यह भी सवाल उठता है कि क्या मोदी असुरक्षा भाव से ग्रसित हैं क्योंकि वे सबकुछ अपने हाथों में लेकर चल रहे हैं। जब सत्ता एक व्यक्ति में केन्द्रित हो जाती है तो व्यक्ति पूजा भी शुरू होती है। न तो यह देश के हित में होता है और न ही पार्टी के हित में, लेकिन शायद सच्चाई यही है कि ऐसे ही नेताओं या कहिए कुछ नामों के इर्द–गिर्द पूरी राजनीति सिमटने लगी है। मोदी ही क्यों, दिल्ली में अरविन्द केजरीवाल, पश्चिम बंगाल में ममता बनर्जी, उत्तर प्रदेश में मुलायम, मायावती के उदाहरण हैं और दक्षिण में ज़यललिता–करुणानिधि हैं तो महाराष्ट्र में ठाकरे परिवार, पंजाब में बादल परिवार है।

नीतीश कुमार की शानदार जीत हुई है लेकिन यहां फर्क समझना बेहद जरूरी है। ये जितने भी राज्यों में निर्णयकारी नेता हैं, उनकी पकड़ सिर्फ राज्यों में है। अगर ये नेता मिल भी जाएँ तो नरेंद्र मोदी के लिए मुश्किल पैदा कर सकते हैं। लेकिन यह ही सवाल है की क्या यह संभव हैं?

सबसे बड़ा सवाल यह है कि जब सत्ता व्यक्ति केन्द्रित हो जाती है, तो लोकतंत्र की आवाज कमजोर पड़ने लगती है? यह कहा जाता है कि मोदी की देख–रेख में सारे मंत्रिमंडल का काम हो रहा है। यह प्रणाली अभी तो ठीक लग रही है, लेकिन बाद में इसका नुकसान उठाना पड़ सकता है। ये सारे सवाल हैं जिनका जवाब आनेवाले समय में ही पता चल पाएगा। दरअसल जो हाल केन्द्र में मोदी का है वही हाल राज्य में अरविन्द केजरीवाल, नीतीश कुमार, ममता बनर्जी, मुलायम सिंह, मायावती, जयललिता, करुणानिधि, नवीन पटनायक, प्रकाश सिंह बादल और उद्धव ठाकरे का है। लेकिन यहां पर स्थिति थोड़ी–सी भिन्न है। सोनिया गांधी, राहुल गांधी या राज्य के निर्णयकारी नेता मनमानी करने लगें तो उन पर नकेल कसने वाला कोई नहीं है। लेकिन मोदी के साथ ऐसा नहीं है। मोदी पर संघ परिवार का नकेल है वही भाजपा नेताओं की पैनी नजर है। दूसरी बात ये है कि भाजपा पूरे देश में फैल रही है। यही वजह है कि पार्टी की वजह से मोदी को प्रधानमंत्री बनने का फायदा हुआ है।

लड़ाई एकतरफा थी

दरअसल भाजपा की तरफ से मैदान–ए–जंग में नरेन्द्र मोदी को तो उतार दिया गया, लेकिन नरेन्द्र मोदी को जिस तरह से चुनौती मिलनी थी, दूसरी तरफ से उन्हें टक्कर देनेवाला कोई नहीं था। कांग्रेस पार्टी में पीएम पद को लेकर असमंजस की स्थिति बनी हुई थी। चुनाव से पहले यह तय हो गया था कि मनमोहन सिंह फिर प्रधानमंत्री नहीं बनेंगे। कांग्रेस पार्टी का युवा चेहरा, उपाध्यक्ष और सोनिया गांधी के बेटे राहुल गांधी खुद दुविधा में थे और प्रधानमंत्री पद के लिए वे हमेशा अनिच्छुक ही दिखाई दिए। हालांकि कांग्रेस पर राहुल गांधी को प्रधानमंत्री पद का उम्मीदवार बनाने का जबर्दस्त दबाव था। कांग्रेस के नेता दिलोजान से चाहते थे कि नरेन्द्र मोदी के खिलाफ राहुल गांधी को प्रधानमंत्री पद का उम्मीदवार बनाया जाए, लेकिन यह रहस्य बना हुआ है कि राहुल गांधी को मोदी के खिलाफ क्यों नहीं उतारा गया। कांग्रेस को ललकारने वाली पार्टी भाजपा के पास नरेन्द्र मोदी जैसा नेता था, तो दूसरी तरफ कांग्रेस के पास रिटायरिंग प्रधानमंत्री मनमोहन सिंह, कांग्रेस अध्यक्षा सोनिया गांधी और पार्टी के उपाध्यक्ष राहुल गांधी तो थे, लेकिन प्रधानमंत्री का उम्मीदवार कोई नहीं था। लगता है कि कांग्रेस में एक सोच की वजह से ऐसी स्थिति बनी, क्योंकि राजीव गांधी के पहले कांग्रेस में जवाहरलाल नेहरू और इंदिरा गाधी जैसे निर्णायक नेता थे, जहां ऐसी स्थिति पैदा नहीं हुई। राजीव गांधी को इंदिरा गांधी की हत्या के बाद ऐसी स्थिति से नहीं जूझना पड़ा, लेकिन राजीव गांधी की हत्या के बाद कांग्रेस की सत्ता प्रत्यक्ष और परोक्ष रूप से सोनिया गांधी के हाथ में आ गई। सोनिया ने ऐसी परंपरा शुरू की, जिसमें प्रधानमंत्री पार्टी नहीं तय करेगी, बल्कि सोनिया गांधी ही तय करेंगी। पी. वी. नरसिम्हा राव को प्रधानमंत्री बनाने में सोनिया गांधी का ही हाथ था। यही सिलसिला बदस्तूर जारी रहा, भले कांग्रेस 9 सालों के लिए सत्ता से बेदखल हो गई, लेकिन सोच और परंपरा में कोई बदलाव नहीं हुआ। 2004 के लोकसभा के चुनाव में एक भ्रम की स्थिति थी, लेकिन ऐसा लगता था कि अगर पार्टी सत्ता में आएगी तो निस्सन्देह सोनिया गांधी ही पीएम बनेंगी। पार्टी सत्ता में आई और लगा कि सोनिया गांधी सरकार ही कमान संभालेंगी, लेकिन सोनिया गांधी खुद तो प्रधानमंत्री नहीं बनीं, इस पद के लिए मनमोहन सिंह का नाम आगे कर दिया गया। मनमोहन सिंह के नेतृत्व में यूपीए–1 का कामकाज बेहतर था, इसे देखते हुए सोनिया गांधी ने 2009 के लोकसभा चुनाव में मनमोहन सिंह को बतौर पीएम उम्मीदवार पेश किया, तो दूसरी तरफ भाजपा में कद्दावर नेता लालकृष्ण

अडवाणी को मनमोहन सिंह के खिलाफ उतारा गया। मनमोहन सिंह की झोली में पांच साल का शानदार शासन था, जिसमें विकास की गति आसमान छू रही थी तो दूसरी तरफ एनडीए की तुलना में यूपीए मजबूत और सशक्त था। इसके अलावा यूपीए को बाहर से समर्थन करने के लिए एक पूरी फौज खड़ी थी, जिसमें समाजवादी पार्टी और बसपा जैसी पार्टियां शामिल थीं। केन्द्र में कांग्रेस की सरकार 10 साल तक चली क्योंकि कांग्रेस को ललकारने के लिए भाजपा के पास निर्णायक नेता नहीं था। ऐसा लगता है कि दुनिया इधर से उधर चली जाए, पार्टी अर्श से फर्श पर चली जाए लेकिन सोनिया गांधी अपनी नीति और सोच बदलने को तैयार नहीं थीं। चुनावी मैदान में नरेन्द्र मोदी के कूदने से कांग्रेस की सारी नीति और योजनाएं बिल्कुल फ्लॉप हो गईं, क्योंकि कांग्रेस पार्टी के पास नरेन्द्र मोदी की काट की कोई योजना नहीं थी।

प्रधानमंत्री पद की लोकप्रियता में ही नरेन्द्र मोदी आगे नहीं थे, बल्कि जनता का सबसे ज्यादा ध्यान कौन रखता है, कौन भरोसेमंद है, कौन काम करवा सकता है, कौन दूसरे के साथ लेकर चल सकता है, किसके पास ज्यादा अनुभव है, इस मापदंड में भी नरेन्द्र मोदी, राहुल गांधी से काफी आगे चल रहे थे।

नेतृत्व के पैमाने में कौन आगे

	नरेन्द्र मोदी	राहुल गांधी
कौन लोगों का खयाल रखता है	24	9
कौन विश्वसनीय और भरोसेमंद है	24	8
कौन काम करवा सकता है	23	8
कौन दूसरों को साथ लेकर चलता है	22	8
कौन अनुभवी है	24	7

स्रोत– लोकनीति–सीएसडीएस 2014 पोस्ट पोल स्टडी

मोदी ऐसे रणनीतिकार साबित हुए, जिन्होंने कांग्रेस को अपने जाल में

फंसा लिया। कांग्रेस और मोदी के विरोधी वही पुराना राग गुजरात दंगे का अलाप रहे थे, जबकि वे जानते थे कि इससे मोदी को फायदा ही फायदा हो रहा है, नुकसान नहीं। मोदी की नीति रही है कि आ बैल मुझे मार यानी मोदी पर जितना हमला होता था, उससे उन्हें फायदा ही होता था। कांग्रेस उनकी रणनीति को समझने में नाकाम रही। वे जानबूझकर कांग्रेस और सहयोगी पार्टियों पर निशाना साधते थे और ये पार्टियां गुजरात दंगे को लेकर उन्हें चित करने के फिराक में थीं, लेकिन उन पर जितने हमले होते लोगों की सहानुभूति उनके प्रति उतनी बढ़ती जाती थी। उन्हें क्या नहीं कहा गया। मसलन, मौत का सौदागर, खून का सौदागर, बूचड़, दानव, राक्षस इत्यादि। धर्मनिरपेक्षता और सांप्रदायिकता की राजनीति खूब चल रही थी, लेकिन धर्मनिरपेक्षता की राजनीति करनेवालों की जमीन खिसक रही थी और जिसे सांप्रदायिक पार्टी कहा जा रहा था, उसकी जमीन मजूबत होती चली गई। दरअसल यह देश अनोखा और अद्‌भुत है। किसी को दोषी और आरोपी सिद्ध हो जाने के बाद भी अगर उसे कोई बार–बार चिढ़ाता है कि फलां चोर है, फलां भगोड़ा है, फलां दंगाई है, फलां लोकतंत्र का हत्यारा है, फलां भ्रष्टाचारी है, फलां लुटेरा है, तो जनता की सहानूभूति उसके प्रति हो जाती है। दरअसल जनता को लगता है कि फलां आदमी के साथ बेवजह अत्याचार किया जा रहा है और नीचा दिखाया जा रहा है। इस मामले में यह देश बड़ा दयालु, सहिष्णु और दरियादिली रखता है। गुजरात दंगे में नरेन्द्र मोदी पर कानूनी रूप से मामूली खरोंच भी नहीं आई, लेकिन कुछ लोग उन्हें निर्दोष मानने के लिए तैयार नहीं थे। यही वजह है कि जो लोग कानून पर भरोसा करते हैं, उन्हें शायद लगा कि मोदी के साथ अत्याचार और ज्यादती हो रही है। यह भी एक वजह थी कि लोगों की सहानुभूति और लगाव मोदी के साथ हो गई। आम लोगों को लगा कि जो कांग्रेस मोदी पर दंगे का आरोप लगा रही है, वह दस साल से केन्द्र में सत्ता में है, सीबीआई उसके अधीन है, सुप्रीम कोर्ट की देखरेख के बावजूद मोदी को क्लीन चिट मिल जाती है, फिर भी उन पर हमला होता है तो इस पर देश में दो राय बन गई थीं।

मोदी के पक्ष में हवा बनती चली गई, क्योंकि लोगों को लगने लगा कि मोदी के विरोधियों को मोदी के घेरने के लिए गुजरात दंगे के अलावा कुछ नहीं है। मोदी जैसे चतुर, चालाक और निर्णायक नेता ने इसका भरपूर फायदा उठाया और साथ ही साथ अपनी सोच और मेहनत से अपना कद बहुत बड़ा कर लिया। उन्होंने विपरीत राजनीतिक परिस्थिति को मजबूती का औजार बना लिया और प्रत्यक्ष और परोक्ष रूप से यह तय होने दिया कि वे

चुनाव के केन्द्र बिंदु हैं।

लोकसभा चुनाव में जीत के बाद 20 मई 2014 को संसद में भाजपा संसदीय दल की बैठक थी, जिसमें औपचारिक रूप से नरेन्द्र मोदी की प्रधानमंत्री के रूप में घोषणा की गई। उस दिन मोदी संसद में पहुंचे तो उनके तौर–तरीकों से देश भौंचक्का हो गया। पहली बार संसद भवन पहुंचे नरेन्द्र मोदी ने संसद में प्रवेश के पहले अपना सिर संसद के मुख्य द्वार पर झुकाया। यह भारतीय लोकतंत्र में पहली बार ऐसा हुआ कि किसी नेता ने इस तरह लोकतंत्र के मंदिर में ऐसे सिर झुकाया। भाजपा के राष्ट्रीय अध्यक्ष राजनाथ सिंह ने संसद भवन के सेंट्रल हाल में सर्वसम्मति से नरेन्द्र मोदी को भारत का प्रधानमंत्री बनाए जाने की घोषणा की। अपने संबोधन में नरेन्द्र मोदी रो पड़े और उन्हें देख लालकृष्ण आडवाणी की आंखों में भी आंसू आ गये। नरेन्द्र मोदी को भावुक होना ही थी, क्योंकि बरसों पहले उन्होंने पीएम बनने का जो सपना देखा वह पूरा हो गया। उनकी मंजिल जो थी वह हासिल हो गई। यह सपना हासिल करना आसान नहीं था, मुमकिन भी नहीं था, लेकिन आपके हौसले बुलंद हों तो दुनिया में कोई चीज नामुमकिन नहीं होती है। गुजरात दंगे के बाद उनकी जो स्थिति बनी थी, उससे उबरना और उबर कर संभलना आसान नहीं था। विपक्ष तो विपक्ष, अपनी ही पार्टी के लोग उनके पीछे पड़े थे। मीडिया की खबरें मोदी के रोल पर सवाल उठाती थीं। मोदी के लिए इस उल्टी धारा में तैरना आसान नहीं था, क्योंकि पीएम की कुर्सी साधारण कुर्सी नहीं है और इस पर मोदी जैसे के लिए पहुंचना आसान नहीं था। इस कुर्सी पर एक नेहरू–गांधी परिवार का कब्जा था तो दूसरी तरफ वही लोग पीएम बनते थे जिसके नाम .र बरसों पहले मुहर लग जाती थी। हां, अगर देवेगौड़ा और गुजराल जैसे लोग विपरीत परिस्थिति में यहां तक जरूर पहुंच गए थे। मोदी ने इस मुकाम पर पहुंचने के लिए अपनी बुद्धि, विचारों और मेहनत का एक ऐसा कॉकटेल बनाया, जिस के नशे में सारा देश थिरकने लगा। उन्होंने अपने स्वयं के बल, बुद्धि, चालाकी और योग्यता के आधार पर अपनी मंजिल हासिल की। मोदी का कहना है, "मेरा कोई कार्यकाल समाप्त होता ही नहीं हैं। मैं बहुत वर्कोहलिक हूं और सोने या खाने के समय को छोड़ दूं, तो मैं खुद के लिए ईश्वर ने जो व्यवस्था की है जो मुझे उपयोग करना पड़ता है बाकी सारा समय मैं और मेरा गुजरात लोगों के काम इसी में लगा रहता हूं। मेरा मन ऐसे में रम चुका है। यही मेरी जनता ही मेरा भगवान है।"(नरेन्द्र मोदी, एबीपी न्यूज, घोषणा पत्र, 22 अप्रैल, 2014)

नरेन्द्र मोदी को आम आदमी पार्टी के नेता अरविन्द केजरीवाल ने

चुनौती देने की कोशिश की। अभी के दौर में केजरीवाल भी निर्णायक नेता हैं और उन्होंने एक नए तरह की राजनीति शुरू की और वे भी प्रधानमंत्री बनने का सपना देखने लगे थे। केजरीवाल ने मोदी की नीति से मोदी को मात देने की कोशिश की थी। वे मोदी को अंबानी और अडानी के रिश्ते को लेकर घेरना चाहते थे। केजरीवाल का आरोप था कि मोदी ने अंबानी और अडानी को फायदा पहुंचाने का काम किया है, लेकिन नरेन्द्र मोदी केजरीवाल के सवालों पर चुप्पी साध गये। उनको शक था कि केजरीवाल के सवालों के जवाब में फंसे तो वे उन्हें ट्रैप करने की कोशिश करेंगे। मोदी ने केजरीवाल के सवालों का जवाब नहीं दिया तो केजरीवाल ने गुजरात में घूम–घूमकर मोदी की विकास मॉडल की पोल खोलने की कोशिश की, लेकिन मोदी विचलित नहीं हुए। यही नहीं, केजरीवाल ने वाराणसी में नरेन्द्र मोदी के खिलाफ चुनाव मैदान में उतरकर उन्हें चुनौती देने की कोशिश की लेकिन मोदी ने कोई तवज्जो नहीं दिया।

दरअसल अरविन्द केजरीवाल की नीति यह थी और उन्हें मालूम भी था कि इस चुनाव में कांग्रेस का बुरा हाल होने वाला है। अब कांग्रेस पर हमला करने से कोई फायदा नहीं होनेवाला है। ऐसे में सोची–समझी राणनीति के तहत उन्होंने नरेन्द्र मोदी को अपने जाल में फांसने का काम किया, लेकिन मोदी राजनीति के मंजे हुए खिलाड़ी निकले। वे केजरीवाल के सवालों का जवाब देने से बचते रहे। मोदी को डर था कि अगर केजरीवाल के सवालों में फंसे तो खेल बिगड़ सकता है। वहीं केजरीवाल मोदी पर सीधा हमला करके लड़ाई को भाजपा बनाम कांग्रेस नहीं, बल्कि मोदी बनाम अरविन्द केजरीवाल करना चाहते थे। लोगों को संदेश देने की कोशिश की कि वही एक हैं जो नरेन्द्र मोदी को टक्कर दे सकते हैं। वे संदेश देना चाहते थे कि कांग्रेस ने तो देश का बुरा किया ही, मोदी भी देश का भला नहीं करने वाले हैं। वही एक हैं जो देश को नये तरीके से चला सकते हैं और भ्रष्टाचार पर नकेल कस सकते हैं।

मोदी की रैली को संबोधित करने का तरीका भी अनोखा था। उन्होंने रैली के दौरान सीधे वोटर से जुड़ने की कोशिश की। उनकी कोशिश थी कि रैली में आए लोगों को ऐसा जोड़ा जाए और बोला जाए कि मानो हर वोटर से वन टू वन बात कर रहे हैं। ड्राइंग रूम से लेकर रैली के मैदान तक में लोगों को जो संदेश देना चाहते थे, वे उस संदेश को पहुंचाने में कामयाब रहे। इस चुनाव प्रचार में नेताओं से ज्यादा अहमियत मतदाताओं की दी गई। उन्होंने सीधा जनता से संपर्क करने की कोशिश की। यह इस मामले में अनोखा चुनाव था। भाजपा में नेता के नाम पर मोदी छाए रहे, जबकि दूसरे

नेताओं को खास अहमियत नहीं दी गई और दी गई भी तो ऐसे नेताओं की रैली में भीड़ नदारद थी। मोदी को पार्टी पर तो भरोसा था, लेकिन उनके और जनता के बीच जो भरोसा और विश्वास पैदा हुआ था, उस विश्वास और भरोसे को जीतने में मोदी कामयाब हुए।

ऐसे देखें तो पार्टी ने जनता की उमंग को साइंटिफिक और मनोवैज्ञानिक ढंग से पढ़ने की कोशिश की। इसी वजह से मोदी को खुली छूट दी गई कि वे अकेले प्रचार करें। जहां प्रचार करना है वहां पर प्रचार करें, जो बोलना है बोलें, जो करना है करें, इसमें कहीं रोकटोक नहीं थी।

नरेन्द्र मोदी तपे–तपाए नेता हैं, वे जिंदगी में काफी पापड़ बेल चुके हैं। उन्हें जिंदगी का हर रहस्य मालूम है। जमीनी राजनीति से जुड़े होने की वजह से वे राजनीति के हर खेल को समझते हैं। यही वजह है कि वे लोगों की नब्ज पहचानते हैं। वे पिछड़ी जाति और गुजरात के पिछड़े इलाके से आये हैं, उन्हें मालूम है कि लोगों की क्या समस्या है। उन्हें भी और लोगों की तरह पानी और बिजली की समस्या से गुजरना पड़ा। कैसे सरकार और कैसे प्रशासन काम करता है, उसे भलीभांति समझते हैं। जब वे गुजरात के मुख्यमंत्री बने तो उन्हें मालूम था कि क्या उन्हें करना है, क्या नहीं करना है। मुख्यमंत्री बनने के साथ ही उन्हें अवसर मिला कि कैसे गुजरात की तस्वीर बदलनी है। मोदी ने आक्रामक रणनीतिकार होने की वजह से इन समस्याओं को हल करने के लिए सिस्टम में बदलाव किया। अब गुजरात में 24 घंटे बिजली रहती है और पानी की समस्या काफी कम हो गई है। वे राजनीति में सामान्य नेता की तरह नहीं हैं। वे पुराने ढर्रे पर चलने के भी आदी नहीं है। उन्होंने कई क्षेत्रों में नया प्रयोग किया, जिससे गुजरात के विकास में चार चांद लगा। मोदी खुद अपनी जिंदगी की लकीर खींच चुके थे कि उन्हें जिंदगी में क्या करना है। बचपन में शादी होने के बावजूद उन्होंने पारिवारिक जिंदगी से दूर रहने का फैसला किया और फिर लौटकर नहीं देखा। निर्णायक नेता मोदी, अपनी मेहनत, लगन, सामदाम–दंड और भेद की नीति से अपनी मंजिल पा चुके हैं लेकिन उन्होंने चुनाव के दौरान जो सपने दिखाए क्या वाकई पूरा कर पाएंगे? उनकी आगे की सियासत इसी पर निर्भर करेगी। दो साल में उनकी जीत की मंजिल डगमगाने लगी है लेकिन इसका मतलब ये नहीं है कि नाव डूब रही है। मोदी के पास अभी भी तीन साल बचे हुए है और इस दौरान हार से कितना सबक लेते है ये देखने लायक होगा।

कांग्रेस क्यों हारी

धर्मेन्द्र कुमार सिंह

सोलहवीं लोकसभा चुनाव के नतीजों का एक अहम पहलू कांग्रेस की अब तक की सबसे बुरी हार थी। देश की सबसे पुरानी पार्टी के सांसदों की संख्या सौ से नीचे कभी नहीं गई थी, जबकि इस बार आधा सैकड़ा भी पार नहीं हो पाया। असल में पिछले दस साल से कांग्रेस जिस सत्ता की नाव पर सवार थी, उसमें अनगिनत छेद हो गए थे और उसमें दुविधाग्रस्त नेतृत्व और लस्तपस्त संगठन की नाकामी का पानी भरता जा रहा था। नाव की मुखिया तथा खेवनहार को शायद एहसास था कि नाव की हकीकत दुरुस्त नहीं है लेकिन आखिरी मौके पर संभालने का न मौका बचा था, न कौशल। उधर, देश की सर्वोच्च सत्ता से करीब 926 किलोमीटर दूर केंद्र की राजनीति में खास असर न रखने वाले राज्य की राजधानी अहमदाबाद में एक मुख्यमंत्री अपनी जीत की पटकथा तैयार करने में मशगूल था। आखिर, उसकी कोशिशें कामयाब हुईं और कांग्रेस के हाथ के तोते उड़ गए। अपनी सत्ता के आखिरी दौर में कांग्रेस उस मुकाम पर पहुंच गई थी, जहां उसके पास कहने को कुछ बचा ही नहीं था। पहली बार कांग्रेस के पास सर्वोच्च पद के लिए कोई एक नाम तक नहीं था। भाजपा की ओर से प्रधानमंत्री पद के उम्मीदवार नरेन्द्र मोदी का मुकाबला करने में मानो उसके हाथ खाली हो चुके थे। फिर भी, कांग्रेस जब 44 सीटों पर ठहर गई और भाजपा ने पहली बार 282 सीटों की छलांग लगाकर इतिहास रच दिया तो एकबारगी यकीन करना मुश्किल हो रहा था। कांग्रेस की हिस्सेदारी कुल 543 सीटों में महज 8 फीसदी रह गई और उसकी वोट की ताकत 9 फीसदी घटकर 19.31 फीसदी पर आ गई। कांग्रेस का ऐसा बुरा हाल तो 1977, 1989 और 1999 के चुनावों में भी नहीं हुआ था, जो उसकी पराजय की बड़ी तारीखें हैं।

मनमोहन सिंह के नेतृत्व में यूपीए सरकार के दस साल के राजकाज से

लोग पूरी तरह ऊब चुके थे। सरकार का किसी चीज पर काबू नहीं रह गया था। न उससे महंगाई रोके रुक रही थी, न अर्थव्यवस्था पटरी पर आ रही थी, न विदेशी मोर्चे पर कोई नई पहल दिख रही थी, न ही कोई नई योजना उसके पास थी। और तो और, पाकिस्तान की ओर से लगातार सीमा पर अतिक्रमण, घुसपैठ, गोलीबारी और हमारे कुछ जवानों के सिर कलम करने की घटनाएं देश में भावनात्मक उबाल पैदा कर रही थीं। भ्रष्टाचार तो मानो सरकार की पहचान ही बन गई थी। हाल के दौर में अन्ना हजारे के नेतृत्व में देश भर में जनांदोलन जैसा माहौल इसी मुद्दे ने पैदा किया और 60 साल से लटके लोकपाल कानून को, टुकड़े में ही सही, संसद को पास करने पर मजबूर किया। यह अलग बात है कि लोकपाल की संस्था केंद्र में सरकार बदलने के बाद भी कायम नहीं हो पाई। फिर, खासकर राजधानी में महिला उत्पीड़न की बर्बर वारदातें भी युवाओं के आक्रोश का कारण बन रही थीं। ऐसे तमाम मौकों पर कांग्रेस अध्यक्ष सोनिया गांधी को वस्तुतः कमान अपने हाथ में लेनी पड़ी। सोनिया ने आखिर साल में खाद्य सुरक्षा जैसा कानून लाकर मनरेगा जैसा चुनावी जादू पैदा करने की भी कोशिश की लेकिन न वह कारगर ढंग से हो पाया, न उसके लाभ को समझने का समय ही बचा था। वैसे भी, महंगाई इतना विकराल रूप ले चुकी थी और अर्थव्यवस्था बेकाबू होने से बेरोजगारी ऐसी हताशा पैदा कर रही थी कि इन उपायों का कोई असर नहीं होना था। कांग्रेस के हाथ से सब कुछ छूटता जा रहा था। कांग्रेस के अगले नेतृत्व के रूप में पेश किए जा रहे उपाध्यक्ष राहुल गांधी में कोई आकर्षण नहीं रह गया था। यानी कांग्रेस की इमारत की एक–एक ईंट दरक चुकी थी। फिर भी, चुनाव में कांग्रेस का ऐसा बुरा हाल होगा, यह न तो सोनिया–राहुल गांधी ने सोचा होगा, न ही नरेन्द्र मोदी को इसका अंदाजा था। बड़े से बड़े राजनैतिक विश्लेषकों को भी कोई भनक नहीं थी।

हालांकि कांग्रेस को चुनौती दे रहे नरेन्द्र मोदी को यह शिद्दत से मालूम था कि कहां चोट करनी है। उन्हें पूरा अंदाजा था कि सीधे सोनिया–राहुल पर हमला करने से ही यह संदेश जाएगा कि देश की इस दुरावस्था के लिए सिर्फ और सिर्फ कांग्रेस जिम्मेदार है। आखिर आजादी के 67 साल में ज्यादातर वक्त नेहरू–गांधी खानदान का ही बोलबाला रहा है। सो, मोदी ने यह टेक पकड़ी कि देश भले लोकतांत्रिक है लेकिन नेहरू–गांधी परिवार शाही अंदाज में सरकार चला रहा है। इसी वजह से उन्होंने कभी कांग्रेस को 'मां–बेटे की पार्टी' कहा तो कभी राहुल को "शहजादे" कहकर संबोधित करते रहे। कांग्रेस ने राहुल को शहजादा कहने पर आपत्ति भी जताई थी, लेकिन मोदी कभी रुके नहीं। इस आपत्ति के बाद राजस्थान के अलवर

में एक चुनावी रैली में उन्होंने कहा, ''कांग्रेस ने रेल, खेल, रेत, खेत और कोयला तक में भ्रष्टाचार किया है। शहजादे कह रहे हैं कि भाजपा भ्रष्टाचार में वर्ल्ड चैंपियन है, लेकिन असलियत यह है कि कांग्रेस का भ्रष्टाचार तीनों लोकों में फैला हुआ है।'' (देखें http://khabar.ibnlive.in.com/news/112114/12/4)

हर मतदाता वर्ग में मोहभंग

कांग्रेस से देश के हर वर्ग में घोर निराशा घर कर गई थी। आम लोग महंगाई और बेरोजगारी से त्रस्त थे तो मध्यवर्ग को अर्थव्यवस्था में मंदी की मार खाए जा रही थी, सेवा क्षेत्र और नई अर्थव्यवस्था में भी ठहराव आ गया था और नौकरियों का सृजन रुक गया था। तेजी से बढ़ते रीयल स्टेट क्षेत्र में भी ठहराव आ गया था। उत्पादन क्षेत्र तो बैठ ही गया था। नई परियोजनाओं की मंजूरी में कई तरह के पचड़े थे। पर्यावरण मंजूरी लगभग नहीं मिल रही थी। नए आर्थिक सुधारों से संबंधित बीमा और बैंकिंग क्षेत्र में प्रत्यक्ष विदेशी निवेश की सीमा बढ़ाने के लिए लाए गए विधेयक संसद में अटके रहे। फिर, 2जी और कोयला घोटालों के मामले खुलने के बाद सरकार के किसी विभाग में कोई फैसला तो लिया ही नहीं जा रहा था। जेल और जांच का डर अफसरों ही नहीं, बड़े कॉरपोरेट घरानों में भी सरकार के प्रति उदासीनता का भाव पैदा कर रहा था। कारपोरेट घरानों की नई परियोजनाओं के लिए जमीन का अधिग्रहण नए कानून से मुश्किल हो गया था। ऐसे में विरोधियों की नजर में 'क्रोनी कैपटलिज्म' को बढ़ावा देने वाली सरकार से भी कॉरपोरेट घराने नाराज हो गए थे। इसी वजह से 'पॉलिसी पैरालाइसिस' (नीतिगत लकवाग्रस्तता) का आरोप उछला था। नव–उदारवादी नीतियों के पैरोकारों द्वारा उछाला गया यह पद ही बता देता है कि कॉरपोरेट जगत कांग्रेस से विमुख हो चला था। सामुदायिक स्तर पर मुसलमान भी न्यायमूर्ति राजेंद्र सच्चर कमेटी की रपट पर कुछ ठोस कार्रवाई न हो पाने और सांप्रदायिक दंगों के लिए नया कानून लाने के वादे के पूरा न होने से खफा थे। यानी कोई एक भी वर्ग ऐसा नहीं था जिसे कांग्रेस के हाथ पर भरोसा रह गया था। किसी भी चुनाव में विपक्ष के लिए इससे मुफीद हालात भला क्या हो सकते थे?

एक मायने में समूचा देश कोई उम्मीद की किरण तलाश रहा था। थोड़े समय के लिए, खासकर दिल्ली विधानसभा चुनावों में दिसंबर 2013 की जीत के बाद आम आदमी पार्टी और अरविन्द केजरीवाल में उम्मीद दिखने लगी थी। लेकिन आम आदमी पार्टी का दिल्ली के बाहर किसी तरह

का संगठन नहीं था और कुछ राजनैतिक गफलतों के कारण वह विकल्प पेश करती नहीं दिख रही थी। हिंदी पट्टी में बाकी पार्टियों के सुर भी कोई खास उम्मीद नहीं जगा रहे थे और मोटे तौर पर सपा और बसपा जैसी पार्टियां किसी न किसी रूप में कांग्रेस के साथ सत्ता का स्वाद चख रही थीं। ऐसे में भाजपा में नरेन्द्र मोदी एक नई उम्मीद की तरह उभरे। खास बात यह कि वे केंद्र की राजनीति से बिलकुल अछूते थे। भाजपा में भी केंद्र में उभरने के लिए उन्हें खासी मशक्कत करनी पड़ी और वरिष्ठ नेताओं के भारी विरोध का सामना करना पड़ा था। उन्होंने गुजरात में लगातार तीसरी बार जीत कर अपनी विकास समर्थक छवि बनाई थी और कॉरपोरेट जगत में हर तरह से ''कारोबार के लिए सहूलियत'' पैदा करने का विश्वास जगा रहे थे। कुल मिलाकर उनकी छवि एक संभावनाओं से भरे ऐसे नए नेता की बन रही थी, जो कांग्रेस ही नहीं, पुरानी राजनीति के सभी मानकों और स्थापित शख्सियतों को चुनौती दे रहा था, जो खानदानशाही और परिवारवाद को चुनौती दे रहा था और देश के हालात को बदलने का वादा कर रहा था। उनकी छवि कट्टर हिंदुत्व के नायक की है लेकिन पिछड़ी जाति और गरीबी से ऊपर उठने की कहानियां भी उनके व्यक्तित्व में इंद्रधनुषी रंग भर रही थीं। वे हर मुद्दे पर विस्तार से अपनी बात रख रहे थे और तमाम गड़बड़ियों के लिए खानदानशाही, परिवारवाद तथा मुट्ठी भर लोगों की गिरोहबंदी को जिम्मेदार बता रहे थे, जिसमें लोगों को दम नजर आया।

करीब 65 प्रतिशत युवाओं की आबादी वाले देश में मोदी की ये बातें नया आकर्षण पैदा कर रही थीं। खासकर नए मतदाताओं में मोदी नई उम्मीद और भरोसे का संचार कर रहे थे। वे मार्केटिंग और प्रचार की नई रणनीतियों के जरिए इस आकर्षण को ऊंचाई पर ले गए। इसमें संचार के सभी माध्यमों अखबार, टीवी, रेडियो, सोशल मीडिया का जमकर सहारा लिया गया और पैसा पानी की तरह बहाया गया। मोदी इस सब की पटकथा गुजरात में तीसरी बार चुनाव जीतने के पहले से ही तैयार कर रहे थे। उनके मुकाबले राहुल गांधी नौसिखिए लगते थे, जिनके पास न कोई प्रशासनिक अनुभव था और न ही भविष्य की संभावना जगाने वाली कोई योजना। यहां तक कि उनके भाषणों में भी कोई जान नहीं लगती और अमूमन भाषा पराई लगती है। राहुल ज्यादातर गरीब बनाम अमीर भारत की बातें उठाते रहे और अपनी सरकार की कल्याण योजनाओं की दुहाई दे रहे थे, जिसमें कोई नयापन नहीं था, बल्कि उन योजनाओं के नतीजे लोग देख चुके थे और उनमें भ्रष्टाचार से भी आजिज आ चुके थे।

संभव है, राहुल के व्यक्तित्व के बारे में यह बात भी सन्देह पैदा कर

रही हो कि वे प्रधानमंत्री पद की जिम्मेदारी लेने से कतराते हैं। याद करें, 2009 के लोकसभा चुनावों में सबसे ज्यादा उम्मीद राहुल ही पैदा कर रहे थे। उत्तर प्रदेश ही नहीं, पंजाब, राजस्थान, महाराष्ट्र, आंध्र प्रदेश, यहां तक कि गुजरात से भी कांग्रेस को अच्छी सीटें मिली थीं। उत्तर प्रदेश में तो 22 सीटें मिल गई थीं, जो तब अचरज पैदा कर रही थीं। उस समय नतीजों के कुछ दिन पहले एनडीए के साथ रहे जदयू नेता दिवंगत दिग्विजय सिंह एक टीवी बहस में कह गए थे कि इस बार तो राहुल की धूम है। उन्होंने बताया था कि कई भाजपा नेताओं के युवा बच्चे भी राहुल की बातें करते हैं। लेकिन राहुल तब प्रधानमंत्री पद की जिम्मेदारी लेने से मुकर गए। इस बार भी वे पार्टी के महासचिव से उपाध्यक्ष तो बन गए और चुनाव प्रबंधन की जिम्मेदारी भी उठाते रहे लेकिन प्रधानमंत्री पद के उम्मीदवार बनने से मुंह चुरा गए।

लेकिन चुनाव मैदान में कप्तान वही होता है जो हर जिम्मेदारी उठाने को तैयार दिखे, जो आगे बढ़कर विरोधियों का जवाब दे सके और भविष्य की उनसे बेहतर रूपरेखा पेश कर सके। यह रहस्य भी बना हुआ है कि राहुल या सोनिया गांधी बड़ी जिम्मेदारी लेने से क्यों कतराते रहे हैं? एक वजह तो प्रत्यक्ष दिखती है कि इस बार राहुल को जीत की उम्मीद कम थी। लेकिन क्या 2009 में वे सिर्फ अनुभव की कमी से गद्दी लेने से कतरा गए? सोनिया गांधी ने भी 2004 में गद्दी मनमोहन सिंह को सौंप दी थी तो क्या वजह सिर्फ उनके विदेशी मूल पर भाजपा का विरोध ही था? यह अब कोई रहस्य नहीं है कि 1984 में राजीव गांधी को प्रधानमंत्री बनने से सोनिया रोक रही थीं। क्या इंदिरा गांधी और राजीव गांधी की हत्या देख चुके परिवार में एक डर समा गया है? इसके जवाब दो संदर्भों में मिलते हैं। 2013 में जयपुर अधिवेशन में जब राहुल को पार्टी उपाध्यक्ष बनाया गया तो उन्होंने कहा कि एक रात उनकी मां उनके कमरे में आईं और रोकर कहने लगीं कि सत्ता जहर के समान है। दूसरा संदर्भ पूर्व विदेश मंत्री नटवर सिंह की किताब में मिलता है। उन्होंने खुलासा किया कि 2004 में राहुल को डर था कि अगर उनकी मां सोनिया गांधी प्रधानमंत्री बनीं तो दादी इंदिरा गांधी और पिता राजीव गांधी की तरह उनकी भी हत्या हो सकती है। हालांकि कांग्रेस ने नटवर सिंह के दावों को खारिज कर दिया। लेकिन नरेन्द्र मोदी ने अपने चुनाव प्रचार के दौरान इस सवाल को दूसरे ढंग से उठाया कि सोनिया गांधी पीएम तो नहीं बनीं लेकिन सुपर पीएम बनी हुई थीं और पीएम मनमोहन सिंह को काम नहीं करने दिया। इसे उन्होंने संविधानेत्तर हस्तक्षेप बताया।

हालांकि 1999 में अटल बिहारी वाजपेयी की सरकार गिरने के बाद सोनिया गांधी ने सरकार बनाने का दावा राष्ट्रपति के सामने पेश किया

था तो ऐसा ही लग रहा था कि अगर राष्ट्रपति सरकार बनाने के लिए सोनिया गांधी को आमंत्रित करते तो वे प्रधानमंत्री बनतीं। लेकिन उस समय समाजवादी पार्टी के नेता मुलायम सिंह यादव ने भांजी मार दी। संभव है, उस समय भी मौका मिलता तो सोनिया खुद प्रधानमंत्री न बनकर किसी और को गद्दी सौंप देतीं। आखिर, राजीव गांधी की हत्या के बाद 1991 में भी उनके पास प्रधानमंत्री बनने का मौका था। तब शायद उनका मन भारी था और राजनीति से अपरिचित भी थीं। लेकिन 1999 में शरद पवार ने भी सोनिया गांधी के विदेशी मूल का मुद्दा उठाकर नई राष्ट्रवादी कांग्रेस पार्टी का गठन किया। 2004 में तो भाजपा नेता सुषमा स्वराज ने घोषणा की अगर सोनिया गांधी देश की पीएम बनती हैं तो वो अपना सिर मुंडवा लेंगी। संभव है, इन दोनों घटनाओं का भी सोनिया गांधी के फैसलों पर असर पड़ा हो। लेकिन 2004 में गद्दी न लेने का भी एक सकारात्मक असर गया और सोनिया की छवि कुछ बड़ी हो गई।

लेकिन 2014 में लगा ही नहीं कि सोनिया गांधी में वह बात है जो 2004 के लोकसभा चुनावों में दिखी थी। उस समय अटल बिहारी वाजपेयी की भाजपा को हराने में उनका बड़ा योगदान था। संभव है, विपक्ष और सत्ता में होने से स्थितियां अलग हो जाती हैं। इस बार उन्हें हर मोर्चे पर नाकाम सरकार का बचाव करना था, जो संभव नहीं हो पाया। फिर वे उत्तराधिकार राहुल को सौंपने का मन बना चुकी थीं, सो पार्टी की कमान राहुल के जिम्मे थी और राहुल में, बकौल नटवर सिंह, राजनीति करने का माद्दा और धीरज ही नहीं है। जाहिर है, इन सब बातों का मतदाताओं के फैसले पर असर पड़ा होगा।

कांग्रेस ने अपनी हार के कारणों को जानने के लिए ए.के. एंटनी की अध्यक्षता में एक समिति बनाई। समिति ने अपनी रिपोर्ट में कॉरपोरेट नाराजगी को बड़ी वजह बताई। लेकिन इस समिति ने कहीं भी सोनिया और राहुल को जिम्मेदार नहीं बताया। हालांकि पार्टी में राहुल और सोनिया के नेतृत्व के खिलाफ कई आवाजें उठीं। राजस्थान के एक नेता ने राहुल के कथित लोकतांत्रिक प्रयोगों को बकवास तक बताया। लेकिन कांग्रेस के निरंतर छीजने की एक वजह शायद लोकतंत्र की कमी और नेहरू–गांधी खानदान का आधिपत्य ही है। (देखें http://abpnews.abplive.in/ind/2014/08/15/article381272.ece/ak-antony)

इसी वजह से मोदी के खानदानशाही और परिवारवाद पर हमले का असर होता दिखा। यह सिर्फ कांग्रेस तक सीमित नहीं है। इसलिए परिवारवाद को बढ़ावा देने वाली बाकी पार्टियों का भी यही हश्र हुआ।

जैसे बिहार में लालू यादव, उत्तर प्रदेश में मुलायम सिंह यादव, तमिलनाडु में करुणानिधि, महाराष्ट्र में एनसीपी, जम्मू–कश्मीर में नेशनल कॉन्फ्रेंस, झारखंड में झारखंड मुक्ति मोर्चा, पंजाब में प्रकाश सिंह बादल और हरियाणा में भूपिंदर सिंह हुड्डा और चौटाला परिवार की बुरी तरह हार हुई। पंजाब में मोदी लहर के बाद भी अकाली दल को उतनी सफलता नहीं मिली। तो क्या यह माना जाए कि देश में परिवारवाद की राजनीति के खिलाफ गुस्सा था? एक जमाना था कि कांग्रेस 400 से ज्यादा सीटें जीता करती थी, अब वह 44 पर सिमट गई। कांग्रेस को सुपर रीजनल पार्टी कहा जाए तो कोई अतिशयोक्ति नहीं होगी, क्योंकि तमिलनाडु में 37 सीटों पर जीतने वाली जयललिता की पार्टी एआईएडीएमके से सिर्फ 7 सीटों का ही फासला है।

दरअसल 1991 के बाद देश की राजनीतिक आबोहवा काफी बदल गई है। 1984 के पहले कांग्रेस हारी–जीती, गिरी–संभली, लेकिन 1989 के बाद स्थिति पूरी तरह बदल गई। इसे दो नजरिए से देख सकते हैं। एक, जवाहरलाल नेहरू–इंदिरा गांधी और राजीव गांधी का दौर। दूसरे, सोनिया और राहुल गांधी का दौर। जवाहरलाल नेहरू से लेकर राजीव गांधी के दौर में कांग्रेस की वोट की ताकत करीब 40 फीसदी से कभी कम नहीं हुई। 1989 में विश्वनाथ प्रताप सिंह के नेतृत्व में तमाम विपक्षी पार्टियों की एकजुटता के बावजूद कांग्रेस को 197 सीटें और 40 फीसदी वोट मिले। यही नहीं, 1991 का चुनाव भी कांग्रेस राजीव गांधी के नेतृत्व में लड़ी और पिछले चुनाव की तुलना में पार्टी ने बेहतर प्रदर्शन किया, लेकिन उनकी हत्या के बाद से पार्टी लगातार फिसलती चली गई। पहले पार्टी 30 फीसदी के नीचे लुढ़की और 2014 के लोकसभा चुनाव में 20 फीसदी के नीचे फिसल गई। इसकी दो वजहें हो सकती हैं। एक, राजीव गांधी की हत्या के बाद पार्टी और सरकार की जिम्मेदारी सोनिया गांधी को लेनी चाहिए थी। उन्होंने पार्टी की जिम्मेदारी देर से ली लेकिन सरकार की जिम्मेदारी से मुकर गईं। इससे पार्टी में बिखराव आया और वह कमजोर हो गई। दूसरे, जवाहरलाल नेहरू और इंदिरा गांधी को देश की नब्ज की पहचान थी, जबकि सोनिया गांधी और राहुल गांधी में यह कमजोरी हमेशा दिखती रही।

1984 से कांग्रेस का गिरता ग्राफ

साल	कुल सीटें	कुल मतदान	जीती	वोट (%)
1984	542	64.07	415	48.01
1989	529	61.95	197	39.53

1991	537	55.88	244	36.64
1996	543	57.94	140	28.80
1998	543	61.97	141	25.82
1999	543	59.99	114	28.30
2004	543	58.07	145	26.53
2009	543	58.20	206	29.55
2014	543	66.44	44	19.31

राज्य ही नहीं, क्षेत्रवार भी देखें तो पार्टी को कोई सफलता नहीं मिली। दक्षिण भारत ही ऐसा इलाका था जहां पार्टी को सबसे अधिक कुल 132 सीटों में से 19 सीटें मिलीं। इसके अलावा, पूर्वी भारत की 117 सीटों में से 6, उत्तर–पूर्व भारत में 25 में 8, उत्तर भारत में 151 में से 6 सीटें, मध्य भारत में 40 में से 3 सीटें और पश्चिम भारत में 78 में से 2 सीटें मिलीं।

क्षेत्र	कुल सीटें	कुल मतदान	जीतीं	वोट
पूर्व	117	69.3	6	12.3
पूर्वोत्तर	25	79.7	8	29.8
उत्तर	151	61.4	6	17.2
मध्य	40	63.7	3	35.9
पश्चिम	78	62.0	2	23.7
दक्षिण	132	72.5	19	18.6
कुल	543	66.5	44	19.3

कांग्रेस 19 राज्यों एवं केंद्र शासित प्रदेशों में अपना खाता नहीं खोल पाई। गौरतलब यह भी है कि जहां त्रिकोणीय मुकाबला था, वहां पार्टी ने थोड़ा बेहतर प्रदर्शन किया लेकिन जहां दोतरफा मुकाबला था, वहां पार्टी का बुरा हाल हुआ।

कांग्रेस को हिंदी पट्टी में तगड़ा झटका लगा। यहां कुल 226 सीटों में से सिर्फ 8 सीटें मिलीं जबकि गैर–हिंदी इलाके में कुल 317 सीटों में से 36 सीटें मिलीं। हिंदी इलाके के किसी भी राज्य में पार्टी को 2 से अधिक सीटें नहीं मिलीं।

		भाजपा (2014)		लाभ / हानि	सफलता दर	कांग्रेस (2014)		लाभ / हानि	सफलता दर
इलाका	कुल सीटें	सीटें	वोट (%)	सीटें	(%)	सीटें	वोट (%)	सीटें	(%)
हिंदी	226	191	44	128	85	8	18	–72	4
गैर हिंदी	317	91	22	38	29	36	20	–90	11
देश	543	282	31	166	52	44	19	–162	8

कांग्रेस हारी तो 1977 में भी थी, पर उसे 154 सीटें मिली थीं। कांग्रेस 1989 में भी हारी थी लेकिन अबकी बार जो हुआ है, वह कांग्रेस के लिए सूनामी से कम नहीं था। इसका मतलब यह नहीं है कि अब कांग्रेस राजनीति में वापसी नहीं कर सकती। 19 राज्यों और केन्द्र शासित प्रदेशों में कांग्रेस का नामोनिशान मिट गया। ये राज्य हैं तमिलनाडु, गुजरात, राजस्थान, ओडीशा, आंध्र प्रदेश, झारखंड, दिल्ली, जम्मू–कश्मीर, उत्तराखंड, हिमाचल प्रदेश, गोवा, त्रिपुरा, नगालैंड, सिक्किम, अंडमान–निकोबार द्वीप, चंडीगढ़, दादर और नगर हवेली, दमन और दीव, लक्षद्वीप, पुडुचेरी।

गौरतलब है कि हिमाचल प्रदेश, उत्तराखंड, आंध्र प्रदेश में कांग्रेस की सरकारें थीं, जबकि महाराष्ट्र, जम्मू–कश्मीर, झारखंड में गठबंधन की सरकार थी। यही नहीं, कांग्रेस जहां जीती भी, वहां अपने बलबूते पर दहाई का आंकड़ा नहीं छू पाई। केरल इकलौता राज्य है जहां पार्टी सहयोगी दलों के साथ 12 सीटें लाने में कामयाब हुई, लेकिन वह खुद इकाई में सिमट गई। अब सवाल यह है कि कांग्रेस के खिलाफ इतनी जबरदस्त हवा थी और नरेन्द्र मोदी उसके विकल्प का प्रतीक बन गए थे तो मोदी की हवा पश्चिम बंगाल, तमिलनाडु और ओडीशा में क्यों गायब थी? इन तीनों राज्यों में कांग्रेस के विरोध में अपनी क्षेत्रीय पार्टियां थीं और वहां भाजपा का अस्तित्व नहीं के बराबर रहा है। इसका मतलब यह है कि भाजपा या एनडीए की जीत वहीं हुई, जहां उसका•ढांचा बरकरार था। जहां भाजपा मजबूत स्थिति में नहीं थी और जहां गैर–कांग्रेस क्षेत्रीय पार्टियां मजबूत थीं, वहां पार्टी की हार हुई। यह भी ध्यान देने की बात है कि परिवारवाद की राजनीति की वजह से मोदी की हवा के बावजूद अकाली दल पंजाब में बेहतर प्रदर्शन नहीं कर पाई।

कांग्रेस को 16 राज्यों की 384 सीटों पर 44 सीटें मिलीं, जबकि 19

राज्यों की 159 सीटों पर एक भी सीट नहीं मिली। जहां कांग्रेस को सीटें मिलीं, वे राज्य हैं कर्नाटक, केरल, पश्चिम बंगाल, असम, पंजाब, आंध्र प्रदेश, बिहार, मध्य प्रदेश, महाराष्ट्र, उत्तर प्रदेश, अरुणाचल प्रदेश, छत्तीसगढ़, हरियाणा, मेघालय और मिजोरम।

	राज्य	भाजपा	वोट	कांग्रेस	वोट	कुल सीटें
		सीटें	(%)	सीटें	(%)	
1.	कर्नाटक	17	43.01	9	40.81	28
2.	केरल	0	10.33	8	31.10	20
3.	पश्चिम बंगाल	2	16.84	4	9.58	42
4.	असम	7	36.51	3	29.61	14
5.	पंजाब	2	8.73	3	33.05	13
6.	आंध्र प्रदेश	3	8.46	2	11.54	42
7.	बिहार	22	29.38	2	8.42	40
8.	मध्य प्रदेश	27	54.03	2	34.89	29
9.	महाराष्ट्र	23	27.32	2	18.13	48
10.	मणिपुर	0	11.91	2	41.69	2
11.	उत्तर प्रदेश	71	42.32	2	7.47	80
12.	अरुणाचल प्रदेश	1	46.12	1	41.22	2
13.	छत्तीसगढ़	10	48.74	1	38.37	11
14.	हरियाणा	7	34.74	1	22.92	10
15.	मेघालय	0	8.90	1	37.93	2
16.	मिजोरम	0	0.00	1	48.59	1
17.	अंडमान और निकोबार	1	47.80	—	43.69	1
18.	चंडीगढ़	1	42.20	—	26.84	1
19.	दादर और नगर हवेली	1	48.88	—	45.12	1

	राज्य	भाजपा	वोट	कांग्रेस	वोट	कुल सीटें
		सीटें	(%)	सीटें	(%)	
20.	दमन और दीव	1	53.83	–	43.26	1
21.	गोवा	2	53.45	–	36.57	2
22.	गुजरात	26	59.05	–	32.86	26
23.	हिमाचल प्रदेश	4	53.35	–	40.68	4
24.	जम्मू और कश्मीर	3	32.36	–	22.86	6
25.	झारखंड	12	40.11	–	13.28	14
26.	लक्षद्वीप	0	0.43	–	46.56	1
27.	नगालैंड	0	0.00	–	30.14	1
28.	दिल्ली	7	46.41	–	15.15	7
29.	ओडीशा	1	21.54	–	25.98	21
30.	पुडुचेरी	0	0.00	–	26.35	1
31.	राजस्थान	25	54.94	–	30.36	25
32.	सिक्किम	0	2.36	–	2.33	1
33.	तमिलनाडु	1	5.47	–	4.31	39
34.	त्रिपुरा	0	5.70	–	15.20	2
35.	उत्तराखंड	5	55.32	–	34.03	5
	कुल योग	282	31.34	44	19.31	543

ऐसा लगता है कि कांग्रेस चुनाव के पहले ही मानसिक रूप से हार चुकी थी। न तो नेताओं में कोई उत्साह दिख रहा था, न कार्यकर्ताओं में किसी तरह का जज्बा। 2014 में जैसे–जैसे चुनाव की सरगर्मी तेज होती गई, वैसे–वैसे पार्टी की सांसें उखड़ती गईं। इस बार मतदान 9 चरणों में हुआ। 9 चरणों में से कांग्रेस सिर्फ 2 चरणों में दहाई का आंकड़ा पार कर पाई। कांग्रेस का प्रदर्शन शुरुआती और अंतिम चरण में कमजोर हो गया था, जबकि मध्य चरण में स्थिति थोड़ी–बहुत बेहतर थी।

मतदान के चरण	कुल सीटें	कुल मतदान	कांग्रेस	वोट	भाजपा	वोट
			सीट	(%)	सीट	(%)
	543	66.4	44	19.3	282	31.34
फेज I	6	79.8	1	31.8	4	39.2
फेज II	7	76.4	4	37.6	1	11.4
फेज III	91	66.7	10	22.7	51	32.7
फेज IV	7	78.3	2	28.4	2	29.2
फेज V	121	64.6	13	25.7	77	38.5
फेज VI	117	67.2	6	16.0	47	27.9
फेज VII	89	65.9	6	22.7	48	30.8
फेज VIII	64	67.5	1	8.8	31	22.6
फेज IX	41	65.6	1	7.2	21	27.7

दरअसल कांग्रेस की स्थिति 1967 से खराब होना शुरू हो गई थी। बीच में कुछेक मजबूती के मौके जरूर आए पर पार्टी लगातार कमजोर होती गई। इंदिरा गांधी के प्रधानमंत्री बनने से साथ कांग्रेस लगभग दो धड़ों में बंट चुकी थी। इंदिरा गांधी के खिलाफ कांग्रेस के दिग्गज नेताओं का सिंडिकेट गुट था। पार्टी में गुटबाजी का असर चुनाव के नतीजों में भी दिखा। 1967 के लोकसभा चुनाव में कांग्रेस की 78 सीटें घट गईं। पहली बार 8 राज्यों में कांग्रेस का बहुमत नहीं रहा, लेकिन ज्यादा नुकसान सिंडिकेट के उन नेताओं को हुआ, जो इंदिरा को प्रधानमंत्री पद से हटाने की पूरी तैयारी कर चुके थे। कांग्रेस अध्यक्ष कामराज खुद चुनाव हार गए। सिंडिकेट दरअसल कांग्रेस के अंदर, गैर–हिंदी भाषी नेताओं का बेदह रसूखदार गुट था। लालबहादुर शास्त्री के देहांत के बाद इंदिरा गांधी को प्रधानमंत्री बनाने में इस गुट का बड़ा हाथ था, लेकिन बाद में इनके रिश्ते खराब हो गए थे। कांग्रेस अध्यक्ष के. कामराज सिंडिकेट के नेता कहे जाते थे। दरअसल यही दौर था जहां से कांग्रेस के खिलाफ विपक्षी पार्टियां की जड़ें मजबूत होने लगी थीं। इसी के बाद वह दौर शुरू होता है, जब विपक्षी पार्टियां तकरीबन हर 10 साल बाद कांग्रेस को सत्ता से बेदखल करने में कामयाब रही हैं। 1972 में इंदिरा गांधी के नेतृत्व कांग्रेस की बड़ी जीत हुई। लेकिन कुछ साल बाद ही जयप्रकाश नारायण के नेतृत्व में भ्रष्टाचार विरोधी जनता आंदोलन और इलाहाबाद हाइकोर्ट के रायबरेली चुनाव निरस्त करने के फैसले से चिढ़कर इंदिरा गांधी

ने इमरजेंसी लगा दिया और विपक्षी नेताओं को जेल में भेज दिया। फिर, 1977 में चुनाव हुए तो जनता पार्टी की भारी जीत हुई। खुद इंदिरा गांधी और उनके बेटे संजय गांधी, जिनकी इमरजेंसी में तूती बोलती थी, चुनाव हार गए। कांग्रेस 154 सीटों पर पहुंच गई। पार्टी को 208 सीटों का नुकसान हुआ। 1977 के बाद जनता पार्टी में फूट पड़ी और इंदिरा गांधी 1980 में दोबरा सत्ता में आईं, लेकिन 1977 के बाद फिर से 10 साल के बाद 1987 में विश्वनाथ प्रताप सिंह ने बोफोर्स तोप सौदे में दलाली के मुद्दे को उछाला और दो साल बाद हुए चुनाव में पार्टी की करारी हार हुई।

इन दोनों मौकों पर कांग्रेस दो साल बाद फिर सत्ता में लौट आई, लेकिन 1996 में नरसिम्हा राव के नेतृत्व में पार्टी हारी तो 2004 तक 8 साल के लिए सत्ता से बेदखल हो गई। 2004 में पार्टी गठबंधन के सहारे फिर से सत्ता में आई। हालांकि कांग्रेस को महज 145 सीटें ही हासिल हुईं। इस यूपीए सरकार को बाहर से वामपंथी पार्टियों का समर्थन प्राप्त था। यूपीए–1 का कार्यकाल तमाम दबाव के बाद भी बेहतर था। इसी का नतीजा था कि 2009 के चुनाव में पार्टी को स्पष्ट बहुमत तो नहीं मिला लेकिन 206 सीटें हासिल करके पार्टी मजबूत स्थिति में उभर कर आई, लेकिन यूपीए–2 सरकार बनने के बाद कांग्रेस की दीवारें दरकती गईं। एक के बाद एक भ्रष्टाचार के ज्वालामुखी फूटने लगे। उसके सहयोगी दल खिसकने लगे। तृणमूल कांग्रेस, डीएमके, पीएमके, एमडीएमके और टीआरएस जैसी पार्टियां कांग्रेस से अलग हो गईं। लोकसभा चुनाव से 3 साल पहले ही लगने लगा था कि मनमोहन सिंह की सरकार की विदाई पक्की है, क्योंकि सोनिया गांधी ने जिस कांग्रेस का निर्माण किया था, वह दिल्ली के 10 जनपथ से चलती थी। देश में प्रधानमंत्री कौन बनेगा, राज्य में मुख्यमंत्री कौन बनेगा, राज्य में पार्टी का अध्यक्ष कौन होगा, यह राज्य के नेता तय नहीं करते थे, इसका आदेश दिल्ली का आलाकमान देता था। इससे हुआ यह कि राज्यों में मजबूत नेताओं का उभरना बंद हो गया। इसी वजह से दिल्ली की सल्तनत ढही, तो ताश के पत्ते की तरह कांग्रेस कन्याकुमारी से लेकर कश्मीर तक ढहती चली गई। 1977 में कांग्रेस इंदिरा गांधी की तानाशाही की वजह से हारी जबकि 1989, 1996 और 2014 में पार्टी को भ्रष्टाचार का खमियाजा भुगतना पड़ा। दरअसल यूपीए सरकार ही आरटीआई कानून लाई थी जिसके जरिए सत्ता में शुचिता और पारदर्शिता लाने की बात थी लेकिन यही कानून यूपीए सरकार के गले की हड्डी बन गया। आरटीआई के जरिए भ्रष्टाचार पर नकेल कसने से यूपीए सरकार की मुश्किलें बढ़ती चली गईं और सरकार जनता के सामने भ्रष्टाचार के मामले में नंगी होती चली गई।

दरअसल सोनिया गांधी ने लोकसभा चुनाव के पहले राहुल गांधी को पार्टी का उपाध्यक्ष बनाया। राहुल को पूरा अधिकार दिया गया। उन्होंने सोनिया गांधी के करीबी और विश्वसनीय सिपहसालार जर्नादन द्विवेदी को हटाकर अजय माकन को मीडिया विभाग का चार्ज दे दिया, लेकिन अजय माकन की टीम मोदी की टीम के आगे टिक नहीं पाई। राहुल गांधी वरिष्ठ और अनुभवी नेताओं को शामिल करने में विफल रहे, बल्कि छोटे समूहों और गैर–राजनीतिक लोगों पर निर्भर रहे और बहन प्रियंका गांधी की मदद लेते रहे। लेकिन राहुल अपनी ही मंडली में घिरते गए। जहां 2009 के लोकसभा चुनाव में गुरुद्वारा रकाबगंज रोड, दिल्ली पर स्थित कांग्रेस कार्यालय में रणनीति को लेकर गहमागहमी रहा करती थी, वह इस बार सुनसान और वीरान था, बल्कि सारी रणनीतिक बैठकें राहुल गांधी के घर तुगलक लेन पर चल रही थीं। राहुल की टीम लोकसभा चुनाव के लिए क्या तैयारी कर रही है, ज्यादातर नेताओं को पता ही नहीं था। इससे अनुभवी और रणनीतिकार नेताओं से राहुल की टीम का संपर्क टूट गया था। राहुल की टीम में नए नेताओं की भरमार थी, लेकिन नई सोच का अभाव साफ दिख रहा था। शायद राहुल यही सोच रहे थे कि बदतर स्थिति में भी पार्टी को 2004 लोकसभा चुनाव जितनी सीटें मिल ही जाएंगी और अगर पार्टी को 140 से लेकर 160 सीटें मिल जाती हैं तो कांग्रेस सरकार बनाने की स्थिति में हो सकती है। टाइम्स ऑफ इंडिया में छपी खबर के मुताबिक राहुल की टीम की 160 लोकसभा सीटों पर पैनी नजर थी और उन सीटों से 24 घंटे इनपुट लिया जा रहा था। हालांकि इस श्रेणी में वीआईपी या मजबूत सीटें नहीं आ रही थीं, जहां पार्टी को भरोसा था कि वहां पार्टी आराम से जीत जाएगी जैसे रायबरेली, अमेठी, छिंदवाड़ा, गुना और रोहतक। इलेक्शन कंट्रोल रूम को पार्टी के प्रवक्ता रणदीप सिंह सुरजेवाला के नेतृत्व में 12 लोगों को लगाया गया था, लेकिन इस टीम में पुराने और अनुभवी नेताओं को नहीं लगाया गया। (देखें–http://timesofindia.indiatimes.com/news/Congress-war-room-tracks-160-seats-24x7/articleshow/33713901.cms?)

ताज्जुब की बात यह थी कि जिन जयराम रमेश ने 2004 और 2009 के लोकसभा चुनावों में पार्टी के चुनाव अभियान को संभाला था, वे इस बार हाशिए पर चले गए थे। 2004 के लोकसभा चुनाव में सोनिया गांधी ने जिस तरह से काम किया, जिस तरह से गठबंधन को बढ़ाने का काम किया, जिस तरह से दो कदम बढ़ाते हुए गठबंधन के लिए लोक जनशक्ति पार्टी के नेता रामविलास पासवान के घर पहुंच गईं और जिस तरह से जीत के लिए वरिष्ठ नेताओं को अपनी रणनीति का हिस्सा बनाया, वे सारी चीजें राहुल

की रणनीति से गायब थीं। यही नहीं, नरेन्द्र मोदी धुआंधार रैलियां कर रहे थे जबकि राहुल उसका एक तिहाई हिस्सा भी कवर नहीं कर पाए।

यह सच है कि राहुल ने पार्टी की लोकतांत्रिक ढांचे को मजबूत करने की प्रक्रिया और निर्णय लेने में कार्यकर्ताओं को शामिल करने की कोशिश की लेकिन यह लंबी प्रक्रिया थी। अगर चुनाव मैदान में नरेन्द्र मोदी नहीं होते तो शायद स्थिति अलग होती, लेकिन यह भी साफ है कि राहुल ने चुनाव जीतने की कोई कोशिश नहीं की, न तो यूपीए छोड़ रहे सहयोगी दलों को रोकने की कोशिश की और न ही किसी सहयोगी दल को यूपीए में शामिल कराने में कामयाब हुए। उनकी छवि हमेशा अनिच्छुक नेता की रही है और उनमें सत्ता संभालने की इच्छा नहीं दिखाई दी। जबकि उनके विरोधी नरेन्द्र मोदी में प्रधानमंत्री बनने की प्रचंड इच्छा थी, जिसे अपनी मेहनत और लगन से पाने में वे सफल हुए। इसका असर कांग्रेस के चुनाव प्रचार अभियान में भी देखने को मिला। भाजपा के सरल और असरदार नारा 'अबकी बार, मोदी सरकार' के खिलाफ कांग्रेस का नारा 'हर हाथ शक्ति, हर हाथ तरक्की' बेअसर हो गया। ताज्जुब की बात यह रही कि सोनिया गांधी की छाप चुनावी नारे में नहीं दिख रही थी। इसके पहले का नारा 'कांग्रेस का हाथ, आम आदमी के साथ' लोकप्रिय और आकर्षक था, लेकिन पार्टी ने इसे इस्तेमाल नहीं किया, क्योंकि यह अरविन्द केजरीवाल की पार्टी से मिलता–जुलता है। ये तमाम गफलतें चुनाव में भारी पड़ती गईं।

कांग्रेस के साथ राष्ट्रीय पार्टियों का रुतबा भी घटा

इस चुनाव के शुभ संकेत भी हैं तो अशुभ संकेत भी हैं। भाजपा आसमान में पहुंच गई तो कांग्रेस रसातल में। मोदी का 'कांग्रेस मुक्त भारत' नारा कुछ हद तक सफल होता दिखा और भाजपा का चारों दिशाओं में विस्तार हुआ, लेकिन सही मायने में राष्ट्रीय पार्टी कांग्रेस की जमीन सिमट गई। इस चुनाव की यह भी हकीकत है कि देश में राष्ट्रीय पार्टियों की शक्ति पहली बार घटी है, सीटों और वोट हिस्सेदारी दोनों ही मामलों में। ऐसा इसीलिए हुआ क्योंकि कांग्रेस कमजोर होती गई है। देश में कभी राष्ट्रीय पार्टियों को 485 सीटें मिला करती थीं, अब वह सिमटकर 342 हो गई हैं। राष्ट्रीय पार्टियों को करीब 85 फीसदी वोट मिला करता था, जो घटकर 60 फीसदी रह गया है। इस बार राष्ट्रीय पार्टियों को पिछले लोकसभा चुनाव की तुलना में 34 सीटें कम मिलीं जबकि वोट फीसदी भी करीब तीन फीसदी घट गया है। वैसे राष्ट्रीय पार्टियों की शक्ति 1996 से लगातार गिर रही है। यह देश के लिए चिंता का विषय है कि क्षेत्रीय पार्टियों का दबदबा लगातार बढ़ता जा

रहा है। भले भाजपा को केंद्र में स्पष्ट बहुमत मिला लेकिन राष्ट्रीय पार्टियों का यह अवसान चिंता और अध्ययन का विषय है। राष्ट्रीय पार्टियों की ताकत घटने की एक वजह यह हो सकती है कि क्षेत्रीय पार्टियां अपने राज्य और अपनी जनता का पूरा खयाल रखती हैं जबकि राष्ट्रीय पार्टियां राज्यों में मुख्यमंत्री थोपती हैं।

साल	राष्ट्रीय पार्टियों की सीटें	वोट प्रतिशत
1952	418	76
1957	421	73.1
1962	440	78.5
1967	440	76.1
1971	451	77.9
1977	481	84.7
1980	485	85.1
1984	462	77.9
1989	471	79.3
1991	478	80.6
1996	403	69.1
1998	387	68
1999	369	67.1
2004	364	62.9
2009	376	63.6
2014	342	60.7

राष्ट्रीय पार्टियों की जड़ें कमजोर होती जा रही हैं जबकि क्षेत्रीय पार्टियां मजबूत हो रही हैं। कुछ राज्यों को छोड़कर क्षेत्रीय पार्टियों का मायाजाल दिनोदिन फैलता जा रहा है। केंद्र में नरेन्द्र मोदी सरकार दो साल पूरा कर चुकी है और कांग्रेस भी हार के सदमे से उबरकर मोदी सरकार और भाजपा को घेरने में कसर नहीं छोड़ रही है। इससे भविष्य में फिर चौंकाऊ नतीजों की पृष्ठभूमि तैयार होने लगी है।

मध्य वर्ग का मोदी-प्रेम

धर्मेन्द्र कुमार सिंह

नरेन्द्र मोदी की जीत में मध्य वर्ग की महती भूमिका रही है। आर्थिक उदारीकरण का इसी वर्ग को सबसे ज्यादा लाभ मिला है। तेज होते शहरीकरण से इस वर्ग का काफी विस्तार हुआ है और यह ऊपर चढ़ने को बेहद लालायित है। मध्य वर्ग में अचानक समृद्धि से निम्न मध्य वर्ग में भी बेहद महत्त्वाकांक्षाएं जग आई हैं। इस महत्त्वाकांक्षी निम्न मध्य वर्ग का विस्तार शहर से गांवों तक है। मोदी ने इन वर्गों को आकर्षित करने के लिए बड़ी चतुराई से गुजरात की विकासगाथा और उसमें अपनी भूमिका का खूब प्रचार किया। वे ऐसे वादे भी करने से रत्ती भर नहीं हिचके, जिनका हकीकत से दूर का नाता था। ऐसे ही वादों के बारे में बाद में तीखे सवाल उठने पर उनके हमसफर अमित शाह को "चुनावी जुमला" कहकर बचाव करना पड़ा।

लेकिन इन वादों ने जादू की तरह काम किया। विदेश से काला धन वापस लाकर हर परिवार के खाते में 15 लाख रुपए जमा करने की बात ने मध्य वर्ग का दिल जीत लिया। यही नहीं, उनके 'अच्छे दिन आने वाले हैं' के नारे ने भी गजब का असर पैदा किया। इसके बारे में भी बाद में अमित शाह को कहना पड़ा कि "अच्छे दिन लाने में तो 25 साल लग जाएंगे, "(विवाद बढ़ने पर पार्टी ने इसका खंडन किया)। उन्होंने विकास की दर तेज करने, रोजगार सृजन, महंगाई घटाने, भ्रष्टाचार खत्म करने और सुशासन लाने के वादे किए। इन वादों ने इस मध्य और महत्त्वाकांक्षी वर्ग में आशा का संचार किया, जो मनमोहन सिंह सरकार के आखिरी दौर में खस्ताहाल अर्थव्यवस्था, भ्रष्टाचार और महंगाई से काफी परेशान था।

इस चुनाव ने यह भी संकेत दिया कि इन वर्गों में जाति और मजहब के मुद्दों से अधिक आर्थिक खुशहाली को महत्त्व दिया जाने लगा है। कह सकते हैं कि कुछ वर्षों से मुखर हुए इस वर्ग की मानसिकता को पूरी तरह समझना मुश्किल है। यह आर्थिक बेहतरी के सपने देखता है और आधुनिक

जीवन–शैली पाने को लालायित रहता है। मोटे तौर पर यह वर्ग उसके पीछे चल पड़ता है जिसमें बेहतर सपने बुनने और आकाशचुंबी वादे करने की कुव्वत हो। लेकिन इसके साथ खतरा यह भी है कि अपनी आकांक्षाओं को पूरा होता न देख जल्दी ही यह उतावला हो उठता है।

मोदी ने इसी वर्ग में विश्वास जगाया। लोगों को भी लगा कि जो काम वे गुजरात में कर सकते हैं, वैसा ही प्रदर्शन देश में भी कर सकते हैं। मोदी की कथित पृष्ठभूमि भी उन्हें आकर्षित करती थी। इन वर्गों को लगा कि एक सामान्य कद–काठी का शख्स, जो बचपन में अपने पिता के साथ कभी रेलवे स्टेशन पर चाय बेचा करता था, अपने दम पर इस मुकाम पर पहुंचा है और लगन से गुजरात की तस्वीर बदल दी है तो वह देश की तस्वीर भी बदल सकता है। लिहाजा, मोदी के पक्ष में वोट देने में जात–पात, ऊंच–नीच, गरीब–अमीर और शहरी–ग्रामीण की दीवारें ढह गईं।

चुनाव के नतीजे यह भी बताते हैं कि 21वीं सदी में युवा वर्ग और खासकर मध्य वर्ग की सोच बदल गई है। उन्हें अच्छी नौकरी, अच्छी सड़क, 24 घंटे निर्बाध बिजली चाहिए। उनकी चाहत यह भी है कि महंगाई काबू में रहे, शांतिपूर्ण और खुशहाल जीवन के अवसर मिलें और देश की अर्थव्यवस्था मजबूत बनी रहे। हालांकि इन वर्गों की चाहत पर अभी कोई विस्तृत और समेकित अध्ययन नहीं हुआ है, लेकिन ऐसा लगता है कि इनकी सोच में जबर्दस्त बदलाव आया है। यही कारण है कि कई विश्लेषक और समाजशास्त्री इसे आकांक्षी वर्ग (एस्पिरेशनल क्लास) भी कहने लगे हैं।

दरअसल, अर्थव्यवस्था में सुधार और उदारीकरण के बाद लोगों की उम्मीदों में एक तरह का विस्फोट हुआ है। यूपीए सरकार उनकी मांगों को पूरा नहीं कर पा रही थी। मोदी ने उन सपनों को पूरा करने का वायदा किया तो मतदाताओं ने उनके गुजरात के मुख्यमंत्री के रूप में कथित तौर पर उस काले अध्याय में भी झांकने की कोशिश नहीं की, जिसे विपक्ष उठाकर उन्हें घेरना चाहता था। इस वर्ग को यकीन हो चला था कि मोदी उसकी जरूरतें पूरी कर सकते हैं, देश की अर्थव्यवस्था बदल सकते हैं। एक मायने में मोदी के विकास मंत्र ने मध्य वर्ग का दिल जीत लिया। हालांकि मध्य वर्ग की आकांक्षाएं कभी खत्म नहीं होती हैं। इस वर्ग के पास जो है उससे उसे संतोष नहीं है, बल्कि जो नहीं है उसके प्रति असंतोष हमेशा बना रहता है।

मध्य वर्ग में खासकर युवाओं की आकांक्षाओं का कोई ठिकाना नहीं है। इसे महत्त्वाकांक्षी वर्ग भी कह सकते हैं। इसे रंग बदलने में भी देर नहीं लगती। खासकर 1991 के बाद आर्थिक उदारीकरण और भूमंडलीकरण से एक बेहद प्रतिस्पर्धी बाजार तैयार हुआ है, जिसमें आउटसोर्सिंग की वजह

से सस्ते आपूर्तिकर्ताओं की अहमियत बढ़ गई है। इसमें यह कोई मायने नहीं रखता कि आपूर्तिकर्ता की जाति–धर्म क्या है। इससे धीरे–धीरे एक बड़ा मध्य वर्ग तैयार हो रहा है और इसमें सभी जातियों और धर्म के लोग शामिल हैं। भारत में चुनावों में जाति एक बड़ा फैक्टर रही है, लेकिन लगता है कि 2014 के चुनाव में जाति की दीवारें टूट गईं और खासकर युवा वर्ग, मोदी की विकास धारा में बह गया। दो साल बाद जब विकास की धारा नहीं दिखने लगी तो फिर जाति के रंग भी दिखने लगे हैं।

इस मध्य वर्ग की आबादी देश की कुल आबादी की 15 फीसदी से लेकर एक–तिहाई तक हो सकती है। भारतीय जनगणना के मुताबिक देश में 18 से 40 साल के आयुवर्ग की आबादी करीब 46 करोड़ है, जो देश की आबादी का 38 फीसदी है। वैसे, देश में मध्य वर्ग का आकार कितना बड़ा है, इसका कोई पुख्ता आंकड़ा नहीं है। योजना आयोग (जिसे मोदी सरकार ने नीति आयोग में बदल दिया है) के मुताबिक देश में 2004–05 में गरीबी रेखा के नीचे गुजर–बसर करने वालों की संख्या 37.2 फीसदी थी जो घटकर 2011–12 में 21.9 फीसदी रह गई। यानी देश में 78 फीसदी निम्न मध्य वर्ग, मध्य वर्ग और उच्च मध्य वर्ग तथा उच्च वर्ग की आबादी है। नेशनल काउंसिल ऑफ एप्लाइड इकोनॉमी रिसर्च की 2010 रिपोर्ट के मुताबिक देश में 15.3 करोड़ का मध्य वर्ग था।

अनुमान है कि 2015–16 में इस वर्ग की आबादी बढ़कर 26.7 करोड़ हो जाएगी। अंग्रेजी अखबार द हिन्दू में छपे लोक सर्वे के मुताबिक 49 फीसदी लोगों ने अपने आपको मध्य वर्ग में बताया। इस रिसर्च के मुताबिक मध्य वर्ग और आकांक्षी वर्गों की संख्या अच्छी–खासी हो गई है। मध्य वर्ग दो तरह का है। एक, नव मध्य वर्ग और दूसरा, पारंपरिक मध्य वर्ग। भाजपा ने 2012 के गुजरात विधानसभा चुनाव में अपने घोषणा–पत्र में 'नव मध्य वर्ग' का जिक्र किया था। एक अनुमान यह भी है कि इस वर्ग की बदौलत ही मोदी ने लगातार तीसरी बार गुजरात विधानसभा में जीत दर्ज की।

नव मध्य वर्ग को पहली पीढ़ी का मध्य वर्ग भी कह सकते हैं। यह वर्ग टेक्नोसेवी है और अपने सपने पूरे करने के लिए कड़ी मेहनत करता है। इस वर्ग में मझोली और बड़ी कंपनियों में काम करने वाले लोग आते हैं। इस वर्ग के अधिकतर लोग शहरों में रहते हैं और कर्ज पर सामान खरीद कर अपनी इच्छाएं पूरी करते हैं और मासिक किस्तों (ईएमआई) में उसे चुकाते हैं। इस वर्ग के लोग अपने बच्चों को बेहतर शिक्षा दिलाने के लिए काफी पैसा खर्च करते हैं। इस कटैगरी में 2 लाख रुपए सालाना से लेकर महीने में 1 लाख रुपए तक कमाने वाले लोग आते हैं। एक अनुम यह है कि

देश में उच्च मध्य वर्ग की संख्या 11 फीसदी, मध्य मध्य वर्ग की 34 फीसदी, निम्न मध्य वर्ग की 33 फीसदी और गरीबी रेखा के नीचे जीने वाले लोगों की संख्या 22 फीसदी है।

मध्य वर्ग के शिक्षित युवाओं को बाजार और बड़ी कंपनियों में बड़ा आकर्षण दिखता है इसलिए कारोबार और बाजार का विस्तार करने वाली नीतियां उन्हें पसंद आती हैं। ये युवा मां–बाप की मदद से या लोन लेकर भी शिक्षा पाने की कोशिश करते हैं, ताकि उन्हें अपनी किस्मत संवारने का मौका मिले। उनकी तमन्ना अच्छे कपड़े, अच्छे फोन, घर और गाड़ी की होती है। ये युवा चाहे जेब में पैसे न हों लेकिन घर और गाड़ी के लिए लोन लेने से नहीं हिचकते हैं। पहले बुरे दिनों के लिए लोग पैसा इकट्ठा करके रखते थे, लेकिन अब नव मध्य वर्ग के युवा अपनी पॉकेट की औकात से अधिक जोखिम उठाने की हिम्मत रखते हैं।

बदलते दौर में परिवार में 'हम दो और हमारे दो' का फॉर्मूला भी सिकुड़ रहा है। अब तो मध्य वर्ग के कई लोग 'हम दो और हमारा एक' के फॉर्मूले पर चल रहे हैं, लेकिन उनकी इच्छाएं जरूर फैलती जा रही हैं। इस वर्ग की मांग भी बदलती जा रही है। पहले रोटी, कपड़ा और मकान के बाद स्वास्थ्य, शिक्षा, पानी, बिजली, सुरक्षा जैसी सुविधाओं की मांग हुआ करती थी। अब बदलते दौर में अच्छा घर, अच्छी नौकरी, अच्छी गाड़ी, अच्छे स्कूल में बच्चे की पढ़ाई और कीमती मोबाइल का जमाना आ गया है।

इस वर्ग को कभी अटलबिहारी वाजपेयी अच्छे लगे तो कभी सोनिया गांधी अच्छी लगीं। कभी मनमोहन सिंह इसके चहेते बने, तो कभी अरविन्द केजरीवाल। इस बार उसकी उम्मीदें नरेन्द्र मोदी पर टिक गईं। लिहाजा, इस वर्ग में कोई विचारधारात्मक रुझान भी नहीं है।

यूपीए सरकार से मध्य वर्ग की नाराजगी के कई पहलू थे। एक खास बात यह भी हो सकती है कि यूपीए सरकार के समाज कल्याण के कार्यक्रम उसे पसंद नहीं आ रहे थे। मनरेगा, खाद्य सुरक्षा या किसान हितैषी भूमि अधिग्रहण जैसे कार्यक्रम और कानून उसमें कोई उम्मीद नहीं जगा रहे थे। मनरेगा और खाद्य सुरक्षा को तो वह कतई मुफीद नहीं मानता था। उसे शायद यह महसूस हो रहा था कि टैक्स तो वह चुकाता है लेकिन सरकार उसे खैरात बांटने में खर्च कर रही है। दरअसल इस वर्ग के सामाजिक, राजनीतिक और पारिवारिक सरोकार बदल गए हैं। तभी तो दो साल में ही दिल्ली–बिहार में चार चौंकाने वाले चुनावी नतीजे देखने को मिले।

वैसे तो यह मध्य वर्ग 1990 से ही मुखर होने लगा था और हाल के दिनों में यह एक बड़ा निर्वाचक वर्ग बन चुका है। कुछ विश्लेषकों ने 2014

के लोकसभा चुनाव के नतीजों की व्याख्या इस रूप में भी की कि पहली बार शहरी मध्यवर्ग जीत–हार में अहम भूमिका निभाने लगा है। दूसरी महत्त्वपूर्ण बात यह है कि मध्य वर्ग जनमत को प्रभावित करने लगा है। इसी वर्ग की राय इलेक्ट्रॉनिक मीडिया से लेकर प्रिंट और सोशल मीडिया तक में आक्रामक ढंग से दिखाई पड़ती है। इसी वजह से यह भी कहा जा रहा है कि पहली बार इलेक्ट्रॉनिक मीडिया और एक खास वर्ग में सोशल मीडिया ने बड़ी भूमिका निभाई।

हालांकि यह वर्ग बेहद चंचल भी है। कुछ ही दिनों में तेजी से मन बदल लेता है। दिल्ली–बिहार नतीजे से यह साफ है कि इसका मन कितना अस्थिर है। इसे नरेन्द्र मोदी से उम्मीद थी कि वे सत्ता में आते ही जादू की छड़ी घुमाएंगे और सारी समस्याएं मिनटों में छू मंतर हो जाएंगी। लेकिन ऐसे फौरी नतीजे नहीं दिखें तो 7–8 महीने में ही आम आदमी पार्टी की ओर खिसक गया। उसके पहले, लोकसभा चुनाव के पांच महीने पहले यह वर्ग कांग्रेस को उखाड़ फेंकने में कामयाब रहा, लेकिन असमंजस में था कि भाजपा को चुनें या अरविन्द केजरीवाल को। इसी ऊहापोह में दिल्ली में किसी पार्टी को स्पष्ट बहुमत नहीं मिला, लेकिन 5 महीने बाद हुए लोकसभा चुनाव में ऊहापोह की स्थिति खत्म हुई और जनता ने नरेन्द्र मोदी के साथ जाने का मन बना लिया। यही वजह रही कि भाजपा दिल्ली में सातों सीट जीत गई और आम आदमी पार्टी को एक भी सीट हाथ नहीं लगी और फिर दो साल में ही दिल्ली और बिहार में विधानसभा चुनावों में भाजपा का सूपड़ा साफ हो गया।

मध्य वर्ग का मूड कैसे बदलता है, इसका दिल्ली से बेहतर कोई और उदाहरण नहीं हो सकता है। करीब 14 महीने में इसका मूड कैसे तीन बार 360 डिग्री बदल गया, यह अध्ययन का विषय है। भाजपा की वोट बढ़ोतरी में उच्च मध्य वर्ग और मध्यम मध्य वर्ग का काफी योगदान रहा है। यही वर्ग पूर्व यूपीए सरकार से सबसे अधिक नाराज था। 2014 के आम चुनाव के नतीजों से यह साफ पता चलता है कि उच्च मध्य वर्ग के मतदाताओं की पहली पसंद भाजपा थी। 38 फ़ीसदी उच्च मध्य वर्ग के मतदाताओं ने भाजपा को वोट दिया, जबकि 17 फीसदी मतदाताओं ने कांग्रेस को वोट दिया। मध्यम मध्य वर्ग का 32 फीसदी वोट भाजपा को मिला जबकि 20 फीसदी की पसंद कांग्रेस थी। 31 फीसदी निम्न मध्य वर्ग के मतदाताओं ने भाजपा को वोट किया, जबकि 19 फीसदी ने कांग्रेस को वोट दिया। गरीब लोगों की भी पहली पसंद भाजपा थी। 24 फीसदी ने भाजपा को वोट किया, वहीं 20 फीसदी की पसंद कांग्रेस थी।

इन आंकड़ों से साफ हो रहा है कि जैसे–जैसे भाजपा ऊपर से नीचे

की ओर जाती है, उसके वोट घटने लगते हैं। लेकिन कांग्रेस के साथ उल्टा होता है। जैसे–जैसे कांग्रेस ऊपरी वर्ग से नीचे की तरफ जाती है, उसके वोट बढ़ने लगते हैं। हालांकि निचले स्तर पर भी भाजपा और कांग्रेस के बीच अंतर था। निम्न मध्य वर्ग की तुलना में उच्च और मध्यम मध्य वर्ग में भाजपा के प्रति डेढ़ गुना उत्साह ज्यादा था।

	भाजपा	कांग्रेस
उच्च वर्ग	38	17
मध्य वर्ग	32	20
निम्न वर्ग	31	19
गरीब	24	20
कुल	31	19

ईपीडबल्यू, पेज 74, सितंबर 27, 2014, ई श्रीधरन

इस वर्ग में कुव्वत है कि वह किसी पार्टी या नेता को आसमान में चढ़ा दे या किसी को पाताल में पहुंचा दे। जैसा कि ऊपर जिक्र किया गया है कि यह वर्ग असंतुष्ट रहता है, जागरूक है और फौरन फैसले लेने की काबिलियत रखता है। उसके लिए कोई अछूत नहीं है। उसे विचारधारा से भी खास मतलब नहीं रह गया है। यही वजह है कि चीजें तेजी से बदल रही हैं। नरेन्द्र मोदी ने चुनाव के दौरान यह संदेश देने की कोशिश की कि हर मर्ज की दवा वही हैं। साफ दिख रहा है कि मध्य और उच्च वर्ग का दिलोदिमाग जीतने में कामयाब रहे, हालांकि मुस्लिम मतदाताओं पर उनके जादू का कोई असर नही हुआ। पहले ऊंची जाति के गरीब, निम्न, मध्य और उच्च क्लास की बात करते हैं। ऊंची जाति के ज्यादातर लोगों ने चाहे वे किसी भी वर्ग में हों, भाजपा को वोट दिया। फिर भी ऊंची जाति के गरीबों के मुकाबले मध्य वर्ग की ज्यादा पसंद भाजपा थी। ऊंची जातियों के गरीब तबके के 37 फीसदी, निम्न मध्य वर्ग के 48 फीसदी, मध्यम मध्य वर्ग के 46 फीसदी और उंच्च वर्ग के 55 फीसदी मतदाताओं ने भाजपा को वोट दिया, जबकि कांग्रेस को ऊंची जाति के 15 फीसदी मध्य क्लास के लोगों ने वोट दिया। जिस पैमाने पर ऊंची जातियों के वोट भाजपा को मिले, उस पैमाने पर पिछड़ी जातियों के वोट भाजपा को नहीं मिले, हालांकि पिछड़ी जातियों के गरीब मतदाताओं की तुलना में ज्यादा निम्न मध्य वर्ग, मध्यम मध्य वर्ग और उच्च मध्य वर्ग के मतदाताओं ने भाजपा को वोट दिया।

पिछड़ी जातियों में मध्य वर्ग के 33 फीसदी लोगों ने भाजपा को वोट दिया, वहीं सिर्फ 16 फीसदी लोगों ने कांग्रेस को वोट दिया, जबकि पिछड़ी

जातियों के उच्च मध्य वर्ग के 37 फीसदी लोगों ने भाजपा को वोट किया और सिर्फ 14 फीसदी ने कांग्रेस को वोट दिया। दलित जाति के मध्य वर्ग के 27 फीसदी ने भाजपा को वोट दिया, जबकि 20 फीसदी ने कांग्रेस को वोट दिया। दलित जातियों के उच्च मध्य वर्ग के 25 फीसदी लोगों ने भाजपा को वोट दिया, जबकि 17 फीसदी लोगों ने कांग्रेस को वोट दिया। आदिवासियों के मध्य वर्ग ने 39 फीसदी भाजपा को वोट दिया, जबकि 25 फीसदी ने कांग्रेस को वोट दिया। इसी कटैगरी मे उच्च मध्य वर्ग के 53 फीसदी लोगों ने भाजपा को वोट किया, जबकि 26 फीसदी लोगों ने कांग्रेस को वोट किया।

मुस्लिम मतदाताओं के बारे में पहले ही जिक्र हो चुका है कि ये मतदाता भाजपा के खिलाफ थे। भाजपा को इस चुनाव में 31 फीसदी वोट मिले, लेकिन गरीब तबके में भाजपा को सिर्फ 24 फीसदी, जो पार्टी के औसत वोट से कम है। निम्न मध्य वर्ग में 31 फीसदी वोट मिले, लेकिन जैसे–जैसे भाजपा ऊपर के वर्गों में बढ़ती है तो पार्टी के वोट भी बढ़ जाते हैं। पार्टी को मध्य वर्ग के कुल वोट 32 फीसदी मिले, जबकि उच्च वर्ग में 38 फीसदी वोट मिले।

	गरीब		निम्न मध्य वर्ग		मध्य वर्ग		उच्च वर्ग	
	कांग्रेस	भाजपा	कांग्रेस	भाजपा	कांग्रेस	भाजपा	कांग्रेस	भाजपा
ऊंची जाति	13	37	11	48	15	46	13	55
ओबीसी	15	28	15	37	16	33	14	37
दलित	17	22	18	22	20	27	17	25
आदिवासी	28	33	31	36	25	39	26	53
मुस्लिम	41	4	34	10	42	11	27	7
अन्य	19	17	23	18	22	24	31	16
कुल	20	24	19	31	20	32	17	38

ईपीडबल्यू, पेज 74, सितंबर 27, 2014, ई श्रीधरन, आंकड़े प्रतिशत में

मध्यम मध्य वर्ग और उच्च वर्ग का रुझान भाजपा की ओर था। यह भी साफ है कि ये हिंदुओं के वोट हैं और इनमें ऊंची जाति के लोग भी शामिल हैं। ऐसा भी हो सकता है कि हिंदुओं के रुझान की वजह से ही मध्य वर्ग और उच्च वर्ग का भी रुझान भाजपा की ओर था। यह एक खामोश हिन्दू–मुस्लिम ध्रुवीकरण का मामला हो सकता है। इन वर्गों को ध्रुवीकरण के साथ–साथ आर्थिक माहौल ने भी प्रभावित किया होगा।

अन्ना और मोदी अहम किरदार

धर्मेन्द्र कुमार सिंह

नरेन्द्र मोदी का अहमदाबाद से दिल्ली के 7–रेसकोर्स रोड तक का सफर देश के चुनावी इतिहास में एक नया मोड़ लेकर आया। आखिर जिस शख्स की उसकी अपनी भारतीय जनता पार्टी की केंद्रीय टीम में (2014 से) दो साल पहले तक खास गिनती नहीं थी, यहां तक कि पार्टी की दूसरी पांत के नेताओं में भी उसे नहीं गिना जाता था, वह न सिर्फ देश का प्रधानमंत्री बन गया बल्कि उसका कद पार्टी से भी बड़ा हो गया। कहने को कहा जा सकता है कि राष्ट्रीय स्वयंसेवक संघ लंबे समय से भाजपा की 'दिल्ली मंडली' का विकल्प तलाश रहा था और उसे कट्टर हिंदुत्व की छवि वाले नरेन्द्र मोदी से बेहतर विकल्प नहीं मिल सकता था। यह भी सही है कि जनसंघ और भाजपा के इतिहास में तो यकीनन पहली दफा संघ कुछ अपनी बातें जोर देकर मनवा लेने की हैसियत में लालकृष्ण आडवाणी के कमजोर होने की वजह से पहुंच गया। लेकिन यह कैसे संभव हुआ कि मोदी पार्टी और संघ से बड़े कद के हो गए और उनकी अपील इतनी व्यापक हो गई कि भाजपा ने लोकसभा में 282 का वह आंकड़ा छू लिया, जिसे समूचे संघ परिवार ने कभी सपने में भी नहीं सोचा होगा? चार ऐसी घटनाएं तो प्रत्यक्ष हैं जिनसे मोदी दिल्ली की सल्तनत के करीब पहुंच गए। एक, संघ का भाजपा को अपने नियंत्रण में लेने और आडवाणी की अगुआई वाली 'दिल्ली मंडली' को विस्थापित करने का फैसला। दूसरे, 2012 के गुजरात विधानसभा चुनाव में भाजपा की लगातार तीसरी बार जीत के बाद मोदी को वरिष्ठ नेताओं के विरोध के बावजूद भाजपा का प्रधानमंत्री पद का उम्मीदवार बनाया जाना। तीसरे, भ्रष्टाचार के खिलाफ अन्ना हजारे–अरविन्द केजरीवाल का आंदोलन। और चौथे, आम आदमी से लेकर उद्योगपतियों तक में कांग्रेस से भारी मोहभंग।

यह तो तय लग रहा था कि कांग्रेस का कोई नामलेवा नहीं है लेकिन

विकल्प मोदी बनेंगे, वह भी इतने भारी समर्थन से इसका एहसास शायद शुरू में भाजपा और मोदी तक को नहीं था। भाजपा ने इसीलिए मिशन 272 का नारा दिया था। उसका अधिकतम लक्ष्य गठजोड़ करके सहयोगी दलों के साथ यही आंकड़ा हासिल करना था। लेकिन पार्टी को उम्मीद से ज्यादा 282 सीटें और सहयोगी दलों के साथ 336 सीटें मिलीं। 2011 में अन्ना हजारे के आंदोलन के साथ ही पूरे देश में कांग्रेस विरोधी माहौल बनने लगा था। उसके बाद तो कांग्रेस के हाथ से मानो पतवार ही छूट गई थी। महंगाई बेतहाशा बढ़ रही थी। शेयर बाजार भी माकूल सरकारी फैसलों के अभाव में गोता लगा रहे थे। औद्योगिक उत्पादन की दर नकारात्मक स्तर को छूने लगी थी। सेवा क्षेत्र में उफान थम गया था। खरीदारों के अभाव में बाजार बैठे जा रहे थे। रोजगार सृजन थम गया था। युवाओं में बेरोजगारी से भारी हताशा का माहौल था। तिस पर भ्रष्टाचार के आरोपों से सरकार और प्रशासन के हाथ–पांव फूल गए थे। ऐसे माहौल में लोग विकल्प की तलाश में थे। अन्ना आंदोलन से निकली आम आदमी पार्टी भी खासकर दिसंबर 2013 के दिल्ली विधानसभा चुनावों में कांग्रेस का लगभग सफाया करने के बाद विकल्प के रूप में उभरती लग रही थी। दूसरे, राज्यों में असर रखने वाले दलों और क्षत्रपों की भी मजबूत स्थिति बनी हुई थी। लेकिन खासकर उत्तर, पश्चिम भारत और हिंदी प्रदेशों ने पांसा पलट दिया। मोदी इन प्रदेशों में कैसे सभी नेताओं और पार्टियों से पुश्त भर ऊंचा दिखने लगे, इसकी वजहें कई हैं लेकिन मोटे तौर पर कांग्रेस से मोहभंग के शिकार लोगों को उनकी गुजरात गाथा में कुछ यकीन–सा गया और हिन्दू–मुसलमान ध्रुवीकरण के अलावा मोदी का पिछड़ी जाति से होना भी उन्हें आजमा कर देखने का कारण बना। इसमें एक बड़ा फैक्टर पहली बार मतदान करने वाली युवा पीढ़ी भी हो सकती है, जो 1990 के दशक के बाद जन्मी है, जिसे पुरानी राजनीतिक हलचलों का खास एहसास नहीं है और मोटे तौर पर वह विचारधाराओं से भी मुक्त है। यह पीढ़ी अपनी जिंदगी में ज्यादा से ज्यादा विलासिता के सामान जुटा लेने को ही अपनी उपलब्धि मानती है। उसके सपने 'अच्छा घर, बड़ी गाड़ी, ऐशोआराम, सैर–सपाटे' के इर्द–गिर्द ही बुने गए हैं। इसे कुछ विश्लेषक आकांक्षी वर्ग कहने लगे हैं। इस वर्ग के लिए मोदी बेझिझक औद्योगिक और शहरी विकास के प्रतीक बन गए। यह वर्ग कांग्रेस के राज से सबसे ज्यादा नाराज था और वह खासकर टीवी और सोशल मीडिया से भी सबसे ज्यादा प्रभावित हुआ।

बीच चुनाव में मोदी ने कहा भी, "यह चुनाव 125 करोड़ लोगों के मन की केमिस्ट्री का चुनाव है। अर्थमेटिक में 1 + 1 = 2 होता है, केमिस्ट्री में एक के बगल में एक 11 हो जाता है। यह चुनाव उसी प्रकार का है, और देश ने मान लिया है जिन 232 सीटों पर मतदान पूरे हुए हैं, उसमें ही सरकार

का जाना पक्का हो गया है। मैं यह इसलिए भी कहता हूं कि 232 सीटों पर जो पोलिंग हुई उसके बाद कांग्रेस की बॉडी लैंग्वेज, भाषा, सबमें साफ झलकता है कि उनको बचने का भी रास्ता नहीं मिल रहा। मैं मानता हूं कि गुड गवर्नेंस और डेवलपमेंट की बातें ऐसी हैं कि जिसके कारण देश भारतीय जनता पार्टी को, एनडीए को विजयी बनाएगा।'' (एबीपी न्यूज, घोषणापत्र, 22 अप्रैल. 2014)।

एक दूसरा पहलू मोदी की शख्सियत में हिन्दू–मुसलमान ध्रुवीकरण की भारी संभावना रही है। चुनाव में खासकर उत्तर प्रदेश में इसका भारी असर देखने को भी मिला। मोदी ने 2002 के गुजरात दंगों से ही अपनी यह छवि बनाने में कोई कोर कसर बाकी नहीं छोड़ी। यहां एक बात गौर करने वाली है कि हिन्दू–मुसलमान ध्रुवीकरण इतना असरकारी बाबरी मस्जिद विध्वंस के बाद भी नहीं दिखा था। उसके बाद के दौर में तो, तब के कट्टर हिंदुत्व के नायक आडवाणी को भी उसकी सीमाओं का एहसास हो चुका था और वे खुद को अधिक स्वीकार्य बनाने के लिए उदार छवि पेश करने की कोशिश कर रहे थे। इसी चक्कर में वे जिन्ना विवाद में फंसे और संघ परिवार की नाराजगी मोल ले बैठे। फिर, सवाल यह है कि ध्रुवीकरण का इतना व्यापक असर कैसे हुआ? जाहिर है, यह 2001 में अमेरिका में 911 आतंकी हमले के बाद दुनिया भर में बदले परिदृश्य का असर है। उसके बाद भारत में भी संसद से लेकर मुंबई हमले तक से बनी या बनाई गई इस धारणा का असर है कि 'हर मुसलमान आतंकवादी नहीं है लेकिन हर आतंकवादी मुसलमान है।' एक मायने में उदारीकरण के दौर के बाद युवाओं में पश्चिम का असर बढ़ने का भी यह नतीजा हो सकता है। यानी उदारीकरण से उपजी संकीर्णता या निजी लाभ–हानि ही देखने की प्रवृत्ति से सांप्रदायिकता के बढ़ने का भी सीधा संबंध लगता है। इससे मुसलमानों के प्रति शक गहराता गया है और उनका अलगाव भी बढ़ता गया है। नई पीढ़ी के हिन्दू युवाओं को मुसलमानों का सूर्य नमस्कार, भारत माता की जय और वंदे मातरम के प्रति विरोध भी अजीब लगता है, जबकि पहले ये सवाल इस कदर विवाद का विषय नहीं बना करते थे। मोदी को इस कट्टरता का लाभ इन चुनावों में मिला। कांग्रेस या दूसरे कथित तौर पर धर्मनिरपेक्ष दलों की मुसलमानों के प्रति नरम रवैया भी मोदी के पक्ष में काम करता नजर आया।

लेकिन मोदी महज ध्रुवीकरण से इतने कद्दावर नहीं बन गए। उनके प्रचार की रणनीति, सबसे अधिक जनसभाएं और हर मौके का लाभ उठाने की तत्परता भी उन्हें बाकियों के मुकाबले बीस साबित कर रही थी। जहां जैसा मौका लगा, वे विकास को अपना नारा बताते रहे तो ध्रुवीकरण की

जरूरत वाले क्षेत्रों में उसे तीखा करने वाली बातें करते रहे और फिर फौरन खुद को निचली जाति और चाय बेचने वाला बताकर सहानुभूति बटोरने का प्रयास करते रहे। नतीजे बताते हैं कि उनकी काट किसी के पास नहीं थी। वे जैसे मेहनत करते देखे गए, वह भी लोगों में चर्चा का विषय बना।

दोतरफा मार से पस्त हुई कांग्रेस

कोयला ब्लॉक आवंटन, 2जी स्पेक्ट्रम और कॉमनवेल्थ जैसे भारी–भरकम घोटालों में बुरी तरह फंसी यूपीए सरकार के खिलाफ देशव्यापी माहौल तो बेशक अन्ना आंदोलन के दौरान बना। मुख्य विपक्षी दल होने के नाते संसद के भीतर सबसे ज्यादा सक्रिय भाजपा दिख रही थी। भाजपा ने भी देश भर में सभाएं शुरू की थीं और खासकर आडवाणी ने काले धन के खिलाफ रथ यात्रा भी निकाली थी। इससे पैदा हुई जन भावनाओं को चुनाव के दौरान नरेन्द्र मोदी ने धारदार बनाया। अन्ना हजारे के नेतृत्व में भ्रष्टाचार के खिलाफ जनलोकपाल की मांग को लेकर 2011 में आंदोलन शुरू हुआ था। इससे देश भर में केंद्र सरकार के खिलाफ जबर्दस्त आंदोलन शुरू हो गया था। इसमें शहरी युवाओं की विशेष हिस्सेदारी थी। इससे यूपीए सरकार की उल्टी गिनती शुरू हो गई। यह दिखने लगा कि आने वाले लोकसभा चुनाव में कांग्रेस की हार तो पक्की है। बाद में संसद में लोकपाल विधेयक पेश होने के साथ यह आंदोलन भी थमने लगा लेकिन कांग्रेस के प्रति जो नफरत पैदा हुई थी वह बरकारार रही। अन्ना हजारे की टीम को लगने लगा कि कांग्रेस के खिलाफ जो उफान पैदा हुआ है उस पर सवार होकर चुनावी वैतरणी पार की जा सकती है। यही वजह रही कि आंदोलन के कुछ साथियों ने अरविन्द केजरीवाल की अगुआई में राजनैतिक पार्टी बनाने का फैसला किया तो अन्ना अलग हो गए। लेकिन अन्ना आंदोलन से देश में भ्रष्टाचार के खिलाफ गजब की जागरूकता फैल गई। यही जागरूकता मोदी के विकास और गुड गवर्नेंस के नारे से उनके पक्ष में लहर पैदा करने में असरकारी साबित हुई। शुरू में कुछ उम्मीदें आम आदमी पार्टी से भी थीं लेकिन दिल्ली के बाहर सांगठनिक ढांचा न होने के कारण वह वैसी फिजा नहीं बना सकी। दिसंबर 2013 में 5 राज्यों मध्य प्रदेश, राजस्थान, छत्तीसगढ़, दिल्ली और मिजोरम में चुनाव हुए। कांग्रेस महज मिजोरम में ही बची रह गई। मध्य प्रदेश, छत्तीसगढ़, राजस्थान में भाजपा जीती तो दिल्ली में साल भर पहले ही बनी आम आदमी पार्टी ने कांग्रेस का लगभग सूपड़ा साफ कर दिया और भाजपा बहुमत से पीछे रह गई। यानी तब मोदी की हवा नहीं, कांग्रेस के खिलाफ लहर चल रही थी।

कांग्रेस के खिलाफ इस लहर का कोई एक रुख तब तक नहीं दिख रहा था। मोटे तौर पर इसके दोतरफा बहने के संकेत मिल रहे थे। एक हवा नरेन्द्र मोदी और भाजपा के पक्ष में बह रही थी तो दूसरी ओर आम आदमी पार्टी और केजरीवाल भी लहर पर सवार थे। कांग्रेस के खिलाफ दिल्ली राजनीतिक प्रयोगशाला बन चुकी थी। इस प्रयोगशाला में मध्य वर्ग के एक हिस्से और उच्च मध्य वर्ग का रुझान भाजपा और मोदी की ओर था तो मध्य वर्ग के एक हिस्से और निम्न मध्य वर्ग को 'आप' की नई राजनीति में संभावना दिख रही थी। लेकिन एक तो दिल्ली के बाहर संगठन न होने और संसाधनों के अभाव, और दूसरे, दिल्ली में केजरीवाल के 49 दिन के शासन से उभरे राजनीतिक नौसिखिएपन से 'आप' लोगों के मन से उतर गई। गौर करने की बात है कि 2013 के विधानसभा चुनाव के दौरान दिल्ली में मोदी प्रचार कर रहे थे तो वे अरविन्द केजरीवाल पर सीधा हमला नहीं बोल रहे थे। उनके निशाने पर कांग्रेस ही थी। 2013 के दिल्ली विधानसभा के नतीजे से मोदी को एहसास हो गया था कि केजरीवाल भी राजनीति में एक अहम किरदार हैं, इसके बावजूद लोकसभा चुनाव में भी उन्होंने केजरीवाल को अहमियत नहीं देने का फैसला किया। इसके पीछे दो सोच हो सकती हैं। एक, आम आदमी पार्टी की जमीन दिल्ली तक सिमटी है। दूसरे, केजरीवाल को ज्यादा तवज्जो देने से उनका लक्ष्य भटक सकता था, जिसका फायदा केजरीवाल को मिल सकता था। सो, वे बड़ी होशियारी से केजरीवाल फैक्टर को नगण्य करने में सफल हुए और अन्ना हजारे–केजरीवाल के द्वारा कांग्रेस के खिलाफ पैदा की गई हवा का रुख अपनी तरफ मोड़ने में सफल हुए। सिर्फ पंजाब में आम आदमी पार्टी को सफलता मिली लेकिन इसका खमियाजा यह भुगतना पड़ा कि आम आदमी पार्टी और एनडीए गठबंधन की टक्कर से दम तोड़ रही कांग्रेस को भी वहां फायदा हो गया। वहां आम आदमी पार्टी की सफलता में अकाली दल पर लगे भ्रष्टाचार का भी असर था।

इस लहर ने शहरी–ग्रामीण फर्क को मिटा दिया। भाजपा को शहरी, ग्रामीण और कस्बाई सीटों पर भी फायदा हुआ। ग्रामीण इलाकों की तुलना में शहरी इलाकों में मोदी को जबर्दस्त फायदा हुआ। भाजपा को शहरी इलाकों में 39.2 फीसदी वोट जबकि एनडीए को 45.2 फीसदी वोट मिला। एनडीए को 57 सीटों में से 43 सीटें मिलीं यानी सफलता दर 75 फीसदी थी जबकि शहरी इलाकों में मतदान सबसे कम हुआ। पूरे देश में 66.4 फीसदी मतदान हुआ जबकि शहरी इलाकों में सिर्फ 61 फीसदी ही मतदान हुआ। ग्रामीण इलाकों में भाजपा को वोट तो कम मिले लेकिन सीटों पर खास असर नहीं

पड़ा। भाजपा को इन इलाकों में 30.2 फीसदी वोट मिले जबकि एनडीए को 36.9 फीसदी वोट। एनडीए को 342 सीटों में 212 सीटें मिलीं यानी सफलता दर 62 फीसदी रही। अब बात करते हैं कि अर्द्ध शहरी इलाके की। ये वे इलाके हैं जहां शहरी और ग्रामीण इलाकों से ज्यादा मतदान हुए लेकिन इन इलाकों में भाजपा और एनडीए को कम सीटें मिलीं लेकिन ग्रामीण इलाके से ज्यादा वोट मिले। अर्द्ध शहरी इलाकों में एनडीए को 38.9 फीसदी वोट मिले। इन्हीं इलाकों में भाजपा के सहयोगी दलों को 9.4 फीसदी वोट मिले। इतने वोट सहयोगी दलों को कहीं नहीं मिले। अर्द्ध शहरी इलाके में एनडीए को 144 सीटों में से 80 सीटें मिलीं यानी सिर्फ 56 फीसदी ही सफलता दर रही जबकि पूरे देश में सफलता दर 62 फीसदी थी। कांग्रेस की सफलता दर में ज्यादा फर्क नहीं दिखा। ग्रामीण इलाकों में सफलता दर 24 फीसदी थी जबकि शहरी इलाकों में 20 फीसदी रही। एनडीए और यूपीए की सफलता दर के बाद दूसरी सभी पार्टियों की सफलता दर 39 फीसदी रही है। दूसरी पार्टियों को 543 में से 149 सीटें मिलीं।

क्षेत्र	कुल सीटें	मतदान फीसदी	यूपीए	(%)	एनडीए	(%)	एनडीए सफलता दर	अन्य	(%)
ग्रामीण	342	66.5	40	23.7	213	36.9	61.99	89	39.4
अर्द्ध शहरी	144	68.7	17	22.6	80	38.9	55.56	47	38.5
शहरी	57	61.1	2	20.1	43	45.2	75.44	12	34.7
कुल	543	66.4	59	23	336	38.4	61.69	148	38.6

भ्रष्टाचार और विकास की राजनीति

यूपीए शासन के खिलाफ गुस्से की वजह विकास का भी मुद्दा रहा है। देश की अर्थव्यवस्था यूपीए के पहले कार्यकाल में बेहतर थी लेकिन दूसरे कार्यकाल में चरमरा गई थी। महंगाई सातवें आसमान पर थी तो विकास दर गिरकर 4.7 फीसदी हो गई थी। सरकार आर्थिक सुधार के लिए कदम नहीं उठा पा रही थी जिसकी वजह से यह आरोप लगने लगा कि वह पॉलिसी पैरालिसिस की शिकार हो गई है। महंगाई दर 7 फीसदी से ऊपर पहुंच गई और अंतरराष्ट्रीय कीमतें बढ़ने से पेट्रोल और डीजल की कीमत से लोगों की कमर टूट रही थी। भ्रष्टाचार के आरोपों में सरकार पूरी तरह डूबी हुई थी। न तो यूपीए सरकार से जनता खुश

थी, न ही उद्योगपति खुश थे। ऐसे माहौल में मोदी विकास, सुशासन और कारोबार के लिए सहूलियत का नारा लेकर आए। मोदी ने विकास के गुजरात मॉडल के खूब भुनाने की कोशिश की लेकिन विकास के मामले में हरियाणा, दिल्ली और महाराष्ट्र जैसे राज्य गुजरात से कम नहीं थे। तो फिर कांग्रेस इन राज्यों में भी क्यों हारी? बिहार में भी विकास हो रहा है और कर्नाटक में हाल में ही कांग्रेस पार्टी जीती थी तो तो ऐसा क्या हो गया कि भाजपा को इन राज्यों में जबर्दस्त जीत हुई? अब सवाल उठता है कि काम करने के बावजूद जनता ने इन राज्य सरकारों को क्यों नकार दिया? जाहिर है, दूसरे मुद्दों ने भी ज्यादा असर दिखाया।

भाजपा की जीत में मोदी फैक्टर

मोदी की लहर का असर वहीं हुआ जहां कांग्रेस की सरकार थी या जिन पार्टियों का प्रत्यक्ष और परोक्ष रूप से कांग्रेस से रिश्ता था। उन राज्यों में भाजपा को सफलता नहीं मिली, जहां की सरकारों का कांग्रेस से कोई नाता नहीं था और जिनके लिए मोदी कोई मुद्दा नहीं थे। ऐसे राज्यों में खासकर पश्चिम बंगाल में तृणमूल कांग्रेस ने मोदी पर सघन वार किए तो वहां भाजपा के वोट प्रतिशत में जबर्दस्त इजाफा हुआ लेकिन सीटें दो ही मिलीं। तमिलनाडु, पश्चिम बंगाल, केरल और ओडीशा में मोदी की हवा नहीं चली। हां, भाजपा वहां कुछ मजबूत जरूर हुई। इस चुनाव के परिणाम को ऐसे भी देखा जा सकता है कि देश का मध्य वर्ग और कॉरपोरेट जगत उदारीकरण की विफलता से काफी नाराज था और वह उसके लिए वैश्विक नीतियों के बजाय सरकार और कांग्रेस के परिवारवाद और गठबंधन की राजनीति को दोषी ठहरा रहा था। लगता है, वोटरों ने कांग्रेस को दंड देने के लिए एक तरफ कांग्रेस को और दूसरी तरफ उन क्षेत्रीय पार्टियों को ध्वस्त कर दिया, जिसका कांग्रेस से किसी तरह का दोस्ताना रिश्ता था। 16 राज्यों में पार्टी का बेहतर प्रदर्शन रहा। यह पहली बार हुआ है कि जिन राज्यों में पार्टी जीती, वहां सीटों और मतों का फासला अधिक रहा है। यह भी पहली बार हुआ है कि भाजपा गठबंधन को 1 फीसदी वोटों के अंतर पर 9 सीटें मिली हैं जबकि 1984 के ऐतिहासिक चुनाव में भी कांग्रेस को 1 फीसदी वोट पर 8.5 सीटें ही मिली थीं यानी जिन राज्यों में भाजपा की जीत हुई है वहां मोदी के समर्थन में जबर्दस्त लहर थी। मोदी की जीत अवश्य हुई लेकिन यह सारे वोट मोदी के नहीं थे। मोदी ने सिर्फ हर 100 में से करीब 7–8 लोगों को भाजपा में जोड़ने का काम किया और इसी से उनके पक्ष में तूफान आ गया।

मोदी ने दिल्ली के श्रीराम कॉलेज ऑफ आर्ट्स ऐंड कॉमर्स में आधा खाली और आधा भरा गिलास का जुमला उछाला था। उनके कहने का तात्पर्य था कि पूरा गिलास भरा हुआ है आधा हवा, आधा पानी से। यह जुमला बहुत चर्चित भी हुआ। यह जुमला लोकसभा चुनाव के नतीजे पर फिट बैठता है। भाजपा की जीत वहीं हुई जहां भाजपा पहले से अस्तित्व में थी। मोदी के आने से पार्टी मजबूत हुई और इसी का नतीजा है कि उनकी वजह से वोटरों ने भाजपा के गिलास को पूरा भरने का काम किया यानी भाजपा को लोकसभा में पूर्ण बहुमत मिला। मोदी के बावजूद पार्टी वहां जीत नहीं पाई, जहां भाजपा का खाता कभी नहीं खुला, जैसे केरल। जहां भाजपा पहले से अस्तित्व में थी, वहां मोदी के आने से चार चांद लग गया। ऐसे राज्यों की संख्या 16 है, जहां भाजपा को 349 सीटों में से 268 सीटें मिलीं। ये राज्य हैं उत्तर प्रदेश, महाराष्ट्र, बिहार, मध्य प्रदेश, कर्नाटक, गुजरात, राजस्थान, झारखंड, असम, छत्तीसगढ़, हरियाणा, दिल्ली, जम्मू–कश्मीर, उत्तराखंड, हिमाचल प्रदेश और गोवा। ये वे राज्य हैं जहां भाजपा पहले रह चुकी है लेकिन इस बार पार्टी ने सबसे बेहतर प्रदर्शन किया। इस बार इन राज्यों में पार्टी की सफलता दर 48 से लेकर 100 फीसदी रही। महाराष्ट्र में शिवसेना के साथ भाजपा का गठबंधन था। वैसे दोनों पार्टियों को मिला दें तो सफलता दर करीब 88 फीसदी थी। इन 16 राज्यों की 349 सीटों पर सफलता दर 77 फीसदी थी। वैसे देखें तो 428 सीटों में भाजपा 282 सीटें जीतकर 66 फीसदी सफलता दर हासिल की यानी पार्टी हर तीन सीट में से 2 सीटें जीतने में कामयाब रही।

जिन राज्यों में भाजपा थी, उनमें कितनी सीटें

राज्य	कुल सीटें	भाजपा जीती	सफलता दर (%)
गुजरात	26	26	100
राजस्थान	25	25	100
हिमाचल प्रदेश	4	4	100
उत्तराखंड	5	5	100
दिल्ली	7	7	100
गोवा	2	2	100
मध्य प्रदेश	29	27	93
छत्तीसगढ़	11	10	91

राज्य	कुल सीटें	भाजपा जीती	सफ़लता दर (%)
उत्तर प्रदेश	80	71	89
झारखंड	14	12	86
हरियाणा	10	7	70
कर्नाटक	28	17	61
बिहार	40	22	55
जम्मू–कश्मीर	6	3	50
असम	14	7	50
महाराष्ट्र	48	23	48
कुल सीटें	349	268	77

मोदी की लहर के बावजूद भाजपा उन राज्यों में खाता नहीं खोल पाई जहां भाजपा कभी नहीं जीती थी। ये राज्य हैं केरल, मणिपुर, मिजोरम, नगालैंड, सिक्किम, त्रिपुरा, लक्षद्वीप और पुडुचेरी। हालांकि नगालैंड मेघालय की एक सीट और पुड्डुचेरि में भाजपा की सहयोगी दलों की जीत हुई है। यह भी सच है कि नरेन्द्र मोदी की लोकप्रियता के आगे अटल बिहारी वाजपेयी भी पीछे छूट गए हैं। अब देखते हैं कि अगर मोदी को भाजपा का प्रधानमंत्री उम्मीदवार नहीं बनाया जाता तो क्या होता।

भाजपा को 31 फीसदी वोट मिले जबकि मोदी के बिना भी भाजपा करीब 25 फीसदी वोट 1998 में पा चुकी थी। यानी इस बार मोदी के आने से 100 लोगों में से सिर्फ 8 लोग भाजपा में आ जुटे और हो गया मोदी के समर्थन में करिश्मा। मोदी की लहर को कैसे देखा जाए। भाजपा को इस बार 31.3 प्रतिशत वोट मिले जो पार्टी और मोदी लहर का असर है। वैसे मोदी को भाजपा से अलग नहीं किया जा सकता है लेकिन यह साफ है कि अगर मोदी नहीं होते तो शायद भाजपा को इतना वोट नहीं मिलता। भाजपा पुरानी पार्टी है। विवादित रामजन्मभूमि–बाबरी मस्जिद विध्वंस के पहले 1991 लोकसभा चुनाव से लेकर 2009 के लोकसभा चुनाव में भाजपा को 19 फीसदी से 25 फीसदी वोट मिले यानी भाजपा अपने बल पर इस दायरे में वोट पा सकती थी। एक स्थिति मान लिया जाए कि अगर यूपीए के खिलाफ लोगों का गुस्सा था तो भाजपा इस चुनाव में ज्यादा से ज्यादा 25 फीसदी वोट पा सकती थी। यह बात भी साफ दिख रही है कि मोदी को भाजपा के पीएम उम्मीदवार बनाने से भाजपा का वोट प्रतिशत 2009 की तुलना में इस बार 66 फीसदी

बढ़ गया। हालांकि 1991 के लोकसभा चुनाव में पार्टी का वोट 1989 की तुलना में 76 फीसदी बढ़ा था। पहली बार भाजपा को लोकसभा में स्पष्ट बहुमत मिला। इस बार भाजपा 428 सीटों पर लड़कर 282 सीटों पर जीत हासिल की। यानी सफलता दर 66 फीसदी थी जबकि यही दर 1999 में 27 फीसदी थी। पिछले चुनाव की तुलना में भाजपा को 13 फीसदी का फायदा हुआ। मोदी की वजह से इस बार पिछले चुनाव की तुलना में 143 फीसदी सीटों की बढ़ोतरी हुई जबकि 1989 में पार्टी सीटों में 1984 की तुलना में 4200 फीसदी की बढ़ोतरी हुई थी। यह बढ़ोतरी सिर्फ मोदी की लहर का एकतरफा फायदा नहीं था बल्कि भाजपा की ताकत बढ़ने की दूसरी वजह 26 पाटियों का गठबंधन भी था।

भाजपा कब कितनी लड़ी, कितना जीती

साल	उम्मीदवार	जीते	वोट (%)	सफलता दर	सीट में बढ़ोतरी(%)	वोट में बढ़ोतरी(%)	जमानत जब्त दर
1984	223	2	7.7	0.9			48.2
1989	225	86	11.4	37.8	4200	48.05	39.1
1991	468	120	20.1	25.6	39.53	76.32	39.5
1996	471	161	20.3	34.2	34.17	1.00	38.2
1998	388	182	25.6	46.9	13.04	26.11	14.7
1999	339	182	23.8	53.7	0.00	−7.03	7.1
2004	364	138	22.2	39.9	−24.18	−6.72	15.7
2009	433	116	18.8	26.8	−15.94	−15.32	39.3
2014	428	282	31.3	65.9	143.10	66.49	14.5

अगर मोदी भाजपा के प्रधानमंत्री पद के उम्मीदवार नहीं होते तो क्या होता? देश के प्रतिष्ठित सीएसडीएस रिसर्च ऑर्गेनाइजेशन द्वारा चुनाव के बाद किए गए सर्वे के मुताबिक 22 फीसदी वोटरों की राय है कि मोदी के पीएम उम्मीदवार नहीं होने पर वे दूसरी पार्टियों को वोट देते जबकि 49 फीसदी लोगों की राय है कि मोदी के नहीं रहने से कोई असर नहीं होता। जिसने भाजपा को वोट दिया उसमें 27 फीसदी लोगों का कहना

था कि अगर मोदी प्रधानमंत्री पद के उम्मीदवार नहीं होते तो वे भाजपा को वोट नहीं देते। ऐसे में मोदी की वजह से 8.45 फीसदी वोट बढ़े। इससे यह साबित होता है मोदी अगर प्रधानमंत्री के उम्मीदवार नहीं होते तो भाजपा को लोकसभा में बहुमत नहीं मिलता।

मोदी की वजह से भाजपा को कितना फायदा (%)

2009 में वोट	2014 में वोट	2014 में फायदा	मोदी नेता न होते तो कितने लोग वोट नहीं देते	मोदी की वजह से फायदा	मोदी के बिना कितने वोट मिलते
18.8	31.3	66.5	27	8.45	31.3 − 8.45 = 22.84

अगर मोदी को भाजपा का प्रधानमंत्री पद का उम्मीदवार नहीं बनाया जाता तो शायद भाजपा को 1999 चुनाव की तरह करीब 23 फीसदी वोट मिलता और शायद सीटें 170 से लेकर 190 तक मिल सकती थीं। ऐसी स्थिति में एनडीए के गठबंधन दलों के 55 सीटों को भी जोड़ दें तो शायद एनडीए गठबंधन को बहुमत नहीं मिलता। यह सच है कि मोदी के चुनाव मैदान में आने से भाजपा को जबर्दस्त फायदा है। मोदी अटल बिहारी वाजपेयी से अधिक लोकप्रिय हो गये। वाजपेयी के नेतृत्व में भाजपा 182 सीटें पार नहीं कर पाई जबकि मोदी की नेतृत्व में पार्टी 116 से 282 तक पहुंच गई। वैसे पिछले चुनाव की तुलना में पार्टी को इस बार 166 सीटों का फायदा हुआ है। मोदी की वजह से कर्नाटक, राजस्थान, हरियाणा, बिहार, दिल्ली, असम, झारखंड और उत्तर प्रदेश में भाजपा को जबर्दस्त फायदा हुआ। भाजपा को कर्नाटक में 57 फीसदी, राजस्थान में 42 फीसदी, हरियाणा में 36 फीसदी, बिहार में 34 फीसदी, दिल्ली में 33 फीसदी, असम में 28 फीसदी, झारखंड में 25 फीसदी, उत्तर प्रदेश में 20 फीसदी और गुजरात में 17 फीसदी वोटरों ने अधिक वोट किया।

अगर मोदी प्रधानमंत्री उम्मीदवार नहीं होते तो भाजपा को कितनी सीटें मिलतीं।

राज्य	सीटें मिली	वोट (%)	मोदी नहीं तो वोट नहीं मिलते (%)	सीटें
कर्नाटक	17	43	57	0–5
राजस्थान	25	54.9	42	14
हरियाणा	7	34.7	36	3
बिहार	22	29.4	34	9
दिल्ली	7	46.4	33	0–2
ओडीशा	1	21.5	30	1
असम	7	36.5	28	3
पश्चिम बंगाल	2	16.8	27	0
झारखंड	12	40.1	25	5
उत्तर प्रदेश	71	42.3	20	37
तेलंगाना	3	8.5	19	2
गुजरात	26	59.1	17	24
महाराष्ट्र	23	27.3	16	19
मध्य प्रदेश	27	54	14	25
हिमाचल प्रदेश	4	53.3	11	3
छत्तीसगढ़	10	48.7	10	7
आंध्र प्रदेश	–	–	9	0
पंजाब	2	8.7	9	2
उत्तराखंड	5	55.3	6	5
जम्मू–कश्मीर	3	32.4	–	3
गोवा	2	53.4	–	2
चंडीगढ़	1	42.2	–	1
अंडमान और निकोबार	1	47.8	–	1
दादर नगर हवेली	1	48.9	–	1
दमन–दीव	1	53.8	–	1
तमिलनाडु	1	5.5	–	1

राज्य	सीटें मिली	वोट (%)	मोदी नहीं तो वोट नहीं मिलते (%)	सीटें
अरुणाचल प्रदेश	1	46.1	–	1
कुल सीटें	282	31.3	–	177–180

नोटः अगर मोदी पीएम उम्मीदवार नहीं होते तो कितने लोग भाजपा को वोट नहीं करते। भाजपा को कितनी सीटें मिलती, यह मौटे तौर पर अनुमान पर आधारित है।

जैसा ऊपर जिक्र किया गया है कि मोदी के आने से भाजपा को वहीं फायदा हुआ, जहां भाजपा पहले से अस्तित्व में थी। यानी मोदी उपजाऊ जमीन पर ही शानदार फसल काटने में सफल हुए। बंजर जमीन में वोट प्रतिशत कुछ राज्यों में जरूर बढ़ा लेकिन सीटों में तब्दील नहीं हो सका। यह भी कहा जा सकता है कि अटल बिहारी वाजपेयी के जाने से भाजपा की कुछ राजनीतिक जमीन बंजर हो गई थी, वह मोदी के आने से फिर उपजाऊ बन गई। अब तलाश करते हैं कि मोदी के आने से किन राज्यों में पुराने रिकॉर्ड टूटे और कहां जस की तस स्थिति बनी हुई है।

ऐसे राज्य जहां मोदी लहर का असर जबर्दस्त हुआ

कुछ राज्यों में आंशिक हुआ जबकि कुछ राज्यों में कोई असर नहीं हुआ। पहले उन राज्यों की चर्चा करते हैं जहां मोदी लहर की वजह से पुराने रिकॉर्ड टूट गए यानी भाजपा ने बेहतर प्रदर्शन किया। उत्तर प्रदेश, बिहार, गुजरात, महाराष्ट्र, राजस्थान, असम, हरियाणा, जम्मू–कश्मीर और हिमाचल प्रदेश में मोदी लहर का खास असर था। मोदी लहर से इन राज्यों में भाजपा पुराने रिकॉर्ड को तोड़ते हुए नया कीर्तिमान बनाने में सफल हुई। ये वही राज्य हैं जहां भाजपा को 253 सीटों में से 188 सीटें मिलीं। यानी इस बार इन राज्यों में पार्टी को 131 सीटों की बढ़ोतरी हुई। उत्तर प्रदेश और बिहार पर पार्टी की पैनी नजर थी। पार्टी को मालूम था कि उत्तर प्रदेश और बिहार में प्रदर्शन किए बिना दिल्ली में सरकार बनाना मुश्किल है। उत्तर प्रदेश के परिणाम ने भाजपा की राजनीति की धुरी ही बदल दी। कोई उम्मीद नहीं थी कि भाजपा को 80 में से 71 सीटें मिलेंगी। इस प्रदेश में भाजपा को सबसे अधिक फायदा हुआ, पार्टी को पिछले चुनाव की तुलना में 61 सीटों का फायदा हुआ जबकि वोट प्रतिशत 24.8 फीसदी बढ़ा। उत्तर प्रदेश में मोदी

लहर से सारे रिकॉर्ड टूट गए। 2014 के लोकसभा चुनाव के पहले 1998 के लोकसभा चुनाव में पार्टी ने बेहतर प्रदर्शन करके 80 में से 52 सीटें जीतकर 35.9 फीसदी वोट हासिल किए थे। इस बार मोदी लहर में सारे रिकॉर्ड तोड़ते हुए पार्टी 19 सीट बढ़ाने में सफल हुई जबकि वोट प्रतिशत में भी 6.4 फीसदी का इजाफा हुआ। 1999 के चुनाव में उत्तराखंड भी उत्तर प्रदेश का हिस्सा था लेकिन इस विश्लेषण में उत्तराखंड को उत्तर प्रदेश से अलग रखा गया है। मोदी की लहर में उत्तर प्रदेश में चमत्कार हुआ है।

उत्तर प्रदेश के बाद राजस्थान का दूसरा स्थान आता है जहां पार्टी को पिछले लोकसभा चुनाव की तुलना में 21 सीटों और 18.4 फीसदी वोटों का फायदा हुआ। मोदी लहर के पहले पार्टी राज्य में 2004 में 25 सीटों में से अधिकतम 21 सीटें जीती थीं लेकिन इस बार पुराने रिकॉर्ड को तोड़ते हुए पार्टी सारी सीटें जीत गई। यानी पार्टी को यहां पुराने रिकॉर्ड की तुलना में इस बार 4 सीटों और 5.9 फीसदी वोटों का फायदा हुआ। वैसे, राजस्थान के विधानसभा चुनाव में पार्टी की शानदार जीत हुई थी और पार्टी सारे पुराने रिकॉर्ड तोड़ने में कामयाब हुई थी। यह माना जा रहा है कि भाजपा की जीत विधानसभा में पक्की थी लेकिन मोदी के बिना इतनी बड़ी जीत संभव नहीं थी। राजस्थान के बाद महाराष्ट्र का नंबर आता है जहां पार्टी को पिछले चुनाव की तुलना में 14 सीटों और 9.1 फीसदी वोटों का फायदा हुआ। मोदी लहर के पहले पार्टी 1996 के लोकसभा चुनाव में सबसे अधिक 18 सीटें जीती थी लेकिन इस बार 23 सीटें मिलीं। पार्टी यहां पुराने रिकॉर्ड को तोड़ते हुए 5 सीटें जोड़ने में कामयाब रही। अब बात उस राज्य की जहां से मोदी खुद आते हैं यानी गुजरात। गुजरात में पार्टी ने शानदार प्रदर्शन किया और सारी की सारी 26 सीटें पार्टी अपनी झोली में डालने में कामयाब हुई। पार्टी को पिछले चुनाव की तुलना में 11 सीटें और 12.5 फीसदी वोटों का फायदा हुआ। पार्टी ने गुजरात में बेहतर प्रदर्शन 1999 में किया था। उस समय पार्टी को 20 सीटें मिली थीं। गौरतलब है कि नरेन्द्र मोदी का उस समय राज्य की राजनीति में अवतरण नहीं हुआ था। मोदी की लहर से पुराने बेहतर प्रदर्शन में पार्टी को 6 सीटों और 8.7 फीसदी वोटों का फायदा हुआ।

गुजरात ही नहीं, बल्कि बिहार में भी पार्टी को जबर्दस्त फायदा हुआ। मोदी टीम और भाजपा की पूरी नजर उत्तर प्रदेश और बिहार पर थी। पार्टी को बिहार में पिछले चुनाव की तुलना में 10 सीटों का फायदा हुआ और 15.4 फीसदी वोटों का इजाफा हुआ। पार्टी को राज्य में इसके पहले सबसे अधिक 12 सीटें 1999 और 2009 में मिली थीं लेकिन मोदी लहर की वजह से पार्टी ने सारे रिकॉर्ड को तोड़ते हुए अपनी ताकत 22 सीटों तक पहुंचाने

में कामयाबी हासिल की यानी मोदी लहर की वजह से पार्टी अपने रिकॉर्ड में 10 सीटें और जोड़ने में सफल हुई। अब बात हरियाणा की। पिछले चुनाव में पार्टी को यहां एक सीट भी नहीं मिली जबकि इस बार 7 सीटें मिलीं। इस चुनाव के पहले भाजपा का सर्वश्रेष्ठ प्रदर्शन 1999 में 5 सीटें थीं लेकिन मोदी लहर की वजह से पुराने रिकॉर्ड में 2 सीटों का इजाफा हुआ वहीं वोट प्रतिशत में भी 5.5 फीसदी का फायदा हुआ। असम में भी पार्टी को पिछले चुनाव की तुलना में 3 सीटों का फायदा हुआ जबकि वोट में 20.3 फीसदी की बढ़ोतरी हुई। पार्टी को इस बार 7 सीटें मिलीं जबकि 2009 में 4 सीटें मिली थीं जो इस चुनाव के पहले सबसे बेहतर प्रदर्शन था। भाजपा ने असम में ही नहीं, बल्कि मुसलमान बहुल राज्य जम्मू–कश्मीर में शानदार प्रदर्शन किया। पिछले चुनाव की तुलना में पार्टी को 3 सीटों का फायदा हुआ जबकि वोट में 13.7 फीसदी का इजाफा हुआ। पार्टी को 1998 और 1999 में 2–2 सीटें मिली थीं। पुराने रिकॉर्ड की तुलना में पार्टी को राज्य में 1 सीट और 0.8 फीसदी का फायदा हुआ। हिमाचल में पार्टी को पिछले चुनाव की तुलना में 1 सीट और 3.8 फीसदी वोटों का फायदा हुआ। इस चुनाव के पहले पार्टी को कई बार तीन सीटें मिली थीं लेकिन 4 सीटें कभी नहीं मिलीं। मोदी लहर की वजह से पार्टी को 1 सीट और 1.9 फीसदी वोट का फायदा हुआ।

जहां भाजपा पुराने रिकॉर्ड तोड़ने में कामयाब रही

राज्य	1989		1996		1998		1999		2004		2009		2014		मोदी लहर		2009 की तुलना में फायदा	
	जीते	%	जीते	%	जीते	%	जीते	%	जीते	%	जीते	%	जीते	%	जीते	%	जीते	%
उत्तर प्रदेश	8	8	49	34	52	36	25	27	10	22	10	18	71	42	19	6	61	25
राजस्थान	13	30	12	42	5	42	16	47	21	49	4	37	25	55	4	6	21	18
महाराष्ट्र	10	24	18	22	4	23	13	21	13	23	9	18	23	27	5	4	14	9
गुजरात	12	31	16	49	19	48	20	52	14	47	15	47	26	59	6	9	11	13
बिहार	8	12	6	16	8	18	12	16	5	14	12	14	22	29	10	12	10	15
हरियाणा	–	8	4	20	1	19	5	29	1	17	–	12	7	35	2	6	7	23
असम	–	–	1	16	1	25	2	29	2	23	4	16	7	37	3	7	3	20
जम्मू एवं कश्मीर	–	7	1	19	2	29	2	31	–	23	–	19	3	32	1	1	3	14

हिमाचल प्रदेश	3	45		40	3	51	3	46	1	44	3	50	4	53	1	2	1	4

नोट: उत्तर प्रदेश का आंकड़ा 80 सीटों पर आधारित है। 1989 से 1999 का आकलन इसी पर आधारित है।

मोदी लहर का असर, जहां पार्टी पहले भी बेहतर प्रदर्शन कर चुकी है

ये राज्य हैं दिल्ली, उत्तराखंड, गोवा, चंडीगढ़, अंडमान–निकोबार, दादर और नगर हवेली और दमन दीव। इनमें पार्टी 18 में से 18 सीटें जीती गई यानी इससे बेहतर प्रदर्शन नहीं हो सकता है। पार्टी को पिछले चुनाव की तुलना में 14 सीटों का फायदा हुआ लेकिन ये वे राज्य हैं जहां पार्टी इस चुनाव के पहले बेहतर प्रदर्शन कर चुकी है। दिल्ली में पार्टी को पिछले चुनाव की तुलना में सातों सीटों का फायदा हुआ। पार्टी यहां पर 1999 में 7 सीटें जीत चुकी है। मोदी की लहर में भाजपा को 4.3 फीसदी वोट ज्यादा हासिल हुए। उत्तराखंड में इस बार पार्टी को 5 सीटों का फायदा हुआ। पिछले चुनाव में पार्टी को यहां एक भी सीट नहीं मिली थी। पार्टी 1998 में भी इन सीटों पर चुनाव जीत चुकी है। वैसे, उत्तराखंड का गठन 1998 में नहीं हुआ था लेकिन इन पांच सीटों की तुलना की जा रही है। गोवा में भी इस बार 1 सीट का फायदा हुआ लेकिन पार्टी यहां भी पहले 2 सीटें जीत चुकी है। चंडीगढ़ में भी पिछले चुनाव की तुलना में फायदा हुआ। पिछली बार पार्टी यहां से हार गई थी। अंडमान–निकोबार, दादर और नगर हवेली और दमन दीव में पार्टी को इस बार भी पिछली बार की तरह सफलता मिली लेकिन इन सभी राज्यों में मोदी लहर की वजह से भाजपा की झोली में इस बार ज्याद वोट पड़े।

राज्य	1989		1996		1998		1999		2004		2009		2014		मोदी लहर		2009 की तुलना में फायदा	
	जीते	%	जीते	%	जीते	%	जीते	%	जीते	%	जीते	%	जीते	%	जीते	%	जीते	%
दिल्ली	4	26	4	50	6	51	7	52	1	41	–	35	7	46	0	4	7	11
उत्तराखंड	–	–	3	32	5	47	4	40	3	41	–	34	5	55	0	8	5	22
गोवा	–	1	–	14	–	30	2	52	1	47	1	45	2	53	0	7	1	9
चंडीगढ़	–	1	1	39	1	42		45	–	35	–	30	1	42	0	-3	1	12

अंडमान निकोबार	–	12	–	24	–	36	1	53	–	36	1	44	1	48	0	-8	0	4
दादर और नगर हवेली	–	–	–	42	1	54	–	21	–	16	1	46	1	49	0	-5	0	2
दमन और दीयू	–	–	–	40	1	42	–	43		48	1	66	1	54	0	5	0	-12

नोट : 1989 से लेकर 2014 तक उत्तराखंड की 5 सीटों को आधार माना गया है

मोदी की वजह से फायदा लेकिन भाजपा का पुराना रिकॉर्ड नहीं टूटा

अब बात करते हैं ऐसे राज्यों की, जहां पार्टी का इस चुनाव में बेहतर प्रदर्शन रहा लेकिन पार्टी इसके पहले भी इतनी ही सीटें हासिल कर चुकी है। मोदी लहर की वजह से इन राज्यों में पार्टी का वोट प्रतिशत बढ़ा। ये राज्य हैं मध्य प्रदेश, झारखंड, पश्चिम बंगाल और छत्तीसगढ़। इन राज्यों की 96 सीटों में से पार्टी को 51 सीटों पर सफलता मिली और पिछले चुनाव की तुलना में 16 सीटों का फायदा हुआ। पहले बात मध्य प्रदेश की। मध्य प्रदेश में पिछले चुनाव की तुलना में पार्टी को 11 सीटें और 10.6 फीसदी वोटों का फायदा हुआ। भाजपा को इस बार 29 में 27 सीटें मिलीं जबकि 1989 में भी भाजपा को इतनी सीटें मिली थीं। ऐसे देखें तो मोदी लहर से इस राज्य में सीटों में कोई फायदा नहीं हुआ लेकिन पहली बार भाजपा का वोट प्रतिशत 5.9 फीसदी बढ़ गया। यह जरूरी नहीं है कि वोट बढ़े तो सीट भी बढ़ जाए। दिसंबर 2013 के विधानसभा चुनाव में पार्टी शानदार प्रदर्शन कर चुकी थी। झारखंड में पार्टी को पिछले चुनाव की तुलना में 4 सीटें और 12.6 फीसदी वोट का फायदा हुआ लेकिन पार्टी यहां 1998 के लोकसभा चुनाव में 12 सीटें हासिल कर चुकी थी। तब ये सीटें बिहार राज्य का हिस्सा हुआ करती थीं। उस समय झारखंड का गठन नहीं हुआ था। मोदी की लहर से पार्टी को पुराने रिकॉर्ड में 5.4 फीसदी बढ़ोतरी करने में फायदा हुआ। पश्चिम बंगाल में पार्टी को इस बार पिछले साल की तुलना में 1 सीट और 10.7 फीसदी वोट का फायदा हुआ। इस बार पार्टी को 42 में से 2 सीटें मिलीं। इतनी ही सीटें पार्टी को 1999 के लोकसभा चुनाव में ममता बनर्जी से साथ मिली थीं। पार्टी के पुराने रिकॉर्ड की तुलना करें तो पार्टी को मोदी लहर की वजह से राज्य में 5.2 फीसदी का फायदा हुआ। छत्तीसगढ़ में मोदी की लहर से पार्टी

को सीटों में कोई फायदा नहीं हुआ। पार्टी लगातार 2004 से ही 10 सीटों पर जीतती आ रही है लेकिन मोदी की लहर से पार्टी को पुराने रिकॉर्ड की तुलना में इस बार 1 फीसदी वोट का फायदा हुआ।

राज्य	1989		1996		1998		1999		2004		2009		2014		मोदी लहर		2009 की तुलना में फायदा	
	जीते	%	जीते	%	जीते	%	जीते	%	जीते	%	जीते	%	जीते	%	जीते	%	जीते	%
मध्य प्रदेश	27	40	21	43	23	46	21	46	25	48	16	43	27	54	0	6	11	11
झारखंड	–	–	12	34	12	46	11	46	1	33	8	28	12	40	0	–5	4	13
पश्चिम बंगाल	–	2	–	7	1	10	2	11	–	8	1	6	2	17	0	5	1	11
छत्तीसगढ़	–	–	6	37	7	45	8	48	10	48	10	45	10	49	0	4	0	4

नोट : छत्तीसगढ, झारखंड का गठन 2000 में हुआ था इसलिए वर्तमान सीटों को ही आकलन का आधार माना गया है।

भाजपा को पिछले चुनाव की तुलना में फायदा लेकिन पुराने रिकॉर्ड की तुलना में नुकसान

मोदी लहर में कोई शक नहीं है लेकिन यह जरूरी नहीं है कि यह लहर सभी राज्यों में चले। ओडीशा, आंध्र प्रदेश, तमिलनाडु, अरुणाचल प्रदेश, पंजाब और कर्नाटक में भी भाजपा को फायदा हुआ। पिछले चुनाव की तुलना में कर्नाटक को छोड़कर इन राज्यों में कम ही सही लेकिन सीटों की बढ़ोतरी हुई लेकिन भाजपा 1989 से लेकर 2009 तक जो रिकॉर्ड बना चुकी थी वह मोदी लहर में नहीं टूट पाया। ओडीशा में पार्टी को पिछले चुनाव में एक सीट का फायदा हुआ जबकि वोटों में 4.7 फीसदी की बढ़ोतरी हुई लेकिन मोदी लहर भी पुराने रिकॉर्ड नहीं तोड़ पाई। पार्टी 1999 के चुनाव में 21 में से 9 सीटें जीती थी तब पार्टी का भाजपा का नवीन पटनायक की अगुवाई वाली बीजद से गठबंधन था। इस बार पार्टी को राज्य में 1 सीट मिली। आंध्र प्रदेश में पार्टी को पिछले चुनाव की तुलना में 3 सीटों का फायदा हुआ जबकि वोट में 4.7 फीसदी का फायदा हुआ। मोदी लहर की वजह से इस बार तो फायदा हुआ लेकिन पार्टी पुराने रिकॉर्ड को तोड़ने में कामयाब नहीं हो पाई। पार्टी को 1999 के चुनाव में 7 सीटें मिली थीं जब भाजपा और टीडीपी में गठबंधन था। इस बार भी पार्टी को तीन सीटें मिली हैं। इसकी वजह भी टीडीपी से गठबंधन माना जाता है। अब बात करते हैं तमिलनाडु

की। तमिलनाडु में पार्टी को इस बार पिछले चुनाव की तुलना में 1 सीट मिली जबकि 3.1 फीसदी वोट का फायदा हुआ। 2009 के चुनाव में पार्टी को कोई सीट नहीं मिली जबकि इस बार 1 सीट मिली है। यह सीट भी राज्य में गठबंधन की वजह से मिली है। पार्टी को 1999 में 4 सीटें मिली थीं, उस समय पार्टी का एडीएमके से गठबंधन था। यानी मोदी की लहर पार्टी के पुराने रिकॉर्ड को नहीं तोड़ पाई।

अरुणाचल प्रदेश में पार्टी को इस बार पिछले चुनाव की तुलना में 1 सीट का फायदा हुआ और 9 फीसदी वोटों की बढ़ोतरी हुई जबकि 2009 में एक भी सीट नहीं मिली थी। पार्टी को 2004 के लोकसभा चुनाव में यहां 2 सीटें मिली थीं। यानी मोदी लहर के बावजूद पार्टी को पिछले चुनाव की तुलना में नुकसान हुआ। पंजाब में पार्टी की इज्जत बच गई। राज्य में एनडीए गठबंधन की सरकार है लेकिन प्रकाश सिंह बादल सरकार के खिलाफ लोगों की नाराजगी है। पार्टी को इस बार राज्य में दो सीटें मिलीं और पिछले चुनाव की तुलना में पार्टी को इस बार 1 सीट का फायदा तो हुआ लेकिन वोट प्रतिशत में 1.3 फीसदी का नुकसान हुआ। यही नहीं, पार्टी के धाकड़ नेता अरुण जेटली अमृतसर से चुनाव हार गए। पार्टी ने यहां 1999 के चुनाव में बेहतर प्रदर्शन किया था और तीन सीटें पाई थीं। अकाली दल से गठबंधन की वजह से पार्टी राज्य में तीन ही सीटों पर चुनाव लड़ती है। कर्नाटक में मोदी लहर देखने को नहीं मिली। पार्टी अपनी पुरानी सीटें भी नहीं बचा पाई। पार्टी को पिछले चुनाव की तुलना में 2 सीटों का नुकसान हुआ। हालांकि पिछले चुनाव की तुलना में पार्टी को 1.4 फीसदी वोटों का फायदा हुआ। पिछले चुनाव में पार्टी को 19 सीटें मिली थीं जबकि इस बार 17 सीटें ही मिलीं। पार्टी को इस बार और नुकसान उठाना पड़ता लेकिन पार्टी बीएस येदियुरप्पा को पार्टी में दोबारा शामिल करके भारी नुकसान से बच गई। अगर येदियुरप्पा पार्टी में शामिल नहीं होते तो भाजपा की स्थिति बदतर हो सकती थी।

राज्य	1989		1996		1998		1999		2004		2009		2014		मोदी लहर		2009 की तुलना में फायदा	
	जीते	%	जीते	%	जीते	%	जीते	%	जीते	%	जीते	%	जीते	%	जीते	%	जीते	%
ओडीशा	–	1	–	13	7	21	9	25	7	19	–	17	1	22	–8	–3	1	5
आंध्र प्रदेश	–	2	–	6	4	18	7	10	–	8	–	4	3	9	–4	–10	3	5

तमिलनाडु	–	.3	–	3	3	7	4	7	–	5	–	2	1	6	–3	–2	1	3
अरुणाचल प्रदेश	–	–	–	17	–	22	–	16	2	54	–	37	1	46	–1	–8	1	9
पंजाब	–	4	–	6	3	12	1	9	3	11	1	10	2	9	–1	–8	1	–1
कर्नाटक	–	3	6	25	13	27	7	27	18	35	19	42	17	43	–2	1	–2	1

पहले भी सीटें नहीं, अब भी नहीं

अभी तक भाजपा को जहां फायदा हुआ या मोदी की वजह से जिन राज्यों में सीटें बढ़ीं, वे वही राज्य हैं जहां पार्टी पहले से मौजूद थी। लेकिन मोदी लहर के बावजूद पार्टी जिन राज्यों में खाता तक नहीं खोल पाई है, ये वही राज्य हैं जहां भाजपा को कभी भी कोई सीटें नहीं मिलीं। हालांकि कुछ राज्यों में वोट फीसदी में जरूर बढ़ोतरी हुई है। ये राज्य हैं केरल, मणिपुर, मेघालय, मिजोरम, नगालैंड, सिक्किम, त्रिपुरा, लक्षद्वीप और पुड्डुचेरि। हालांकि पार्टी गठबंधन की वजह नगालैंड मेघालय भी एक सीट पर और पुड्डुचेरि में चुनाव नहीं लड़ी थी। ये सीटें सहयोगी पार्टियों के खाते में गईं।

राज्य	1989		1996		1998		1999		2004		2009		2014		मोदी लहर		2009 के मुकाबले बदलाव	
	जीते	%	जीते	%	जीते	%	जीते	%	जीते	%	जीते	%	जीते	%	जीते	%	जीते	%
केरल	–	5	–	6	–	8.0	–	7	–	10	–	6	–	10	–	–.1	0	4
मणिपुर	–	2	–	5	–	13	–	1	–	16	–	10	–	12	–	–4	0	2
मेघालय	–	–	–	9	–	9	–	10	–	9	–	–	–	9	–	–.5	0	9
मिजोरम	–	–	–	–	–	3	–	–	–	–	–	–	–	–	–	–	0	0.0
नगालैंड	–	–	–	–	–	–	–	5	–	–	–	–	–	–	–	–	0	0.0
सिक्किम	–	–	–	–	–	–	–	–	–	–	–	2	–	2	–	1	0	1
त्रिपुरा	–	.6	–	6	–	8	–	13	–	8	–	3	–	5	–	–8	0	2
लक्षद्वीप	–	–	–	–	–	–	–	–	–	–	–	1	–	.4	–	–.2	0	–.2
पुडुचेरी	–	–	–	4	–	–	–	–	–	36	–	2	–		–	–2	0	–2

गठबंधन का असर

जीत के लिए यह जरूरी नहीं है कि लहर देश के हर कोने में चले। भाजपा की जड़ें जहां जमी थीं वहां मोदी की लहर का जबर्दस्त असर हुआ लेकिन

जहां जड़ें मजबूत नहीं थीं वहां भाजपा के वोट तो बढ़े लेकिन इतने नहीं, जो जीतने के लायक हों। हालांकि इस लहर ने पार्टी को उन राज्यों में भी फलने–फूलने का मौका दिया, जहां पार्टी कभी कुछ नहीं कर पाई थी। यह बात भी साफ है कि मोदी की लहर के बावजूद भाजपा को स्पष्ट बहुमत नहीं मिलता अगर पार्टी गठबंधन नहीं करती। भले ही भाजपा को शानदार जीत मिली लेकिन गठबंधन की राजनीति अभी खत्म नहीं हुई। भाजपा ने गठबंधन को बढ़ाने में कोई कोर कसर नहीं छोड़ा। पार्टी ने छोटे और बड़े दलों को मिलाकर करीब 26 पार्टियों से गठबंधन किया। 2004 और 2009 के लोकसभा चुनावों की तुलना में कांग्रेस का गठबंधन कमजोर था। पश्चिम बंगाल में ममता बनर्जी के नेतृत्व वाली तृणमूल कांग्रेस, तमिलनाडु में एम. करुणानिधि समेत पीएमके और एमडीएमके, बिहार में रामविलास पासवान की नेतृत्व वाली लोक जनशक्ति पार्टी और तेलंगाना में के. चंद्रशेखर राव की नेतृत्व वाली टीआरएस कांग्रेस का साथ छोड़ चुकी थी। वहीं आंध्र प्रदेश में जगनमोहन रेड्डी ने कांग्रेस से टूटकर नई पार्टी बनाई, जिसका खमियाजा भी पार्टी को उठाना पड़ा। यह साफ देखने को मिला है कि कांग्रेस रूपी डूबते जहाज पर कोई सवार होने को तैयार नहीं था। गठबंधन की राजनीति भी अजीब है। केंद्र में जिस पार्टी का पलड़ा भारी रहता है, उसी पार्टी से छोटी या क्षेत्रीय पार्टियां हाथ मिलाने को लालायित रहती हैं। इन पार्टियों को एहसास हो जाता है कि केंद्र में किसकी सरकार बनने वाली है। कुछ मौकापरस्त पार्टियां ऐसी होती हैं जो सिर्फ ताक में रहती हैं कि किधर एक गठबंधन से दूसरे गठबंधन में कूदें ताकि केंद्र और राज्य की राजनीति में अहमियत बनी रहे। केंद्र की राजनीति में कांग्रेस और भाजपा का वर्चस्व होने की वजह से गठबंधन की राजनीति की धुरी बदलती रहती है। वैचारिक मतभेद और क्षेत्रीय आकांक्षाओं की वजह से क्षेत्रीय और छोटी पार्टियां कांग्रेस और भाजपा के बीच पेंडुलम की तरह एक छोर से दूसरे छोर के बीच डोलती रहती हैं। भाजपा की चुनौती को देख कांग्रेस के खिलाफ खड़ी हुई पार्टियों ने भी कांग्रेस से हाथ मिलाने में कोई गुरेज नहीं किया। जाहिर है, ममता बनर्जी, एम. करुणानिधि, जयललिता, रामविलास पासवान, फारूक अब्दुला, अजित सिंह, नीतीश कुमार वगैरह को कांग्रेस और भाजपा से हाथ मिलाने में कोई दिक्कत नहीं रही है। यह भी बात सही है कि 1984 के बाद चाहे कांग्रेस की सरकार बनी या भाजपा की या तीसरे मोर्चे की, जितनी जरूरतें इन क्षेत्रीय दलों की रही हैं उतनी ही चाहत कांग्रेस और भाजपा की भी रही है। कांग्रेस और भाजपा के खिलाफ आग उगलने वाली पार्टियों से भी ये बड़ी पार्टियां हाथ मिलाने में कोई परहेज नहीं करती हैं। यानी सत्ता के

लिए हर समझौता मंजूर है, भले ही पार्टी की नीति और विचारधारा को तिलांजलि क्यों न देनी पड़े। बदलते दौर में देश में एक नया बदलाव आया है जहां विचारधारा से ज्यादा अहम सत्ता हासिल करना हो गया है। खैर! अगर एनडीए का इतना बड़ा गठबंधन नहीं होता तो साफ है कि न तो भाजपा को स्पष्ट बहुमत मिलता और न ही एनडीए को। इस जीत का श्रेय मोदी को अवश्य जाता है लेकिन एनंडीए के गठबंधन के बिना यह जीत संभव नहीं थी।

मोदी ने माना भी, ''एनडीए के साथियों के कारण ताकत और बढ़ेगी। दूसरी बात है कि हमारे देश में परसेप्शन के आधार पर बहुत चीजें चलाई जाती हैं। हिंदुस्तान के चुनावी इतिहास की यह सबसे बड़ी घटना है कि चुनाव के पहले 25 दलों के साथ गठबंधन हुआ हो, ऐसा हिंदुस्तान के चुनावी इतिहास में कभी नहीं हुआ।'' (एबीपी न्यूज, घोषणा पत्र, 22 अप्रैल, 2014)

गठबंधन के अलावा भाजपा के सामने यक्ष प्रश्न था कि वह उत्तर प्रदेश और बिहार में गठबंधन के बिना कैसे जीतेगी? भाजपा और मोदी टीम को मालूम था कि उत्तर प्रदेश और बिहार में मौजूदा पार्टी की शक्ति पर चुनाव नहीं लड़ा जा सकता है इसीलिए उत्तर प्रदेश में अपना दल और बिहार में लोक जनशक्ति पार्टी और राष्ट्रीय लोक समता पार्टी से पार्टी ने गठबंधन किया। यही वजह थी कि उत्तर प्रदेश और बिहार में भाजपा गठबंधन को 120 सीटों में से 104 सीटों पर जीत मिली।

ये जीत आसान नहीं थी लेकिन भाजपा ने बड़ी चतुराई और मेहनत से बिहार और उत्तर प्रदेश में शानदार जीत हासिल की। पार्टी ने नरेन्द्र मोदी को वाराणसी से लड़ाने का फैसला किया। भाजपा के तत्कालीन राष्ट्रीय अध्यक्ष राजनाथ सिंह का कहना है कि यह फैसला मोदी का नहीं था बल्कि यह फैसला उन्होंने अरुण जेटली, रामलाल और नितिन गडकरी के साथ मिलकर किया था। यह प्लानिंग का हिस्सा था जबकि अमित शाह का कहना था कि मोदी को इसीलिए वाराणसी से लड़ाया गया ताकि उत्तर प्रदेश और बिहार में पार्टी का फायदा हो। यह पार्टी की रणनीति का हिस्सा था ताकि पूर्वांचल और भोजपुरी वाले इलाकों में पार्टी को ज्यादा से ज्यादा फायदा हो।

वाराणसी में अनेक जातियों, धर्मों, समुदायों और संस्कृतियों का मेल रहा है। यह ऐसा प्राचीन शहर है जहां पूरा हिंदुस्तान बसता है। मोदी के वाराणसी से चुनाव लड़ने का मतलब था पूरे हिंदुस्तान से चुनाव लड़ना और सभी जाति, धर्म और संस्कृति के लोगो में मोदी की लहर चलना। पार्टी के दो निर्णय से उत्तर प्रदेश में चमत्कार हो गया। एक, वाराणसी से मोदी को चुनाव लड़ाने का फैसला। दूसरे, मोदी के करीबी अमित शाह को पार्टी का महासचिव और

उत्तर प्रदेश का प्रभारी बनाना।

इस जीत के कई मायने हैं क्योंकि इससे देश की राजनीति की दशा और दिशा बदल गई, कई मिथक टूट गए। इसे राजनीतिक भूकंप कहें तो कोई अतिशयोक्ति नहीं होगी। भाजपा की जीत में मोदी ने अपनी करिश्माई छवि की वजह से करीब एक–चौथाई वोट जोड़ने का काम किया। अन्ना हजारे के आंदोलन से पैदा हुई कांग्रेस के खिलाफ लोगों की नाराजगी ने भी मोदी की जीत को आसान कर दिया।

मोदी, मीडिया और मैंडेट

आनन्द प्रधान

2014 का आम चुनाव कई मायनों में ऐतिहासिक था। 16वीं लोकसभा के लिए हुए इन चुनावों में भाजपा और उसके नेतृत्व वाले एनडीए गठबंधन ने चुनाव पूर्व सर्वेक्षणों और एक्जिट पोल के पूर्वानुमानों और राजनीतिक पंडितों के कयासों को पीछे छोड़ते हुए बड़ी जीत दर्ज की थी। यहां तक कि तमाम अनुमानों को पीछे छोड़ते हुए अकेले भाजपा ने अपने राजनीतिक इतिहास का सबसे शानदार प्रदर्शन किया और अपने बल पर 282 सीटें हासिल करके बहुमत हासिल कर लिया। यही नहीं, उसके नेतृत्व वाले गठबंधन– एनडीए की सीटें 336 तक पहुंच गईं।

यह 1984 के बाद पहली बार हुआ कि कोई एक पार्टी लोकसभा में पूर्ण बहुमत हासिल करने में कामयाब रही। कहने की जरूरत नहीं है कि अखबारों के सम्पादकीय लेखकों से लेकर न्यूज चैनलों के राजनीतिक पंडितों तक सभी ने एक सुर में भाजपा की इस भारी जीत का श्रेय पार्टी के प्रधानमंत्री पद के उम्मीदवार नरेन्द्र मोदी के चमत्कारिक नेतृत्व और चुनाव प्रचार को दिया। राजनीतिक पंडितों ने इसे 1952 और 1977 के आम चुनावों की श्रेणी में रखते हुए माना कि 16वीं लोकसभा के चुनाव भारतीय राजनीति में भूगर्भीय बदलाव की ओर इंगित करते हैं. यह एक 'राजनीतिक सूनामी (या 'सुनमो')' थी। (सरदेसाई, 2014)

इसमें कोई दो राय नहीं है कि 2014 के जनादेश के पीछे कई महत्त्वपूर्ण राजनीतिक–आर्थिक–सामाजिक–सांस्कृतिक कारकों की भूमिका थी। भारत जैसे विविधतापूर्ण देश में इतने बड़े और स्पष्ट जनादेश के पीछे सिर्फ एक या दो कारण हो भी नहीं सकते हैं। लेकिन राजनीतिक पंडितों में लगभग आम राय है कि भाजपा और उसके प्रधानमंत्री पद के उम्मीदवार नरेन्द्र मोदी को तत्कालीन यूपीए सरकार पर लगे भ्रष्टाचार के गंभीर आरोपों, आसमान छूती महंगाई,

बेरोजगारी, अर्थव्यवस्था की खस्ताहाली और प्रधानमंत्री मनमोहन सिंह के लचर नेतृत्व के खिलाफ बने सत्ताविरोधी रुझान का फायदा मिला।

इसके लिए मोदी ने एक ओर जहां अपने आक्रामक प्रचार अभियान में यूपीए सरकार की नाकामियों, भ्रष्टाचार और महंगाई को तीखे राजनीतिक हमलों का निशाना बनाया, वहीं दूसरी ओर खुद को एक सशक्त और कड़े फैसले लेनेवाले नेता और गुजरात को विकास की दौड़ में अन्य सभी राज्यों से आगे रखनेवाले सफल और 'विकासपुरुष' मुख्यमंत्री के रूप में पेश किया। दोहराने की जरूरत नहीं है कि मोदी वोटरों को यह भरोसा दिलाने में कामयाब हो गए कि उनकी जीत से ही देश और वोटरों के 'अच्छे दिन' आयेंगे। लेकिन इसके साथ ही मोदी के नेतृत्व में भाजपा न सिर्फ जातियों खासकर अपने परंपरागत अगड़ी जाति वोट आधार के साथ पिछड़ी जातियों (ओबीसी), दलितों, आदिवासियों को जोड़ने में सफल रही बल्कि उसने गठबंधन बनाने में भी इसका ध्यान रखा और इसका उसे राजनीतिक लाभ भी मिला। (पलसीकर और सूरी, 2014)।

लेकिन इन महत्त्वपूर्ण राजनीतिक कारकों के अलावा विश्लेषकों का ध्यान इन चुनावों में भाजपा–एनडीए और मोदी की जीत में एक और कारक–मीडिया की निर्णायक भूमिका की ओर भी गया है। पार्टियों–नेताओं और सरकारों को बनाने–बिगाड़ने और चुनावों में वोटरों की पसंद गढ़ने में मीडिया की बढ़ती भूमिका कोई नई परिघटना नहीं है। 1984 के आम चुनावों से मीडिया ने नेताओं–पार्टियों–सरकारों के बारे में वोटरों की धारणा (परसेप्शन) बनाने और नतीजों को प्रभावित करने में सक्रिय भूमिका निभानी शुरू कर दी थी। पिछले तीन दशकों में मीडिया के तीव्र विस्तार और लोगों तक उसकी लगातार बढ़ती पहुंच के कारण चुनावों में उसकी भूमिका निरंतर बढ़ रही है।

लेकिन 2014 के आम चुनावों को मीडिया की पहले से कहीं ज्यादा सीधी, सक्रिय और निर्णायक भूमिका के लिए याद किया जाएगा। हालांकि ज्यादातर राजनीतिक पंडित यह मानते हैं और सही मानते हैं कि भारत में अभी भी अकेले मीडिया के बल पर चुनाव नहीं जीते जा सकते हैं लेकिन अन्य महत्त्वपूर्ण कारकों के साथ–साथ चुनावों में अनुकूल माहौल बनाने में मीडिया की बढ़ती और निर्णायक भूमिका को नजरअंदाज करना मुश्किल है। कुछ राजनीति विज्ञानियों और विश्लेषकों ने इस चुनाव में मीडिया की अत्यंत महत्त्वपूर्ण और निर्णायक भूमिका को खास तौर पर चिन्हित किया है।

यह कहा जा रहा है कि इन चुनावों के नतीजे 'राजनीतिक तर्क' के बजाय 'मीडिया तर्क' के परिणाम हैं और भाजपा की जीत का मुख्य कारण

उसका हाई वोल्टेज मीडिया अभियान था (वर्मा और सरदेसाई, 2014)। भारतीय चुनावों के अध्ययनकर्ता और राजनीति विज्ञानी सुहास पलसीकर के मुताबिक, "यह चुनाव (2014) संभवतः सबसे अधिक 'मीडियाटाइज्ड' चुनाव होने जा रहे हैं। इस बार मीडियाटाइजेशन के कम से कम तीन पहलू साफ़ दिखाई देंगेः चुनावी प्रतियोगिता का सरलीकरण और व्यक्तिकरण, मीडिया द्वारा एजेंडा सेटिंग और राजनीतिक नेताओं द्वारा खुद को 'मीडिया तर्क' के अनुसार ढालने की कोशिश।'' (पलसीकर, 2014)।

मीडिया का असर किस हद तक?

चुनावों में मीडिया के प्रभाव और वोटरों के मतदान रुझान को प्रभावित करने की उसकी क्षमता को लेकर मीडिया शोधकर्ताओं और राजनीति विज्ञानियों के बीच लंबे समय से गहरी दिलचस्पी रही है। पहले विश्वयुद्ध से लेकर द्वितीय विश्वयुद्ध तक मीडिया शोधकर्ताओं में यह विश्वास था कि मीडिया और उसके संदेश लोगों को सीधा और गहरा प्रभावित करते हैं। माना जाता था कि मीडिया के जरिये लोगों के व्यवहार को बदलने से लेकर अनुकूल जनमत तक तैयार किया जा सकता है। इसे मीडिया सैद्धांतिकी में 'जादुई गोली' (मैजिक बुलेट) या हाइपोडर्मिक नीडल सिद्धांत कहा जाता है।

लेकिन द्वितीय विश्वयुद्ध के आसपास अमेरिकी राष्ट्रपति चुनावों में वोटरों के वोटिंग व्यवहार के अध्ययन से यह बात सामने आई कि वोटरों की वोटिंग वरीयता पर मीडिया का मामूली प्रभाव (मिनिमम इफेक्ट) पड़ता है क्योंकि वोटरों के व्यवहार को मीडिया से ज्यादा उनके सहकर्मी, परिवार आदि के लोग प्रभावित करते हैं। वोटरों का वोटिंग रुझान प्रभावित करने में ये ओपिनियन लीडर महत्त्वपूर्ण भूमिका निभाते हैं। लेकिन पिछले कुछ दशकों के शोध से यह समझ फिर बदली है।

राहुल वर्मा और श्रेयस सरदेसाई ने अपने एक अध्ययन (2014) में हाल के वर्षों में हुए शोधों का हवाला दिया है जिससे इस बात के पर्याप्त प्रमाण मिलते हैं कि मीडिया न सिर्फ रिपोर्टों को एक खास झुकाव देकर लोगों को प्रभावित करता है बल्कि यह तय करके भी कि क्या कवर करना है। इस तरह से शोधकर्ताओं में आमतौर पर एक सहमति है कि मीडिया लोगों की राजनीतिक जानकारी, नजरिया और व्यवहार को गढ़ता है। दुनिया के कई देशों में चुनाव में मीडिया की भूमिका और प्रभाव पर हुए शोध से यह तथ्य सामने आया है कि दुनिया भर में राष्ट्रीय स्तर पर निर्देशित, व्यक्ति (नेता) केन्द्रित, खर्चीले और मीडिया प्रदर्शन आधारित 'चुनाव प्रचार की अमेरिकीकृत शैली' उभर कर सामने आई है।

इसके बावजूद राजनीतिक विश्लेषकों, मीडिया विशेषज्ञों और अकादमिकों में चुनाव नतीजों पर मीडिया के निर्णायक प्रभाव को लेकर बहस हर चुनाव के बाद और तेज हो जाती है। 2014 के आम चुनाव भी अपवाद नहीं हैं। लेकिन भारत के सन्दर्भ में विकासशील समाज अध्ययन केंद्र (सीएसडीएस) के 2014 के राष्ट्रीय चुनाव अध्ययन (एनईएस, 2014) पर आधारित एक शोध अध्ययन के चार महत्त्वपूर्ण निष्कर्षों पर गौर करना जरूरी है। पहला, पिछले दो दशकों में पहले कभी की तुलना में भारतीय मतदाताओं का 'मीडिया एक्सपोजर' लगातार बढ़ा है। दूसरा, 2014 के चुनावों में जिन मतदाताओं का सबसे अधिक 'मीडिया एक्सपोजर' था, उनकी भाजपा को वोट देने की संभावना सबसे ज्यादा थी।

तीसरा, जिन मतदाताओं का अधिक 'मीडिया एक्सपोजर' था, उनकी पिछले लोकसभा चुनावों में भी भाजपा को ही वोट देने की संभावना थी और इस मामले में, यह चुनाव कोई अलग नहीं था। चौथा, 'मीडिया एक्सपोजर' का मतदाताओं के वोट निर्णय पर असर पड़ता है। (वर्मा और सरदेसाई, 2014) सीएसडीएस के सर्वेक्षण के मुताबिक, भाजपा की लोकप्रियता उन मतदाताओं में सबसे ज्यादा थी जो टीवी नियमित देखते थे और अखबार पढ़ते थे। यह भी देखा गया कि टीवी न्यूज देखनेवाले उत्तरदाता वोटरों में जुलाई'13 में कांग्रेस पर भाजपा की बढ़त सिर्फ तीन फीसदी मतों की थी जो अगले नौ महीनों में मई'14 तक बढ़कर 20 फीसदी तक पहुंच गई।

इसी तरह नियमित अखबार पढ़नेवाले वोटरों में भाजपा की कांग्रेस पर बढ़त 7 फीसदी से बढ़कर 20 फीसदी और नियमित इंटरनेट इस्तेमाल करनेवालों में 13 फीसदी से बढ़कर 26 फीसदी हो गई। 'मीडिया एक्सपोजर' वाले वोटरों में प्रधानमंत्री पद के पसंदीदा उम्मीदवारों को लेकर भी जुलाई'13 से मई'14 के बीच ऐसा ही फर्क बढ़ता हुआ दिखाई पड़ा। उदाहरण के लिए, नियमित टीवी न्यूज देखनेवाले वोटरों में प्रधानमंत्री पद के पसंदीदा उम्मीदवारों में राहुल गांधी पर नरेन्द्र मोदी की बढ़त 9 फीसदी से बढ़कर 25 फीसदी, नियमित अखबार पढ़नेवालों में 11 फीसदी से 27 फीसदी और नियमित इंटरनेट इस्तेमाल करनेवालों में 14 फीसदी से 35 फीसदी तक पहुंच गया (वर्मा और सरदेसाई, 2014)।

इस अध्ययन के निष्कर्षों का संकेत साफ है। वह यह कि नौ महीने से अधिक लंबे चले चुनाव प्रचार में मतदाताओं के वोटिंग रुझान को प्रभावित करने में न्यूज मीडिया की महत्त्वपूर्ण भूमिका थी। हालांकि इससे यह निष्कर्ष निकलना अतिरेकपूर्ण होगा कि भाजपा और मोदी की जीत न्यूज मीडिया के कारण हुई लेकिन उनकी जीत में मीडिया की उल्लेखनीय भूमिका को

अनदेखा करना संभव नहीं है। न्यूज मीडिया ने राजनीतिक दलों खासकर भाजपा और उसके प्रधानमंत्री पद के उम्मीदवार नरेन्द्र मोदी के चुनाव प्रचार को न सिर्फ मतदाताओं के एक बड़े हिस्से तक पहुंचाने और उसे उनके मानस में बैठाने में मदद की, उसे एक तरह का 'प्रतिध्वनि प्रभाव' (इको चैंबर इफेक्ट) दिया बल्कि इस तरह से फ्रेम और पेश किया कि उसे एक विश्वसनीयता मिल गई।

यह कहना मुश्किल है कि भाजपा और मोदी की प्रचार टीम ने अपने राजनीतिक प्रतिद्वंद्वियों की तुलना में न्यूज मीडिया का बेहतर और ज्यादा चतुराई से इस्तेमाल किया या फिर कॉर्पोरेट मीडिया ने चढ़ते सूरज को नमस्कार करना और उसके साथ सवारी करना उचित समझा या यह भाजपा और मोदी के कार्पोरेट समर्थकों और कार्पोरेट मीडिया के बीच हितों की एकता थी? कारण चाहे जो हो लेकिन यह एक तथ्य है कि कार्पोरेट मीडिया के बड़े हिस्से के कवरेज में न सिर्फ मोदी छाए हुए थे बल्कि उसमें उनके प्रति एक झुकाव भी साफ दिखाई देता था। इसका राजनीतिक फायदा भाजपा और मोदी को मिला।

लोकतंत्र या प्रचारतंत्र?

इसमें कोई शक नहीं है कि भाजपा ने नरेन्द्र मोदी की अगुवाई में जिस तरह से 2014 के संसदीय चुनावों को अमेरिकी राष्ट्रपति चुनावों की शैली में लड़ा, न्यूज मीडिया–पीआर–इवेंट मैनेजमेंट–विज्ञापन उद्योग के विशाल कार्पोरेट कार्टेल की मदद से जिस तरह मोदी की 'सशक्त और फैसला लेनेवाले नेता और विकासपुरुष' की विराट छवि निर्मित की गई, उस छवि की जनसंचार के आधुनिक माध्यमों के जरिये ब्रांडिंग और मार्केटिंग की गई और चुनाव का एजेंडा तय किया गया, उसका राजनीतिक विरोधियों के पास कोई जवाब नहीं था।

मोदी की प्रचार मशीनरी ने जिस 'स्तब्ध और भयभीत' करनेवाली शैली में चुनाव अभियान चलाया, उसने कांग्रेस और यूपीए समेत सभी विपक्षी पार्टियों को हतप्रभ और निरुत्तर–सा कर दिया था। उसकी काट किसी भी पार्टी या नेता के पास नहीं दिखाई दे रही थी। यह सिर्फ संयोग नहीं है कि चुनाव प्रचार को संचालित–संयोजित और निर्देशित करने के लिए गठित मुख्यालय को 'वाररूम' कहा जा रहा था। मोदी की प्रचार टीम ने पूरा प्रचार अभियान युद्ध की तरह एक सुनियोजित–संगठित रणनीति के तहत चलाया।

नतीजा, चुनाव प्रचार के शुरुआती दौर में ही यह स्पष्ट हो गया था कि मोदी की चुनाव प्रचार के पैमाने, रणनीति और मशीनरी के आगे कोई खड़ा नहीं हो पायेगा। इस मायने में यह एक असमान मुकाबला था। इस

असमान मुकाबले का नतीजा पहले से तय था। इसमें कोई शक नहीं है कि भारतीय आम चुनावों में ऐसा संगठित, व्यापक और सघन प्रचार अभियान इक्का–दुक्का अपवादों (1984 और 2004) को छोड़कर अब तक नहीं देखा गया था। इस प्रचार अभियान ने अतीत के सारे प्रचार अभियानों को बहुत पीछे छोड़ दिया। यह लगभग 'कारपेट बॉम्बिंग' की तरह था जिससे देश का कोई कोना–चाहे शहर हो या कस्बा या गांव और कोई मतदाता नहीं बचा।

इस अत्याधुनिक, हाईटेक और मल्टी–मीडिया चुनाव प्रचार ने चुनाव अभियान की एक नई और ऊंची लकीर खींच दी है जिसने दुनिया के बहुतेरे विकसित देशों की विजेता पार्टियों–नेताओं के प्रचार अभियान को भी पीछे छोड़ दिया। मोदी के चुनाव प्रचार को संगठित और निर्देशित करनेवाली प्रचार मशीनरी की विशालता और ताकत का अंदाज़ा उस पर हुए खर्च से भी लगाया जा सकता है। हालांकि भाजपा के राष्ट्रव्यापी प्रचार अभियान पर खर्च हुए कुल बजट का कोई आधिकारिक ब्यौरा उपलब्ध नहीं है लेकिन मीडिया और विज्ञापन उद्योग के सूत्रों के मुताबिक इस पर कोई 10 से 15 हजार करोड़ रुपये खर्च किये गए हैं।

'आउटलुक' (26 मई 14) की एक रिपोर्ट के मुताबिक, आम चुनावों में प्रमुख पार्टियों ने चुनाव प्रचार पर लगभग 31,950 करोड़ रुपए खर्च किए हैं जिसमें दो तिहाई खर्च अकेले भाजपा ने किया है। इसी तरह 'हिंदुस्तान टाइम्स' (13 अप्रैल 14) की एक रिपोर्ट के मुताबिक, भाजपा का अकेले विज्ञापन अभियान का बजट पांच हजार करोड़ रुपए का हो सकता है। यह रिपोर्ट विज्ञापन एजेंसी रेडिफ्यूजन के एक अधिकारी को उद्धृत करते हुए बताती है कि सिर्फ विज्ञापन अभियान में भाजपा का बजट कांग्रेस की तुलना में चार गुना अधिक था। ऐसा नहीं है कि कांग्रेस और दूसरी बड़ी पार्टियों ने चुनाव प्रचार में पैसा नहीं बहाया लेकिन वे भाजपा के मुकाबले में कहीं नहीं थे।

इसे देखते हुए क्या यह कहना गलत होगा कि इस चुनाव में पैसे ने पैसे को हरा दिया? यह सच है कि मोदी की भारी जीत सिर्फ प्रचार अभियान या उस पर बहाए गए पैसे की कामयाबी नहीं है उसके कई और महत्त्वपूर्ण राजनीतिक–सामाजिक–आर्थिक कारण भी हैं। इसके अलावा अभी यह पूरी तरह प्रमाणित होना बाकी है कि सिर्फ प्रचार अभियान पर बेतहाशा पैसे खर्च करके चुनाव जीता जा सकता है। लेकिन इसके साथ ही इस तथ्य को भी अनदेखा करना मुश्किल है कि 2014 के चुनावों में कम से कम प्रचार अभियान के स्वरूप और प्रकृति के मामले में धन की बहुत बड़ी और निर्णायक भूमिका थी और इन चुनावों में इसकी जबरदस्त सफलता ने भारतीय चुनावों

में राजनीतिक प्रतियोगिता की जमीन, रणनीति और औजारों को हमेशा के लिए बदल दिया है।

यह इस चुनाव प्रचार की मशीनरी और उसकी रणनीति की कामयाबी नहीं तो और क्या है कि उसने 2002 के गुजरात दंगों से लेकर फर्जी मुठभेड़ हत्याओं और जासूसी मामले से जुड़े विवादों के कारण बनी मोदी की विवादास्पद–नकारात्मक छवि को लगभग पूरी तरह बदलकर 'सख्त, निर्णायक और प्रभावी प्रशासक' और 'विकासपुरुष' की नई और सकारात्मक–चमकदार छवि गढ़ दी। हालांकि यह एक दिन या सप्ताह या महीने में नहीं हुआ बल्कि इसके पीछे कई सालों खासकर 2012 के गुजरात विधानसभा चुनाव के बाद से जारी संगठित पी.आर.–मार्केटिंग अभियान और मीडिया स्पिन की भूमिका को अनदेखा करना मुश्किल है।

उदाहरण के लिए, सीएसडीएस के राष्ट्रीय चुनाव अध्ययन (एनईएस, 2014) के सर्वेक्षण में यह पाया गया कि जिन उत्तरदाता वोटरों का 'मीडिया एक्सपोजर' ज्यादा था, उनमें उन वोटरों की तुलना में गुजरात को अन्य राज्यों की तुलना में बेहतर प्रशासित राज्य मानने की सम्भावना चार गुना ज्यादा थी, जिनका 'मीडिया एक्सपोजर' कम या बिलकुल नहीं था। यही नहीं, जिन उत्तरदाता वोटरों ने गुजरात को विकास के सूचकांकों पर अन्य राज्यों से बेहतर माना, उनमें कांग्रेस की तुलना में भाजपा को वोट देने का रुझान छह गुना अधिक था। इसके उलट जो उत्तरदाता वोटर गुजरात की तुलना में किसी अन्य राज्य को बेहतर मानते थे या जिन्होंने किसी राज्य का नाम नहीं लिया, उनमें कांग्रेस और भाजपा के बीच लगभग बराबरी में वोट देने का रुझान था।

इस सर्वेक्षण से साफ है कि मीडिया में गुजरात में 'विकास और सुशासन' को लेकर जो प्रचार अभियान चला, उसका फायदा भाजपा और मोदी को हुआ। जाहिर है कि यह कॉरपोरेट न्यूज मीडिया–पीआर–इवेंट मैनेजमेंट–विज्ञापन उद्योग की निर्णायक और सक्रिय मदद के बिना संभव नहीं था। इस प्रचार अभियान में विज्ञापन, पीआर, इवेंट प्रबंधन, मार्केटिंग, डिजिटल से लेकर अत्याधुनिक 3–डी होलोग्राम तकनीक तक सभी शामिल थे। आश्चर्य नहीं कि वरिष्ठ पत्रकार पी. सईनाथ नरेन्द्र मोदी के इस छवि निर्माण खासकर गुजरात को विकास और सुशासन के श्रेष्ठ मॉडल के बतौर पेश किए जाने को "इस दौर का सबसे बड़ा पीआर धोखा" मानते हैं। (फर्स्टपोस्ट, 25 जुलाई 13)।

इस राष्ट्रव्यापी प्रचार अभियान की सबसे बड़ी कामयाबी यह थी कि इसने संसदीय चुनावों को नरेन्द्र मोदी के व्यक्तित्व के इर्द–गिर्द एक तरह

के राष्ट्रपति चुनाव में बदल दिया। (सरदेसाई, 2014)। 'इंडिया टुडे' (19 मई) की एक रिपोर्ट के मुताबिक, मतदान के नौ महीनों पहले से जारी इस चुनाव अभियान में मोदी ने कोई तीन लाख किलोमीटर की यात्रा की जिसका अर्थ है कि पृथ्वी की सात बार विषवत रेखीय परिक्रमा कर ली। इस दौरान मोदी ने कोई 5187 आयोजनों–इवेंट में हिस्सा लिया, 440 रैलियों को संबोधित किया। इस प्रचार अभियान में मोदी अपनी बात सार्वजनिक रैलियों, 3–डी सभाओं, इंटरनेट और मोबाइल फोन के जरिये कोई 23 करोड़ मतदाताओं तक यानी हर चार में से एक वोटर तक सीधे पहुंचाने में कामयाब रहे।

इस रिपोर्ट के मुताबिक, मोदी टीम ने प्रचार के मामले में 2012 के अमेरिकी राष्ट्रपति चुनावों में ओबामा के प्रचार अभियान से बहुत कुछ सीखा। मीडिया रिपोर्टों के अनुसार मोदी के प्रचार अभियान का कुल बजट ओबामा के प्रचार अभियान के बजट से थोड़ा ही कम था। इसी अर्थ में यह हजारों करोड़ रुपए के विशाल प्रचारतंत्र की भी जीत है। कारपोरेट मीडिया–पीआर–विज्ञापन उद्योग के इस विशाल कार्पोरेट प्रचारतंत्र ने जिस तरह से मोदी के लिए प्रत्यक्ष और परोक्ष अभियान चलाया और चुनाव का एजेंडा सेट किया, उसकी हालिया भारतीय राजनीति में कोई मिसाल नहीं है। इस प्रचार अभियान ने 1984 के राजीव गांधी के मीडिया अभियान और 2004 के एनडीए के 'इंडिया शाइनिंग' अभियान को बहुत पीछे छोड़ दिया।

यह ठीक है कि मोदी के प्रचार अभियान की सफलता के लिए यूपीए सरकार खासकर कांग्रेस और दूसरी विपक्षी पार्टियों का राजनीतिक–वैचारिक रूप से भ्रमित, बिखरा और रक्षात्मक अभियान भी जिम्मेदार था। लेकिन इस तथ्य को अनदेखा करना मुश्किल है कि कारपोरेट मीडिया–पीआर–विज्ञापन उद्योग के गठजोड़ ने चुनाव परिदृश्य में नेताओं, पार्टियों और मुद्दों की फ्रेमिंग इस तरह की कि उसका सबसे सीधा फायदा मोदी के प्रधानमंत्री अभियान को मिला और बाकी सभी पृष्ठभूमि में धकेल दिए गए।

चुनाव का नया मैदान टेलीविजन : 'टेलीवाइज्ड' लोकतंत्र की ओर

यह पहला ऐसा चुनाव था जिसमें टेलीविजन ने सबसे महत्त्वपूर्ण भूमिका निभाई। वरिष्ठ टीवी पत्रकार राजदीप सरदेसाई के मुताबिक, "2014 के चुनाव भारत के पहले आम चुनाव थे जहां टीवी चुनावी मुकाबले का सबसे उल्लेखनीय मैदान बन गया।" (सरदेसाई, 2014)। इसमें काफी हद तक सच्चाई है कि यह देश का पहला टेलीविजन पर राष्ट्रपति शैली में लड़ा

गया चुनाव था जिसमें उम्मीदवारों की छवि, चुनाव के मुद्दे और एजेंडा गढ़ने में न्यूज चैनलों ने सीधी और सक्रिय भूमिका निभाई। चैनलों के पर्दे चुनाव के मद्देनजर राजनीतिक युद्ध के असली अखाड़े बन गए जहां पार्टियों और उनके नेताओं के बीच छवि और 'परसेप्शन' की लड़ाई लड़ी गई।

आश्चर्य नहीं कि राजनीतिक पार्टियां और उनके नेता खासकर प्रधानमंत्री पद के दावेदार अपनी रणनीति और कार्यक्रम चैनलों को ध्यान में रखकर बनाते दिखे। उन्होंने चैनलों को अपनी बातों, दावों और वायदों को लोगों तक पहुंचाने और अपनी छवि गढ़ने के लिए इस्तेमाल किया। चुनाव प्रचार के कार्यक्रम खासकर चुनावी रैलियों, प्रेस कॉन्फ्रेंसों और रोड शो का आयोजन चैनलों के समय और कैमरों को ध्यान में रखकर किया गया। चैनलों के अनुकूल इवेंट्स आयोजित किए गए। चुनावी कार्यक्रमों और रैलियों के मंच टीवी कैमरों के लिहाज से आकर्षक बनाये गए।

इसकी वजह यह थी कि राजनीतिक दलों और नेताओं को टीवी की पहुंच और ताकत का अच्छी तरह से अंदाज़ा था। दरअसल, भारत में जैसे–जैसे शहरीकरण बढ़ रहा है और गांवों में भी शहरीकरण का असर बढ़ रहा है, वैसे–वैसे राजनीतिक दलों, नेताओं, कार्यकर्ताओं और आम वोटरों के बीच सीधा संपर्क–संवाद भी कमजोर हो रहा है। इसके अलावा खुद राजनीतिक पार्टियों की संरचना और तौर–तरीकों में काफी बदलाव आया है जिसके कारण उनका आम वोटरों के साथ सीधा संपर्क–संवाद सीमित होता जा रहा है। इस कारण आम वोटरों के एक अच्छे–खासे हिस्से को राजनीति, पार्टियों और नेताओं के बारे में ज्यादातर जानकारी मीडिया के माध्यम से मिल रही है। इस तरह न्यूज मीडिया पार्टियों/नेताओं और आम वोटरों के बीच एक महत्त्वपूर्ण मध्यस्थ बन गया है।

इसमें भी चूंकि टेलीविजन की पहुंच सबसे ज्यादा है, इसलिए चुनावों में उसकी भूमिका भी बहुत महत्त्वपूर्ण होती जा रही है। मोदी की प्रचार टीम को चैनलों की ताकत और प्रभाव का अंदाज़ा था। हालांकि इन चुनावों में सोशल मीडिया के प्रभाव और मोदी की प्रचार टीम ने उसका जिस तरह से इस्तेमाल किया, उसकी खूब चर्चा हुई है लेकिन तथ्य यह है कि 2014 के चुनावों में टीवी न्यूज चैनलों की भूमिका सबसे महत्त्वपूर्ण थी। यहां तक कि सोशल मीडिया पर जिन मुद्दों/विषयों या व्यक्तियों/पार्टियों की सबसे ज्यादा चर्चा हो रही थी, उनका स्रोत भी मुख्यतः न्यूज चैनल थे।

असल में, टेलीविजन की बढ़ती ताकत का अंदाज़ा इससे लगाया जा सकता है कि वर्ष 2013 में देश के कुल 24.6 करोड़ घरों में से 16.1 करोड़ घरों में टेलीविजन पहुंच चुका था जिसमें 86 प्रतिशत घरों में केबल और

सैटेलाइट कनेक्शन था। इसका अर्थ है कि उनके टीवी सेट पर अनेक निजी न्यूज चैनल उपलब्ध थे। इस तरह देश में टीवी की पहुंच 60 फीसदी घरों तक हो चुकी है। (फिक्की–केपीएमजी रिपोर्ट, 2014) इसकी तुलना में सोशल मीडिया की पहुंच बहुत अधिक सीमित है। यही नहीं, 2009 के आम चुनावों में जहां देश में कुल न्यूज चैनलों की संख्या 243 थी, वह 2014 के आम चुनावों के दौरान बढ़कर 393 हो गई।

इनमें हिंदी और अंग्रेजी के बड़े राष्ट्रीय न्यूज चैनलों के अलावा विभिन्न भारतीय भाषाओं/क्षेत्रों में सक्रिय और उपलब्ध चैनल शामिल हैं। देश का शायद ही कोई ऐसा राज्य/क्षेत्र हो या प्रमुख भाषा हो जिसमें न्यूज और समसामयिक विषयों का चैनल उपलब्ध न हो। कई राज्यों–क्षेत्रों–भाषाओं में उपलब्ध न्यूज चैनलों की संख्या दर्जनों में है। इससे न्यूज चैनलों की बढ़ती पहुंच और लोकप्रियता का पता चलता है। सीएसडीएस के राष्ट्रीय चुनाव अध्ययन (एनईएस) के मुताबिक, जहां 1996 में 19 फीसदी वोटर रोज टीवी न्यूज देखते थे, वहीं 2014 में उनकी संख्या बढ़कर 46 फीसदी पहुंच चुकी है। इसका अर्थ यह हुआ कि लगभग हर दूसरा वोटर नियमित रूप से टीवी न्यूज चैनल देखता है।

यह कहना गलत नहीं होगा कि अपनी पहुंच और प्रसार के कारण चुनावों में टेलीविजन एक बहुत महत्त्वपूर्ण निर्णायक कारक बन गया है जिसके निहितार्थ महत्त्वपूर्ण हैं। उदाहरण के लिए, चुनावों में एजेंडा से लेकर छवि गढ़ने तक में टीवी चैनलों की लगातार बढ़ती और निर्णायक भूमिका ने यह तय कर दिया है कि 2014 के चुनावों की तरह आनेवाले चुनावों में मुद्दों और विचारों से ज्यादा महत्त्वपूर्ण भूमिका व्यक्तित्वों की होगी। इसकी सबसे प्रमुख वजह यह है कि एक दृश्य–श्रव्य माध्यम होने के कारण टीवी मुद्दों–विचारों से ज्यादा व्यक्तियों में रुचि लेता है। 2014 के चुनावों में प्रचार अभियान के तौर–तरीकों और मोदी की सफलता से यह तय हो गया है कि देश में तेजी से बढ़ते विशाल प्रचार–विज्ञापन उद्योग और टेलीविजन के कारण भविष्य के चुनाव अमेरिकी शैली के राष्ट्रपति चुनावों की तरह लड़े जाएंगे।

यही नहीं, 2014 के चुनावों में न्यूज चैनलों के एक बड़े हिस्से पर पक्षपातपूर्ण चुनावी कवरेज का आरोप भी लगा। ये चैनल जनमत को जिस ओर ले जाना चाहते थे, उस ओर ले जाने में कामयाब रहे। इसके लिए चैनलों ने हवा बनानेवाले चुनाव पूर्व सर्वेक्षणों से लेकर प्रायोजित साक्षात्कारों और चुनावी रैलियों की लाइव कवरेज तक का बखूबी इस्तेमाल किया। न्यूज चैनलों के एक बड़े हिस्से ने प्रधानमंत्री पद के उम्मीदवार नरेन्द्र मोदी की एक 'प्रभावी, निर्णायक और शक्तिशाली' नेता के साथ–साथ 'विकासपुरुष'

की एक अजेय छवि गढ़ने में महत्त्वपूर्ण भूमिका निभाई।

इसके साथ ही, गुजरात में विकास का आधा सच–आधा झूठ पर आधारित ऐसा मिथक गढ़ दिया गया, जो 2014 के चुनावों में मोदी के प्रचार की सबसे बड़ी करेंसी बन गई। न्यूज चैनल इसके सबसे बड़े प्रचारक थे और उससे भाजपा के प्रचार को एक विश्वसनीयता हासिल हुई। कहने की जरूरत नहीं है कि मोदी ने इस प्रचार अभियान के दौरान अनेक दावे किए, वायदे किए और घोषणाएं कीं जो चैनलों पर अहर्निश दिखाई गईं लेकिन चैनलों ने उनकी स्वतंत्र जांच–पड़ताल और छानबीन की कोशिश नहीं की।

उदाहरण के लिए, मोदी ने 2014 के चुनावों में काला धन को एक बड़ा मुद्दा बनाया और कई दावे और वायदे किए। ये दावे और वायदे चैनलों पर खूब दिखाए गए। लेकिन चैनलों ने उन अतिरेकपूर्ण दावों पर कोई सवाल नहीं खड़ा किया गया और न ही उनकी स्वतंत्र छानबीन की। उलटे उन्हें लाइव भाषणों से लेकर रिपोर्टों और प्राइम टाइम चर्चाओं में शामिल करके एक तरह की विश्वसनीयता दी गई। लेकिन चुनावों के कोई दस महीने बाद खुद भाजपा के नए अध्यक्ष अमित शाह ने स्वीकार किया कि कालेधन को भारत वापस लाने और हर भारतीय के खाते में 15 लाख रुपए देने का दावा 'चुनावी जुमला' था।

साफ है कि यह भाजपा के पीआर–प्रचारतंत्र की बड़ी सफलता थी कि उसने मोदी के दावों–वायदों को मतदाताओं के साथ मीडिया को भी सफलतापूर्वक बेचने में कामयाब हासिल की। इस तरह मोदी की पीआर मशीनरी मीडिया के चुनाव कवरेज को प्रभावित करने में काफी हद तक सफल रही। (गांधी, 2013) न्यूज चैनलों पर इसका सबसे अधिक प्रभाव दिखा। कई विश्लेषकों के मुताबिक, मोदी के प्रति टीवी चैनलों का अति–आकर्षण 'टीवी न्यूज चैनलों के कार्पोरेट मालिकों और मोदी के कार्पोरेट समर्थकों के बीच हितों के सामंजस्य' का नतीजा था। (वर्मा और सरदेसाई, 2014)

असल में, मोदी का प्रचार अभियान राजनीतिक पार्टियों के परंपरागत प्रचार अभियान की तरह नहीं बल्कि किसी बड़े कार्पोरेट प्रचार अभियान की तरह संगठित, लक्ष्य समूह की ओर निर्देशित और आक्रामक था। सच पूछिए तो मोदी की प्रचार टीम ने एक मनोवैज्ञानिक युद्ध–सा छेड़ रखा था। इस युद्ध में मीडिया– टेलीविजन/अखबारों/रेडियो से लेकर सोशल मीडिया तक का जबरदस्त रणनीतिक इस्तेमाल किया गया। न्यूज मीडिया को 'मैनेज' करने के लिए हर तरीके का इस्तेमाल किया गया।

कई मीडिया समीक्षकों का यह आरोप है कि इसमें चुनावी रैलियों की लाइव कवरेज से लेकर चुनावी विज्ञापनों की टी.वी. चैनलों–अखबारों, रेडियो

में प्लेसिंग तक और चुनिन्दा अखबारों, चैनलों को पीआर इंटरव्यू देने और पेड न्यूज से लेकर न्यूज मीडिया कंपनियों पर दबाव डलवाकर प्रतिकूल संपादकों को हटाने और अनुकूल संपादकों की नियुक्ति तक हर तरीके का इस्तेमाल किया गया। इसी तरह मोदी की प्रचार टीम ने उन पत्रकारों को मोदी के इंटरव्यू के लिए समय दिया जिनकी छवि या तो भाजपा–मोदी समर्थक की है या जिन्होंने कोई भी कठिन और विवादस्पद सवाल न पूछने का वायदा कर दिया। हालांकि कुछ ऐसे भी संपादक थे जिन्होंने सवाल करने में कोई कोताही नहीं की।

दूसरी ओर, मोदी की चुनावी रैलियों को न्यूज चैनलों पर बिना नागा लाइव कवरेज दी गई। मजे की बात यह थी कि इन रैलियों को कवर करने के लिए लगाये गए कैमरों के पूरे सेटअप का इंतजाम खुद भाजपा की प्रचार टीम का था और चैनलों को सीधी लेकिन नियंत्रित–निर्देशित लाइव फीड दी गई जिसे वे लाइव दिखा रहे थे। इसका अर्थ यह हुआ कि चैनलों का कवरेज पर कोई नियंत्रण नहीं था। वे एक तरह से इन रैलियों को बिना किसी आलोचनात्मक जांच–पड़ताल के दिखा रहे थे।

जाहिर है कि कैमरों की पोजिशनिंग से लेकर फोकस तक सब इस तरह से की गई थी कि उस रैली के सकारात्मक पहलू ही दिखे। इसमें भीड़ को बढ़ा–चढ़ाकर दिखाने के अलावा मोदी के भाषणों के साथ भीड़ के शोर और नारों को इस तरह से मिक्स किया जाता था कि उससे सहज एक मोदी 'मैजिक' बनने लगता था। मजे की बात है कि कुछ को छोड़कर अधिकांश चैनलों ने यह घोषित करना जरूरी नहीं समझा कि यह लाइव फीड भाजपा के प्रचार टीम के सौजन्य से आ रही है। हालांकि भाजपा की देखा–देखी कांग्रेस ने भी राहुल गांधी की रैलियों के लिए खुद की व्यवस्था करके उसकी फीड चैनलों को मुहैया करानी शुरू कर दी।

लेकिन 2014 के चुनावों में यह एक ऐसी चिंताजनक प्रवृत्ति दिखाई पड़ी जिसमें चैनल चुनावी रैलियों की स्वतंत्र, वस्तुनिष्ठ और आलोचनात्मक रिपोर्टिंग के बजाय अनुकूल और पेड कैमरों से लोगों के पास तस्वीरें पहुंचाते दिखे और जो स्वतंत्र और वस्तुनिष्ठ पत्रकारिता के आदर्शों और सिद्धांतों के विपरीत है। जैसे न्यूज मीडिया का काम सिर्फ पोस्ट–ऑफिस और डाकिये का हो जो संदेशों को बिना जांचे–परखे एक–दूसरे तक पहुंचाता है।

इसी तरह यह मोदी की प्रचार–पीआर टीम ने बहुत छानबीन करके और योजना के साथ कुछ चुने हुए पत्रकारों को इंटरव्यू दिया (सरदेसाई, 2014)। जाहिर है कि इनमें से अधिकतर साक्षात्कारों में मोदी से वे तीखे, विवादस्पद और कठिन सवाल नहीं पूछे गए जिनपर वे बोलने से बचते रहे हैं। इन

'फिक्स्ड' से लगनेवाले साक्षात्कारों में मोदी को अपनी इच्छा के अनुसार बोलने का मौका दिया गया और शायद ही कभी फालोअप प्रश्न या जवाबी प्रश्न पूछे गए। यह हैरानी की बात नहीं है कि इन साक्षात्कारों में मोदी उन्हीं बातों को दोहराते हुए दिखे जिन्हें वे रैलियों में कई बार बोल चुके थे?

यह सही है कि कांग्रेस नेता राहुल गांधी ने भी इस तरह के पीआर इंटरव्यू दिए जिसमें उनसे कठिन और विवादस्पद मुद्दों पर सवाल नहीं पूछे गए। यह एक चलन–सा बन रहा है जहां पत्रकार–चैनल–अखबार 'एक्सक्लूसिव' इंटरव्यू के चक्कर में अपनी स्वतंत्रता के साथ समझौता करने के लिए भी तैयार हैं। इससे नेताओं खासकर प्रधानमंत्री पद के दावेदारों को आलोचनात्मक जांच–पड़ताल से बचकर निकलने और अपनी छवि गढ़ने का मौका मिला। इसमें सबसे घाटे में वह पाठक–दर्शक है जिसके सामने पीआर इंटरव्यू और सूचनाएं परोसी जा रही हैं। उसे तो वोट देने से पहले विभिन्न पार्टियों और उनके प्रधानमंत्री पद के दावेदारों के बारे में वस्तुनिष्ठ, स्वतंत्र, तथ्यपूर्ण और निष्पक्ष सूचनाएं मिलनी चाहिए थीं ताकि वह सही फैसला कर सके।

यही हाल चैनलों पर होनेवाली प्राइम टाइम बहसों का रहा जो काफी हद तक एकतरफा, मैनिपुलेटेड और फिक्स्ड हो गई थीं। 2014 के चुनावों के दौरान इन टीवी बहसों के लिए जिस तरह से सतही–सनसनीखेज–विवादस्पद मुद्दों को उठाया गया, उसका चयन मुख्यतः या तो प्रमुख नेताओं के आपसी जबानी जंग के आधार पर हुआ या इसी तरह के किसी विवाद पर। चैनलों की सबसे ज्यादा रुचि सनसनी और विवादों में होती है और नेता इसे समझते हैं। वे इसका फायदा उठाते हैं जिससे वे सुर्खियों में बने रहते हैं। चैनलों को भी इससे कोई आपत्ति नहीं है क्योंकि उन्हें बिना किसी खर्च और मेहनत के अधिक से अधिक दर्शक और टीआरपी जुटाने में मदद मिलती है। (भूषण, 2014)

लेकिन इसके कारण आम लोगों के जरूरी और बुनियादी मुद्दे आमतौर पर बहस में नहीं आते हैं। 2014 के आम चुनाव इसके अपवाद नहीं थे। यही नहीं, इन सतही–सनसनीखेज–विवादास्पद मुद्दों–विवादों पर होनेवाली प्राइम टाइम बहसों में दोनों बड़ी पार्टियों–कांग्रेस और भाजपा के स्पिन डाक्टर्स और प्रवक्ता बहस को आधे–अधूरे तथ्यों, मनमानी व्याख्या और तोड़मरोड़ कर रही–सही कसर पूरी कर देते हैं। ज्यादातर प्राइम टाइम बहसों और यहां तक कि चुनावी बहसों में आरोप–प्रत्यारोप और शोर–शराबे के अलावा शायद ही कभी गंभीर चर्चा हुई हो। आश्चर्य नहीं कि इस शोर–शराबे में नरेन्द्र मोदी को एक ऐसे 'विजनरी' नेता की तरह स्थापित किया गया जिसके

पास देश की हर समस्या का हल है।

इसका सबसे ज्यादा नुकसान छोटी–मंझोली और क्षेत्रीय पार्टियों और उनके नेताओं को उठाना पड़ा। कहने की जरूरत नहीं है कि इससे भारतीय राजनीति में मौजूद राजनीतिक–वैचारिक–क्षेत्रीय विविधता और बहुलता घटेगी। आशंका है कि देश अमेरिका या ब्रिटेन की तरह कृत्रिम रूप से द्विदलीय राजनीतिक व्यवस्था की ओर बढ़ सकता है। हैरानी की बात नहीं है कि 2014 के आम चुनावों के नतीजों के बाद देश में सिर्फ दो राष्ट्रीय दल–भाजपा और कांग्रेस रह गए हैं और बहुजन समाज पार्टी, माकपा, भाकपा, राजद, राकांपा की मान्यता खतरे में पड़ गई है।

मजे की बात यह है कि 2014 के चुनावों में कांग्रेस और भाजपा को कुल पड़े वोटों का लगभग 50 फीसदी मिला है और बाकी 50 फीसदी वोट छोटे–मंझोले दलों और क्षेत्रीय पार्टियों में बंट गया है। लेकिन इसके बावजूद जिस तरह से न्यूज मीडिया खासकर चैनलों ने इस चुनाव को मोदी बनाम राहुल बनाम केजरीवाल बना दिया था, उसके कारण अनेक छोटे–मंझोले लेकिन अपने–अपने इलाकों में प्रभावी राजनीतिक पार्टियां चुनाव की चर्चाओं–बहसों से गायब हो गई थीं। चुनावों में इसका उन्हें खमियाजा उठाना पड़ा।

इसकी वजह साफ है। असल में, व्यक्तित्वों के इस कृत्रिम टकराव में न्यूज मीडिया की पसंद किसी से छुपी नहीं थी। मोदी के व्यक्तित्व को जिस तरह का महत्त्व और कवरेज मिला, वह जाहिर है। मीडिया शोध एजेंसी सीएमएस की एक रिपोर्ट के मुताबिक, न्यूज चैनलों के प्राइम टाइम (रात 8–10 बजे) पर कवरेज–चर्चाओं में मोदी को 33 फीसदी जगह मिली जबकि उनके मुख्य प्रतिद्वंद्वी कांग्रेस के नेता राहुल गांधी को सिर्फ 4 फीसदी जगह मिली। मजे की बात यह है कि इस दौरान एक नई पार्टी–आप के नेता अरविन्द केजरीवाल को 10 फीसदी कवरेज मिली। लेकिन वे दोनों कवरेज–चर्चाओं में मोदी के मुकाबले बहुत पीछे थे। प्रचार के आखिरी दौर में न्यूज चैनलों पर मोदी की कवरेज बढ़कर 40 फीसदी तक पहुंच गई।

मजे की बात यह है कि कारपोरेट मीडिया 'मोदी बनाम राहुल' के कृत्रिम टकराव का इस रूप में लाभार्थी भी था कि उसे दोनों के प्रचार बजट का बड़ा हिस्सा मिल रहा था। कहने की जरूरत नहीं है कि मंदी से जूझती अर्थव्यवस्था और घटते कारपोरेट विज्ञापनों के बीच चुनाव उसके लिए बड़ी उम्मीद बन कर आया था। चुनावों के लिए उसकी जल्दबाजी की वजह यह भी थी कि उसे 'मोदी बनाम राहुल' की ऊंचे दांवों की लड़ाई में अपने लिए छप्परफाड़ मुनाफे की उम्मीद दिखाई दे रही थी। यह और बात है कि इस

प्रक्रिया में अमीर होते कारपोरेट न्यूज मीडिया के बीच भारतीय लोकतंत्र की दरिद्रता कुछ और बढ़ गई।

इससे यह भी साफ हो गया कि टेलीविजन निर्देशित राजनीति के इस दौर में व्यक्तियों में भी उस नेता/व्यक्ति के लिए ज्यादा संभावनाएं हैं जिसका व्यक्तित्व टेलीविजन के ज्यादा अनुकूल और आकर्षक है। तात्पर्य यह कि एक दृश्य माध्यम होने के नाते टेलीविजन की जरूरतों के मुताबिक उस नेता को वक्तृत्व कला यानी लच्छेदार भाषण की कला में माहिर होना होगा, प्रस्तुति लायक आकर्षक व्यक्तित्व बनाना होगा यानी व्यक्तित्व की 'ग्रूमिंग', नैन–नक्श से लेकर स्टाइलिश और फैशनेबल कपड़ों तक और चाल–ढ़ाल से लेकर शारीरिक भाषा तक का महत्त्व बढ़ेगा।

हैरानी नहीं होगी, अगर अगले चुनावों तक बड़ी इवेंट मैनेजमेंट कंपनियों से लेकर बालीवुड के बड़े निर्देशक/सिनेमाटोग्राफर/सेट डिजाइनर/मेकअप आर्टिस्ट प्रधानमंत्री पद के उम्मीदवार की पर्सनल ग्रूमिंग से लेकर वेशभूषा और रैलियों/कार्यक्रमों के सेट तैयार करते नजर आएं। अमेरिका और कई यूरोपीय देशों में यह पहले ही हो चुका है जहां टेलीविजन ने चुनावों में प्रचार के तौर–तरीकों से से लेकर प्रत्याशी के चयन तक को निर्धारित करने में बड़ी भूमिका निभाई है। वहां चुनावों के टीवीकरण के कारण प्रत्याशियों का व्यक्तित्व किसी भी और चीज से ज्यादा महत्त्वपूर्ण और निर्णायक हो गया है।

इसकी एक बड़ी वजह यह भी है कि राजनीतिक पार्टियों के विचारों और कार्यक्रमों में बहुत फर्क नहीं रह गया है। इसलिए यह फर्क व्यक्तित्वों में खोजने की कोशिश की जाती है। यहीं मीडिया और खासकर टेलीविजन की भूमिका महत्त्वपूर्ण हो जाती है। मोदी की भारी जीत के बाद इसका महत्त्व और बढ़ेगा। यह माना जा रहा है कि न्यूज मीडिया और खासकर टीवी ने जनमत के रुख को मोड़ने में अपनी ताकत निर्णायक रूप से दिखा दी है।

कारपोरेट पूंजी और कारपोरेट मीडिया बनाम लोकतंत्र

जाहिर है कि यह सब मुफ्त में नहीं हुआ। इसके पीछे बड़ी पूंजी खासकर कारपोरेट पूंजी का पैसा और ताकत लगा था। आश्चर्य नहीं कि 2014 के आम चुनावों में प्रचार अभियान पर जिस तरह से पानी की तरह पैसा बहा, वह भारतीय चुनावों के लगातार महंगे होते जाने का एक और प्रमाण है। इससे यह तय हो गया कि आनेवाले वर्षों में चुनाव प्रचार और महंगा होगा, उसमें बड़ी पूंजी की भूमिका और बढ़ेगी और नतीजे में, पार्टियों/नेताओं की बड़ी कारपोरेट पूंजी पर निर्भरता भी बढ़ेगी। लेकिन इसका अर्थ यह भी है

कि चुनावों में प्रचार के बढ़ते महत्त्व और उस पर बेतहाशा खर्च के कारण भारतीय राजनीति में किसी भी नई पार्टी के लिए प्रवेश करने की बाधा और ऊँची और मुश्किल होती जायेगी।

यह भारतीय लोकतंत्र के निर्णायक रूप से धनतंत्र में बदलने का संकेत है। बड़ी कारपोरेट पूंजी पर बढ़ती निर्भरता के कारण राजनीतिक दलों–नेताओं के लिए उन्हें खुश रखना और उनके हितों को प्राथमिकता देना ज्यादा महत्त्वपूर्ण और जरूरी होता जा रहा है। इस लिहाज से 2014 के चुनावों में कारपोरेट मीडिया के जरिये बड़ी कारपोरेट पूंजी वह करने में कामयाब रही है जो वह 2004 में नहीं कर पाई थी। उस समय इंडिया शाइनिंग अभियान मुंह के बल गिर गया था।

हालांकि 2009 में यूपीए की कामयाबी में भी कारपोरेट पूंजी और मीडिया की बड़ी भूमिका थी। उस चुनाव में कारपोरेट पूंजी और मीडिया ने जिस तरह से अमेरीका से परमाणु करार के पक्ष में माहौल बनाया और वामपंथी पार्टियों समेत तीसरे मोर्चे की क्षेत्रीय पार्टियों को विकास विरोधी और सत्तालोलुप साबित करने में कोई कसर नहीं उठा रखी, उससे राष्ट्रीय राजनीति का एजेंडा बनाने, छवि निर्मित करने, जनमत गढ़ने और धारणाएं बनाने में उसकी बढ़ती भूमिका दिखने लगी थी।

लेकिन 2014 के चुनावों में एक फैसलाकुन फैक्टर के रूप में बड़े कारपोरेट मीडिया की निर्णायक भूमिका साबित हो गई है। वह अब राजनीतिक घटनाक्रम और बदलावों का वस्तुनिष्ठ और तथ्यपरक वर्णनकर्ता भर नहीं बल्कि सक्रिय खिलाड़ी बन चुका है। वह 'फ़ोर्स मल्टीप्लायर' है और जनमत को तोड़ने–मरोड़ने और गढ़ने के मामले में उसकी बढ़ती ताकत भारतीय लोकतंत्र के लिए खतरे की घंटी है। इसकी वजह यह है कि बड़ी कारपोरेट पूंजी, मीडिया–पीआर–विज्ञापन गठजोड़ की मदद से जनमत को अपने हितों के अनुकूल मोड़ने में माहिर हो गई है।

कहने की जरूरत नहीं है कि यूपीए और कांग्रेस के खिलाफ लोगों के वाजिब गुस्से को जितनी चतुराई और कुशलता के साथ बदलाव के नाम पर भाजपा के पक्ष में मोड़ दिया गया, वह वास्तव में, भारतीय राजनीति में कारपोरेट पूंजी और उसकी मदद से चलनेवाले मीडिया–पीआर–विज्ञापन गठजोड़ की निर्णायक भूमिका का सबसे बड़ा सबूत है। यह भारतीय राजनीति के लगातार 'मीडियाटाइज्ड' होने का सबूत है जहां न्यूज मीडिया कंपनियों के साथ–साथ विज्ञापन–पीआर–लाबीइंग उद्योग का मजबूत होता कॉर्टेल कार्पोरेट पूंजी के हितों के अनुकूल राजनीतिक एजेंडा सेट कर रहा है।

इन चुनावों में व्यक्तियों, मुद्दों से लेकर राजनीतिक बहस के मुद्दे तक यही कारपोरेट कॉर्टेल तय कर रहा है। 2014 के चुनावों में यह कारपोरेट कॉर्टेल और अधिक मजबूत और प्रभावी हुआ है। इस कॉर्टेल की अगुवाई बड़ी देशी–विदेशी कंपनियों के संरक्षण में देशी–विदेशी बहुराष्ट्रीय विज्ञापन–पी. आर–इवेंट मैनेजमेंट एजेंसियां कर रही हैं। यह किसी से छुपा नहीं है कि प्रधानमंत्री पद के उम्मीदवार नरेन्द्र मोदी भाजपा ही नहीं, भारतीय कार्पोरेट न्यूज मीडिया के बड़े हिस्से के भी उम्मीदवार थे। उसने अपनी यह पसंद छुपाई भी नहीं। उसने उन्हें प्रधानमंत्री बनाने के लिए अनुकूल माहौल बनाने में कोई कोर कसर नहीं उठा रखा।

आश्चर्य नहीं कि मोदी के पक्ष में हवा बनाने से लेकर चुनाव और मतगणना से पहले ही चुनाव पूर्व सर्वेक्षणों में एनडीए को बहुमत दिलाकर मोदी को प्रधानमंत्री घोषित करने तक मीडिया मोदी के प्रचार अभियान का अग्रिम दस्ता बन गया। कई मीडिया विश्लेषकों का मानना है कि मीडिया का एक बड़ा हिस्सा मोदी और भाजपा के प्रचार अभियान के भोंपू की तरह काम कर रहा था और इसके लिए उसने पत्रकारिता के बुनियादी उसूलों जैसे सच्चाई, तथ्यपरकता, वस्तुनिष्ठता, निष्पक्षता और संतुलन को ताक पर रख दिया (हसन, 2014)।

लेकिन इसमें हैरान होने की बात नहीं है। उसका यह आचरण उसके कारपोरेट चरित्र के मुताबिक ही था। असल में, मोदी उस बड़ी देशी–विदेशी पूंजी और कारपोरेट जगत की ओर से प्रधानमंत्री पद के सबसे पसंदीदा उम्मीदवार थे जो न्यूज मीडिया यानी बड़े अखबारों और न्यूज चैनलों के भी प्रत्यक्ष या परोक्ष मालिक हैं। 2014 के चुनावों की यह भी ख़ास बात थी कि कारपोरेट्स ने पहली बार इस तरह से खुलकर अपनी राजनीतिक पसंद जाहिर की थी और चुनावों से महीनों पहले यह स्पष्ट हो चुका था कि बड़ी कारपोरेट पूंजी क्या चाहती है?

जाहिर है कि यह कारपोरेट न्यूज मीडिया यानी बड़े अखबार और चैनल देश को वही बोलते–बताते हैं जो इस देश की बड़ी देशी–विदेशी पूंजी यानी बड़ी कंपनियों और उद्योगपतियों के हितों के अनुरूप हो। यह किसी से छुपा नहीं है कि चुनावों से बहुत पहले से ही मोदी कारपोरेट और बड़े पूंजीपतियों के चहेते बन चुके थे और इस कारण न सिर्फ उन्हें अपनी पार्टी के अंदर प्रधानमंत्री पद की दौड़ में अन्य प्रतिद्वंद्वियों को पछाड़ने में मदद मिली बल्कि चुनावों के दौरान भी इसका भारी फायदा मिला। सवाल यह है कि देश के बड़े देशी–विदेशी कारपोरेट और पूंजीपति मोदी पर दांव क्यों लगा रहे थे?

इसकी वजह यह थी कि कारपोरेट/कम्पनियों को कोयला–लौह अयस्क–बाक्साइट आदि खनिजों से लेकर 2जी ध्वनि तरंगों (एयरवेब) तक में

फायदा पहुंचाने और भ्रष्टाचार के आरोपों के कारण कांग्रेस/यूपीए सरकार की पोल खुल चुकी थी। इसके साथ बढ़ती महंगाई और अर्थव्यवस्था के खस्ताहाल होने के कारण सरकार पूरी तरह से अलोकप्रिय हो चुकी थी। लोग इस सरकार को उसकी कारपोरेटपरस्ती और जनविरोधी फैसलों के लिए सजा देने का मन बना चुके थे।

जाहिर है कि ऐसी सरकार बड़ी पूंजी के लिए किसी काम की नहीं रह गई थी और कारपोरेट अनुकूल आर्थिक सुधारों को आगे बढ़ाने और कारपोरेट्स को लाभ पहुंचाने की उसकी राजनीतिक क्षमता संदिग्ध हो चुकी थी। तथ्य यह है कि यूपीए सरकार अपने आखिरी दो सालों में जिस 'नीतिगत पक्षाघात' की शिकार बताई जाने लगी थी, वह और कुछ नहीं बल्कि बड़ी देशी–विदेशी कारपोरेट पूंजी को लाभ पहुंचाने में उसकी राजनीतिक अक्षमता थी।

इसे देखते हुए कॉरपोरेट जगत ने यूपीए–कांग्रेस को छोड़कर भाजपा–एनडीए के प्रत्याशी नरेन्द्र मोदी पर दांव लगाया। मोदी पर दांव लगाने की सबसे बड़ी वजह यह थी कि मोदी गुजरात के मुख्यमंत्री के बतौर पिछले बारह वर्षों में बड़ी कंपनियों और पूंजीपतियों का न सिर्फ भरोसा जीता था बल्कि उन्हें यह समझाने में सफल रहे थे कि बड़ी कंपनियों के लिए उनसे बेहतर और कोई विकल्प नहीं है।

हालांकि कारपोरेटपरस्ती और पूंजीपतियों को दोनों हाथों से फायदा पहुंचाने में कोई भी पार्टी या मुख्यमंत्री और उसकी सरकार पीछे नहीं है लेकिन मोदी के कारपोरेट प्रेम के आगे कोई नहीं ठहरता है। दूसरे, आज कारपोरेट्स के हितों को आगे बढ़ाने, उसकी मांगों को पूरा करने और उसके कहे मुताबिक नव उदारवादी आर्थिक सुधारों को तेज करने का काम सबसे कुशलता के साथ और सक्षम तरीके से मोदी ही कर सकते हैं क्योंकि कंपनियों को भरोसा था कि मोदी में ही वह काबिलियत और चतुराई है कि वे कड़वे आर्थिक सुधारों और बड़ी पूंजी के अनुकूल फैसलों को 'विकास, राष्ट्रवाद और हिंदुत्व' की चाशनी में लपेटकर लोगों के हलक के नीचे उतार सकते हैं।

हैरानी की बात नहीं है कि 2014 के चुनावों से पहले बड़ी देशी–विदेशी कम्पनियां–कारपोरेट्स और पूंजीपति खुलकर मोदी के पीछे खड़े हो गए। चूंकि मुख्यधारा के सभी बड़े अखबार समूह और चैनल यानी कारपोरेट न्यूज मीडिया इन्हीं कारपोरेट्स और पूंजीपतियों के हैं, उन्हीं की पूंजी उसमें लगी है या उन्हीं के विज्ञापनों की कमाई से वे चलते हैं, इसलिए स्वाभाविक रूप से वे मोदी के अगुआ प्रचार दस्ते में तब्दील हो गए। (पै, 2014)।

असल में, चैनल/अखबार में जितनी पूंजी लगी है और दांव जितने ऊंचे हैं, उसमें किसी मीडिया कंपनी और उसके मालिक के लिए स्वतंत्र, निष्पक्ष, वस्तुनिष्ठ और संतुलित रह पाना संभव नहीं रह गया है। वे बिना किसी अपवाद के बड़ी देशी–विदेशी पूंजी के हितों के अनुकूल और सत्ता में शीर्ष पदों पर बैठे या सत्ता के संभावित दावेदारों के साथ खड़े रहते हैं। वे कोई जोखिम लेने के लिए तैयार नहीं हैं और झुकने के लिए कहे जाने पर रेंगने में देर नहीं करते हैं। इसका सबसे बढ़िया उदाहरण नरेन्द्र मोदी के चुन–चुनकर दिए गए इंटरव्यू हैं जिनमें पत्रकारों के सवाल, उनकी देहभाषा, उनका टोन और साफ्टनेस सच्चाई बयान कर देती है।

इसके अलावा मोदी की प्रचार टीम ने सोशल मीडिया पर अभियान चलाने के लिए सैकड़ों युवा वेतनभोगी कर्मचारी नियुक्त कर रखे थे। दूसरी ओर, अमेरिकी पीआर कंपनी एप्को वर्ल्डवाइड के अलावा कोई 500 करोड़ रुपए के बजट में बहुराष्ट्रीय विज्ञापन कंपनी– मैकान–इरिक्सन को विज्ञापन अभियान तैयार करने का ठेका दिया गया था। इसका काम अखबारों–चैनलों–रेडियो–सिनेमाघरों में लगातार चलनेवाले विज्ञापनों की सामग्री तैयार करना था क्योंकि विज्ञापन पर खर्च होनेवाला बजट अलग था। कहने की जरूरत नहीं है कि इन सबके संयुक्त प्रयास से देश में 'मोदी लहर' तैयार की गई। इसमें देश की बड़ी कंपनियों ने जमकर धन झोंका जबकि मीडिया कंपनियों ने उसे आवाज़ और साख दी।

इस तरह प्रचार के कानफोड़ू शोर में पूरे देश में जनमत को बहरा बनाने कोशिश की गई। चिंता की बात यह है कि कारपोरेट पूंजी की ताकत और उसके प्रचार दस्ते के रूप में तब्दील होता कारपोरेट न्यूज मीडिया जनादेश को हाइजैक करने में सक्षम होता जा रहा है। मीडिया के इस पक्षपातपूर्ण रुख के कारण भारतीय लोकतंत्र समृद्ध नहीं, बल्कि कमजोर हो रहा है।

सन्दर्भ

गांधी, जतिन (2013)। मोदी माइथोलोजी. ओपन, 18 जुलाई. नई दिल्ली

पै, सुधा (2014). डीड द मीडिया मैन्युफैक्चर कंसेंट इन दिस इलेक्शन. द हूट. वेबसाइट से प्राप्त

http://www.thehinducentre.com/verdict/commentary/article5843621.ece

पलशीकर, सुहास (2014). मोदी, मीडिया एंड द मिडिल क्लास. सेमिनार (656), अप्रैल. नई दिल्ली

पलशीकर, सुहास और सूरी, के.सी (2014). इंडियाज 2014 लोकसभा इलेक्शन–

क्रिटिकल शिफ्ट्स इन द लांग टर्म, ऐंड इन द शार्ट टर्म. इकोनामिक ऐंड पोलिटिकल वीकली (वाल्यूम XLIX नं 39) 27 सितम्बर. मुंबई

फर्स्टपोस्ट (2013). नरेन्द्र मोदी, द बिगेस्ट पीआर आइकान आफ आवर टाइम्सः पी. सईनाथ. वेबसाइट आइकन से प्राप्त

http://www.firstpost.com/politics/narendra-modi-the-biggest-pr-con-of-our-time-p-sainath-984673.html

फिक्की–केपीएमजी इंडियन मीडिया एंड इंटरटेनमेंट रिपोर्ट (2014). द स्टेज इज सेट. वेबसाइट से प्राप्तः

https://www.kpmg.com/IN/en/Topics/FICCI-Frames/Documents/FICCI-Frames-2014-The-stage-is-set-Report-2014.pdf

बोस, प्रसेनजित (2013). मैन्युफैक्चरिंग कंसेंटः 'कारपोरेटिज्म' ऐंड इंडियन इलेक्शंस. प्रगोती. वेबसाइट से प्राप्तः

http://www.pragoti.in/node/5024

भूषण, संदीप (2014). मीडिया वाच– हाउ द टेलीविजन न्यूज इंडस्ट्री स्क्रिप्टेड द इंडियन इलेक्शन. द कैरावन. वेबसाइट से प्राप्त

http://www.caravanmagazine.in/vantage/television-scripted

वर्मा, राहुल और सरदेसाई, श्रेयस (2014). नेशनल इलेक्शन स्टडी 2014: डज मीडिया एक्सपोजर अफेक्ट वोटिंग बिहेवियर ऐंड पोलिटिकल प्रेफेरेंस. इकोनामिक ऐंड पोलिटिकल वीकली (वाल्यूम XLIX नं 39) 27 सितम्बर. मुंबई

सरदेसाई, राजदीप (2014). 2014 द इलेक्शन दैट चेंज्ड इंडिया. पेंगुइन बुक्स इंडिया. नई दिल्ली

हसन, जोया (2014). मीडिया मैटर्स– मैन्युफैक्चरिंग डिसेंटः द मीडिया ऐंड द 2014 इंडियन इलेक्शन. द हिन्दू सेंटर फार पोलिटिक्स ऐंड पब्लिक पालिसी. वेबसाइट से प्राप्त

http://www.thehinducentre.com/verdict/commentary/article5843621.ece

उत्तर प्रदेश में कैसे लहराया भाजपा का परचम

धर्मेन्द्र कुमार सिंह

लोकसभा चुनाव, 2014 में भारतीय जनता पार्टी (भाजपा) की चमत्कारिक जीत में उत्तर प्रदेश की महत्त्वपूर्ण भूमिका रही है। भाजपा ने देश भर में कुल 428 उम्मीदवार उतारे थे जिसमें 282 सीटों पर पार्टी को जीत मिली। इसमें सबसे अधिक 71 यानी करीब एक चौथाई सीटें उत्तर प्रदेश से मिलीं। अगर उत्तर प्रदेश से पार्टी के इतने सांसद जीतकर नहीं आए होते तो भाजपा को स्पष्ट बहुमत से वंचित रह जाना पड़ता। उत्तर प्रदेश और बिहार जैसे राज्यों में भाजपा कभी भी ठोस जनाधार का दावा करने की स्थिति में नहीं रही है। यहां ऊंची जातियों का रुझान भी बदलता रहा है। यहां तक कि बाबरी मस्जिद विध्वंस के बाद भी उत्तर प्रदेश में 1993 के विधानसभा चुनावों में उसे बहुमत नहीं हासिल हो पाया था। वह यहां किसी विशेष चुनावी लहर में या गठजोड़ करके ही जीतती रही है। अटल बिहारी वाजपेयी की लोकप्रियता जब चरम पर थी तब वह 57 सीटें ही जीत पाई थी जब उत्तर प्रदेश में 85 सीटें हुआ करती थी। फिर, 2004 के संसदीय चुनावों के बाद से पार्टी लगातार बमुश्किल चौथा स्थान हासिल करने में ही कामयाब होती रही है। इसलिए पिछले कई चुनावों में चौथे और कहीं–कहीं तो उससे भी नीचे रही पार्टी को काफी बड़े अंतर की छलांग लगानी पड़ी। मोटे तौर पर भाजपा को यहां पिछले चुनाव के मुकाबले 24.82 फीसदी मतों का फायदा हुआ। वोटरों के रुझान में यह भारी छलांग ही इस चुनाव में परिवर्तन की कहानी कहता है। बेशक, इस बार भाजपा की इतनी बड़ी जीत की वजहें क्या थीं, यह विशेष अध्ययन का विषय है। मोटे तौर पर भाजपा की जीत में नरेन्द्र मोदी की छवि, हिन्दू–मुस्लिम वोटों का ध्रुवीकरण, पश्चिम उत्तर प्रदेश में मुजफ्फरनगर के दंगे, कांग्रेस से मुलायम सिंह और मायावती की नजदीकियां, ओबीसी और दलित वोटरों का मुलायम सिंह और मायावती

से बिदकना, सुशासन और विकास के मुद्दे और केजरीवाल फैक्टर का बेअसर हो जाना अहम मुद्दे थे।

उत्तर प्रदेश के चुनावी समीकरण को सबसे ज्यादा असर डालने वाली एक बड़ी वजह तो निर्विवाद रूप से मुजफ्फरनगर के दंगे थे। इससे सांप्रदायिक ध्रुवीकरण इतना भारी हुआ कि मुसलमानों की मजबूत मौजूदगी वाले उत्तर प्रदेश से पहली बार एक भी मुस्लिम जन प्रतिनिधि लोकसभा में नहीं पहुंच पाया। यहां तक कि जिन संसदीय क्षेत्रों में मुस्लिम मतदाताओं की संख्या 35 फीसदी से ऊपर है, उनमें भी वे जीत पर असर नहीं डाल पाए और भाजपा के ही उम्मीदवार जीत गए। यही नहीं, दलित वोटरों के ठोस आधार वाली मायावती की बहुजन समाज पार्टी (बसपा) को एक भी सीट नहीं मिल पाई। मुलायम सिंह यादव की समाजवादी पार्टी के खाते में भी शून्य है, अगर 'नेताजी' की अपनी दो सीटें और उनके परिवार वालों की तीन सीटों को अलग कर दें। कांग्रेस अध्यक्ष सोनिया गांधी और उनके बेटे, उपाध्यक्ष राहुल गांधी भी अपनी परंपरागत सीटों रायबरेली और अमेठी को ही बचाने में सफल हुए। इसमें भी पेंच यह है कि राहुल गांधी के जीत का अंतर घटकर करीब एक लाख हो गया। इस तरह, नेहरू–गांधी खानदान के दो सदस्य और यादव परिवार के 5 सदस्यों के अलावा बाकी सभी सीटें भाजपा की ओर मुड़ गईं। मुलायम दो सीटों मैनपुरी और आजमगढ़ से चुनाव लड़े और दोनों जीते। बाद में पूर्वी उत्तर प्रदेश के यादवों और मुसलमानों में भरोसा बहाली की रणनीति के तहत मुलायम ने अपने गांव के पास की मैनपुरी सीट से इस्तीफा दिया और अपने भाई के पोते तेजप्रताप यादव को वहां से जितवा दिया। इन्हीं तेजप्रताप की शादी लालू प्रसाद यादव की सबसे छोटी बेटी से हुई।

उत्तर प्रदेश के इन नतीजों से बड़े से बड़े राजनैतिक पंडित भी चकरा गए। भाजपा के नेताओं के लिए भी यह बिन मांगे वरदान की तरह था। उन्होंने इतनी बड़ी जीत की कल्पना तक नहीं की थी। तब उत्तर प्रदेश प्रभारी भाजपा महासचिव अमित शाह भी 60 से अधिक सीटों का सपना नहीं देख रहे थे। हालांकि बाद में इसी करिश्माई जीत ने उन्हें 'मास्टर स्ट्रेटजिशियन' का खिताब दिला दिया और वे अध्यक्ष पद पर काबिज होकर भाजपा में जबरदस्त दखल रखने लगे। भाजपा की सहयोगी पार्टी अपना दल की सीटें भी जोड़ दें तो एनडीए गठबंधन को 80 सीटों में से 73 सीटों पर जीत हासिल हुई यानी उसकी झोली में 91 फीसदी सीटें गईं। इससे बेहतर जीत पूर्व प्रधानमंत्री इंदिरा गांधी के हत्याकांड के बाद कांग्रेस को 1984 में मिली थी। उस समय कांग्रेस को 85 (तब उत्तराखंड नहीं बना था) में से 83 सीटें मिली थीं। इसके बाद यह भाजपा की सबसे बड़ी जीत है। जाहिर है, भाजपा की यह जीत मोदी विरोधी

स्पष्ट रुझान वाले मुसलमान मतदाताओं के अलावा सभी समुदायों और जातियों में एक बड़े वर्ग में उसके लिए अनुकूल रुख के बिना संभव नहीं हुई होगी। स्पष्ट है कि मतदाताओं के सोच और व्यवहार में जबर्दस्त बदलाव आया है। इसका एक नतीजा यह निकाला जा सकता है कि जाति और समुदाय की राजनीति को दरकिनार करके मतदाताओं ने सुशासन और विकास का रास्ता चुना। दूसरा नतीजा यह हो सकता है कि हिन्दू–मुस्लिम ध्रुवीकरण इतना तीखा था कि पलड़ा भाजपा की ओर झुक गया। लेकिन इसके अलावा भी कई सवाल जवाब मांगते हैं। कांग्रेस के साथ–साथ सपा और बसपा की बुरी गति क्या इन सबका राजकाज देख चुके मतदाताओं के इनसे मोहभंग के कारण हुई? क्या मुलायम सिंह यादव के परिवारवाद और मायावती के व्यक्तिवाद से पिछड़े और दलित मतदाताओं में भारी मोहभंग हुआ? क्या 'सामाजिक न्याय' की राजनीति बेमानी हो गई? क्या कांग्रेस और कांग्रेस से प्रत्यक्ष या परोक्ष रिश्ता रखने वाली पार्टियों को लोगों ने दंडित किया? क्या मोदी की निर्णायक तथा प्रभावशाली नेता और कुशल प्रशासक की छवि ने लोगों को आकर्षित किया? या मुजफ्फरनगर के दंगों के असर से ही एक बड़ा मतदाता वर्ग भाजपा की ओर झुक गया? या फिर, इन सभी कारकों के मिलेजुले असर ने भाजपा और मोदी के पक्ष में 'सूनामी' (बकौल, अमित शाह) पैदा कर दिया?

यह भी दलील दी जा सकती है कि चुनावों से पहले ही मोदी लहर इतनी जबरदस्त हो गई थी कि ये सारे मुद्दे उसमें जुड़ते चले गए और मोदी लहर की रफ्तार बढ़ गई। जहां तक दंगे का सवाल है तो भाजपा उससे सीधे प्रभावित पश्चिमी उत्तर प्रदेश में सभी सीटों पर जीती ही लेकिन उसे कमोबेश ऐसी ही जीत बुंदेलखंड और पूर्वी इलाकों में भी मिली। भाजपा दरअसल उत्तर प्रदेश के सभी भौगोलिक और सामुदायिक दायरे की सीमाएं तोड़ने में कामयाब रही। पश्चिम उत्तर प्रदेश की सभी सीटों पर तो भाजपा को अप्रत्याशित जीत मिली। मुजफ्फरनगर दंगों के आरोपी हुकुम सिंह, संजीव बालियान तथा कुंवर भारतेंद्र सिंह की भारी अंतर से जीत में ध्रुवीकरण का असर साफ दिखा। मुलायम सिंह यादव की मैनपुरी और रामगोपाल यादव के पुत्र अक्षय यादव की फिरोजाबाद से जीत ने समाजवादी गढ़ की लाज बचाए रखी परन्तु इटावा सुरक्षित संसदीय सीट पर केसरिया ही लहराया। नरेन्द्र मोदी के खिलाफ विवादित बयान की सीडी के कारण जेल गए सहारनपुर से कांग्रेस प्रत्याशी इमरान मसूद को चार लाख से अधिक वोट मिले लेकिन वे भी हार गए। जबकि दंगा प्रभावित मुजफ्फरनगर में भाजपा प्रत्याशी संजीव बालियान करीब चार लाख वोट से जीते। ध्रुवीकरण की इस बयार में न तो बसपा का दलित–मुस्लिम समीकरण काम कर पाया और न ही समाजवादी पार्टी का यादव–मुस्लिम समीकरण।

मंडल और कमंडल आंदोलनों की वजह से उत्तर प्रदेश में 1989 के बाद से ही भारी राजनैतिक मैराथन का दौर शुरू हो गया। इस बीच भाजपा कभी मुख्यधारा की पार्टी बनी तो कभी हाशिए पर चली गई। 1998 के लोकसभा चुनावों में ही भाजपा का जबर्दस्त उफान देखा गया था। लेकिन 1999 के लोकसभा चुनाव से भाजपा का जलवा धूमिल होता चला गया। फिर, अगले दस साल सपा और बसपा की 'सामाजिक न्याय' और जातिगत वोट बैंक की राजनीति ही राज्य में हावी रही। सपा का ठोस जनाधार पिछड़ी जातियों खासकर यादवों में है तो बसपा दलित खासकर जाटवों में ठोस आधार रखती है। इसी ठोस वोट बैंक में दूसरी जातियों और मुसलमानों के गठजोड़ से ये दोनों अपना पलड़ा झुकाने की कोशिश करती रही हैं।

राम मंदिर आंदोलन से उमड़ी भावनाओं के ज्वार में 1991 के विधानसभा चुनाव में भाजपा राज्य की कुल 425 सीटों में से 221 सीटें जीतने में कामयाब हुई। लेकिन बाबरी मस्जिद विध्वंस के बाद 1993 के विधानसभा चुनावों में पार्टी का प्रदर्शन खराब रहा। यानी पार्टी को 425 सीटों में से 177 सीटें मिलीं और भाजपा की सरकार नहीं बनी। खैर, 2012 के चुनाव में भाजपा महज 47 सीटों पर सिमट गई। जबकि 1998 लोकसभा चुनाव (अविभाजित उत्तर प्रदेश) में 57 सीटें जीत चुकी भाजपा 2009 में 10 सीटों पर पहुंच गई। लेकिन, 2014 के लोकसभा चुनाव में भाजपा को छप्पड़ फाड़ वोट मिले। पिछले चुनाव के मुकाबले भाजपा को 61 सीटों का फायदा हुआ जबकि वोट प्रतिशत ढाई गुना यानी 24.82 फीसदी बढ़ गया। 2009 के लोकसभा चुनाव में 17.50 फीसदी वोट मिला था जबकि 2014 के लोकसभा चुनाव में 42.32 फीसदी वोट मिला। इस बार सबसे तगड़ा झटका बसपा को लगा क्योंकि पिछले चुनाव में 20 सीटों पर जीतने वाली पार्टी की झोली इस बार पूरी तरह खाली हो गई। बसपा को 8 फीसदी वोटों का नुकसान हुआ। सपा को पिछले चुनाव की तुलना में सिर्फ एक फीसदी वोट गिरने से 18 सीटों का नुकसान हुआ। कांग्रेस को पिछले चुनाव की तुलना में 19 सीटें कम मिलीं और करीब 11 फीसदी वोटों का नुकसान हुआ।

उत्तर प्रदेश में इस बार लोगों ने जमकर वोटिंग की लेकिन राष्ट्रीय औसत से यह कम ही था। उत्तर प्रदेश में 58.4 फीसदी वोटिंग हुई जबकि राष्ट्रीय औसत 66.8 फीसदी का रहा। फिर भी, राज्य में पिछले चुनाव के मुकाबले वोटिंग में 10 फीसदी की बढ़ोतरी हुई। यह देखा गया कि अगर किसी चुनाव में लहर होती है तो वोटिंग फीसदी भी बढ़ जाता है। राष्ट्रीय औसत से कम वोटिंग की भी वजहें हैं। उत्तर प्रदेश और बिहार में लोग रोजी–रोटी की तलाश में पलायन करते हैं। पिछले चुनाव की तुलना में वोटिंग ज्यादा इसीलिए हुई क्योंकि इस चुनाव को लेकर लोगों में काफी जागरूकता और उत्सुकता थी।

चुनाव आयोग ने मतदान बढ़ाने के लिए काफी जतन किए थे वहीं बड़े पैमाने पर चुनाव प्रचार से भी लोग मतदान करने को प्रेरित हुए थे। साक्षरता दर बढ़ने से भी लोगों में मताधिकार की शक्ति का एहसास हुआ है।

2014 लोकसभा चुनाव के नतीजे

	2014			2009		सीटों का फायदा	वोटों का फायदा
	लड़े	जीते	वोट (%)	जीते	वोट (%)	2014	2014 (%)
कांग्रेस	67	2	7.47	21	18.25	–19	–10.78
आरएलडी	8	0	0.85	5	3.37	–5	–2.42
महान दल	3	0	0.03	–	–	0	–0.09
यूपीए	78	2	8.35	–	–	–24	–13.29
भाजपा	78	71	42.32	10	17.50	61	24.82
अपना दल	2	2	1.00	–	–	2	0.16
एनडीए	80	73	43.32	–	–	63	24.98
सपा	78	5	22.18	23	23.26	–18	–1.07
बसपा	80	0	19.62	20	27.42	–20	–7.79
अन्य पार्टियां	–	–	5.8	1	10.20	–	–3.56

स्रोत– चुनाव आयोग

उत्तर प्रदेश के नतीजों ने भाजपा की तकदीर और तस्वीर बदलने का काम किया। राज्य में पार्टी को 1989 के लोकसभा चुनाव में 8 सीटें मिलीं थीं लेकिन ये सीटें विश्वनाथ प्रताप सिंह की नेतृत्व वाले जनता दल से समझौते की वजह से मिली थीं। हालांकि भाजपा नेतृत्व अपना जनाधार बढ़ाने की जुगत में लगा रहा। मंडल और कमंडल के दौर में भाजपा की रणनीति उसके विकास में काफी काम आयी। उसने मंडल आयोग की रिपोर्ट पर अपनी आपत्तियां होने के बावजूद विश्वनाथ प्रताप सिंह सरकार से समर्थन वापसी का आधार कमंडल आंदोलन को बनाया। राम जन्मभूमि के आंदोलन का एक मकसद मंडल की राजनीति के असर को कम करना भी लगता है। बाद में मंडल आयोग की रपट लागू करने के मुद्दे पर जनता दल खुद बंट गया। इसका असर भी फौरन दिखा। 1991 के लोकसभा चुनाव में भाजपा को 51 सीटें मिल गईं और वोट फीसदी भी 32.82 फीसदी

तक पहुंच गया। यानी भाजपा की सीटें करीब 650 गुना बढ़ीं और वोट फीसदी में भी 400 फीसदी से अधिक का इजाफा हुआ। मंडल आयोग की रपट लागू होने से अगड़ी जातियों में जबर्दस्त गुस्सा था। कमंडल की राजनीति पूरे शवाब पर थी। जनता परिवार बंट गया था। उत्तर प्रदेश में मुलायम सिंह की सरकार थी। इसी दौरान अयोध्या में बाबरी मस्जिद की ओर बढ़ रही भाजपा कार्यकर्ताओं, जिन्हें सिख परंपरा का शब्द उधार लेकर कारसेवक कहा जा रह था, की भारी भीड़ पर पुलिस के गोली चलाने से दो कारसेवकों की मौत हुई और कई लोग जख्मी हो गए। इसके बाद हुए विधानसभा चुनावों में भाजपा को स्पष्ट बहुमत मिला था। लेकिन 1992 में बाबरी मस्जिद ढहाए जाने के बाद पार्टी को इतनी सफलता नहीं मिली। राज्य में 1993 में हुए विधानसभा चुनाव में पार्टी को बहुमत नहीं मिला जबकि 1996 में हुए लोकसभा चुनाव में पार्टी की सिर्फ एक सीट की बढ़ोतरी हुई। 1996 में पार्टी को 52 सीटें मिली थीं वहीं 1998 में 57 और फिर 1999 से भाजपा की सीटें कम होने लगीं।

जाहिर है, भाजपा के कमजोर होने की एक बड़ी वजह यह थी कि वह सत्ता में आने के बाद भी राममंदिर निर्माण को लेकर ढुलमुल नीति अपना रही थी। यह सिलसिला टूटा, केंद्रीय मंच पर नरेन्द्र मोदी के उदय के बाद। इस बार मोदी के पक्ष में वोटरों के मुड़ने की खासियत यह भी है कि मंदिर मुद्दा कहीं दृश्य में नहीं है। अमूमन, चुनाव के नतीजे इतिहास की लकीर पर नहीं चलते, बल्कि पुरानी लकीर को ध्वस्त करके नई लकीर खींच देते हैं। जो बातें चुनाव के पहले सिर्फ बेमतलब लगती थीं, वे सच्चाई में बदल गईं। दरअसल जनता के मूड को भांपना मुश्किल होता है। पिछले चुनाव की तुलना में भाजपा की सीटें 700 फीसदी बढ़ गईं और वोट में भी जबर्दस्त बढ़ोतरी हुई।

भाजपा का बढ़ता जनाधार

	कुल सीटें	भाजपा को मिलीं सीटें	(%)
1989	85	8	7.58
1991	85	51	32.82
1996	85	52	33.44
1998	85	57	36.49
1999	85	29	27.64
2004	80	10	22.17
2009	80	10	17.50
2014	80	71	42.32

नोट: 2000 में उत्तराखंड का गठन हुआ था और 2004 में राज्य की सीटें 80 हो गई थीं।

भाजपा की जीत की वजहें

उत्तर प्रदेश में भाजपा की जीत के कई पहलू हैं लेकिन सबसे महत्त्वपूर्ण नरेन्द्र मोदी खुद हैं। जो भी मुद्दे राज्य में बने और बिगड़े उससे सीधे उनका रिश्ता था। भाजपा ने गुजरात के मुख्यमंत्री को भावी प्रधानमंत्री के रूप में मैदान में उतारा और स्थिति साफ पलट गई। पार्टी ने उनकी छवि को एक कुशल प्रशासक, विकास पुरुष तथा प्रभावशाली वक्ता के रूप में पेश किया। उनकी छवि पहले से ही हिंदुत्ववादी नेता की थी और उनके ओबीसी होने का फायदा भी पार्टी को मिला। इस चुनाव में मुजफ्फरनगर दंगे के असर को नहीं झुठलाया जा सकता। नतीजों में दंगे का साया साफ दिखा। लंबे अंतराल के बाद हुए इस बड़े दंगे ने राज्य में सांप्रदायिक माहौल को बेहद प्रभावित किया और सपा की अखिलेश यादव सरकार की छवि खराब की। दंगे और दंगे के बाद राहत शिविरों के प्रबंधन से हिन्दू और मुसलमान दोनों नाराज हो गए। हिंदुओं ने सरकार पर मुसलमानों के प्रति हमदर्दी और हिंदुओं के साथ भेदभाव करने का आरोप लगाया तो वहीं मुसलमानों का आरोप था कि सरकार ने राहत शिविरों का ठीक ढंग से प्रबंधन नहीं किया। ज्यादातर हिन्दू मतदाताओं ने भाजपा को वोट किया। दंगे के लिए मुस्लिम मतदाता अखिलेश सरकार को जिम्मेदार मानते रहे, जिससे मुस्लिम सपा, बसपा और कांग्रेस में बंट गए। फिर दंगों खासकर गुजरात दंगे को लेकर मोदी पर दूसरे दलों ने जितना तीखा हमला किया, उससे मोदी के लिए एक तरह की सहानुभूति भी पैदा हुई। असल में देश में धर्मनिरपेक्षता बनाम सांप्रदायिकता की राजनीति से हमेशा ही एक बड़ा वर्ग प्रभावित रहा है। इस बार करीब 50 फीसदी हिंदुओं का वोट एनडीए गठबंधन को उत्तर प्रदेश में मिला। चुनाव के पहले लग रहा था कि अरविन्द केजरीवाल की आम आदमी पार्टी भी राज्य में विकल्प के रूप में उभरेगी लेकिन केजरीवाल ने दिल्ली में 49 दिनों में मुख्यमंत्री पद से इस्तीफा देकर अपने पैर पर खुद कुल्हाड़ी मारने का काम किया। इसके अलावा, भाजपा ने नरेन्द्र मोदी को दो जगहों से लड़ाने का फैसला किया, एक गुजरात के वडोदरा से और दूसरे, उत्तर प्रदेश के वाराणसी से। वाराणसी से मोदी के चुनाव लड़ने की वजह से उत्तर प्रदेश की राजनीति की फिजा ही बदल गई। उत्तर प्रदेश में मोदी के सिपहसालार अमित शाह पहले से ही आ डटे थे।

यह पहली बार हुआ है कि 25 साल में राज्य के मतदाता जाति आधारित पार्टियों के झांसे में नहीं फंसे और उन्होंने विकास तथा गुड गवर्नेंस के मुद्दे पर वोट डालने का फैसला किया। इन्हीं मुद्दों में राज्य सरकार की विफलता,

जातिवादी–धर्मवादी राजनीति का खेल, मोदी के समर्थन और विरोध की राजनीति, गुजरात दंगे का साया, मोदी जैसा निर्णायक नेता, मोदी की जाति वगैरह की बातें समा गईं। यूं तो मोदी विकास और गुड गवर्नेंस पर ही वोट मांग रहे थे लेकिन चुनाव में कई ऐसे मुद्दे होते हैं जो दिखते हैं और कुछ ऐसे मुद्दे होते हैं जो सतह पर नहीं दिखते लेकिन अंदर ही अंदर असर करते हैं और वे बिकाऊ होते हैं। चुनाव प्रचार के दौरान मोदी ने गुजरात मॉडल की खूब चर्चा की, उसे अपने विकास और सुशासन की मिसाल के तौर पर पेश किया। लेकिन उत्तर प्रदेश की जनता न तो गुजरात मॉडल के बारे में जानती थी, न ही उसका स्वाद चखा था। कुछ ऐसे लोग जरूर थे जिन्होंने गुजरात में रहकर उसे देखा–समझा था और उसका फर्क महसूस किया था। इससे शायद यह धारणा बनी कि मोदी को क्यों न एक बार मौका देकर देखा जाए।

उत्तर प्रदेश की जनता क्यों भाजपा की तरफ झुक गई, उसकी तीन वजहें हैं। एक, केंद्र में सोनिया गांधी–मनमोहन सिंह के नेतृत्व में यूपीए का 10 साल का शासन घोटालों, राजनीतिक भ्रष्टाचार, बढ़ती कीमतों, सिकुड़ती अर्थव्यवस्था से त्रस्त था। परिवारवाद में जकड़ी हुई कांग्रेस के राज में बढ़ते आतंकवाद और सत्ता के दुरुपयोग से जनता नाराज थी। दूसरे, राज्य में मुलायम सिंह यादव और उनके बेटे अखिलेश यादव का मॉडल था, जिसमें राज्य सरकार की अक्षमता, दूरदृष्टि की कमी, जबर्दस्त जातिवाद, खैरात बांटने की नीति, जर्जर कानून व्यवस्था और फैलती सांप्रदायिक हिंसा थी। मुस्लिम तुष्टीकरण की रणनीति और परिवारवाद की राजनीति से लोग मोहभंग के शिकार थे। कहने को राज्य के मुख्यमंत्री अखिलेश यादव हैं लेकिन सुपर सीएम मुलायम सिंह हैं। यह भी आरोप लगता है कि अखिलेश यादव के चाचा रामगोपाल यादव और कैबिनेट मंत्री शिवपाल यादव, मुख्यमंत्री की प्रमुख सचिव और कैबिनेट मंत्री और पार्टी के संस्थापक सदस्य आजम खान का नाम भी आकाओं की फेहरिस्त में शामिल है। एबीपी न्यूज के घोषणापत्र में यही सवाल जब अखिलेश यादव से पूछा गया कि राज्य में कितने मुख्यमंत्री हैं तो वे हंसते हुए बोले कि साढ़े पांच मुख्यमंत्री हैं। इन दो मॉडलों को देश और राज्य की जनता परख चुकी थी। तीसरा मॉडल गुजरात का है, जिसे आजमाया जाना था। फिर, मोदी का विकास और गुड गवर्नेंस का एजेंडा था, जिस पर लोगों ने दांव लगाने का मन बनाया। दरअसल इस चुनाव में तीन तरह के फैक्टर उभर कर सामने आए। एक, जाति और कम्युनिटी पहचान की राजनीति फिर से परिभाषित हुई। दूसरे, विकास का मुद्दा मतदाताओं के लिए केंद्र बिंदु बन गया और राज्य में क्षेत्रीय विविधता के फासले पट गए।

राज्य की जनता को लगा कि इन जातिवादी पार्टियों की सोच बस अपने परिवार और सत्ता तक ही सीमित है। न पार्टी का कोई राष्ट्रीय विजन है और

न ही कोई वैचारिक एजेंडा है। पार्टी व्यक्ति में सिमटकर रह गई है। मायावती के बाद बसपा में कोई और नेता नजर नहीं आता। बसपा महज मायावती हैं और मायावती ही बसपा हैं। दूसरे नेता को न तो पनपने दिया गया और न ही बढ़ने दिया गया। मुलायम सिंह की भी रणनीति मायावती तक ही सिमटी हुई है। मुलायम सिंह की विरासत अखिलेश यादव संभाल रहे हैं। मुलायम सिंह यादव और मायावती के उत्थान की कहानी रोचक रही है। इन दोनों नेताओं के राजनीति में प्रवेश से पिछड़ी जातियों और दलितों को राज्य में अस्मिता और पहचान मिली। पिछड़ी और दलित जातियों को सत्ता और नौकरी में भागीदरी मिली। यही नहीं जाति के नाम पर दलितों और पिछड़ी जातियों के साथ भेदभाव, अन्याय और अत्याचार बंद हुआ। बदलते दौर में मुलायम सिंह यादव और मायावती की पूछ केन्द्र की राजनीति में बढ़ गई लेकिन केन्द्र और राज्य की राजनीति बदल रही थी जिसे दोनों पहचानने में गच्चा खा गये। उन्हें लगा कि जाति की राजनीति का जैसा तानाबाना वे बुन चुके हैं, उसे तोड़ना किसी के लिए आसान नहीं होगा। मुख्यमंत्री की कुर्सी तक कैसे पहुंचा जाए और अगर कुछ कमी रह गई तो कैसे भरपाई की जाए, इसका भी जुगाड़ भी वे ढूँढ़ने में सफल हुए। मसलन, मुलायम सिंह यादव ठाकुरों और मायावती ब्राह्मणों को अपनी तरफ जोड़ने में कामयाब हुईं। देश की राजनीतिक, सामाजिक और आर्थिक स्थिति बदली लेकिन इन दोनों नेताओं की सोच में कोई बदलाव नहीं हुआ और जनता के नब्ज को पढ़ने में वे असफल हो गये। यही हाल कांग्रेस का भी है। पार्टी नेहरू–गांधी परिवार की कठपुतली हो गई है। यह परिवार सत्ता में खुद होता है या सत्ता रिमोट कंट्रोल से चलाने की कोशिश करता है। जैसा मनमोहन सिंह के समय हुआ। इन्हीं धारणाओं की वजह से शायद मतदाताओ ने मन बना लिया कि कांग्रेस के साथ–साथ जातिवादी पार्टियां सपा और बसपा भी अब अप्रासंगिक हो गई हैं। भले सपा और बसपा मनमोहन सिंह के नेतृत्व में यूपीए सरकार का हिस्सा नहीं थीं लेकिन दोनों पार्टियों का समर्थन जगजाहिर था। मनमोहन सिंह की सरकार के प्रति नाराजगी थी इसलिए जो भी पार्टी मनमोहन की सरकार से परोक्ष और प्रत्यक्ष रूप से जुड़ी हुई थी, उन पार्टियों के खिलाफ गुस्सा इस चुनाव के नतीजे में साफ देखने को मिला। यानी इस बार दो तरह के वोटर थे। एक, भाजपा पारंपारिक वोटर। दूसरे, जिसने मोदी को बाकी पार्टियों और नेताओं की जगह चुना। लोकसभा और विधानसभा के चुनाव अलग–अलग तरह के होते हैं। लोकसभा चुनाव में राज्य की जनता ने जाति की बाधा तोड़ने का काम किया। इससे इस नतीजे पर नहीं पहुंचा जा सकता कि राज्य में जातिवाद की राजनीति खत्म हो गई है। आने वाला वक्त बताएगा कि देश में जाति की राजनीति चलेगी या नहीं। लेकिन यह भी देखने को मिला है कि अगर

निर्णायक नेता होता हैं और बड़े मुद्दे होते हैं तो जाति की राजनीति कमजोर पड़ जाती है। यह भी देखने को मिला है कि अब लोगों की जरूरतें और आकांक्षाएं बढ़ रही हैं। ऐसे में तो अब जाति और धर्म की राजनीति से रोजी–रोटी नहीं चलने वाली है लेकिन पूरी तरह धर्म और जाति की राजनीति खत्म नहीं हुई है।

भाजपा ने उत्तर प्रदेश में चुनाव जीतने के लिए एड़ी–चोटी का जोर लगा दिया। तैयारी में कहीं चूक न रह जाए, इस पर पूरा ध्यान दिया गया। एक तरफ मोदी की धुआंधार रैलियां हुईं। दूसरी तरफ मोदी के सिपहसालार अमित शाह को चुनाव की कमान सौंपी गई। अपनी ताकत बढ़ाने के लिए स्वर्गीय सोनेलाल पटेल की पार्टी अपना दल से गठबंधन किया गया। इसके दो मकसद थे। एक, वीआईपी सीट वाराणसी में करीब 2 लाख वोटर कुर्मी जाति के हैं। इन पर अपना दल का असर है। दूसरे, इसके जरिए यादवों के अलावा दूसरी पिछड़ी जातियों और अति पिछड़ी जातियों को अपने पाले में लाना था। टिकट बंटवारे में भी इसका खूब खयाल रखा गया। बड़ी मात्रा में इन जातियों के उम्मीदवारों को तरजीह दी गई। भाजपा में अगर उम्मीदवार नहीं मिले तो दूसरी पार्टियों के असंतुष्टों को लाया गया। 22 सीटों पर ऐसे उम्मीदवारों को लड़ाया गया, जिसमें कई दूसरी पार्टियों से लाए गए और राज्य की राजनीति में नए चेहरे थे। जिस समय लोकसभा चुनाव के लिए उम्मीदवारों की लिस्ट बनाई जा रही थी तो कहा जा रहा था कि भाजपा को उत्तर प्रदेश में उम्मीदवार नहीं मिल रहे हैं। भाजपा के तत्कालीन अध्यक्ष राजनाथ सिंह और उत्तर प्रदेश के प्रभारी अमित शाह ने उम्मीदवारों के चयन में हर तरह की बारीकियों का ध्यान रखा। कुछ ऐसे नए उम्मीदवार लाए गए, जिनकी अपने कार्यक्षेत्र में प्रतिष्ठा थी। पूर्व सेना प्रमुख जनरल वीके सिंह और मुंबई के पूर्व पुलिस कमिश्नर सत्यपाल सिंह को पार्टी में शामिल किया गया। राजनाथ सिंह ने अपनी गाजियाबाद लोकसभा की सीट छोड़कर लखनऊ से लड़ने का फैसला किया। जनरल सिंह को गाजियाबाद से लड़ाया गया। सत्यपाल सिंह ने मुंबई पुलिस कमिश्नर पद से इस्तीफा दिया और उन्हें बागपत से लड़ाया गया जबकि फिल्म अभिनेत्री हेमा मालिनी को मथुरा से लड़ाया गया।

इसी रणनीति के तहत पार्टी के पीएम उम्मीदवार नरेन्द्र मोदी को वाराणसी से लड़ाया गया। कांग्रेस के जगदंबिका पाल, भाजपा से सपा में गए बृजभूषण सिंह समेत बसपा और सपा के कई नेताओं को टिकट दिया गया। राहुल गांधी के खिलाफ 'कभी सास भी बहू थी' सीरियल की अभिनेत्री तथा भाजपा नेता स्मृति ईरानी को उतारा गया। स्मृति ईरानी तो हार गईं लेकिन राहुल गांधी को जिताने के लिए उनकी बहन प्रियंका गांधी को दिन–रात मेहनत करनी पड़ी। मोदी के प्रधानमंत्री पद का उम्मीदवार बनने और अमित शाह के राज्य के प्रभारी बनाने

से राज्य में दम तोड़ती पार्टी में जान आ गई। अमित शाह की टीम ने प्रचार का जिम्मा संभाल लिया और पार्टी के प्रचार तंत्र को ग्रामीण इलाकों में पहुंचाने का काम किया। प्रचार ब्रांड मोदी पर ही केंद्रित था। देश के इतिहास में कभी भी इस तरह का हाईटेक चुनाव प्रचार देखने को नहीं मिला था।

लोकसभा चुनाव की तैयारी भाजपा पहले से कर रही थी जबकि दूसरी पार्टियों में कौन प्रधानमंत्री का उम्मीदवार होगा, यह तय नहीं था। भाजपा सितंबर 2013 में ही मोदी को अपना प्रधानमंत्री पद का उम्मीदवार घोषित कर चुकी थी जबकि कांग्रेस ने अपने प्रधानमंत्री पद के उम्मीदवार की घोषणा नहीं की थी। फिर, प्रधानमंत्री बनने के सपने जयललिता, नीतीश कुमार, ममता बनर्जी, मुलायम सिंह यादव भी देख रहे थे। यूं कहें तो लोकसभा चुनाव के लिए सभी पार्टियां जोरशोर से तैयारी कर रही थीं लेकिन चुनावी बाजार में सिर्फ मोदी के ही खरीदार थे। मोदी का मिशन बिल्कुल साफ था कि कितनी सीटें चाहिए। भाजपा और मोदी ने उत्तर प्रदेश में तरह तरह के प्रयोग किए। मसलन, अमित शाह को पार्टी का महासचिव बनाकर उत्तर प्रदेश का प्रभारी बनाया गया तो उनके चुनाव प्रबंधन के कौशल के बारे में मोदी के अलावा किसी को जानकारी नहीं थी। आखिर, अमित शाह ने अपनी काबिलियत साबित करने में कामयाबी पाई। चुनाव के बाद जब अमित शाह को पार्टी का राष्ट्रीय अध्यक्ष बनाया जा रहा था तो प्रधानमंत्री नरेन्द्र मोदी ने कहा कि राजनाथ सिंह टीम के कप्तान थे जबकि 'मैन ऑफ द मैच' तो अमित शाह ही हैं। अमित शाह ने उत्तर प्रदेश में स्थानीय नेताओं को महत्त्व दिया जो अपने निर्वाचन क्षेत्रों में पार्टी की गतिविधियां देख रहे थे। 80 लोकसभा सीटों के लिए बूथ स्तर तक की तैयारी की गई थी। इन सीटों को 21 कलस्टर में बांटा गया और एक कलस्टर में 3 से 5 लोकसभा सीटों को रखा गया। जबकि इन कलस्टरों को 8 जोनों में बांटा गया और हर जोन को राज्य इकाई के अधीन रखा गया था। किस कलस्टर में पार्टी की क्या स्थिति है, उस पर खास ध्यान रखा गया। यही नहीं, इसी तैयारी के तहत मोदी की रैली में 175 किलोमीटर दूर से लोगों को लाने की प्लानिंग की गई थी। यह प्लानिंग सिर्फ उत्तर प्रदेश में नहीं की गई थी बल्कि पूरे देश में की गई थी लेकिन उत्तर प्रदेश पर खास ध्यान दिया गया।

मोदी की हवा यूं ही देश में नहीं बनी थी। बाकायदा उसके पीछे एक टीम काम कर रही थी जो पूरे देश में उनकी जय–जयकार कराने या फिर यूं कहें कि उनकी लहर बनाने की तैयारी में युद्ध स्तर पर जुटी थी। इसमें सिटिजंस फॉर एकाउंटेबल गवर्नेंस (कैग) के मार्केटिंग प्रोफेशनल भी शामिल थे। इसमें आईआईटी, आईआईएम के प्रोफेशनल थे। कैग में 200 से 400 लोगों की स्थायी टीम थी जिसे भुगतान भी किया जाता था। इसके अलावा 800

सवैतनिक इंटर्न और 1 लाख वॉलेंटियर थे। इनमें आईआईटी, आईआईएम, ब्राउन यूनिवर्सिटी, कोलंबिया यूनिवर्सिटी, कैलिफोर्निया प्रौद्योगिकी संस्थान समेत कई नामी–गिरामी संस्थानों के लोग थे। कैग ने मोदी के चुनाव प्रचार अभियान के दौरान पूर्णकालिक सलाहकार के रूप में काम किया। उसके पास सारी लोकसभा सीटों की विस्तृत जानकारी थी और उस पर वह गहराई से काम कर रही थी। कैग ने उत्तर प्रदेश के लिए विशेष स्लोगन 'मोदी आने वाले हैं' का डिजाइन किया था। यही नहीं, राज्य के 400 विधानसभा सीटों के लिए 400 वीडियो वैन को प्रचार के लिए लगाया गया। हरेक विधानसभा क्षेत्र में एक वीडियो वैन मोदी का संदेश गांव–गांव तक पहुंचा रही थी। इस जीत में राष्ट्रीय स्वंयसेवक संघ (आरएसएस) का भी बहुत योगदान है। भाजपा का चुनाव प्रचार दिखता था लेकिन आरएसएस चुपचाप ग्रामीण इलाकों में काम कर रहा था, जो मीडिया की नजरों से दूर था।

क्या जाति और पहचान की राजनीति खत्म हुई?

भाजपा को इस बार पिछले लोकसभा चुनाव की तुलना में 24.82 फीसदी और 2012 विधानसभा की तुलना में 27.3 फीसदी अधिक वोट पड़े। जाहिर है, पार्टी को सभी जातियों का समर्थन मिला। अगड़ी जातियों में भाजपा को 71 से 79 फीसदी से वोट मिले जबकि पिछले लोकसभा में यह 53 से 57 फीसदी के बीच ही था। अगड़ी जातियों में पार्टी को 14 से 25 फीसदी का फायदा हुआ। पिछड़ी जातियों में 27 फीसदी यादव, 53 फीसदी कुर्मी–कोयरी और 60 फीसदी अन्य पिछड़ी जातियों ने भाजपा को वोट दिया। यानी पिछले लोकसभा चुनाव की तुलना में पार्टी को 21 फीसदी यादव, 33 फीसदी कुर्मी–कोयरी और 31 फीसदी अन्य पिछड़ी जातियों के ज्यादा वोट मिले। यादव वोटर अमूमन सपा का वोट बैंक माना जाता है लेकिन इस बार 27 फीसदी यादवों ने भाजपा को वोट देने का फैसला किया। दलित जातियों में भी भाजपा सेंध लगाने में कामयाब हुई। इस बार 18 फीसदी जाटव, 45 फीसदी अन्य दलित जातियों, 10 फीसदी मुस्लिम और 51 फीसदी अन्य जातियों व दूसरे धर्मों के वोटरों ने भाजपा को वोट दिया। पिछले लोकसभा की तुलना में भाजपा के खाते में जाटव के 13 फीसदी, अन्य दलित के 37 फीसदी, मुस्लिम के 4 फीसदी और अन्य जातियों और धर्मों के 27 फीसदी वोटों की बढ़ोतरी हुई। मुस्लिम वोटरों को छोड़कर कमोबेश सभी जातियों ने कमल के बटन को दबाने का फैसला किया। हालांकि इस बार 10 फीसदी मुस्लिम वोटरों ने भी भाजपा को वोट किया, जो पिछले चुनाव की तुलना में 4 फीसदी की बढ़ोतरी है। जाटव पारंपारिक रूप से मायावती के समर्थक माने जाते हैं लेकिन इस बार 18 फीसदी ने भाजपा की तरफ रुख कर लिया।

अन्य दलित जातियों के 45 फीसदी वोटरों ने कमल पर मुहर लगाकार मोदी को जिताने का काम किया। जाट वोटर सामान्यतः अजित सिंह की अगुवाई में राष्ट्रीय लोकदल के समर्थक होते थे, इस बार भाजपा की तरफ मुड़ गए। इस बार 77 फीसदी जाट वोटरों ने भाजपा को वोट दिया जो पिछले चुनाव की तुलना में 46 फीसदी अधिक है।

भाजपा को हर जाति–वर्ग में लाभ

	भाजपा			सपा			कांग्रेस			बसपा		
	2014	2009	(+/–)	2014	2009	(+/–)	2014	2009	(+/–)	2014	2009	(+/–)
ब्राह्मण	72	53	19	5	5	0	11	31	–20	5	9	–4
राजपूत	77	53	24	8	12	–4	7	6	1	5	7	–2
वैश्य/बनिया	71	57	14	10	11	–1	12	18	–6	4	14	–10
अन्य अगड़ी जाति	79	54	25	4	6	–2	3	31	–28	1	10	–9
जाट	77	31	46	8	10	–2	13	13	0	6	41	–35
यादव	27	6	21	53	73	–20	8	11	–3	3	5	–2
कुर्मी/कोइरी	53	20	33	17	18	–1	16	28	–12	4	18	–14
अन्य पिछड़ी जातियां	60	29	31	13	25	–12	8	17	–9	11	19	–8
जाटव	18	5	13	4	5	–1	2	4	–2	68	84	–16
अन्य दलित	45	8	37	10	10	0	4	16	–12	29	64	–35
मुस्लिम	10	6	4	58	30	28	11	25	–14	18	18	0
अन्य	51	24	27	17	23	–6	8	17	–9	20	27	–7

स्रोत– नेशनल इलेक्शन स्टडीज, सीएसडीएस डाटा यूनिट, ईपीडबल्यू, सितबंर 27, 2014, पेज 92, ए के वर्मा, आंकड़े प्रतिशत में

सपा को कहने के लिए तो सिर्फ करीब 1 फीसदी वोटों का नुकसान हुआ लेकिन 18 सीटें उसके खाते से खिसक गईं। इसकी वजह भाजपा से वोटों का बड़ा फासला है और सपा को सिर्फ 5 सीटें मिलीं। अगर भाजपा को इतने वोट नहीं पड़ते तो समाजवादी पार्टी को इतने ही वोट प्रतिशत में 10 सीट से लेकर 20 सीटें तक मिल सकती थीं। यह अलग बात है कि मुलायम सिंह की अपनी ही जाति में पकड़ ढ़ीली पड़ी है लेकिन वे अभी भी यादव जाति के चहेते हैं। इस बार 53 फीसदी यादव जाति के वोटरों ने

साइकिल पर सवार होने का फैसला किया लेकिन पार्टी को पिछले चुनाव की तुलना में 20 फीसदी वोट कम मिले। मुलायम मुसलमान वोटरों के अभी भी चहेते बने हुए हैं। मुजफ्फरनगर दंगे के बाद यह कहा गया कि मुस्लिम मतदाता राज्य की सरकार से नाराज हैं, वे इस बार सपा को सबक सिखाएंगे लेकिन ऐसा नही हुआ। इस बार 58 फीसदी मुस्लिम वोटरों ने समाजवादी पार्टी को वोट किया। यानी पिछले लोकसभा चुनाव की तुलना में 28 फीसदी बढ़ोतरी हुई। लेकिन मायावती के बारे में यही बात नहीं कही जा सकती। बसपा को सभी जातियों और वर्गों में नुकसान उठाना पड़ा। हालांकि 68 फीसदी जाटव अभी भी मायावती के साथ खड़े हैं लेकिन पिछले चुनाव की तुलना में 16 फीसदी जाटव वोटरों ने इस बार बसपा को वोट नहीं दिया। बसपा को जाटवों के अलावा अन्य दलित जातियों ने जबर्दस्त झटका दिया है। इस बार इन जातियों में सिर्फ 29 फीसदी वोट ही उसे मिले, जो पिछले लोकसभा चुनाव की तुलना में 35 फीसदी कम है। कांग्रेस का तो बुरा हाल हुआ है, वह किसी भी जाति पर अपनी पकड़ बनाने में कामयाब नहीं रही।

इस चुनाव के नतीजे से यही लगता है कि जाति की राजनीति कमजोर हुई है लेकिन सभी पार्टियों ने टिकट बंटबारे में धर्म और जाति पर खास ध्यान रखा। राज्य में दलितों की जनसंख्या 21 फीसदी है जबकि मुसलमानों की जनसंख्या 19 फीसदी है। वैसे राज्य में जातिगत जनगणना आजादी के बाद से नहीं हुई और 2011 में पहली बार जिस जनगणना में जाति पूछी भी गई, उसके ब्यौरे सरकार ने अभी जाहिर नहीं किए हैं। लेकिन माना जाता है कि राज्य में ब्राह्मण की आबादी 9 फीसदी है, अन्य अगड़ी जातियों की संख्या करीब 9 फीसदी और पिछड़ी जातियों की जनसंख्या 34 फीसदी है। हर पार्टी ने जातियों के वोटरों को लुभाने की कोशिश की। ब्राह्मण जाति पर बसपा, भाजपा और कांग्रेस की नजर थी। बसपा ने 2007 के विधानसभा चुनाव में सर्वजन के नारे के तहत ब्राह्मणों को साथ मिलाकर राज्य की राजनीति को बदलने में सफलता पाई थी। बसपा ने राज्य के हर इलाके में ब्राह्मण महासम्मेलन कराया और पहली बार अपने बलबूते सरकार बनाने में कामयाब हुई। उसी फॉर्मूला के तहत इस बार भी बसपा ने सबसे ज्यादा 21 ब्राह्मणों को टिकट दिया लेकिन एक भी उम्मीदवार जीत नहीं पाया। भाजपा ने 14 ब्राह्मणों को टिकट दिया जिसमें 13 को जीत मिली। यानी भाजपा को इस फॉर्मूले के तहत 93 फीसदी सफलता मिली। कांग्रेस ने 11 ब्राह्मणों उम्मीदवारों को टिकट दिया लेकिन कोई सफलता नहीं मिली। सपा ने सबसे कम 5 ब्राह्मण उम्मीदवार उतारे जिसमें किसी का खाता नहीं खुला। ब्राह्मणों का झुकाव पहले कांग्रेस पार्टी की तरफ था लेकिन भाजपा

जब–जब मजबूत हुई, कांग्रेस का ब्राह्मणों पर वर्चस्व कमजोर हो गया। 2007 में ब्राह्मण कांग्रेस और भाजपा दोनों को कमजोर देखकर बसपा की ओर झुके। इसी तरह भाजपा ने 15 राजपूतों–ठाकुरों को टिकट दिया। इसमें 14 जीत गए। यानी 93 फीसदी उम्मीदवारों की जीत हुई। सपा ने 11 राजपूतों को टिकट दिया लेकिन एक की भी जीत नहीं हुई। कांग्रेस और बसपा ने भी 8–8 ठाकुरों को टिकट दिए लेकिन किसी को सफलता नहीं मिली। भाजपा ने 1 भूमिहार, तो कांग्रेस ने 3 भूमिहारों को टिकट दिया लेकिन भाजपा के उम्मीदवार की ही जीत हुई।

माना जाता है कि राज्य में पिछड़ी जातियों की संख्या करीब 34 फीसदी है। सपा की पैठ इन जातियों में मजबूत रही है लेकिन यादवों के अलावा बाकी जातियां उससे अलग भी रुख करती रही हैं। भाजपा की भी पैनी नजर इन्हीं जातियों पर रही है। सपा ने 22 पिछड़े उम्मीदवार उतारे तो भाजपा ने 21, बसपा ने 14 और कांग्रेस ने 8 लेकिन इस कटैगरी में भाजपा को छोड़कर किसी का खाता नहीं खुला। भाजपा के 21 में से 19 उम्मीदवारों की जीत हुई। यानी 90 फीसदी उम्मीदवारों को सफलता मिली। राज्य में यादवों की अच्छी–खासी संख्या है लेकिन गौर करने की बात है कि सपा के अलावा किसी और पार्टी ने यादव उम्मीदवारों को तरजीह देना मुनासिब नहीं समझा। सपा ने 11, भाजपा और बसपा ने 1–1 यादव उम्मीदवारों को टिकट दिया लेकिन सपा के 11 में से 5 ही उम्मीदवार जीत पाए और दूसरी पार्टियों को निराशा मिली। भाजपा और कांग्रेस ने चार–चार जाट उम्मीदवारों को चुनाव मैदान मे उतारा लेकिन भाजपा के चारों उम्मीदवारों की ही जीत हुई। सपा और बसपा की तरफ से एक भी जाट उम्मीदवार नहीं था। जाट परंपरागत रूप से अजित सिंह के रालोद के मतदाता रहे हैं लेकिन इस बार भाजपा की ओर उनका झुकाव ऐसा था कि अजित सिंह भी अपनी पुश्तैनी सीट बागपत गंवा बैठे।

भाजपा के 3 में से 2 वैश्य उम्मीदवारों की जीत हुई, जबकि दूसरी पार्टियों का एक भी उम्मीदवार जीत नहीं पाया। राज्य में दलित राजनीति मायावती करती हैं लेकिन 17 सुरक्षित सीटों में से पार्टी को एक भी सीट पर सफलता नहीं मिली जबकि भाजपा सभी 17 सीटों पर कामयाब रही। बाकी पार्टियों ने भी सुरक्षित सीटों पर दलितों को तरजीह दिया था लेकिन कहीं कोई खाता नहीं खोल पाया। अब ध्यान देने की बात है कि जिस राज्य में मुसलमानों की आबादी 19 फीसदी है, वहां एक भी मुस्लिम उम्मीदवार जीत नहीं पाया। यह शायद पहली बार हुआ कि किसी मुस्लिम उम्मीदवार का खाता नहीं खुला। भाजपा ने तो इस बार एक भी मुसलमान उम्मीदवार उतारा ही नहीं,

बसपा ने 19, सपा ने 13 और कांग्रेस ने 11 मुस्लिम उम्मीदवारों को टिकट दिया लेकिन एक भी जीत नहीं पाया।

किस पार्टी में किस जाति के कितने जीते

	भाजपा			सपा			कांग्रेस			बसपा			
	लड़े	जीते	जीते (%)	लड़े	जीते	जीते (%)	लड़े	जीते	जीत (%)	लड़े	जीते	जीते (%)	कुल
ब्राह्मण	14	13	93	5	0	0	11	0	0	21	0	0	53
राजपूत	15	14	93	11	0	0	8	0	0	8	0	0	42
भूमिहार	1	1	100	1	0	0	3	0	0	0	0	0	5
अन्य ओबीसी	21	19	90	22	0	0	8	0	0	14	0	0	65
यादव	1	0	0	11	5	45	0	0	0	1	0	0	13
जाट	4	4	100	0	0	0	4	0	0	0	0	0	8
वैश्य	3	2	66	1	0	0	7	0	0	0	0	0	11
दलित	17	17	100	14	0	0	19	0	0	17	0	0	67
मुस्लिम	0	0	0	13	0	0	11	0	0	19	0	0	43
अन्य	4	3	75	0	0	0	5	2	40	0	0	0	7
कुल	80	73	91	78	5	6	76	2	3	80	0	0	314

स्रोत– टाइम्स ऑफ इंडिया, 19 मई 2014

क्षेत्रवार लोकसभा के नतीजे– 2014

भाजपा की हवा एक ही क्षेत्र में नहीं सिमटी थी बल्कि पूरे उत्तर प्रदेश में लहर चल रही थी। ऐसा कोई भी क्षेत्र नहीं बचा, जहां भाजपा का प्रदर्शन खराब हुआ हो। फिर भी, पश्चिमी उत्तर प्रदेश के नतीजे, वहां पड़े मत और भाजपा को भारी समर्थन से यह साबित होता है कि पश्चिमी इलाके के नतीजे राज्य के बाकी इलाकों से अलग थे। भाजपा पूर्वी उत्तर प्रदेश, बुंदेलखंड और उत्तरी–पूर्वी इलाके की सभी सीटें जीती लेकिन पश्चिमी उत्तर प्रदेश में ही सबसे ज्यादा मतदान हुआ। पश्चिमी उत्तर प्रदेश में 64.8 फीसदी मतदान हुआ जबकि पूरे उत्तर प्रदेश में यह आंकड़ा 58.4 फीसदी ही था। भाजपा को सबसे ज्यादा वोट 50.4 फीसदी इसी इलाके से मिले

जबकि पूरे राज्य में भाजपा को 42.3 फीसदी वोट ही मिले थे। इससे साफ जाहिर होता है कि मुजफ्फरनगर दंगे की वजह से हिन्दू–मुस्लिम में ध्रुवीकरण का भारी लाभ भाजपा को मिला। मुस्लिम बहुल इलाका होने के बावजूद भाजपा उम्मीदवारों की ही जीत हुई। सहारनपुर में 39 फीसदी, कैराना में 38 फीसदी, मुजफ्फरनगर में 38 फीसदी और बिजनौर में 41 फीसदी मुस्लिम होने के बावजूद यहां मुस्लिम उम्मीदवार नहीं जीत पाए। सहारनपुर में भाजपा के राघव लखनपाल ने कांग्रेस के इमरान मसूद को 72 हजार मतों से हराया। कैराना में भाजपा के हुकुम सिंह ने सपा के नाहिद हसन को 2 लाख 36 हजार मतों से पराजित किया। मुजफ्फरनगर, जो दंगे का केंद्र था, में भाजपा के डॉ. संजीव कुमार बालियान ने बसपा के कादिर राणा को करीब 4 लाख से अधिक वोटों से शिकस्त दी। बिजनौर से भाजपा के कुंवर भारतेंद्र ने सपा के शहनवाज राणा को करीब 2 लाख 5 हजार मतों से पराजित किया। इससे साबित होता है कि इन इलाकों में कमोबेश हिन्दू वोटर एकजुट तो हो गए लेकिन मुस्लिम मतदाताओं के वोट सपा, बसपा और कांग्रेस में बंट गए, जिससे भाजपा के उम्मीदवार बड़े अंतर से जीते। मेरठ में भी 32 फीसदी मुस्लिम आबादी है लेकिन भाजपा के राजेंद्र अग्रवाल ने बसपा के मुस्लिम उम्मीदवार को करीब 2 लाख 32 हजार मतों से हराया।

दरअसल पश्चिमी उत्तर प्रदेश में जाटों की अच्छी–संख्या है और जाट मुसलमानों के साथ रालोद को वोट दिया करते थे लेकिन दंगे के बाद समीकरण बदल गए। जाट मतदाता भाजपा की तरफ रुख कर गए। जाट ही नहीं, बल्कि दलित वोटरों का एक वर्ग भी भाजपा की ओर मुड़ गया। पश्चिम उत्तर प्रदेश के बाद रुहेलखंड में भी मुस्लिम आबादी अच्छी–खासी है। यहां भी भाजपा को 10 सीटों में से 9 सीटें मिलीं और पश्चिमी उत्तर प्रदेश के बाद रुहेलखंड में ही सबसे ज्यादा मतदान 61.7 फीसदी हुआ। लेकिन भाजपा का वोट प्रतिशत कमोबेश उतना ही था, जितना पूरे राज्य में पार्टी को मिला था। इससे यह भी संकेत मिलता है कि दंगे के बाद हिन्दू–मुस्लिम के ध्रुवीकरण की वजह से रुहेलखंड और पश्चिम उत्तर प्रदेश में ज्यादा मतदान हुआ। रुहेलखंड के मुरादाबाद में 45 फीसदी, रामपुर में 49 फीसदी, संभल में 45 फीसदी, अमरोहा में 39 फीसदी, आंवला में 34 फीसदी और बरेली में 34 फीसदी मुस्लिम आबादी है लेकिन इन सीटों पर भी भाजपा की जीत हुई। गौरतलब यह भी है कि राज्य में तो सिर्फ 58.4 फीसदी मतदान हुए लेकिन मुस्लिम बहुल इलाके सहारनपुर में 74 फीसदी, कैराना में 73 फीसदी, अमरोहा में 71

फीसदी और मुजफ्फरनगर में 70 फीसदी मतदान हुआ।

क्षेत्रवार लोकसभा के नतीजे– 2014

			भाजपा		सपा		कांग्रेस		बसपा	
	सीटें	मतदान प्रतिशत	जीते	वोट (%)	जीते	वोट (%)	जीते	वोट (%)	जीत	वोट (%)
रुहेलखंड	10	61.7	9	42.6	1	31.4	0	4.1	0	17.7
अवध	14	58.1	11	37.6	0	15.9	2	17.4	0	20.8
पूर्वी उत्तर प्रदेश	17	54.8	15	37.9	1	21.4	0	4.8	0	21.7
पश्चिम उत्तर प्रदेश	9	64.9	9	50.2	0	17.8	0	6.6	0	18.5
दोआब	14	59.4	11	46.1	3	25.2	0	4.3	0	18
बुंदलेखंड	4	59.4	4	45	0	22.1	0	6.6	0	20.6
उत्तर–पूर्व	12	54.9	12	41.5	0	23	0	7	0	19.7
कुल	80	58.4	71	42.3	5	22.2	0	7.5	0	19.6

हर क्षेत्र में मुस्लिम आबादी जहां 30 फीसदी है, वहां की सारी 12 सीटें भाजपा जीतने में कामयाब हुई। इन सीटों पर भाजपा को 44.6 फीसदी वोट मिले जबकि सपा को सिर्फ 25.8 फीसदी और बसपा को 18.1 फीसदी वोट मिले। मुस्लिम ही नहीं, दलितों की 17 सीटों पर भी भाजपा की जीत हुई। इन सीटों पर भाजपा को 45.1 फीसदी वोट जबकि बसपा को सिर्फ 23.5 फीसदी वोट मिले। मुस्लिम बहुल और 27 दलित सीटों को छोड़कर सामान्य 51 सीटों पर भी भाजपा की जीत हुई। सामान्य सीटों में सपा और कांग्रेस को 7 सीटें मिलीं जबकि भाजपा और अपना दल गठबंधन को 44 सीटें मिलीं।

श्रेणी	सीटें	मतदान	भाजपा		अपना दल		कांग्रेस		सपा		बसपा	
			सीटें	(%)	सीटें	(%)	सीटें	(%)	सीटें	(%)	सीटें	(%)
मुस्लिम	12	64.8	12	44.6	0	0.0	0	6.7	0	25.8	0.0	18.1
दलित	17	56.9	17	45.1	0	0.0	0	4.5	0	21.5	0.0	23.5
सामान्य	51	57.4	42′	40.9	2	1.6	2	8.7	5	21.5	0.0	18.7
कुल सीटें	80	58.4	71	42.3	2	1.0	2	7.5	5	22.2	0.0	19.6

* आरएलडी को सिर्फ .9 फीसदी वोट मिला

धर्म और जाति कार्ड भी खुलकर चला

लोकसभा चुनाव के दौरान भाजपा महासचिव अमित शाह ने आजमगढ़ को आतंकवाद का ठिकाना बताया था। उनके इस बयान की उत्तर प्रदेश में सत्तारूढ़ सपा ने चुनाव आयोग से शिकायत की तो शाह ने आजमगढ़ लोकसभा सीट से पार्टी उम्मीदवार रमाकांत यादव के समर्थन में एक सभा में कहा, "आजमगढ़ आतंकवादियों का ठिकाना है और सपा सरकार उनको (आतंकी मामलों में गिरफ्तार) छोड़ने की पैरवी कर रही है। यूपी में सरकार का कोई डर नहीं है और गुजरात बम विस्फोट के आरोपी भी आजमगढ़ के थे, जिन्हें गृह मंत्री रहते हुए हमने गिरफ्तार करवाया और तब से आज तक गुजरात में कोई आतंकी घटना नहीं हुई।"

कांग्रेस ने अमित शाह के खिलाफ चुनाव आयोग में शिकायत की थी कि वे मुजफ्फरनगर में नफरत फैला रहे हैं। अमित शाह ने कथित तौर पर कहा था कि यह आम चुनाव पिछले साल मुजफ्फरनगर में हुए साम्प्रदायिक दंगों में हुई बेइज्जती का बदला लेने का मौका है। उन्होंने पश्चिमी उत्तर प्रदेश के सामुदायिक नेताओं की एक बैठक में कहा कि उत्तर प्रदेश और खासकर पश्चिमी उत्तर प्रदेश के लिए यह चुनाव सम्मान की लड़ाई है। "यह चुनाव बेइज्जती का बदला लेने के लिए है। यह चुनाव उन लोगों को सबक सिखाने का मौका है जिन्होंने जुल्म ढाए हैं। आदमी भोजन और नींद के बिना जी सकता है, भूखा–प्यासा रहकर भी जी सकता है लेकिन बेइज्जत होने पर वह जी नहीं सकता। इस बेइज्जती का बदला लेना होगा।" उन्होंने मुजफ्फरनगर की एक अन्य बैठक में कथित तौर पर कहा, "हमारे साथ दोयम दर्जे के नागरिकों जैसा व्यवहार किया गया है, न्याय नहीं हुआ है। यहां गोली से जवाब देने का समय नहीं है। मुगलों के जमाने में बदला लेने के लिए तलवारों और तीरों का इस्तेमाल किया जाता था और अब आपको बटन दबाने की जरूरत है। बटन दबाइए और जुल्म ढाने वालों को उनकी सही जगह पहुंचा दीजिए।" अमित शाह के इन आपत्तिजनक बयानों पर उनके खिलाफ जनप्रतिनिधित्व अधिनियम के अंतर्गत आईपीसी की धारा 153 ए(बी) 125 के तहत मुकदमा दर्ज किया गया। चुनाव आयोग ने अमित शाह को जनसभाएं करने, रैलियां निकालने, रोड शो करने तथा जुलूस निकालने पर पाबंदी लगा दी थी। अमित शाह के जवाब के बाद चुनाव आयोग ने प्रचार करने पर लगी रोक को हटा ली। आयोग ने उन्हें आगे आचार संहिता का पालन करने की हिदायत दी थी। इससे पहले शाह ने भरोसा दिलाया कि वे शांति और कानून–व्यवस्था को बाधित नहीं करेंगे।

अमित शाह ही नहीं, बल्कि बिहार के भाजपा नेता गिरिराज सिंह ने चुनाव के दौरान आपत्तिजनक भाषण दिया। झारखंड में चुनाव प्रचार के दौरान गिरिराज सिंह ने कहा था कि मोदी का विरोध करने वालों को पाकिस्तान भेज दिया जाएगा। उनके इस बयान का काफी विरोध हुआ। चुनाव आयोग ने गिरिराज पर भी प्रतिबंध लगा दिया था। इस मामले में उनके खिलाफ केस भी दर्ज किया गया था। इसी मामले में उन्हें कोर्ट में सरेंडर करना पड़ा और उसी दिन उन्हें जमानत भी मिल गई। इसके बाद पार्टी की ओर से उन्हें हिदायत दी गई कि इस तरह के विवादित बयान न दें लेकिन गिरिराज सिंह कहां मानने वाले थे। जमानत मिलने के करीब एक सप्ताह के बाद फिर उन्होंने कहा कि आतंकवाद के आरोप में पकड़े गये लोग एक ही समुदाय के क्यों हैं। मोदी ने गिरिराज सिंह के बयान की निंदा की थी। एबीपी न्यूज के घोषणापत्र प्रोग्राम में मोदी से सवाल पूछा गया कि क्या आप गिरिराज सिंह के बयान से सहमत नहीं हैं? तो जवाब था कि कोई सहमत नहीं हो सकता है।

साफ है कि 2014 के चुनाव में सिर्फ विकास की बात नहीं हुई, बल्कि जाति और धर्म सभी तरह का कार्ड खेला गया। 14 अप्रैल, 2014 की रैली में नरेन्द्र मोदी ने आंबेडकर जयंती पर उत्तर प्रदेश के लखीमपुर खीरी में एक चुनावी रैली में कहा कि एक ही परिवार (नेहरू–गांधी परिवार) के तीन लोगों को भारत रत्न मिला लेकिन डॉ आंबेडकर के निधन के 40 साल बाद उन्हें भाजपा के सहयोग वाली सरकार ने भारत रत्न से नवाजा। गौरतलब है कि भारतीय संविधान के निर्माता डॉ. आंबेडकर को 1990 में भारत रत्न दिया गया और उस समय देश में राष्ट्रीय मोर्चा की सरकार थी जिसका नेतृत्व वी.पी. सिंह कर रहे थे और भाजपा का उसे समर्थन प्राप्त था। मोदी ने यह भी कहा, "अगर बाबा साहब आंबेडकर न होते तो मेरे जैसा अति पिछड़े परिवार में पैदा हुआ व्यक्ति आज इस जगह पर खड़ा न होता। यह बाबा साहेब आंबेडकर की कृपा है कि मैं आपके सामने खड़ा हूं।" अपने भाषण में जहां उन्होंने दलितों को लुभाने की कोशिश की, वहीं कांग्रेस और यूपीए सरकार पर निशाना साधा। भाजपा को मालूम था कि दलित वोट के बिना इस चुनावी वैतरणी को पार नहीं किया जा सकता है। इसीलिए भाजपा ने इस चुनाव में दलितों को लुभाने के लिए रामविलास पासवान, रामदास आठवले जैसे नेताओं के साथ गठबंधन किया था और कई दलित नेताओं जैसे उदित राज को पार्टी में शामिल कराने में सफल रही। मोदी एक ही तीर से दो निशाना साध रहे थे। एक तरफ कांग्रेस पर हमला करके दलितों को उपेक्षित रखने का आरोप लगाया वहीं प्रदेश में बहुजन समाज पार्टी के दलित वोट पर सेंध लगाने की कोशिश की।

बिहार में हार-जीत के फैक्टर

धर्मेन्द्र कुमार सिंह

नये विकल्पों की तलाश और हर किसी को तौलकर देखने के इस दौर में बदलाव का सबसे दिलचस्प पहलू यह है कि लोकसभा चुनाव 2014 में बिहार में नरेन्द्र मोदी की लहर थी तो डेढ़ साल बाद ही विधानसभा चुनाव में नीतीश कुमार और लालू यादव की लहर बहने लगी। यह सवाल लाजिमी है कि नरेन्द्र मोदी की लहर दो साल में ही कोसी से लेकर के गंगा अंचल में दफन हो गई, तो क्या लहर की व्याख्या गलत हो रही थी या दरअसल कोई मोदी लहर थी ही नहीं बल्कि सामाजिक गठबंधनों की वजह से लहर दिखने लगी थी और महागठबंधन होने की वजह से लहर का रुख बदल गया? अगर मोदी के नेतृत्व का असर नहीं था तो फिर लोकसभा से लेकर विधानसभा चुनाव में भाजपा को क्यों सबसे ज्यादा वोट मिले? अगर नीतीश की लहर थी तो लोकसभा से लेकर विधानसभा चुनाव में जदयू सबसे बड़ी पार्टी बनकर क्यों नहीं उभर पाई? वाकई नीतीश कुमार विकास पुरुष हैं तो फिर क्यों उन्हें हर चुनाव में बैसाखी की जरूरत पड़ती है? अगर लालू यादव सामाजिक समीकरण के बेताज बादशाह थे तो फिर पिछले दो लोकसभा और विधानसभा के चुनाव क्यों हार गये? इस चुनाव से यह भ्रम भी टूट गया कि बिहार में जातिवाद की राजनीति खत्म हो गयी है। असल में जाति समाज के मूल ढांचे के रूप में स्थापित है और समय–समय पर विभिन्न रुझानों और गोलबंदियों से उसके तेवर बदलते रहते हैं। दरअसल यह देखने को मिला है कि खास चुनावी लहर उतरने के बाद लोग अपनी परंपरागत राजनीतिक धारा में लौटने को मजबूर हो जाते हैं। तो क्या राजनीतिक पंडित बदलाव की कहानी की व्याख्या ठीक से नहीं कर पा रहे हैं? या वोटर केन्द्र की राजनीति में नरेन्द्र मोदी को देखना चाहते थे तो राज्य में नीतीश कुमार और अरविन्द केजरीवाल को पसंद किया? क्या नरेन्द्र मोदी लोगों की उम्मीदों पर खरे नहीं उतर पा रहे हैं इसीलिए जनता ने भाजपा को सबक सिखाने का काम

किया है? लोकसभा से लेकर दिल्ली विधानसभा चुनाव तक भ्रष्टाचार एक अहम मुद्दा था जिसकी बदौलत केन्द्र में मोदी आए और राज्य में केजरीवाल छाए। लेकिन भ्रष्टाचार में लालू प्रसाद यादव को सजा हुई और जेल भी गये पर बिहार विधानसभा चुनाव में भ्रष्टाचार मुद्दा नहीं बन पाया। न तो नीतीश कुमार को लालू यादव से हाथ मिलाने में हिचकिचाहट हुई न तो विपक्ष और मीडिया ने इसे कोई बड़ा मुद्दा बनाया। भाजपा ने शुरू में कोशिश की और मोदी ने भी अपने भाषणों में उठाया लेकिन लोगों में इसकी प्रतिक्रिया ने देख प्रचार की धारा बदल दी गई। बिहार के लोकसभा चुनाव से लेकर विधानसभा चुनाव में जो बदलाव हुए हैं उसे समझने से पहले यह समझना जरूरी है कि लोकसभा चुनाव से लेकर विधानसभा चुनाव की हार और जीत को ब्रांड मोदी से क्यों जोड़ा जा रहा है। यह खासकर 1977 के लोकसभा चुनाव के बाद नहीं हुआ है। केन्द्र में सत्ताधारी पार्टी राज्य में चुनाव जीतती और हारती रही है लेकिन लोकसभा में नरेन्द्र मोदी की जीत के बाद वो हर चुनावी संग्राम में ऐसा ताना–बाना बुनते हैं मानो उनका जादू देश में सिर चढ़कर बोल रहा है। मोदी इस रणनीति में खुद फंसते जा रहे हैं। दूसरी तरफ विपक्षी पार्टियां उन्हें फंसाती भी जा रही हैं। यह सत्ता का नशा है या निर्णायक नेता होने का घमंड। मोदी, इंदिरा गांधी से लेकर सोनिया गांधी तक की राह पर चलने को मजबूर दिखते हैं। जीतते हैं तो मोदी की जीत होती है जब हारते हैं तो पार्टी की हार होती है यानी सबकी हार होती है। मोदी की यही रणनीति उन पर भारी पड़ती जा रहा है और यह सवाल उठने लगा है कि ब्रांड मोदी बिहार में चारों खाने क्यों चित हो गया? ये सारे सवाल हैं जिनके जवाब की तलाश हो रही है। बिहार में लोकसभा चुनाव में भाजपा बेहतर प्रदर्शन नहीं करती तो शायद भाजपा को लोकसभा में 282 सीटें नहीं मिलतीं। जिस राज्य ने मोदी को केन्द्र में बेताज बादशाह बना दिया, उसी ने विधानसभा चुनाव में मोदी को क्यों नकार दिया। जिसके बारे में कहा जाने लगा था कि बिहार की राजनीति में हाशिये पर चले गये, वही लालू यादव किंगमेकर कैसे साबित हुए? लालू यादव के गठबंधन की वजह से बिहार में नीतीश कुमार पांचवीं बार मुख्यमंत्री की कुर्सी पर विराजमान हुए। 243 सदस्यीय बिहार विधानसभा में नीतीश–लालू और कांग्रेस के महागठबंधन ने 178 सीटों पर जीत हासिल की जबकि एनडीए गठबंधन को सिर्फ 58 सीटें मिलीं। महागठबंधन की जीत की मुख्य वजहें नीतीश की छवि और लालू के सामाजिक समीकरण थे जबकि एनडीए गठबंधन के घटक भाजपा, लोक जनशक्ति पार्टी, आरएसएलपी और हिंदुस्तान अवाम मोर्चा महागठबंधन की टक्कर में कहीं नहीं दिखे। भाजपा को 53, लोक जनशक्ति पार्टी और राष्ट्रीय लोक समता पार्टी को 2–2 सीटें और हिंदुस्तान अवाम मोर्चा को 1 सीटें

मिली। महागठबंधन और एनडीए के बीच वोट फीसदी में भी 8 फीसदी का फासला था। महागठबंधन को करीब 42 फीसदी और एनडीए को 34 फीसदी वोट मिले। 2014 लोकसभा चुनाव में महागठबंधन को 44.33 फीसदी वोट मिले थे उस समय जदयू–आरजेडी के बीच गठबंधन नहीं था एनसीपी 2014 में आरजेडी के साथ थी लेकिन 2015 में अलग हो गयी थी। महागठबंधन की पार्टियां 44.33 फीसदी हासिल करके 8 सीटें जीती थी। एनडीए सिर्फ 38.77 हासिल करके 31 सीटें जीती थीं। महागठबंधन और एनडीए के बीच 6 फीसदी वोटों का फासला था। अगर महागठबंधन में जदयू शामिल रहती तो शायद लोकसभा चुनाव के नतीजे का नजारा कुछ और होता। लालू यादव और नीतीश कुमार ने 2014 की शक्ति का एहसास करके ही हाथ मिलाने का फैसला किया था। उन्हें एहसास हो गया कि अलग–अलग लड़ने की वजह से बिहार में मोदी लहर दिख रही थी। 2014 के लोकसभा चुनाव में महागठबंधन ने एनडीए से 6 फीसदी अधिक वोट हासिल किया। 2015 के विधानसभा चुनाव में दोनों गठबंधन में फासला 8 फीसदी वोटों का हो गया जबकि लोकसभा चुनाव की तुलना में महागठबंधन को 2 फीसदी तो एनडीए को 4 फीसदी वोटों का नुकसान हुआ। लोकसभा चुनाव की तुलना में विधानसभा चुनाव में भाजपा को 5 फीसदी तो आरजेडी को 2 फीसदी वोटों का नुकसान हुआ। दरअसल बिहार में लोकसभा चुनाव में जाति की राजनीति चल रही थी जो मोदी की जीत की अदृश्य वजह बनी लेकिन विधानसभा चुनाव में लालू–नीतीश की जीत हुई तो फिर जाति की राजनीति सबको दिखने लगी। राजनीति में उलट–फेर होते रहते हैं। मतदाता नेता की चहलकदमी के हिसाब से अपना मूड बदलते रहते हैं। जाति की राजनीति के हिसाब से यह सामंजस्य बिहार की राजनीति के लिए फिट बैठता है। नतीजों से स्पष्ट हो गया कि लालू और नीतीश की जीत का अहम पहलू गठबंधन था।

	2015 विधानसभा चुनाव		2014 लोकसभा चुनाव	
पार्टी	सीटें	वोट (%)	सीटें	वोट (%)
महागठबंधन	**178**	**41.9**	**8**	**44.33**
आरजेडी	80	18.4	4	20.13
जदयू	71	16.8	2	15.78
कांग्रेस	27	6.7	2	8.42
एनडीए	**58**	**34.2**	**31**	**38,77**

भाजपा	53	24.5	22	29.38
लोक जनशक्ति पार्टी	2	4.8	6	6.4
राष्ट्रीय लोक समता पार्टी	2	2.6	3	2.99
हिंदुस्तान अवाम मोर्चा	1	2.3	—	—
अन्य	7	23.9	1	16.9
कुल	243	100	40	100

नोट– एनसीपी 2014 लोकसभा चुनाव में आरजेडी गठबंधन का हिस्सा थी जबकि जेडीयू का गठबंधन आरजेडी से नहीं था।

भाजपा की हार की दूसरी वजह नेतृत्व का अभाव माना जाता है। महागठबंधन के पास नीतीश कुमार जैसा चेहरा था जबकि भाजपा में नीतीश कुमार को टक्कर देने के लिए कोई चेहरा नहीं था। मोदी जबसे देश के प्रधानमंत्री बने हैं तब से किसी को उभरने का मौका नहीं दिया गया। सुशील मोदी जरूर एक चेहरा थे पर नीतीश कुमार के सामने बौने साबित हो रहे थे। इसीलिए एनडीए ने चुनाव प्रधानमंत्री नरेन्द्र मोदी के नेतृत्व में लड़ा। भाजपा ने किसी को मुख्यमंत्री का उम्मीदवार घोषित नहीं किया था क्योंकि पार्टी ने किसी को नीतीश के बराबर के कद का माना ही नहीं था। यह तय हो चुका था कि जीत का सेहरा भी मोदी के सिर होगा और अगर हारे तो उसकी जिम्मेदारी भी मोदी की हो होगी। नीतीश और लालू ने मुख्यमंत्री पद के उम्मीदवार को अहम मुद्दा बना दिया तो भाजपा के पास इसका माकूल जवाब नहीं था। ये अटकलें भी शायद उलटा असर कर गईं कि गिरिराज सिंह से लेकर राधामोहन सिंह, राजीव प्रताप रूडी, राजेन्द्र सिंह कोई भी मुख्यमंत्री बनाया जा सकता है। बिहार के सभी जनमत सर्वेक्षणों में मुख्यमंत्री पद की दौड़ में नीतीश कुमार सुशील मोदी से काफी आगे चल रहे थे। लोकप्रियता के मापदंड में भी नीतीश कुमार नरेन्द्र मोदी से आगे थे और भाजपा में हार के बाद तूफान मच गया। यह कहा गया कि आरएसएस प्रमुख मोहन भागवत के आरक्षण की समीक्षा वाले बयान से भाजपा की करारी हार हुई है। मोहन भागवत ने 'पांचजन्य' और 'आर्गेनाइजर' को दिए इंटरव्यू में कहा था, "आरक्षण पर फिर से विचार करने का समय आ गया है। आरक्षण की जरूरत और उसकी समय सीमा पर एक समिति बनाई जानी चाहिए।" मोहन भागवत के आरक्षण पर पुनर्विचार वाले बयान को महागठबंधन के नेताओं ने बड़ा मुद्दा बनाकर भाजपा को कठघरे में खड़ा कर दिया। दरअसल लोकसभा

2014 और विधानसभा 2015 के चुनाव में जातियों का रुझान लगभग एक ही तरह का था। जिस तरह इन जातियों ने वोटिंग की थी लगभग 2014 के लोकसभा में उसी तरह के वोट पैटर्न 2015 के विधानसभा चुनाव में भी देखने को मिले। महागठबंधन को लोकसभा चुनाव की तुलना में विधानसभा चुनाव में यादव और मुस्लिम वोटरों ने मामूली कम वोट किया। दलित, कोयरी–कुर्मी, अति पिछड़ी जाति और अगड़ी जातियों के मामले में हलका फायदा हुआ। लालू प्रसाद के 6 फीसदी यादव वोट अन्य के खाते में चले गए। एनडीए को कोयरी–कुर्मी को छोड़कर हर जातियों में नुकसान ही हुआ। भाजपा की पकड़ अगड़ी जाति में और रामविलास पासवान की पकड़ दलित में हलकी कमजोर पड़ी। महागठबंधन को पिछले चुनाव की तुलना में 11 फीसदी दलित और 8 फीसदी कोयरी–कुर्मी वोट का फायदा हुआ। यही वजह रही है कि लोकसभा चुनाव की तुलना में विधानसभा चुनाव में महागठबंधन और एनडीए के वोटों का फासला 6 फीसदी से बढ़कर 8 फीसदी हो गया।

	विधानसभा चुनाव(2015)		**लोकसभा चुनाव(2014)**		**नुकसान / नफा**	
जाति	महागठबंधन (%)	एनडीए (%)	महागठबंधन (%)	एनडीए (%)	महागठबंधन (%)	एनडीए (%)
अगड़ी जाति	16	70	13	78	3	–8
यादव	70	13	76	19	–6	–6
कोयरी–कुर्मी	53	30	45	26	8	4
अति पिछड़ी जाति	32	51	28	53	4	–2
दलित	37	48	26	50	11	–2
मुस्लिम	81	3	85	2	–4	1

स्रोत– सीएसडीएस पोस्ट पोल सर्वे (2014),
स्रोत– एक्सिस–माई इंडिया एक्जिट पोल (2015)

नोट– वर्तमान गठबंधन को ही 2014 के लोकसभा का आधार माना गया है

जब लालू यादव के अपने ही वोट खिसक गये तो फिर मोहन भागवत का बयान मुख्य चुनावी मुद्दा कैसे हो सकता है। बिहार में हार के लिए मोहन भागवत नहीं बल्कि नरेन्द्र मोदी और अमित शाह की टीम को जिम्मेदार ठहराया जा रहा है क्योंकि लालकृष्ण आडवाणी से लेकर मुरली मनोहर जोशी, यशवंत सिन्हा से लेकर शांता कुमार ने बिना नाम लिए अमित शाह पर निशाना साधा। शत्रुघ्न सिन्हा का कहना है कि जीत और हार के लिए पार्टी के कप्तान को

ही ताली और गाली दोनों मिलती है। मोदी के सहारे पार्टी कब तक चुनावी वैतरणी पार करेगी? दिल्ली और बिहार में नेता को क्यों नहीं उभरने दिया गया? यही सवाल और गठबंधन की राजनीति बिहार चुनाव में बीजेपी पर भारी पड़ गई। यही नहीं, नीतीश को काम दिखाने के लिए कानून–व्यवस्था, सड़क, बिजली, लड़कियों को साइकिल देने की बात थी, लेकिन वोटरों को मोदी का कोई काम सतह पर नहीं दिख रहा था जो आम लोगों से जुड़ा हुआ हो। बिहार में भ्रष्टाचार और बेरोजगारी मुख्य समस्या थी लेकिन भाजपा के नेता नीतीश, लालू जंगलराज, जंतर–मंतर को मुख्य मुद्दा बनाए रहे। नीतीश के राज में बिजली की स्थिति बेहतर है लेकिन पता नहीं क्यों प्रधानमंत्री नरेन्द्र मोदी को बिहार की स्थिति से पूरी तरह अवगत नहीं कराया गया? बिजली और सड़क के मामले में बिहार की स्थिति पहले से बेहतर हुई है, इससे प्रधानमंत्री को क्यों अवगत नहीं कराया गया। इसका साफ मतलब है कि पार्टी में संवाद साफ टूट गया था। हवाई हमले से कभी चुनाव नहीं जीता जा सकता है। चुनाव में बेवजह के मुद्दों जैसे पाकिस्तान में पटाखा फोड़ने और नीतीश के डीएनए जैसी बातों से बचा जा सकता है। यही नहीं, टिकट बंटवारे में महागठबंधन की साझा रणनीति थी जबकि एनडीए में हर पार्टी के अलग–अलग राग थे इसीलिए एक पार्टी से दूसरी पार्टी के बीच वोट ट्रांसफर नहीं हो पाए। भाजपा की सहयोगी पार्टियों का तो और बुरा हाल हुआ।

दरअसल महंगाई रोकने के लिए लोकसभा चुनाव के दौरान लंबे–चौड़े दावे किये गये थे। ये वादे जमीनी हकीकत में नहीं उतर पाए। लोकसभा चुनाव के बाद चुनाव मैनेजमैंट में भाजपा की रणनीति ढीली पड़ती जा रही है। न तो नारे में दम दिखता है न ही नेता–कार्यकर्ता में सामंजस्य दिखता है। मोदी की रणनीति की कॉपी करके ही अरविन्द केजरीवाल और नीतीश कुमार ने उन्हीं को मात दे दिया। प्रशांत किशोर जैसे चुनाव मैनेजर मोदी का दामन छोड़कर नीतीश के पाले में चले गए। प्रशांत किशोर की वजह से नीतीश कुमार–लालू यादव का चुनाव प्रबंधन बेहतर था। भाजपा को कैसे घेरना है, कैसे मोदी के सवालों का जवाब देना है, कैसे सोशल मीडिया में प्रचार करना है, कैसे दमदार चुनावी स्लोगन पेश करना है, इस पर खास ध्यान दिया गया। इससे तो यही साबित होता है कि भाजपा जीतती बाजी हार गई।

नीतीश कुमार चाणक्य निकले

नीतीश कुमार की राजनीति रही है कि वे अपने बलबूते पर कोई सीधी लड़ाई नहीं लड़ते हैं। उन्हें एहसास है कि अकेले न तो राजनीति में टिक पाएंगे न ही रणनीति में सफल हो पाएंगे। पुराना इतिहास यही बतलाता है कि वे दूसरे के कंधे पर बंदूक रखकर फायरिंग करते हैं यानी राजनीति में बढ़ने के लिए उन्हें

बैसाखी की जरूरत पड़ती है। बिना बैसाखी के सहारे राजनीति में खड़े होने की खूब कोशिश की लेकिन सफल नहीं हो पाये। नीतीश कुमार ने राजनीतिक विकलांगता की कमजोरी को सहारे की राजनीति से मजबूती देने की कोशिश की। लालू प्रसाद यादव के जमाने में छोटे भाई की भूमिका में रहते थे लेकिन अपनी सोच, समझ और चतुराई से बड़े भाई की भूमिका में आने की कोशिश करते रहे। भाजपा को भी नीतीश कुमार की तरह बिहार में बैसाखी की जरूरत थी।भाजपा के लिए बिहार एक ऐसा राज्य है, जहां पार्टी बैसाखी के जरिए अपनी पैठ बनाने में कामयाब हुई थी। 1991 के दौर में मंडल और कमंडल ने बिहार भाजपा को अपने बलबूते खड़ा नहीं होने दिया था। भाजपा का राज्य में अस्तित्व तो था, लेकिन सत्ता उससे कोसों दूर थी। पड़ोसी राज्य उत्तर प्रदेश में कमंडल से मंडल की राजनीति ध्वस्त करने वाली भाजपा मंडल की राजनीति से बिहार में लगातार पस्त हो रही थी। उत्तर प्रदेश और बिहार का राजनैतिक मिजाज, जाति समीकरण, धार्मिक समीकरण, दलितों की जनसंख्या लगभग एक जैसी थी। उत्तर प्रदेश में मुलायम सिंह यादव थे, तो बिहार में लालू प्रसाद यादव हैं। उत्तर प्रदेश में भाजपा के पास पिछड़े नेता कल्याण सिंह थे तो बिहार में भी भाजपा के पास सुशील कुमार मोदी है। उत्तर प्रदेश में दलितों की मजबूत नेता मायावती हैं, बिहार में रामविलास पासवान हैं। हालांकि वे मायावती की तरह राज्य में मजबूत नहीं हैं। उत्तर प्रदेश में करीब 19 फीसदी मुसलमान आबादी है तो बिहार में मुसलमान आबादी करीब 17 फीसदी है। उत्तर प्रदेश में दलितों की आबादी करीब 21 फीसदी है तो बिहार में दलित आबादी भी 16 फीसदी है। उत्तर प्रदेश में अयोध्या में राम मंदिर का आंदोलन चल रहा था, तो बिहार में इसी आंदोलन को लेकर भाजपा के नेता लालकृष्ण आडवाणी गिरफ्तार हुए थे। तो फिर भाजपा क्यों सत्ता से दूर रही? यही नहीं, उत्तर प्रदेश में जब राम जन्मभूमि का शिलान्यास था तो शिलान्यास की पहली ईंट रखने वाले कामेश्वर चौपाल बिहार के ही दलित थे। भले राम जन्मभूमि आंदोलन का केन्द्र बिंदु उत्तर प्रदेश रहा हो, लेकिन भाजपा की जड़ें मजबूत करने की तैयारी बिहार में भी चल रही थी। 1989 में लालू प्रसाद यादव के नेतृत्व में सरकार बनी थी, मंडल और कमंडल की राजनीति के बाद बिहार की राजनीति दो फाड़ हो चुकी थी और राज्य की राजनीति में पिछड़ी जातियों का कब्जा हो चुका था। इस कब्जे की राजनीति में पिछड़े वर्ग के नेता नेता लालू प्रसाद यादव, नीतीश कुमार, शरद यादव और दलित नेता रामविलास पासवान एकसाथ चट्टान की तरह खड़े थे।

खैर, राज्य की राजनीति ने करवट ली और नीतीश कुमार लालू की जंगलराज की परछाईं से दूर हो गए और समता पार्टी बनाने का फैसला किया। सवाल यह है कि क्या वे राज्य में तीसरी शक्ति की संभावना देख रहे

थे? क्या उन्होंने पार्टी छोड़ने से पहले ऐसी परिकल्पना की थी कि भाजपा के साथ मिलकर राज्य में लालू प्रसाद यादव की सरकार को बेदखल करेंगे? इतिहास बताता है कि भाजपा का साथ पकड़ने से पहले नीतीश ने कुछ दूसरे नेताओं के दामन भी थामा था। सेकुलर विचारधारा और समाजवादी अतीत होने के कारण नीतीश की पहली पसंद भाजपा नहीं हो सकती थी। इसीलिये 1995 में उनकी समता पार्टी ने विनोद मिश्रा के नेतृत्व वाली भाकपा (माले) के साथ मिल कर चुनाव लड़ा था। नीतीश, जॉर्ज फर्नांडीज और कॉमरेड विनोद मिश्रा ने दिल्ली में साथ–साथ प्रेस सम्मेलन करके अपने गठजोड़ का ऐलान किया था। पर जब चुनाव नतीजे आये तो इस गठबंधन को जबरदस्त पराजय झेलनी पड़ी। इसी पराजय के बाद उनका रुख भाजपा की तरफ हुआ। यह फैसला लेने में उनकी मदद अटलबिहारी वाजपेयी की उदार छवि और फिरकापरस्त लगने वाले मुद्दे ठंडे बस्ते में डालने की नीति ने भी की। बहरहाल, नीतीश कुमार और भाजपा में जैसी दोस्ती हुई, इससे सिर्फ एहसास किया जा सकता है कि राजनीतिक रूप से दोनों एक–दूजे के लिए ही बने थे। लालू के खिलाफ विद्रोह करने वाले नीतीश कुमार को अंततः वह राजनीतिक हमसफर मिल गया जिसकी उन्हें जरूरत थी। दूसरी तरफ भाजपा के अरमानों के पर निकल आए। जो भी हो, लेकिन यह पल बिहार की राजनीति के लिए टर्निंग प्वाइंट था।

उत्तर प्रदेश और बिहार की राजनीति में हलका फर्क है। उत्तर प्रदेश में 1984 के बाद सांप्रदायिकता की राजनीति का बोलबाला हो गया जबकि बिहार में जातिगत राजनीति हावी हो गई है। माना जाता है कि जहां राजनीति सांप्रदायिकता पर टिकी होती है वहां जाति की राजनीति कमजोर होती है और जहां जाति की राजनीति की तूती बोलती है वहां सांप्रदायिकता की राजनीति कमजोर हो जाती है। लेकिन उत्तर प्रदेश में सांप्रदायिकता की राजनीति को जाति का सहारा मिल गया, जबकि बिहार में जाति की राजनीति को सांप्रदायिकता का आधार। दरअसल बिहार में जाति की राजनीति पहले से स्थापित रही है। एक तरफ अगड़ी जातियों की राजनीति रही है तो दूसरी तरफ पिछड़ी जातियों की राजनीति। लालू प्रसाद यादव के लिए पिछड़ी जाति की राजनीति को मुसलमान जनाधार से जोड़ना आसन था जबकि अगड़ी जाति और बनियों की राजनीति पर भाजपा का वर्चस्व हो गया।

राजनीति में उलट–फेर भी होते रहते हैं। समता पार्टी फिर जद (एकी) बनी और भाजपा के गठबंधन से बिहार में फिर से सूर्योदय हुआ, लालू यादव के जंगलराज से राज्यवासियों को मुक्ति मिली और राज्य विकास के पथ पर चल पड़ा। लेकिन अचानक नरेन्द्र मोदी के भाजपा के पीएम उम्मीदवार बनने से नीतीश कुमार ने अपना गठबंधन तोड़ लिया। ताज्जुब की बात यह थी कि

इसी नीतीश कुमार को 2002 के गुजरात दंगे के बाद भी नरेन्द्र मोदी से खास गुरेज नहीं था। यही नहीं, नीतीश कुमार ने रेल मंत्री रहते हुए नरेन्द्र मोदी की प्रशंसा भी की थी।

खैर, राजनीति हमेशा एक ही लकीर पर नहीं चलती। जद (एकी) और भाजपा की टूट के बाद ये लगने लगा कि बिहार में लालू यादव का फिर से उदय होगा, लेकिन लालू प्रसाद यादव को जितनी उम्मीद थी, वह पूरी नहीं हो सकी। राजद ने तो बिहार में भाजपा और जद (एकी) को हराने के लिए बड़ा गठबंधन भी बनाने का काम किया, लेकिन राज्य में राजनीति और रणनीति दोनों ने करवटें बदलीं। भाजपा नीतीश कुमार और लालू यादव के खिलाफ एक बड़ा गठबंधन बनाने में कामयाब हुई। इस गठबंधन में बिहार की जाति की राजनीति पर खास ध्यान दिया गया। मसलन, भाजपा ने रामविलास पासवान की अगुवाई वाली लोक जनशक्ति पार्टी और उपेन्द्र कुशवाहा की अगुवाई वाली राष्ट्रीय लोक समता पार्टी से समझौता किया। रामविलास पासवान राज्य में दलितों के कद्दावर नेता हैं और उनकी पकड़ दलित जाति में अच्छी–खासी मानी जाती है। वहीं उपेन्द्र कुशवाहा का कुशवाहों पर अच्छा–खासा असर था। दरअसल भाजपा को मालूम था कि उपेन्द्र कुशवाहा और रामविलास पासवान को मिलाये बिना बिहार में जाति के चक्रव्यूह को तोड़ना आसान नहीं था। रामविलास पासवान अटलबिहारी वाजपेयी वाली एनडीए सरकार में मंत्री थे, पर उन्होंने 2002 के गुजरात नरसंहार के विरोध में इस्तीफा दिया था। इस इतिहास के बावजूद वे एक तरफ लालू यादव से बातचीत चला रहे थे, और दूसरी तरफ पर्दे के पीछे भाजपा के साथ उनकी खिचड़ी पक रही थी। रामविलास पासवान फैसला नहीं कर पा रहे थे कि राष्ट्रीय जनता दल (राजद) के साथ जाना है या भाजपा के साथ। जितनी जरूरत रामविलास पासवान को भाजपा की थी, उससे ज्यादा जरूरत भाजपा को रामविलास पासवान को थी। चिराग पासवान, जो रामविलास पासवान के बेटे हैं, ने उन्हें बिहार की जमीनी हकीकत को देखते हुए भाजपा के साथ जाने के लिए मजबूर किया। यही नहीं, भाजपा ने चट्टान की तरह बने कुशवाहा–कुर्मी के वोट बैंक में भी सेंध लगाने का सफल प्रयास किया। उपेन्द्र कुशवाहा, जो नीतीश कुमार से अलग होकर अपनी अलग पहचान बनाने की कोशिश कर रहे थे, वे भाजपा के केन्द्रीय नेतृत्व के लिए राजनीतिक रूप से अनजाना चेहरा थे लेकिन कुशवाहा वोटरों में उनकी अच्छी पकड़ थी। भाजपा को भलीभांति मालूम था सिर्फ मोदी लहर पर सवार होकर बिहार की राजनीति में वैतरणी पार करना आसान नहीं है इसीलिए जाति स्तर पर वोट को ढूढ़ने की तलाश की गई। उसी कड़ी को आगे बढ़ाते हुए उपेन्द्र कुशवाहा को भाजपा अपने गठबंधन में लाने में कामयाब हुई। इसी का नतीजा था कि नरेन्द्र मोदी के नेतृत्व में भाजपा, रामविलास

पासवान के नेतृत्व में लोक जनशक्ति पार्टी और उपेन्द्र कुशवाहा के नेतृत्व में राष्ट्रीय लोक समता पार्टी को 40 लोकसभा सीटों में से 31 सीटें मिलीं। इस चुनाव में भाजपा सबसे बड़ी पार्टी के रूप में उभरी, जबकि नीतीश कुमार की पार्टी जद (एकी) वजूद खोते–खोते बची। यानी मुश्किल से दो लोकसभा सीटों पर जीत पाई। वहीं लालू प्रसाद यादव की पार्टी सिर्फ चार सीटों पर जीती।

राजनीति अंकगणित का ही नहीं, रासायनिक मेल–मिलाप का खेल भी है। क्या कारण था कि इस लोकसभा चुनाव में नीतीश कुमार और लालू प्रसाद यादव फेल हो गए जबकि भाजपा की शानदार जीत हुई? एक तो नरेन्द्र मोदी के समर्थन में राज्य की जनता का मूड था तो दूसरी तरफ नीतीश कुमार ने जिस तरह से भाजपा से गठबंधन तोड़ने का काम किया, उनके इस कदम से बिहार की जनता नाराज थी। ऐसा लगता है कि नीतीश कुमार की नजर मुसलमान मतदाताओं पर थी। शायद नीतीश कुमार को भ्रम या आत्मविश्वास था कि मुसलमान, कुशवाहा–कुर्मी और महादलित मतदाताओं के सहारे वे बिहार में बड़ी शक्ति बनकर उभर सकते हैं। लेकिन ऐसा नहीं हुआ, क्योंकि बिहार की जनता दिल्ली में मनमोहन सिंह की सरकार को उखाड़ फेंकने का मन बना चुकी थी। दरअसल लोकसभा चुनाव में नीतीश में प्रधानमंत्री बनने की महत्त्वाकांक्षी भी छुपी हुई थी लेकिन सारे अरमान मटियामेट हो गये। भाजपा के सामने सबसे बड़ी चुनौती थी कि जिन सीटों पर जद (एकी) 18 साल से लड़ती आ रही थी, वहां कैसे उम्मीदवार तैयार करेगी। दरअसल जद (एकी), राजग गठबंधन में बड़े भाई की भूमिका में थी, जबकि भाजपा छोटे भाई की भूमिका में थी। लोकसभा और विधानसभा चुनाव में जद (एकी) ज्यादा सीटों पर लड़ती थी वहीं भाजपा कम सीटों पर लड़ती थी, जिसकी वजह से उन लोकसभा सीटों पर पार्टी लगभग खत्म हो चुकी थी जहां जद (एकी) 18 साल से लड़ती आ रही थी। इन सीटों पर पार्टी के लिए उम्मीदवार ढूंढना आसान नहीं था, लेकिन भाजपा ने यहां भी चतुराई और रणनीति का सहारा लिया। पार्टी ने जद (एकी) और राजद में सेंध लगाने की कोशिश की। कहीं जद (एकी) के सांसदों को तोड़ लिया गया तो कहीं विधायकों को सीधे लोकसभा की जंग में उतार दिया गया। औरंगाबाद से जद (एकी) के सासंद सुशील कुमार सिंह इस सीट से लगातार जीतते आ रहे थे, तो पार्टी ने उन्हीं को तोड़ कर भाजपा में शामिल कर लिया। यानी सिर्फ पार्टी बदली, लेकिन चेहरा वही था जो भाजपा के टिकट पर फिर चुनाव जीत गए। राजद नेता और लालू प्रसाद यादव के सिपहसलार रामकृपाल यादव अंतिम क्षण में भाजपा में इसीलिए शामिल हुए कि उनकी सीट पर लालू यादव ने बिना उनकी अनुमति के अपनी बेटी मीसा यादव को उतार दिया। भाजपा ताक में ही थी कि राजद में फूट पड़े जिसका फायदा पार्टी को मिले। फिर वही हुआ जो भाजपा सोच रही थी। रामकृपाल

यादव को भाजपा की जरूरत थी और भाजपा को रामकृपाल यादव। रामकृपाल भाजपा के टिकट पर पाटलिपुत्र से लड़े और अपने गुरु की बेटी मीसा यादव को बुरी तरह पराजित किया। वहीं सीवान से पूर्व सीपीआई (एमएल) और निर्दलीय उम्मीदवार ओम प्रकाश यादव को पार्टी ने उम्मीदवार बनाया। सीवान बिहार का ऐसा संसदीय क्षेत्र है जहां राजद नेता और जेल में बंद मोहम्मद शाहबुद्दीन की तूती बोलती है। ओमप्रकाश यादव ने शाहबुद्दीन की पत्नी को बुरी तरह पराजित किया। वहीं पूर्व गृह सचिव आर. के. सिंह को आरा लोकसभा से उतारा गया। दरअसल आर. के. सिंह का घर सुपौल जिला है, जबकि ससुराल आरा जिले में है। सुपौल में राजपूतों की संख्या कम है इसीलिए उन्हें राजपूतों के गढ़ आरा से लड़ाया गया और वे वहां विजयी रहे। झंझारपुर से जद (एकी) से भाजपा में शामिल हुए बीरेन्द कुमार चौधरी को टिकट दिया गया, वहीं मुजफ्फरपुर से जद (एकी) के सांसद जयनाराणय निषाद के बेटे अजय निषाद को चुनाव मैदान में उतारा गया। बांका से स्वर्गीय दिग्विजय सिंह की पत्नी पुतुल कुमारी को उम्मीदवार बनाया गया और सासाराम से जद (एकी) के विधायक छेदी पासवान को उम्मीदवार बनाया गया। इन सारी सीटों पर पुतुल कुमारी को छोड़कर वीरेन्द्र कुमार चौधरी, अजय निषाद और छेदी पासवान की जीत हुई। वैसे भाजपा ने नीतीश कुमार की सरकार में मंत्री रही रेणु कुशवाहा के पति विजय कुमार सिंह को मधेपुरा से टिकट दिया था, लेकिन वे हार गए। भाजपा ने ऐसे नेता को मौका दिया जो पहली बार लोकसभा के चुनाव लड़े और जीते भी। ये हैं बाल्मीकि नगर से सतीश चंद्र दुबे, उजियारपुर से नित्यानंद राय, बक्सर से अश्विनी चौबे, नवादा से गिरिराज सिंह।

भाजपा गठबंधन को 40 में से 31 सीटें मिलीं जिससे पिछले चुनाव की तुलना में 19 सीटों और 18.29 फीसदी का फायदा हुआ। भाजपा को खुद इस चुनाव में 22 सीटें मिली थीं। पिछले चुनाव की तुलना में उसे 12 सीटों का फायदा हुआ वहीं 29.38 फीसदी वोट मिला जो पिछले चुनाव की तुलना में 15.45 फीसदी का फायदा था। यानी सीट और वोट में पिछले चुनाव की तुलना में करीब दोगुना फायदा हुआ।

नीतीश कुमार 2014 के लोकसभा चुनाव में पूरी तरह फ्लॉप हो गये लेकिन उन्होंने उस हार से सबक लिया। लोकसभा में जदयू की बुरी हार के बाद नीतीश कुमार ने अपने पद से इस्तीफा दे दिया था। लोकसभा नतीजों के बाद विरोधियों को ये समझ आ गया था कि मोदी को अकेले हरा पाना मुमकिन नहीं होगा। नीतीश ने इस्तीफा देकर जीतन राम मांझी को मुख्यमंत्री बनाने का काम किया लेकिन जीतन राम की कथनी और करनी से पार्टी की ओर किरकिरी शुरू हो गई थी। अंततः आत्मचिंतन, आत्मनिरीक्षण और फिर आत्मविश्वास के दम पर नीतीश कुमार ने जीतन राम मांझी को मुख्यमंत्री की कुर्सी से हटाकर मुख्यमंत्री की

बागडोर को संभाल लिया। मुख्यमंत्री बनने के साथ ही नीतीश कुमार लोकसभा चुनाव की हार का बदला लेने की ठान चुके थे। रास्ता भी कठिन नहीं बल्कि आसान चुनने का फैसला किया। एक मोदी ने कैसे बिहार चुनाव जीता और दूसरा अरविन्द केजरीवाल ने कैसे दिल्ली में भाजपा को हराया। इसी दो सूत्री एजेंडे पर चलकर नीतीश कुमार ने जीत हासिल की। उन्होंने पहला बड़ा काम एनडीए की तुलना में बड़ा महागठबंधन बनाने का फैसला किया जिसमें उनकी पार्टी जदयू, आरजेडी और कांग्रेस शामिल हुई। दूसरी रणनीति उन्होंने अरविन्द केजरीवाल से सीखकर अपनाने की कोशिश की। जिस तरह दिल्ली में भाजपा के पास मुख्यमंत्री का चेहरा नहीं था वही हाल बिहार में भी था। नीतीश ने नेतृत्व के मुद्दे को उठाकर भाजपा की बोलती बंद करने की कोशिश की। तीसरी बात यह थी कि जिस तरह मोदी ने लोकसभा चुनाव में सोशल मीडिया और चुनाव प्रबंधन का इस्तेमाल किया था, नीतीश कुमार ने नरेन्द्र मोदी की पुरानी टीम के प्रशांत किशोर को अपनी तरफ खींच लिया। प्रशांत किशोर का लोकसभा में जो रणनीति का मॉडल था उसी मॉडल का नाम बदलकर पेश किया जिसकी वजह से नीतीश कुमार की जीत का श्रेय प्रशांत किशोर की झोली में चला गया। लेकिन सवाल है कि अगर चुनावी रणनीतिकार प्रशांत किशोर की वजह से लोकसभा चुनाव में नरेन्द्र मोदी और विधानसभा चुनाव में नीतीश कुमार की जीत हुई तो दिल्ली में अरविन्द केजरीवाल बिना प्रशांत किशोर के कैसे जीत गए? जिस तरह अरविन्द केजरीवाल ने नरेन्द्र मोदी के बयान को पकड़कर तिल से ताड़ बनाने की कोशिश की उसी तरह नीतीश कुमार ने भी मोदी के डीएनए और बिहार के पैकेज देने की घोषणा के तरीके पर सवाल उठाकार बिहारी वोटरों में पैठ बनाने की कोशिश की। तभी तो नीतीश कुमार ने बिहारी और बाहरी का भी मुद्दा उठा दिया। बिहार और दिल्ली की हार इस बात का संकेत है कि अगर रणनीति–राजनीति में बदलाव नहीं किया गया तो भाजपा के लिए अच्छे दिन नहीं आने वाले हैं।

संघ की परिवर्तनकारी भूमिका और भाजपा की अभूतपूर्व विजय

डॉ. शिवशक्ति बक्सी, कार्यकारी संपादक, कमल संदेश

विगत आम चुनाव में नरेन्द्र मोदी के नेतृत्व में भाजपा की अभूतपूर्व और ऐतिहासिक सफलता को कुछ बुद्धिजीवी राष्ट्रीय स्वयंसेवक संघ की केन्द्रीय भूमिका की पृष्ठभूमि में विश्लेषित कर रहे हैं। उनका यह मानना है कि नरेन्द्र मोदी को भाजपा का नेतृत्व प्रदान करवाने और उनको अप्रत्याशित सफलता दिलवाने में सबसे बड़ी भूमिका राष्ट्रीय स्वयंसेवक संघ की रही है। इस मान्यता की वैज्ञानिकता और वस्तुनिष्ठता की जांच करने के लिए हमें कई पहलुओं का तटस्थ परीक्षण करना होगा।

इस विमर्श में सबसे पहले हमें चुनाव पूर्व के उन आंतरिक मतभेदों और संकटों को समझना होगा जिनसे राष्ट्रीय राजनीतिक दल संघर्षरत थे। चुनाव पूर्व की वास्तविक सच्चाई यह थी कि कांग्रेस में नेतृत्व का संकट गहरा गया था। कांग्रेस यह नकारात्मक घोषणा तो कर रही थी कि मनमोहन सिंह अगली सरकार का नेतृत्व नहीं करेंगे, पर कांग्रेस यह सकारात्मक घोषणा करने से डर रही थी कि कांग्रेस का भावी नेतृत्व राहुल गांधी करेंगे। राहुल के प्रति स्वयं कांग्रेस के आत्मभय और संशय ने मतदाताओं को विकल्प की तलाश करने को प्रेरित किया और चुनाव से पूर्व ही कांग्रेस हारती हुई प्रतीत होने लगी। राष्ट्रीय और अंतरराष्ट्रीय समस्याओं के कारण पूरे देश में यथास्थिति के विरुद्ध एक तीव्र लहर थी और परिवर्तन की मांग हो रही थी। स्पष्टतः भाजपा भी इससे अछूती नहीं रह सकती थी। बदली राजनीतिक परिस्थितियों में भाजपा के सामने नई परिस्थितियों से संतुलन बनाने की चुनौती थी। भाजपा के आम कार्यकर्ता और पदाधिकारी यह महसूस कर रहे थे कि पुराने तौर–तरीकों और परंपरागत राजनीतिक मुहावरों से वर्तमान चुनौतियों का सामना नहीं किया जा सकता है। भाजपा में परंपरा और नवीनता, अनुभव

और नई सोच का सामंजस्य बिठाने की आवश्यकता महसूस की जा रही थी। भाजपा के तत्कालीन नेतृत्व ने देश में नवीनता के प्रति प्रतीक्षा की आवाज को सुना और नरेन्द्र मोदी को नए नेतृत्व के लिये आमंत्रित किया। भाजपा को एक गतिशील और उद्यमी नायक की आवश्यकता थी– यह वर्तमान और भविष्य की मांग थी। इसी पृष्ठभूमि में नरेन्द्र मोदी का भाजपा और देश ने स्वागत किया।

राहुल निस्सन्देह रूप से कांग्रेस के एकछत्र युवराज थे, पर राष्ट्र की आंतरिक एवं बाह्य समस्याओं की रणभूमि में साहसिक नेतृत्व की बात तो दूर, वे देश और विश्व की समस्याओं को जानते भी हैं या नहीं, यह आशंकापूर्ण प्रश्न हमेशा जागरूक मतदाताओं के मन में उठता था। आम चुनाव में राहुल उस किंकर्तव्यविमूढ़ सेनापति की तरह प्रतीत हो रहे थे, जो युद्धभूमि में अपनी प्रत्यक्ष भागीदारी से परहेज करता है और किले की बुर्ज सुरक्षा में अपने सुरक्षित होने को ही युद्ध–विजय मान लेता है। इस चुनाव में कांग्रेस उस वफादार सेना की तरह प्रतीत हो रही थी, जो विरोधियों से लड़ने के बजाय अपने सेनापति को केवल सुरक्षा कवच मुहैया कराकर परमवीर होने की आत्मप्रवंचना से ग्रस्त थी। कांग्रेस की हताशा का पता इसी तथ्य से चलता है कि कांग्रेस की आधी ऊर्जा केवल अमेठी में लगी हुई थी। चुनावी सभाओं में राहुल अपने को विनम्र, उदार, धर्मनिरपेक्ष और सहिष्णु रूप में प्रस्तुत कर रहे थे और भारत की बहुलतावादी संस्कृति के किसी महत्त्वपूर्ण अंश के लिये वे भय का कारण भी प्रतीत नहीं हो रहे थे। पर भारत में साम्प्रदायिकता ही एकमात्र चुनौती नहीं थी। भारत उस समय भी गहन आंतरिक एवं बाह्य संकटों से संघर्षरत था। आर्थिक जगत में भ्रष्टाचार, कालाधन एवं विसंगत आर्थिक नीतियों के कारण भारतीय अर्थव्यवस्था में अपेक्षित प्रगति नहीं हो रही थी। नक्सलवाद, उग्र प्रादेशिकता एवं पृथकतावाद आंतरिक सुरक्षा एवं सरकार के अस्तित्व पर लगातार गंभीर प्रश्नचिह्न लगा रहे थे। चीन और पाकिस्तान भारत को एक बेबस देश समझते प्रतीत हो रहे थे। बहुमुखी मोर्चे पर राष्ट्र की इस चुनौतीपूर्ण एवं निर्णायक परीक्षा में राहुल जैसे अनुभवहीन और 'एब्सेंट स्टूडेंट' को देश की बागडोर देने में भय और आशंका का उत्पन्न होना स्वाभाविक था। अधिकांश जागरूक मतदाता और बुद्धिजीवी मान रहे थे कि राहुल अभी प्रवेशार्थी छात्र हैं, उनसे कठिन सवाल नहीं पूछा जाना चाहिए। राहुल के कोमल कंधों पर पूरे राष्ट्र का बोझ डालना स्वयं राहुल के प्रति भी क्रूरता होगी। निस्सन्देह इस आम चुनाव में कांग्रेस को परिपक्व एवं अनुभवी नेतृत्व की जरूरत थी। प्रणब मुखर्जी एक योग्य विकल्प हो सकते थे, पर कांगेस को वंश बचाने की ज्यादा फिक्र थी,

तभी तो निर्णायक युद्ध से पहले उसने प्रणब मुखर्जी जैसे योग्य एवं अनुभवी सेनानायक को रणभूमि से बाहर कर नरेन्द्र मोदी के लिये विजय को न केवल सुनिश्चित कर दिया, वरन कांग्रेस को अस्तित्व संकट में पहुंचा दिया।

दूसरी तरफ नरेन्द्र मोदी भाजपा के प्रधानमंत्री उम्मीदवार घोषित होने के बाद देश के भावी विजय–रथ के महारथी के रूप में देशवासियों को प्रतीत होने लगे। कहना न होगा कि उन्होंने व्यक्तिगत और राजनीतिक जीवन में संघर्षशील, साहसी एवं जुझारू व्यक्तित्व का नया प्रतिमान प्रस्तुत किया था। वे अपने विकास के नारों का उदाहरण एवं प्रतिमान गुजरात के रूप में प्रस्तुत कर चुके थे, जिससे जनता में मोदी के रूप में 'अच्छे दिनों' की वास्तविक सिद्धि का विश्वास जगता गया और 'सबका साथ, सबका विकास' के आदर्श ने कांग्रेस और क्षेत्रीय दलों की तथाकथित धर्मनिरपेक्ष राजनीति की जमीन खोखली कर दी।

हताश कांग्रेस और बिखरे हुए हतोत्साहित क्षेत्रीय दलों के समक्ष भाजपा के महारथी नरेन्द्र मोदी की चुनावी गर्जना ज्यादा आत्मविश्वास, जोश एवं उत्साह से पूर्ण प्रतीत हो रही थी। नरेन्द्र मोदी अपने हाव–भाव और शब्दों से सपनों के आदर्श भारत के निर्माण का स्वरूप स्पष्ट कर रहे थे और उनके ऊर्जावान शब्दों से राष्ट्रीय और अंतरराष्ट्रीय समस्याओं की वास्तविक समझ सामने आ रही थी, जिससे भारत और विश्व जूझ रहे थे। मोदी मतदाताओं को विश्वास दिलाने में सफल हो रहे थे कि भ्रष्टाचार, बढ़ती महंगाई और बेरोजगारी की विकराल समस्या से वे अपनी दूरगामी नीतियों एवं दृढ़ इच्छाशक्ति से सशक्त एवं निर्णायक तरीके से निपट सकते हैं। नरेन्द्र मोदी देश को आश्वासन देते प्रतीत हो रहे थे कि उनके शासन में आने से भ्रष्टाचार, महंगाई और बेरोजगारी का संकट दूर हो जायेगा। चुनावी सभाओं में नरेन्द्र मोदी अपने ऊर्जावान और साहसिक व्यक्तित्व से देश को आश्वस्त करने में सफल हो रहे थे कि वे नक्सलवाद, प्रादेशिकता और अलगाववाद की आंतरिक पृथकतावादी चुनौतियों से निपटने में सक्षम हैं। उन्होंने पाकिस्तान और उससे भी बढ़कर चीन के प्रति देश की चिंताओं एवं आकांक्षाओं को सक्षम ढंग से व्यक्त किया। सबसे महत्त्वपूर्ण बात यह थी कि मोदी ने अब स्वयं को 'राष्ट्रीय नायक' के रूप में प्रस्तुत किया और 'सबका साथ–सबका विकास' का नारा देकर राष्ट्र के अल्पसंख्यकों के संदर्भ में अपनी नवोन्मेषपूर्ण नीतियों और दृष्टिकोण को सामने रखा। परिणाम यह निकला कि जो मोदी प्रारंभ में मतदाताओं को एक तेज हवा प्रतीत हो रहे थे, वे उत्तरोत्तर उनको तप्त गर्मी में सुखद मानसून से प्रतीत होने लगे।

नरेन्द्र मोदी के नेतृत्व में भाजपा को मिली स्वप्निल सफलता के ठोस

आर्थिक, राजनीतिक एवं सामाजिक कारक थे। ज्यादा तर्कसंगत तो यह है कि स्वयं कांग्रेस और उसके सहयोगियों ने अपने नकारात्मक कार्यों, नीतियों एवं वक्तव्यों से मोदी और भाजपा का रास्ता आसान कर दिया। भारत आजादी के साठ साल बाद भी कृषि प्रधान गरीब ग्रामीण देश बना हुआ है। पारम्परिक रूप से इस देश का मतदाता भले ही अधिकांशतः जाति, धर्म, भाषा एवं क्षेत्रीय अस्मिता से प्रभावित होकर मतदान करता रहा है, पर इस बार नरेन्द्र मोदी ने 'सबका विकास' का नारा देकर इन परम्परागत भावनात्मक मुद्दों को पीछे कर दिया और मतदाताओं को ठोस भौतिक–आर्थिक एवं राष्ट्रीय–अंतरराष्ट्रीय कारकों पर विचार कर मतदान करने को प्रोत्साहित किया। जनता अब कांग्रेस और भ्रष्टाचार को पर्यायवाची मानने लगी थी। हजार रुपया एकमुश्त न देखने वाले गरीब मतदाताओं और कुछ हजारों में जीवन–यापन करने वाले निम्न मध्यवर्गीय परिवारों के लिये कांग्रेस के विगत लाखों–करोड़ों के घोटाले उनकी अंकगणतीय ज्ञान की सीमा से भी बाहर हो रहे थे। इस आम चुनाव में जनता अपनी और देश की लूट के कारण कांग्रेस के प्रति प्रतिशोध की भावना से संचालित थी। जनता यह समझ रही थी कि एक तरफ उनके धन की खुली लूट हो रही है तो दूसरी तरफ महंगाई और बेरोजगारी के दलदल में उन्हें डाल दिया गया है। देश का धन विदेशों में भ्रष्टाचार के जरिये काला धन के रूप में जमा हो रहा था, वहीं देश के किसान विसंगत आर्थिक नीतियों के कारण आत्महत्या कर रहे थे। 'मनरेगा' जैसे लोकलुभावन और अनुत्पादक कार्यक्रम भी भ्रष्टाचार की उर्वर खेती बनकर रह गये थे। दूसरी तरफ उच्च और पूंजीपति वर्ग भी कांग्रेस की सुस्त और ढीली चाल को अपनी प्रगति में बाधा मान रहा था। यह अकारण भी नहीं था कि उद्योगपति और उद्यमी भी पूरे देश में गुजरात जैसे अनुकूल आर्थिक माहौल की अपेक्षा रखने लगे थे।

वस्तुतः देश ने यह महसूस कर लिया था कि कांग्रेस और भ्रष्टाचार मुक्त आर्थिक समृद्धि एकसाथ नहीं हो सकती है। नरेन्द्र मोदी की जीत का सबसे बड़ा कारण जनता की यही क्रियाशील मानसिकता थी, जिसको उसने व्यावहारिक रूप भी दिया। नरेन्द्र मोदी ने बिहार, यूपी जैसे पिछड़े राज्यों में भी जाति की जगह विकास को मुख्य चुनावी मुद्दा बनाकर क्षेत्रीय जातिवादी क्षत्रपों को हाशिए पर ला दिया। इन प्रदेशों के मतदाताओं ने संभवतः पहली बार जातिवादी पूर्वाग्रहों से ऊपर उठकर आर्थिक और राष्ट्रीय–अंतरराष्ट्रीय राजनैतिक–आर्थिक मुद्दों के आधार पर मतदान कर देश का भविष्य तय कर दिया।

कांग्रेस की शर्मनाक पराजय और मोदी की ऐतिहासिक जीत का संबंध

तत्कालीन राष्ट्रीय और अंतरराष्ट्रीय समस्याओं से भी था। कांग्रेस सरकार राष्ट्रीय और अंतरराष्ट्रीय संघर्ष के मोर्चों पर लाचार, बेबस और रक्षात्मक प्रतीत हो रही थी। नक्सलवाद, आतंकवाद और पृथकतावाद के आंतरिक मोर्चे पर कांग्रेस न केवल नाकाम हो रही थी, बल्कि लोगों में दिग्विजय सिंह जैसे नेताओं के बयानों से यह संदेश जा रहा था कि कांग्रेस इन समस्याओं से निपटना तो दूर, वह स्वयं इसे पोषण देने का काम कर रही है। आम राष्ट्रवादी जनमानस को यह लग रहा था कि सरकार ने न केवल सीआरपीएफ के जवानों को मरने के लिये छोड़ दिया है, बल्कि जान–बूझकर इन शहीदों का अपमान भी कर रही है। सरकार की निष्क्रिय नीति के कारण अर्द्धसैनिक बल वास्तव में भारत के गांवों और कस्बों के निम्न मजदूर–किसान वर्ग के ही वर्दीधारी प्रहरी हैं। अतः इनकी अकारण निष्क्रिय मौत से जनता के इस वर्ग में कांग्रेस के प्रति गंभीर आक्रोश का होना स्वाभाविक था। जब किसी सीआरपीएफ जवान का उपेक्षित शव गांव पहुंचता था तो पूरे इलाके में कांग्रेस सरकार के प्रति घृणा का संचार हो जाता था। यदि जनता के इस बड़े वर्ग को मोदी में एक साहसिक वीर नायक का अक्स दिखाई देने लगा, तो यह आकस्मिक नहीं था। जनता को विश्वास होने लगा था कि मोदी ही जवानों को बेवजह शहादत से बचा सकते हैं और दुश्मनों को सबक सिखा सकते हैं।

जब आंतरिक सुरक्षा खतरे में थी, तो अंतरराष्ट्रीय सीमा पर राष्ट्रीय गौरव और स्वाभिमान की सुरक्षा कैसे हो सकती थी? पाकिस्तान जैसे कमजोर देश का भारत के साथ निरंतर अमर्यादित एवं अपमानजनक व्यवहार, देशवासियों के आत्मसम्मान को गहरा धक्का पहुंचा रहा था। चीन की अवांछनीय उग्र हरकतों ने देश की सुरक्षा पर गंभीर संकट पैदा कर दिया था। जागरूक जनता के मानस में नेहरू युग की राष्ट्रीय पराजय का दुःस्वप्न फिर से उठने लगा था। कांग्रेस की कमजोर सरकार अंतरराष्ट्रीय स्तर पर भी देश की सुरक्षा से समझौता करती प्रतीत होने लगी थी। निस्सन्देह राष्ट्रीय भावना तत्कालीन यथास्थितिवाद से डर गयी थी और वह परिवर्तन चाह रही थी। कांग्रेस के पतन में चीन और पाकिस्तान की उग्रता और कांग्रेस की कमजोर प्रतिक्रिया ने भी बड़ी भूमिका निभाई थी।

कांग्रेस की कमजोर होती स्थिति ने देश को गठबंधन सरकार के भ्रष्ट और अक्षम दलदल में कई दशकों से डाल दिया था। मतदाता यह समझने लगे थे कि गठबंधन सरकार वास्तव में स्वस्थ व्यक्ति को बैसाखी पर चलाने जैसी है। गठबंधन सरकार की अधिकांश ऊर्जा गठबंधन दलों की अवांछित मांगों को पूरा करने और परस्पर संतुलन बनाने में ही व्यर्थ हो रही

थी। वाजपेयी और मनमोहन सिंह के व्यक्तित्व में भी अंतर था। गठबंधन दलों की संकीर्ण महत्त्वाकांक्षाओं को वाजपेयी ने अपने उदात्त व्यक्तित्व से दबा दिया था, पर मनमोहन सरकार गठबंधन दलों के उद्दंडतापूर्ण, स्वार्थी, संकीर्ण एवं भ्रष्ट गतिविधियों के सामने आत्मसमर्पण कर चुकी थी। जनता यह समझने लगी थी कि इस चरम भ्रष्टाचार और बदहाली का एक बड़ा कारण यह गठबंधन की राजनीति ही है, जिसमें लूट का माल तो सबका है, पर उत्तरदायित्व किसी का था नहीं। गठबंधन चरित्र की क्षेत्रीयता एवं पृथकता के कारण सरकार का राष्ट्रीय चरित्र विकसित नहीं हो पा रहा था। वास्तविकता यही थी कि जनता गठबंधन सरकार से ऊब चुकी थी। वास्तव में मनमोहन सरकार सोनिया–राहुल और क्षेत्रीय दलों के मध्य अधिकारों और संसाधनों के उचित बंटवारे के कार्य में ही सारी शक्ति और योग्यता लगा रही थी, यह बात अब जागरूक मतदाताओं से छिपी नहीं रह गयी थी। इस परिस्थिति में जब नरेन्द्र मोदी ने जनता से पूर्ण बहुमत की मांग की तो यह प्रकारांतर से जनमानस की ही व्यावहारिक अभिव्यक्ति थी, जिसे जनता ने उत्साह से पूरा किया।

इन राजनीतिक, आर्थिक और राष्ट्रीय अंतरराष्ट्रीय परिस्थितियों के अंतराल में ही हमें इस आम चुनाव में संघ की भूमिका पर विचार करना होगा। भाजपा और नरेन्द्र मोदी की अभूतपूर्व जीत में संघ की भूमिका पर विचार करने से पूर्व हमें संघ की विचारधारा, उद्देश्य और कार्यपद्धति पर विचार करना होगा। संघ राष्ट्रीय चरित्र की उन्नति के लिये एक अराजनैतिक संगठन है, जिसका उद्देश्य भारतवासियों के मन और कर्म में अनुशासन, चरित्रगठन और देशप्रेम की भावना को दृढ़ करना है। संघ का वास्तविक उद्देश्य है– देश और व्यक्ति के मध्य एकात्म की सृष्टि करके एक सामजंस्यपूर्ण भेदभाव रहित समाज का गठन। संगठन का लक्ष्य है– देशवासियों में मानसिक एकता की सृष्टि। स्पष्टतः संगठन केवल Material या दैहिक एकत्व नहीं है। इसको हम 'cadre building for a noble cause' कह सकते हैं। संघ संभवतः विश्व का एकमात्र सामाजिक–सांस्कृतिक संगठन है, जिसके करोड़ों कार्यकर्ता अपने दैनिक सम्मेलन 'शाखा' में मिलते हैं। संघ की असली और वास्तविक शक्ति इन्हीं करोड़ों स्वयंसेवकों की प्रतिबद्धता और इनके दैनिक सम्मेलन में निहित है, जो इसका अन्य राजनैतिक–अराजनैतिक संगठनों से पृथकता प्रदान करती है। संघ की सबसे बड़ी शक्ति इसके आस्थावान विस्तार में निहित है। संख्या की दृष्टि से राजनीतिक दलों के पास भी कार्यकर्ताओं की कमी नहीं है, पर उनके पास संघ की भांति 'आस्था' और लक्ष्य के प्रति निःस्वार्थ बलिदान का आदर्श और देशप्रेम का ऊंचा मूल्य नहीं है। यही वह

मूल अंतर है जिसके कारण संघ देश के उस सुदूर कोने में भी गतिशील और क्रियाशील है, जहां आज भी सड़क और जनसंचार तक नहीं पहुंच सकते हैं। संघ की सबसे मौलिक शक्ति यह है कि इसके मूल में व्यक्ति से बड़ा स्थान समाज और देश का है, जिस कारण संघ व्यक्तिगत राजनीतिक महत्त्वाकांक्षाओं को पूरा करने का रंगमंच न होकर सेवा और त्याग का कार्यक्षेत्र है। इस कारण इसका ऊंचा चरित्र राजनीतिक दलों की व्यक्तिगत स्वार्थी प्रतिस्पर्धा पर भारी पड़ता है। संघ की दृढ़ मान्यता रही है कि जब तक समाज के हर स्तर का व्यक्ति चेतना सम्पन्न नहीं होगा तब तक देश की उन्नति संभव नहीं है। संघ ही पूरे विश्व में संभवतः एकमात्र संगठन है जो प्रतिदिन अपने उद्देश्यों के लिये आपस में मिलकर विचारों के क्रियान्वयन के लिये प्रयासरत रहता है और यह दैनिक अखिल भारतीय कार्यक्रम ही को अन्य संगठनों से अलग करता है और ताकत प्रदान करता है। स्वयंसेवकों से यह अपेक्षा है कि वे समाज के प्रत्येक के सुख–दुख को अपना समझें। 'मैं और राष्ट्र एक हैं' ऐसी भावना के साथ राष्ट्र और समाज के साथ एकल होने वाले ही स्वयंसेवक हैं। इस अर्थ में दूसरे संगठनों से अलग संघ का उद्देश्य और कार्यपद्धति आध्यात्मिक, नैतिक और सामाजिक हैं। पर हमें यह नहीं भूलना चाहिए कि अराजनैतिक संघ के करोड़ों सक्रिय स्वयंसेवक इस देश के जागरूक नागरिक भी हैं। सामाजिक और राष्ट्रीय उद्देश्यों का राजनीति से गहरा संबंध हैं। अतः यह उम्मीद नहीं की जा सकती है कि संघ देश की राजनीतिक परिस्थितियों से बेपरवाह रह सकता है। संघ ने इस चुनाव में देश के प्रति अपनी जिम्मेदारी का एहसास करते हुए यह अनुभव किया कि परिवर्तन देश की मांग भी है और आवश्यकता भी। देश में आर्थिक विकास, सामाजिक सुरक्षा और राजनीतिक स्थिरता के लिये परिवर्तन की आवश्यकता को महसूस करते हुए संघ के स्वयंसेवक पूरे देश में सक्रिय हो उठे थे। संघ की यह परिवर्तन की आवाज देश की जनता की आकांक्षा और आवश्यकता की ही अभिव्यक्ति थी और कहना न होगा कि भाजपा और नरेन्द्र मोदी के अभूतपूर्व विजय में संघ के इस परिवर्तनकारी आंदोलन ने जनता के साथ सहभागिता कर राष्ट्रीय भूमिका का निर्वाह किया।

(लेखक भाजपा के मुखपत्र 'कमल संदेश' के कार्यकारी संपादक हैं।)

परिशिष्ट - (i)

लोकसभा 2014 के महत्त्वपूर्ण नतीजे

तालिका

पार्टियां	कितनी सीटें लड़ीं (2014)	कितनीं सीटें जीतीं	2014 में वोट (%)	2009 की तुलना में फायदा नुकसान	2009 की तुलना में वोट में लाभ–हानि
यूपीए	540	60	23.01	–174	–9.77
कांग्रेस	464	44	19.31	–162	–9.24
बोडोलैंड पीपुल्स फ्रंट	2	0	0.06	–1	–0.10
आरेजडी	28	4	1.34	0	0.22
एनसीपी	22	6	1.48	–3	–0.30
मुस्लिम लीग	2	2	0.15	0	–0.05
आरएसपी (केरल)	1	1	0.07	1	0.07
सोशलिस्ट ज़नता (डोमोक्रेटिक)	1	0	0.06	0	0.06
आरएलडी	8	0	0.12	–5	–0.31
महान दल	3	0	0.00	0	–0.01
नेशनल कॉन्फ्रेंस	3	0	0.07	–3	–0.05
जेएमएम	4	2	0.22	0	–0.04
बहुजन विकास अघाडी	1	0	0.05	–1	0.00
केरला कांग्रेस(एम)	1	1	0.08	0	–0.02
एनडीए	540	336	38.39	194	12.03
भाजपा	428	282	31.00	166	12.19
शिवसेना	20	18	1.81	7	0.31
टीडीपी	30	16	2.55	10	0.03

पार्टियां	कितनी सीटें लड़ीं (2014)	कितनी सीटें जीतीं	2014 में वोट (%)	2009 की तुलना में फायदा नुकसान	2009 की तुलना में वोट में लाभ–हानि
लोक जनशक्ति पार्टी	7	6	0.41	6	0.03
शिरोमणि अकाली दल	10	4	0.66	0	−0.30
राष्ट्रीय लोक समता पार्टी	3	3	0.19	3	0.19
नगा पीपुल्स फ्रंट	1	1	0.13	0	−0.07
स्वाभिमानी पक्ष	2	1	0.20	0	0.08
एनपीपी	1	1	0.00	0	0.00
अपना दल	2	2	0.15	2	0.03
ऑल इंडिया एन आर कांग्रेस	1	1	0.05	1	0.05
पीएमके	8	1	0.33	1	−0.09
राष्ट्रीय समाज पक्ष	1	0	0.08	0	0.03
हरियाणा जनहित कांग्रेस	2	0	0.13	−1	−0.07
एमडीएमके	7	0	0.26	−1	−0.01
डीएमडीके	14	0	0.38	0	−0.36
रिपब्लिकन पार्टी ऑफ इंडिया(ए)	1	0	0.01	0	−0.04
रिवोल्यूशनरी सोशलिस्ट पार्टी ऑफ केरल(बी)	1	0	0.01	0	0.01
निर्दलीय (भाजपा)	2	0	0.04	0	0.02
लेफ्ट पार्टियां	210	12	4.83	−14	−2.70
सीपीआई	67	1	0.78	−3	−0.65
सीपीआई(एम)	93	9	3.25	−7	−2.08
फॉरवर्ड ब्लॉक	39	0	0.22	−2	−0.10
आरएसपी	5	0	0.23	−2	−0.15
जेडी(एस) (केरल)	1	0	0.05	0	0.05
निर्दलीय (लेफ्ट)	5	2	0.3	2	0.23
बीएसपी	503	0	4.14	−21	−2.02
समाजवादी पार्टी	197	5	3.37	−18	−0.05
एआईडीएमके	40	37	3.27	28	1.60
तृणमूल कांग्रेस	45	34	3.67	15	0.47

पार्टियां	कितनी सीटें लड़ीं (2014)	कितनी सीटें जीतीं	2014 में वोट (%)	2009 की तुलना में फायदा नुकसान	2009 की तुलना में वोट में लाभ–हानि
बीजेडी	21	20	1.71	6	0.12
नोटा	543	0	1.08	0	1.08
अन्य	6087	39	16.53	18	–1.94
कुल	8251	543	100		

नोट– लक्षद्वीप में एनसीपी और कांग्रेस के बीच गठबंधन नहीं था। एनसीपी की ये सीटें यूपीए में जोड़ी गई हैं।

यूपीए–कांग्रेस, बोडोलैंड पीपुल्स फ्रंट, आरजेडी, एनसीपी, मुस्लिम लीग, आरएसपी (केरल), सोशलिस्ट जनता(डेमोक्रेटिक), आरएलडी, महान दल, नेशनल कॉन्फ्रेंस, जेएमएम, बहुजन विकास अघाडी, केरला कांग्रेस(एम)

एनडीए–भाजपा, शिवसेना, डीटीपी, राष्ट्रीय लोक समता पार्टी, लोकजन शक्ति पार्टी, शिरोमणि अकाली दल, नागा पीपुल्स पार्टी, स्वाभिमानी पक्ष, अपना दल, ऑल इंडिया एन आर कांग्रेस, पीएमके, राष्ट्रीय समाज पक्ष, हरियाणा जनहित कांग्रेस, एमडीएमके, डीएमडीके, रिपब्लिकन पार्टी ऑफ इंडिया(ए), रिवोल्यूशनरी सोशलिस्ट पार्टी ऑफ केरल(बी), एनपीपी इत्यादि।

लेफ्ट–सीपीआई, सीपीआई(एम), फारवर्ड ब्लॉक, आरएसपी(केरल छोड़कर), जेडी(एस) (सिर्फ केरल में)।

ग्रामीण वह इलाका है जहां पर 75 फीसदी आबादी ग्रामीण इलाका है। अर्द्ध शहरी इलाका वह है जहां पर 25 फीसदी से लेकर 75 फीसदी तक आबादी ऐसे इलाके में रहती है। शहरी इलाका जहां पर 75 फीसदी आबादी शहरी इलाके में रहती है।

तालिका 2– चरणबद्ध, आरक्षित सीटें और ग्रामीण–शहरी इलाकों में परिणाम

फेज	कुल सीटें	मत. दान	कांग्रेस		कांग्रेस की सहयोगी		यूपीए		भाजपा		भाजपा की सहयोगी		एनडीए		अन्य	
			सीटें	वोट	सीटें	वोट	सीटें	वोट	सीटें	वोट	सीटें	वोट	सीटें	वोट	सीटें	वोट
चरणबद्ध तरीके चुनाव के नतीजे																
कुल	543	66.4	44	19.3	16	3.7	60	23	282	31	53	7.4	335	38.4	149	38.6
फेज 1	6	79.8	1	31.8	0	0	1	31.8	4	39.2	0	0	4	39.2	1	29
फेज 2	7	76.4	4	37.6	0	0	4	37.6	1	11.4	1	23.4	2	34.8	1	27.6

फेज	कुल सीटें	मत. दान	कांग्रेस		कांग्रेस की सहयोगी		यूपीए		भाजपा		भाजपा की सहयोगी		एनडीए		अन्य	
			सीटें	वोट	सीटें	वोट	सीटें	वोट	सीटें	वोट	सीटें	वोट	सीटें	वोट	सीटें	वोट
फेज 3	91	66.7	10	22.7	4	5	15	27.7	51	32.7	6	3.8	57	36.5	19	35.8
फेज 4	7	78.3	2	28.4	0	0	2	28.4	2	29.2	0	0	2	29.2	3	42.4
फेज 5	121	64.6	13	25.7	4	4.8	17	30.5	77	38.5	9	5.5	86	44	18	25.5
फेज 6	117	67.2	6	16	6	4.6	12	20.6	47	27.9	10	7.6	57	35.5	48	43.9
फेज 7	89	65.9	6	22.7	1	2.62	7	25.32	48	30.8	7	7.1	55	37.9	27	36.78
फेज 8	64	67.5	1	8.8	0	2.3	1	11.1	31	22.6	18	20	49	42.6	14	46.3
फेज 9	41	65.6	1	7.2	0	1.8	1	9	21	27.7	2	1.7	23	29.4	17	61.6

आरक्षित सीटों के नतीजे

दलित	84	66.5	7	17.6	0	1.3	7	18.9	40	27.6	9	7.8	49	35.4	28	45.7
आदिवासी	47	70.7	5	27.5	3	3.5	8	31	27	36.4	0	4.1	27	40.5	12	28.5
सामान्य	412	66	32	18.8	13	4.2	45	23	215	31.1	44	7.9	259	39	108	38
शहरी, ग्रामीण सेमी शहरी इलाकों के परिणाम																
ग्रामीण	342	66.5	27	18.9	13	4.8	40	23.7	178	30.2	34	6.7	212	36.9	90	39.4
सेमी श्हरी	144	68.7	15	20.6	2	2	17	22.6	67	29.5	13	9.4	80	38.9	47	38.5
शहरी	57	61.1	2	18.3	1	1.8	3	20.1	37	39.2	6	3.5	43	42.7	11	37.2

तालिका 3– राज्यवार किस गठबंधन को कितनी सीटें मिलीं

राज्य	कुल सीटें	मतदान	यूपीए			एनडीए			अन्य	
			लड़े	जीते	वोट (%)	लड़े	जीते	वोट (%)	जीते	वोट (%)
आंध्र प्रदेश	25	78.68	25	0	2.84	25	17	47.71	8	49.45
अरुणाचल प्रदेश	2	78.61	2	1	41.22	2	1	46.12	0	12.66
असम	14	80.07	14	3	31.8	13	7	36.51	4	31.69
बिहार	40	56.28	40	7	29.75	40	31	38.77	2	31.48
छत्तीसगढ़	11	69.37	11	1	38.37	11	10	48.74	0	12.89
गोवा	2	77.02	2	0	36.57	2	2	53.45	0	9.98
गुजरात	26	63.6	25	0	32.86	26	26	59.05	0	8.09
हरियाणा	10	71.41	10	1	22.92	10	7	40.86	2	36.22
हिमाचल प्रदेश	4	64.42	4	0	40.68	4	4	53.35	0	5.97
जम्मू–कश्मीर	6	49.65	6	0	33.99	6	3	32.36	3	33.65
झारखंड	14	63.8	14	2	24.2	14	12	31.31	0	44.49
कर्नाटक	28	67.17	28	9	40.81	28	17	43.01	2	16.18

राज्य	कुल सीटें	मतदान	यूपीए			एनडीए			अन्य	
			लड़े	जीते	वोट (%)	लड़े	जीते	वोट (%)	जीते	वोट (%)
केरल	20	73.89	20	12	41.98	20	0	40.12	8	17.9
मध्य प्रदेश	29	61.6	29	2	34.89	29	27	54.03	0	11.08
महाराष्ट्र	48	60.55	48	6	34.7	48	42	51.29	0	14.01
मणिपुर	2	79.61	2	2	41.69	2	0	11.91	0	46.4
मेघालय	2	68.79	2	1	37.93	2	1	31.00	0	32.00
मिजोरम	1	61.69	1	1	48.59	1	0	47.17	0	4.24
नगालैंड	1	87.82	1	0	30.14	1	1	68.67	0	1.19
ओडिशा	21	73.78	21	0	25.98	21	1	21.54	20	52.48
पंजाब	13	70.61	13	3	33.05	13	6	35	4	31.95
राजस्थान	25	63.39	25	0	30.36	25	25	54.94	0	14.7
सिक्किम	1	83.37	1	0	2.33	1	0	2.36	1	95.31
तमिलनाडु	39	73.75	39	0	4.31	38	2	18.52	37	77.17
तेलंगाना	17	68.97	16	2	24.48	8	1	10.37	14	65.15
त्रिपुरा	2	84.72	2	0	15.2	2	0	5.7	2	79.1
उत्तर प्रदेश	80	58.39	78	2	8.35	80	73	43.32	5	48.33
उत्तराखंड	5	61.63	5	0	34.03	5	5	55.32	0	10.65
पश्चिम बंगाल	42	82.16	42	4	9.58	42	2	49.58	—	—
केन्द्र शासित प्रदेश	—	—	—	—	—	—	—	—	—	—
अंडमान एंड निकोबार द्वीप	1	70.66	1	0	43.69	1	1	47.8	0	8.51
चंडीगढ़	1	73.71	1	0	26.84	1	1	42.2	0	30.96
दादर नगर हवेली	1	84.07	1	0	45.12	1	1	48.88	0	6
दमन और दीयू	1	78.01	1	0	43.26	1	1	53.83	0	2.91
दिल्ली	7	65.07	7	0	15.15	7	7	46.41	0	38.44
लक्षद्वीप	1	86.61	1	1	46.56	1	0	0.43	0	53.01
पुडुचेरी	1	82.1	1	0	26.35	1	1	34.57	0	39.08
कुल	543	66.44	540	60	23.01	540	336	38.39	149	38.6

तालिका 4 राज्यवार 2014 में किस पार्टी को कितना नुकसान–फायदा

पार्टी	सीटों पर लड़ी (2014)	सीटें जीतीं (2014)	वोट 2014 (%)	2014 में फायदा/नुकसान (सीटें)	2014 में फायदा/नुकसान (%)
आंध्र प्रदेश					
कांग्रेस	25	0	2.84	–21	–37.87
एनडीए	**25**	**17**	**47.71**	**13**	**12.63**
भाजपा	4	2	7.18	2	5.72
टीडीपी	21	15	40.53	11	6.92
वाईएसआर–कांग्रेस	25	8	45.38	8	45.38
नोटा	25	0	0.64	0	0.64
अन्य पार्टियां	283	0	3.43	0	–20.78
अरुणाचल प्रदेश					
कांग्रेस	2	1	41.22	–1	–9.88
भाजपा	2	1	46.12	1	8.95
पीपीए	2	0	7.88	0	7.88
तृणमूल कांग्रेस	1	0	1.53	0	1.53
एनसीपी	1	0	1.02	0	1.02
नोटा	2	0	1.06	0	1.06
अन्य पार्टियां	5	0	1.17	0	–10.56
असम					
यूपीए	**14**	**3**	**31.23**	**–5**	**–9.07**
कांग्रेस	13	3	29.61	–4	–5.27
बोडोलैंड फ्रंट	1	0	1.62	–1	–3.79
भाजपा	13	7	36.51	3	20.3
एआईयूडीएफ	10	3	14.83	2	–1.27
असम गण परिषद	12	0	3.83	–1	–10.77
नोटा	14	0	0.97	0	0.97
अन्य पार्टियां	127	1	12.63	1	–0.16
बिहार					
यूपीए	**40**	**7**	**29.75**	**1**	**–1.03**
कांग्रेस	12	2	8.42	0	–1.84
आरजेडी	27	4	20.13	0	0.83
एनसीपी	1	1	1.2	1	–0.01

पार्टी	सीटों पर लड़ी (2014)	सीटें जीतीं (2014)	वोट 2014 (%)	2014 में फायदा/नुकसान (सीटें)	2014 में फायदा/नुकसान (%)
एनडीए	40	31	38.77	19	18.29
भाजपा	30	22	29.38	10	15.45
लोक जनशक्ति पार्टी	7	6	6.4	6	−0.15
राष्ट्रीय लोक समता पार्टी	3	3	2.99	3	2.99
जेडीयू	38	2	15.78	−18	−8.26
बसपा	40	0	2.13	0	−2.29
नोटा	40	0	1.62	0	1.62
अन्य पार्टियां	489	0	11.95	−2	−8.33
छत्तीसगढ़					
कांग्रेस	11	1	38.37	0	1.06
भाजपा	11	10	48.74	0	3.72
आम आदमी पार्टी	10	0	1.15	0	1.15
बसपा	11	0	2.4	0	−2.12
नोटा	11	0	1.83	0	1.83
अन्य पार्टियां	168	0	7.51	0	−5.64
गोवा					
कांग्रेस	2	0	36.57	−1	13.97
भाजपा	2	2	53.45	1	8.67
आम आदमी पार्टी	2	0	3.32	0	3.32
तृणमूल कांग्रेस	1	0	1.46	0	1.46
सीपीआई	2	0	1.23	0	−1.11
नोटा	2	0	1.24	0	1.24
अन्य पार्टियां	12	0	2.73	0	−27.55
गुजरात					
कांग्रेस	25	0	32.86	−11	−10.52
भाजपा	26	26	59.05	11	12.53
आम आदमी पार्टी	24	0	1.17	0	1.17
बसपा	24	0	0.94	0	−0.67
एनसीपी	1	0	0.93	0	0.63
नोटा	26	0	1.76	0	1.76
अन्य पार्टियां	260	0	3.29	0	−4.9

पार्टी	सीटों पर लड़ी (2014)	सीटें जीतीं (2014)	वोट 2014 (%)	2014 में फायदा/नुकसान (सीटें)	2014 में फायदा/नुकसान (%)
हरियाणा					
कांग्रेस	10	1	22.92	–8	–18.85
एनडीए	**10**	**7**	**40.86**	**6**	**18.76**
भाजपा	8	7	34.74	7	22.65
हरियाणा जनहित कांग्रेस	2	0	6.12	–1	–3.89
इंडियन नेशनल लोकदल	10	2	24.36	2	8.58
आम आदमी पार्टी	10	0	4.25	0	4.25
बसपा	10	0	4.58	0	–11.16
नोटा	10	0	0.3	0	0.3
अन्य पार्टियां	190	0	2.73	0	–1.88
हिमाचल प्रदेश					
कांग्रेस	4	0	40.68	–1	–4.93
भाजपा	4	4	53.35	1	3.77
आम आदमी पार्टी	4	0	2.04	0	2.04
नोटा	4	0	0.94	0	0.94
अन्य पार्टियां	30	0	2.99	0	–1.82
जम्मू और कश्मीर					
यूपीए	**6**	**0**	**33.98**	**–5**	**–9.8**
कांग्रेस	3	0	22.86	–2	–1.8
नेशनल कॉन्फ्रेंस	3	0	11.12	–3	–7.99
भाजपा	6	3	32.36	3	13.75
पीडीपी	5	3	20.54	3	0.49
पैंथ पार्टी	5	0	1.22	0	–1.59
नोटा	6	0	0.88	0	0.88
अन्य पार्टियां	61	0	11.02	–1	–3.73
झारखंड					
यूपीए	**14**	**2**	**24.2**	**–1**	**–7.85**
कांग्रेस	9	0	13.28	–1	–1.74

पार्टी	सीटों पर लड़ी (2014)	सीटें जीतीं (2014)	वोट 2014 (%)	2014 में फायदा/नुकसान (सीटें)	2014 में फायदा/नुकसान (%)
आरजेडी	1	0	1.64	0	−3.69
जेएमएम	4	2	9.28	0	−2.42
भाजपा	14	12	40.11	4	12.58
जेवीएम	10	0	11.63	−1	1.15
आजसू	9	0	3.71	0	1.52
सीपीआई(एमएल)(एल)	8	0	2.46	0	−0.33
नोटा	14	0	1.47	0	1.47
अन्य पार्टियां	185	0	16.42	−2	−8.54
कर्नाटक					
कांग्रेस	28	9	40.81	3	3.16
भाजपा	28	17	43.01	−2	1.38
जेडीएस	25	2	10.97	−1	−2.6
आम आदमी पार्टी	28	0	0.82	0	0.82
बसपा	28	0	0.85	0	−0.81
नोटा	28	0	0.83	0	0.83
अन्य पार्टियां	325	0	2.71	0	−2.78
केरल					
यूडीएफ	20	12	41.98	−4	−5.75
कांग्रेस	15	8	31.1	−5	−9.03
मुस्लिम लीग	2	2	4.54	0	−0.53
सोशलिस्ट जनता(डेमोक्रेटिक)	1	0	1.71	0	1.71
आरएसपी (केरल)	1	1	2.27	1	2.27
केरला कांग्रेस(एम)	1	1	2.36	0	−0.17
एनडीए	**20**	**0**	**10.82**	**0**	**4.51**
भाजपा	18	0	10.33	0	4.02
आरएसपीके (बी)	1	0	0.24	0	0.24
निर्दलीय (भाजपा)	1	0	0.25	0	0.25
एलडीएफ	20	8	40.12	4	0.31
सीपीआई	4	1	7.59	1	0.15
सीपीएम	10	5	21.59	1	−8.89

पार्टी	सीटों पर लड़ी (2014)	सीटें जीतीं (2014)	वोट 2014 (%)	2014 में फायदा/नुकसान (सीटें)	2014 में फायदा/नुकसान (%)
जेडीएस	1	0	1.69	0	1.69
निर्दलीय (लेफ्ट)	5	2	9.25	2	7.36
नोटा	20	0	1.17	0	1.17
अन्य पार्टियां	206	0	5.91	0	−0.24
मध्य प्रदेश					
कांग्रेस	29	2	34.89	−10	−5.25
भाजपा	29	27	54.03	11	10.59
आम आदमी पार्टी	29	0	1.18	0	1.18
बसपा	29	0	3.79	−1	−2.06
नोटा	29	0	1.32	0	1.32
अन्य पार्टियां	262	0	4.79	0	−5.78
महाराष्ट्र					
यूपीए	**48**	**6**	**34.7**	**−20**	**−4.79**
कांग्रेस	26	2	18.13	−15	−1.48
एनसीपी	21	4	15.97	−4	−3.3
बहुजन विकास अघाडी	1	0	0.6	−1	0
एनडीए	**48**	**42**	**51.3**	**21**	**13.66**
भाजपा	24	23	27.32	14	9.15
शिवसेना	20	18	20.63	7	3.63
स्वाभिमानी पक्ष	2	1	2.27	0	0.97
राष्ट्रीय समाज पक्ष	1	0	0.93	0	0.38
रिपब्लिकन पार्टी ऑफ इंडिया(ए)	1	0	0.15	0	−0.47
बसपा	48	0	2.61	0	−2.22
आम आदमी पार्टी	48	0	2.24	0	2.24
मनसे	10	0	1.45	0	−2.61
नोटा	48	0	0.89	0	0.89
अन्य पार्टियां	695	0	6.81	−1	−7.17
मणिपुर					
कांग्रेस	2	2	41.69	0	−1.27
भाजपा	2	0	11.91	0	2.42
नगा पीपुल्स फ्रंट	1	0	19.9	0	19.9

पार्टी	सीटों पर लड़ी (2014)	सीटें जीतीं (2014)	वोट 2014 (%)	2014 में फायदा/नुकसान (सीटें)	2014 में फायदा/नुकसान (%)
सीपीआई	1	0	13.98	0	−0.95
एनसीपी	1	0	4.37	0	−1.6
नोटा	2	0	0.53	0	0.53
अन्य पार्टियां	11	0	7.62	0	−19.03
मेघालय					
कांग्रेस	2	1	37.93	0	−6.9
एनडीए	**2**	**1**	**31.0**	**0**	**–**
भाजपा	1	0	8.9	0	8.9
नेशनल पीपुल्स पार्टी	1	1	22.2	1	22.2
सीपीआई	1	0	0.39	0	−0.14
आम आदमी पार्टी	1	0	0.82	0	0.82
नोटा	2	0	2.8	0	2.8
अन्य पार्टियां	4	0	26.66	−1	−27.68
मिजोरम					
कांग्रेस	1	1	48.59	0	−16.99
एनडीए	**1**	**0**	**47.17**	**0**	**47.17**
निर्दलीय (भाजपा)	1	0	47.17	0	47.17
आम आदमी पार्टी	1	0	2.74	0	2.74
नोटा	1	0	1.5	0	1.5
अन्य पार्टियां	0	0	0	0	−34.42
नगालैंड					
कांग्रेस	1	0	30.14	0	0.79
एनडीए	**1**	**1**	**68.67**	**0**	**−1.29**
नगा पीपुल्स फ्रंट	1	1	68.67	0	−1.29
नोटा	1	0	0.26	0	0.26
अन्य पार्टियां	1	0	0.93	0	0.24
ओडीशा					
कांग्रेस	21	0	25.98	−6	−6.77
भाजपा	21	1	21.54	1	4.66
बीजेडी	21	20	44.08	6	6.85
बसपा	21	0	1.01	0	−0.89
नोटा	21	0	1.55	0	1.55

पार्टी	सीटों पर लड़ी (2014)	सीटें जीतीं (2014)	वोट 2014 (%)	2014 में फायदा / नुकसान (सीटें)	2014 में फायदा / नुकसान (%)
अन्य पार्टियां	112	0	5.84	−1	−5.4
पंजाब					
कांग्रेस	13	3	33.05	−5	−12.18
एनडीए	**13**	**6**	**35**	**1**	**−8.92**
भाजपा	3	2	8.74	1	−1.33
शिरोमणि अकाली दल	10	4	26.26	0	−7.59
आम आदमी पार्टी	13	4	24.36	4	24.36
बसपा	13	0	1.9	0	−3.85
नोटा	13	0	0.42	0	0.42
अन्य पार्टियां	201	0	5.27	0	0.17
राजस्थान					
कांग्रेस	25	0	30.36	−20	−16.83
भाजपा	25	25	54.94	21	18.37
बसपा	23	0	2.34	0	−1.03
आम आदमी पार्टी	22	0	1.01	0	1.01
नोटा	25	0	1.21	0	1.21
अन्य पार्टियां	225	0	10.14	−1	−2.73
सिक्किम					
कांग्रेस	1	0	2.33	0	−27.26
भाजपा	1	0	2.36	0	0.59
एसडीएफ	1	1	52.98	0	−10.31
एसकेएम	1	0	39.47	0	39.47
नोटा	1	0	1.4	0	1.4
अन्य पार्टियां	2	0	1.46	0	−3.89
तमिलनाडु					
कांग्रेस	39	0	4.31	−8	−10.72
एनडीए	**38**	**2**	**18.52**	**1**	**−3.31**
भाजपा	9	1	5.47	1	3.13
पीएमके	8	1	4.44	1	−1.27
एमडीएमके	7	0	3.49	−1	−0.17
डीएमडीके	14	0	5.12	0	−4.99
एआईएडीएमके	39	37	44.27	28	21.39

पार्टी	सीटों पर लड़ी (2014)	सीटें जीतीं (2014)	वोट 2014 (%)	2014 में फायदा/नुकसान (सीटें)	2014 में फायदा/नुकसान (%)
डीएमडीके	34	0	23.57	−18	−1.52
वीसीके	2	0	1.49	−1	−0.92
नोटा	39	0	1.43	0	1.43
अन्य पार्टियां	693	0	6.41	−2	−6.35
तेलंगाना					
कांग्रेस	16	2	24.48	−10	−11.83
एनडीए	**17**	**2**	**22.56**	**0**	**3.47**
भाजपा	8	1	10.37	1	3.19
टीडीपी	9	1	12.2	−1	0.29
टीआरएस	17	11	34.67	9	19.32
वाईएसआर–कांग्रेस	13	1	4.45	1	4.45
एआईएमआईएम	4	1	3.5	0	1.67
नोटा	17	0	0.8	0	0.8
अन्य पार्टियां	215	0	9.54	0	−17.88
त्रिपुरा					
कांग्रेस	2	0	15.2	0	−15.55
भाजपा	2	0	5.7	0	2.32
तृणमूल कांग्रेस	2	0	9.62	0	9.07
सीपीएम	2	2	64.01	0	2.31
नोटा	2	0	1.18	0	1.18
अन्य पार्टियां	17	0	4.29	0	0.67
उत्तर प्रदेश					
यूपीए	**78**	**2**	**8.35**	**−24**	**−13.29**
कांग्रेस	67	2	7.47	−19	−10.78
आरएलडी	8	0	0.85	−5	−2.42
महान दल	3	0	0.03	0	−0.09
एनडीए	**80**	**73**	**43.32**	**63**	**24.98**
भाजपा	78	71	42.32	61	24.82
अपना दल	2	2	1	2	0.16
समाजवादी पार्टी	78	5	22.18	−18	−1.07

पार्टी	सीटों पर लड़ी (2014)	सीटें जीतीं (2014)	वोट 2014 (%)	2014 में फायदा/नुकसान (सीटें)	2014 में फायदा/नुकसान (%)
बसपा	80	0	19.62	–20	–7.79
नोटा	80	0	0.73	0	0.73
अन्य पार्टियां	972	0	5.8	–1	–3.56
उत्तराखंड					
कांग्रेस	5	0	34.03	–5	–9.11
भाजपा	5	5	55.32	5	21.52
आम आदमी पार्टी	5	0	1.6	0	1.6
बसपा	5	0	4.73	0	–10.5
नोटा	5	0	1.09	0	1.09
अन्य पार्टियां	54	0	3.23	0	–4.6
पश्चिम बंगाल					
कांग्रेस	42	4	9.58	–2	–3.87
भाजपा	42	2	16.84	1	10.69
तृणमूल कांग्रेस	42	34	39.35	15	8.17
लेफ्ट	42	2	29.61	–13	–13.7
सीपीआई	3	0	2.33	–2	–1.27
सीपीएम	32	2	22.71	–7	–10.4
फॉरवर्ड ब्लॉक	3	0	2.14	–2	–0.9
आरएसपी	4	0	2.43	–2	–1.13
नोटा	42	0	1.1	0	1.1
अन्य पार्टियां	306	0	3.52	–1	–2.39
अंडमान और निकाबोर द्वीप					
कांग्रेस	1	0	43.69	0	1.23
भाजपा	1	1	47.8	0	3.58
आम आदमी पार्टी	1	0	1.96	0	1.96
तृणमूल कांग्रेस	1	0	0.6	0	0.13
नोटा	1	0	0.82	0	0.82
अन्य पार्टियां	11	0	5.13	0	–7.72
चंडीगढ़					
कांग्रेस	1	0	26.84	–1	–20.03
भाजपा	1	1	42.2	1	12.49

पार्टी	सीटों पर लड़ी (2014)	सीटें जीतीं (2014)	वोट 2014 (%)	2014 में फायदा/नुकसान (सीटें)	2014 में फायदा/नुकसान (%)
आम आदमी पार्टी	1	0	23.97	0	23.97
बसपा	1	0	3.51	0	−14.37
नोटा	1	0	0.68	0	0.68
अन्य पार्टियां	13	0	2.8	0	−2.74
दादर और नगर हवेली					
कांग्रेस	1	0	45.12	0	−0.75
भाजपा	1	1	48.88	0	2.45
एनसीपी	1	0	0.97	0	0.97
बसपा	1	0	0.59	0	−0.66
नोटा	1	0	1.79	0	1.79
अन्य पार्टियां	7	0	2.65	0	−3.8
दमन और दीव					
कांग्रेस	1	0	43.26	0	14.29
भाजपा	1	1	53.83	0	−11.65
आम आदमी पार्टी	1	0	0.84	0	0.84
बसपा	1	0	0.56	0	0.56
नोटा	1	0	1.51	0	1.51
अन्य पार्टियां	0	0	0	0	−5.55
दिल्ली					
कांग्रेस	7	0	15.15	−7	−41.96
भाजपा	7	7	46.41	7	11.18
आम आदमी पार्टी	7	0	32.92	0	32.92
बसपा	7	0	1.23	0	−4.11
नोटा	7	0	0.48	0	0.48
अन्य पार्टियां	122	0	3.81	0	1.49
लक्षद्वीप					
कांग्रेस	1	0	46.56	−1	−5.33
भाजपा	1	0	0.43	0	−0.19
एनसीपी	1	1	50.11	1	3.79
समाजवादी पार्टी	1	0	1.13	0	1.13

पार्टी	सीटों पर लड़ी (2014)	सीटें जीतीं (2014)	वोट 2014 (%)	2014 में फायदा / नुकसान (सीटें)	2014 में फायदा / नुकसान (%)
नोटा	1	0	0.28	0	0.28
अन्य पार्टियां	2	0	1.49	0	0.32
पुडुचेरी					
कांग्रेस	1	0	26.35	−1	−23.06
एनडीए	**1**	**1**	**34.57**	**1**	**34.57**
ऑल इंडिया एन आर कांग्रेस	1	1	34.57	1	34.57
एआईएडीएमके	1	0	17.93	0	17.93
डीएके	1	0	8.19	0	8.19
पीएमके	1	0	3.07	0	−31.24
नोटा	1	0	3.01	0	3.01
अन्य पार्टियां	25	0	6.88	0	−9.4

असम में कांग्रेस का गठबंधन बोडोलैंड पीपुल्स फ्रंट से था। बोडोलैंड पीपुल्स फ्रंट दो सीटों पर लड़ी लेकिन कांग्रेस से एक ही सीट पर समझौता था। बिहार में राष्ट्रीय लोक समता पार्टी चार सीटों पर लड़ी जबकि भाजपा से तीन सीट पर ही समझौता था। लक्षद्वीप में एनसीपी का कांग्रेस से गठबंधन नही था जबकि महाराष्ट्र और बिहार में गठबंधन था।

तालिका 5– कमजोर होती राष्ट्रीय पार्टियां और मजबूत होती क्षेत्रीय पार्टियां

लोकसभा चुनाव	राष्ट्रीय पार्टी	राज्यस्तरीय पार्टी	गैर–पंजीकृत पार्टी	निर्दलीय	
साल	लड़ी	जीतीं	वोट(%)	लड़ी	जीतीं
1951	1217	418	76	124	34
1957	919	421	73.1	119	31
1962	1269	440	78.5	217	28
1967	1342	440	76.1	148	43
1971	1223	451	77.8	224	40

1977	1060	481	84.7	85	49
1980	1541	485	85.1	106	34
1984–85	1307	462	77.9	165	66
1989	1378	471	79.3	143	27
1991–92	1855	478	80.6	505	51
1996	1817	403	69.1	761	129
1998	1493	387	68	471	101
1999	1299	369	67.1	750	158
2004	1351	364	62.9	801	159
2009	1623	376	63.6	394	146
2014	1591	342	60.7	529	176

तालिका 6– एक्जिट पोल–ओपनियन पोल कितना सही रहा

पार्टी–फ्रंट	एनडीए	यूपीए	अन्य
टाइम्स नाऊ–ओआरजी	257	135	151
सीएनएन–आईबीएन–सीएसडीएस	276	97	170
हेडलाइंस टुडे–सिसरो	272	115	156
एबीपी न्यूज–नील्सन	281	97	165
न्यूज 24–टुडे चाणक्य	340	70	133
सी वोटर–इंडिया टीवी	289	101	153

इंडियन एक्सप्रेस, 13 मई, 2014

परिशिष्ट - (ii)

राज्यवार लोकसभा के नतीजे 1989 से लेकर 2014 तक

अंडमान और निकोबार 1 सीट

पार्टी	2014		2009		2004		1999		1998		1996		1991		1989	
	सीट	(%)	सीट	(%)	सीट	(%)	सीट	(%)	सीट	(%)	सीट	(%)	सीट	(%)	सीट	(%)
भाजपा	1	47.8	1	44.2	–	35.9	1	52.7	–	35.5	–	24.3	–	4.9	–	–
कांग्रेस	–	43.7	–	42.5	1	55.8	–	43.2	1	35.9	1	58.2	1	50.4	1	47.2
अन्य	–	8.5	–	13.3	–	8.3	–	4.1	–	28.6	–	17.5	–	44.8	–	52.8

आंध्र प्रदेश 42 सीटें

पार्टी	2014		2009		2004		1999		1998		1996		1991		1989	
	सीट	(%)	सीट	(%)	सीट	(%)	सीट	(%)	सीट	(%)	सीट	(%)	सीट	(%)	सीट	(%)
टीडीपी	16	29.1	6	24.9	5	33.1	29	39.9	12	32.0	16	32.6	13	32.3	2	34.5
वाईएसआर कांग्रेस	9	28.9	–	–	–	–	–	–	–	–	–	–	–	–	–	–
टीआरएस	11	13.9	2	6.1	5	6.8	–	–	–	–	–	–	–	–	–	–
कांग्रेस	2	11.5	33	39.0	29	41.6	5	42.9	22	38.5	22	39.7	25	45.6	39	51.0
भाजपा	3	8.5	–	3.8	–	8.4	7	9.9	4	18.3		5.6	1	9.6		2.0
एआईएमआईएम	1	1.4	1	0.7	1	1.2	1	1.3	1	1.5	1	1.1	1	1.8		
सीपीआई	–	0.4	–	1.6	1	1.3	–	1.3	2	2.6	2	2.4	1	1.9		2.0
सीपीएम	–	0.3	–	1.3	1	1.0	–	1.4		2.9	1	2.9	1	2.4		2.4
अन्य	0	5.9	0	22.6	0	6.5	0	3.3	1	4.3	0	15.7	0	6.5	1	8.2

अरुणाचल प्रदेश 2 सीटें

पार्टी	2014		2009		2004		1999		1008		1996		1991		1989	
	सीट	(%)	सीट	(%)	सीट	(%)	सीट	(%)	सीट	(%)	सीट	(%)	सीट	(%)	सीट	(%)
भाजपा	1	46.1	–	37.2	2	53.9	–	16.3	–	21.8	–	17.4	–	6.1	–	
कांग्रेस	1	41.2	2	51.1	–	10.0	2	56.9	–	23.9	–	28.8	2	68.9	2	50.0
निर्दलीय	–	0.4	–	0.6	–	12.1	–	–	–		2	53.8	–	0.3	–	14.8
अन्य	–	12.3	–	11.1	–	24.0	–	26.8	–	54.4	–	0.0	–	24.7	–	35.2

असम 40 सीटें

पार्टी	2014		2009		2004		1999		1998		1996		1991		1989	
	सीट	(%)	सीट	(%)	सीट	(%)	सीट	(%)	सीट	(%)	सीट	(%)	सीट	(%)	सीट	(%)
भाजपा	7	36.5	4	16.2	2	22.9	2	29.8	1	24.5	1	15.9	2	9.6	चुनाव नहीं हुए	
कांग्रेस	3	29.6	7	34.9	9	35.1	10	38.4	10	39.0	5	31.6	8	28.5	–	–
एआईयूडीएफ	3	14.8	–	–	–	–	–	–	–	–	–	–	–	–	–	–
निर्दलीय	1	9.5	–	7.6	1	13.4	1	9.4	1	9.5	1	11.7	1	14.2	–	–
असम गण परिषद	–	3.8	1	14.6	2	20.0	–	11.9	–	12.7	5	27.2	1	17.6	–	–
अन्य	0	5.7	2	26.7	0	8.6	1	10.4	2	14.3	2	13.6	2	30.1	–	–

बिहार 40 सीटें

पार्टी	2014		2009		2004		1999		1998		1996		1991		1989	
	सीट	(%)	सीट	(%)	सीट	(%)	सीट	(%)	सीट	(%)	सीट	(%)	सीट	(%)	सीट	(%)
भाजपा	22	29.4	12	13.9	5	14.2	12	16.9	8	17.5	6	16.5		11.4	3	7.52
आरजेडी	4	20.1	4	19.3	19	29.8	6	33.9	17	30.8	–	–	–	–	–	–
समता–जेडीयू	2	15.8	20	24.0	6	22.9	18	26.4	10	20.54	6	18.82	–	–	–	–
कांग्रेस	2	8.4	2	10.3	3	4.8	2	4.8	3	4.7	1	12.1	1	25.2	2	28.35
एलजेपी	6	6.4	–	6.5	4	8.7	–	–	–	–	–	–	–	–	–	–
आरएलएसपी	3	3.0	–	–	–	–	–	–	–	–	–	–	–	–	–	–
एनसीपी	1	1.2	–	1.2	–	1.0	–	1.3	–	–	–	–	–	–	–	–
सीपीआई	–	1.2	–	1.4	–	1.1	–	2.7	–	3.4	3	6.0	7	8.8	4	7.9
सीपीएम	–	0.3	–	0.5	–	0.8	1	1.3	–	0.4	–	1.1	1	1.8	1	1.4
जनता दल	–		–	–	–		–		1	10.5	22	34.8	29	40.7	29	44.72
अन्य	0	14.3	2	22.8	3	16.8	1	12.8	1	12.1	2	10.7	2	12.1	1	10.1

'बिहार का विभाजन 2000 में हुआ था लेकिन इस टेबुल में वर्तमान सीट के हिसाब से पुराने आंकड़े को भी दर्शाया गया है। 1999 से लेकर 1989 तक के नतीजे 40 सीटों पर आधारित हैं।

पार्टी	2014		2009		2004		1999		1998		1996		1991		1989	
	सीट	(%)	सीट	(%)	सीट	(%)	सीट	(%)	सीट	(%)	सीट	(%)	सीट	(%)	सीट	(%)
भाजपा	1	42.2		29.7		35.2		45.1	1	42.4	1	39.0		28.8	–	12.3
कांग्रेस	–	26.8	1	46.9	1	52.1	1	47.0	–	38.7	–	29.8	1	35.9	–	40.2
जनता दल	–	–	–	–	–	–	–	–	–	–	–	–	–	2.8	1	42.1
अन्य	–	31.0	–	23.4	–	12.7	–	7.9	–	18.9	–	31.2	–	32.6	–	5.5

छत्तीसगढ़ 11 सीटें

पार्टी	2014		2009		2004		1999		1998		1996		1991		1989	
	सीट	(%)	सीट	(%)	सीट	(%)	सीट	(%)	सीट	(%)	सीट	(%)	सीट	(%)	सीट	(%)
भाजपा	10	48.7	10	45.0	10	47.8	8	47.9	7	44.5	6	37.3		33.3	6	29.6
कांग्रेस	1	38.4	1	37.3	1	40.2	3	43.4	4	41.1	4	36.6	11	48.0	3	39.7
अन्य	0	12.9	0	17.7	0	12.1	0	8.7	0	14.4	1	26.1	0	18.7	2	22.5

'छत्तीसगढ़ का गठन 2000 में हुआ था लेकिन इस टेबुल में वर्तमान सीट के हिसाब से पुराने आंकड़े को भी दर्शाया गया है। 1999 से लेकर 1989 तक के नतीजे 11 सीटों पर आधारित हैं।

दादर और नगर हवेली 1 सीट

पार्टी	2014		2009		2004		1999		1998		1996		1991		1989	
	सीट	(%)	सीट	(%)	सीट	(%)	सीट	(%)	सीट	(%)	सीट	(%)	सीट	(%)	सीट	(%)
भाजपा	1	48.9	1	46.4	–	15.6	–	20.8	1	53.7	–	42.4	–	35.4	–	–
कांग्रेस	–	45.1	–	45.9	–	25.7	–	14.7	–	4.1	1	55.6	1	61.7	–	28.6
अन्य	0	6.0	0	7.7	1	58.7	1	64.4	0	42.1	0	2.0	0	2.9	1	71.4

दमन और दीव 1 सीट

पार्टी	2014		2009		2004		1999		1998		1996		1991		1989	
	सीट	(%)	सीट	(%)	सीट	(%)	सीट	(%)	सीट	(%)	सीट	(%)	सीट	(%)	सीट	(%)
भाजपा	1	53.8	1	65.5	–	48.4	–	43.1	1	42.0	–	40.4	1	31.9	–	–
कांग्रेस	–	43.3	–	29.0	1	49.5	1	49.5	–	2.0	1	50.6	–	22.7	–	37.8
अन्य	0	2.9	0	5.5	0	2.1	0	7.4	0	56.1	0	8.9	0	45.4	1	62.2

गोवा 2 सीटें

पार्टी	2014		2009		2004		1999		1998		1996		1991		1989	
	सीट	(%)	सीट	(%)	सीट	(%)	सीट	(%)	सीट	(%)	सीट	(%)	सीट	(%)	सीट	(%)
भाजपा	2	53.4	1	44.8	1	46.8	2	51.5	–	30.0	–	13.8	–	15.6	–	0.7
कांग्रेस	–	36.6	1	22.6	1	29.8	–	39.0	2	31.6	–	34.4	2	57.7	1	47.4
अन्य	0	10.0	0	32.6	0	23.4	0	9.5	0	38.4	2	51.9	0	26.7	1	51.9

गुजरात 26 सीटें

पार्टी	2014		2009		2004		1999		1998		1996		1991		1989	
	सीट	(%)	सीट	(%)	सीट	(%)	सीट	(%)	सीट	(%)	सीट	(%)	सीट	(%)	सीट	(%)
भाजपा	26	59.1	15	46.5	14	47.4	20	52.5	19	48.3	16	48.5	20	50.4	12	30.5
कांग्रेस	–	32.9	11	43.4	12	43.9	6	45.4	7	36.5	10	38.7	5	29.0	3	37.2
जनता दल	–	–	–	–	–	–	–	–	–	2.9	–	0.4	–	3.4	11	27.8
अन्य	0	8.1	0	10.1	0	8.8	0	2.1	0	12.3	0	12.4	1	17.2	0	4.6

हरियाणा 10 सीटें

पार्टी	2014		2009		2004		1999		1998		1996		1991		1989	
	सीट	(%)	सीट	(%)	सीट	(%)	सीट	(%)	सीट	(%)	सीट	(%)	सीट	(%)	सीट	(%)
भाजपा	7	34.7	–	12.1	1	17.2	5	29.2	1	18.9	4	19.7	–	10.2	–	8.3
आईएनएलडी	2	24.4	–	15.8	–	22.4	5	28.7	–	–	–	–	–	–	–	–
कांग्रेस	1	22.9	9	41.8	9	42.1	–	34.9	3	26.0	2	22.6	9	37.2	4	46.1
हरियाणा जनहित कांग्रेस	–	6.1	1	10.0	–	–	–	–	–	–	–	–	–	–	–	–
जनता दल	–		–		–	–	–	–	–	0.4	–	1.5	–	12.5	6	38.9
	0	11.9	0	20.4	0	18.2	0	7.1	6	54.7	4	56.1	1	40.1	0	6.6

हिमाचल प्रदेश 4 सीटें

पार्टी	2014		2009		2004		1999		1998		1996		1991		1989	
	सीट	(%)	सीट	(%)	सीट	(%)	सीट	(%)	सीट	(%)	सीट	(%)	सीट	(%)	सीट	(%)
भाजपा	4	53.3	3	49.6	1	44.2	3	46.3	3	51.4	–	39.6	2	42.8	3	45.3
कांग्रेस	–	40.7	1	45.6	3	51.9	–	39.5	1	41.9	4	54.3	2	46.2	1	42.0
अन्य	0	6.0	0	4.8	0	3.9	1	14.2	0	6.7	0	6.0	0	11.0	0	12.8

झारखंड 14 सीटें

पार्टी	2014		2009		2004		1999		1998		1996		1991		1989	
	सीट	(%)	सीट	(%)	सीट	(%)	सीट	(%)	सीट	(%)	सीट	(%)	सीट	(%)	सीट	(%)
भाजपा	12	40.1	8	27.5	1	33.0	11	45.5	12	45.5	12	34.0	5	32.9	5	27.74
कांग्रेस	–	13.3	1	15.0	6	21.4	2	23.8	2	15.7	1	16.0	–	17.9	2	25.18
जेवीएम	–	12.1	1	10.5	–	–	–	–	–	–	–	–	–	–	–	–
जेएमएम	2	9.3	2	11.7	4	16.3	–	9.5	–	10.5	1	11.0	6	21.4	3	15.25
आरजेडी	–	1.6	–	5.3	2	3.5	1	7.5	–	9.2	–	–	–	–	–	–
जनता दल	–	–	–		–	–	–	–	–	2.75	–	22.24	2	9.71	3	10.78
अन्य	0	23.6	2	29.9	1	25.8	0	13.7	0	16.3	0	16.7	1	18.0	1	21.1

*झारखंड का गठन 2000 में हुआ था लेकिन इस टेबुल में वर्तमान सीट के हिसाब से पुराने आंकड़े को भी दर्शाया गया है। 1999 से लेकर 1989 तक के नतीजे 14 सीटों पर आधारित हैं।

कर्नाटक 28 सीटें

पार्टी	2014		2009		2004		1999		1998		1996		1991		1989	
	सीट	(%)	सीट	(%)	सीट	(%)	सीट	(%)	सीट	(%)	सीट	(%)	सीट	(%)	सीट	(%)
भाजपा	17	43.0	19	41.6	18	34.8	7	27.2	13	26.9	6	24.8	4	28.8		2.6
कांग्रेस	9	40.8	6	37.6	8	36.8	18	45.4	9	36.2	5	30.3	23	42.1	27	48.9

जनता दल(एस)	2	11.0	3	13.6	2	20.4	–	10.8	–	–	–	–	–	–	–	–
जनता दल(यू)	–	0.0	–	0.1	–	1.9	3	13.3	–	–	–	–	–	–	–	–
जनता दल	–	–	–	–	–	–	–	–	3	21.7	16	34.9	–	18.5	1	28.3
अन्य	0	5.2	0	7.0	0	6.1	0	3.3	3	15.2	1	10.0	1	10.6	0	20.2

केरल 20 सीटें

पार्टी	2014		2009		2004		1999		1998		1996		1991		1989	
	सीट	(%)	सीट	(%)	सीट	(%)	सीट	(%)	सीट	(%)	सीट	(%)	सीट	(%)	सीट	(%)
कांग्रेस	8	31.1	13	40.1	–	32.1	8	39.4	8	38.7	7	38.0	13	38.8	14	41.7
सीपीएम	5	21.6	4	30.5	12	31.5	8	27.9	6	21.0	5	21.2	3	20.7	2	22.9
निर्दलीय	2	11.4	–	3.8	1	4.6	–	4.8	–	6.8	1	7.0	–	7.7	–	9.5
भाजपा	–	10.3	–	6.3	–	10.4	–	6.6	–	8.0	–	5.6	–	4.6	–	4.5
सीपीआई	1	7.6	–	7.4	3	7.9	–	7.6	2	8.3	2	8.2	–	8.1	–	6.2
आईयूएमएस–एमयूएल	2	5	2	5	1	5	2	5	2	5	2	5	2	5	2	5
केईसी(एम)–केसीएम	1	2.4	1	2.5	–	1.4	1	2.3	1	2.4	1	2.7	1	2.7	1	2.4
आरएसपी	1	2.3	–	–	–	–	–	–	1	2.7	1	2.5	–	2.4	–	2.4
अन्य	0	8.9	0	4.2	3	7.2	1	6.3	0	7.1	1	9.8	1	9.9	1	5.2

लक्षद्वीप 1 सीट

पार्टी	2014		2009		2004		1999		1998		1996		1991		1989	
	सीट	(%)	सीट	(%)	सीट	(%)	सीट	(%)	सीट	(%)	सीट	(%)	सीट	(%)	सीट	(%)
एनसीपी	1	50.1	–	46.3	–	–	–	–	–	–	–	–	–	–	–	–
कांग्रेस	–	46.6	1	51.9	–	48.8	1	54.0	1	51.6	1	51.7	1	50.6	1	52.3
भाजपा	–	0.4	–	0.6	–	–	–	–	–	–	–	–	–	–	–	–
अन्य	0	2.9	0	1.2	1	51.2	0	46.0	0	48.5	0	48.3	0	49.4	0	47.7

मध्य प्रदेश 29 सीटें

पार्टी	2014		2009		2004		1999		1998		1996		1991		1989	
	सीट	(%)	सीट	(%)	सीट	(%)	सीट	(%)	सीट	(%)	सीट	(%)	सीट	(%)	सीट	(%)
भाजपा	27	54.0	16	43.4	25	48.1	21	46.1	23	46.2	21	42.8	12	43.2	21	43.22
कांग्रेस	2	34.9	12	40.1	4	34.1	8	44.1	6	38.8	4	28.9	16	44.5	5	36.99
बसपा	–	3.8	1	5.9	–	4.8	–	5.3	–	9.2	2	8.4	1	3.3	–	4.3
अन्य	0	7.3	0	10.6	0	13.0	0	4.5	0	5.8	2	19.8	0	9.0	3	15.5

'मध्य प्रदेश का विभाजन 2000 में हुआ था लेकिन इस टेबुल में वर्तमान सीट के हिसाब से पुराने आंकड़े को भी दर्शाया गया है। 1999 से लेकर 1989 तक के नतीजे 29 सीटों पर आधारित है।

महाराष्ट्र 48 सीटें

पार्टी	2014		2009		2004		1999		1998		1996		1991		1989	
	सीट	(%)	सीट	(%)	सीट	(%)	सीट	(%)	सीट	(%)	सीट	(%)	सीट	(%)	सीट	(%)
भाजपा	23	27.3	9	18.2	13	22.6	13	21.2	4	22.5	18	21.8	5	20.2	10	23.7
शिवसेना	18	20.6	11	17.0	12	20.1	15	16.9	6	19.7	15	16.8	4	9.4	1	1.2
कांग्रेस	2	18.1	17	19.6	13	23.8	10	29.7	33	43.6	15	34.8	38	48.4	28	45.4
एनसीपी	4	16.0	8	19.3	9	18.3	6	21.6	–	–	–	–	–	–	–	–
जनता दल	–	–	–	–	–	–	–	–	–	1.7	–	3.3	–	10.5	5	10.9
स्वाभिमानी पक्ष	1	2.3	1	1.3	–	–	–	–	–	–	–	–	–	–	–	–
अन्य	0	18.0	2	25.9	1	15.2	4	10.7	5	12.5	0	23.3	1	11.4	4	18.7

मणिपुर 2 सीटें

पार्टी	2014		2009		2004		1999		1998		1996		1991		1989	
	सीट	(%)	सीट	(%)	सीट	(%)	सीट	(%)	सीट	(%)	सीट	(%)	सीट	(%)	सीट	(%)
कांग्रेस	2	41.7	2	43.0	1	37.0	–	25.3	–	18.6	2	40.2	1	38.4	2	45.0
भाजपा	–	11.9	–	9.5	–	16.0	–	1.0	–	12.6	–	5.2	–	8.1	–	2.3
एमएससीपी	–	–	–	–	–	–	1	24.9	1	25.4	–	–	–	–	–	–
एसपीपी	–	–	–	7.6	–	–	–	16.2	–	15.4	–	6.7	1	20.0	–	–
सीपीआई	–	14.0	–	14.9	–	25.1	–	4.0	1	20.5	–	4.0	–	–	–	5.6
अन्य	0	32.4	0	25.0	1	21.9	1	28.6	0	7.5	0	43.9	0	33.5	0	47.1

मेघालय 2 सीटें

पार्टी	2014		2009		2004		1999		1998		1996		1991		1989	
	सीट	(%)	सीट	(%)	सीट	(%)	सीट	(%)	सीट	(%)	सीट	(%)	सीट	(%)	सीट	(%)
कांग्रेस	1	37.9	1	47.1	1	45.5	1	32.8	2	47.6	1	53.6	2	56.6	2	55.4
एनपीपी	1	22.2	–	–	–	–	–	–	–	–	–	–	–	–	–	–
एनसीपी	–	–	1	19.7	–	–	1	27.9	–	–	–	–	–	–	–	–
भाजपा	–	8.9	–	–	–	8.6	–	9.5	–	9.0	–	9.1		6.9	–	–
अन्य	0	31.0	0	33.1	1	45.8	0	29.8	0	43.4	1	37.2	0	36.5	0	44.6

मिजोरम 1 सीट

पार्टी	2014	2009	2004	1999	1998	1996	1991	1989

	सीट	(%)	सीट	(%)	सीट	(%)	सीट	(%)	सीट	(%)	सीट	(%)	सीट	(%)	सीट	(%)
कांग्रेस	1	48.6	1	65.6	–	–	–	–	–	34.9	1	42.5	1	38.1	1	48.5
भाजपा	–	–	–	–	–	–	–	–	–	2.9	–	–	–	–	–	–
एमएनएफ	–	–	–	–	1	52.5	–	–	–	26.9	–	37.6	–	34.1	–	31.3
निर्दलीय	–	47.2	–	33.4	–	45.7	1	95.6	1	35.0	–	19.9	–	4.4	–	1.0
अन्य	0	4.2	0	1.0	0	1.9	0	4.4	0	0.3	0	0.0	0	23.5	0	19.3

नगालैंड 1 सीट

पार्टी	2014		2009		2004		1999		1998		1996		1991		1989	
	सीट	(%)	सीट	(%)	सीट	(%)	सीट	(%)	सीट	(%)	सीट	(%)	सीट	(%)	सीट	(%)
एनपीएफ	1	68.7	1	70.0	1	73.1	–	–	–	–	–	–	–	–	–	–
कांग्रेस	–	30.1	–	29.4	–	25.8	1	71.2	1	86.7	1	62.3	–	44.3	1	60.3
भाजपा	–		–	–	–		–	5.1	–	–	–	–	–	3.0	–	–
अन्य	0	1.2	0	0.7	0	1.1	0	23.7	0	13.3	0	37.7	1	52.7	0	39.7

दिल्ली 7 सीटें

पार्टी	2014		2009		2004		1999		1998		1996		1991		1989	
	सीट	(%)	सीट	(%)	सीट	(%)	सीट	(%)	सीट	(%)	सीट	(%)	सीट	(%)	सीट	(%)
भाजपा	7	46.4	–	35.2	1	40.7	7	51.8	6	50.7	5	49.6	5	40.2	4	26.2
आप	–	32.9	–	–	–	–	–	–	–	–	–	–	–	–	–	–
कांग्रेस	–	15.1	7	57.1	6	54.8	–	42.0	1	42.6	2	37.3	2	39.6	2	43.4
अन्य	0	5.5	0	7.7	0	4.5	0	6.3	0	6.6	0	13.1	0	20.2	1	30.4

ओडिशा 21 सीटें

पार्टी	2014		2009		2004		1999		1998		1996		1991		1989	
	सीट	(%)	सीट	(%)	सीट	(%)	सीट	(%)	सीट	(%)	सीट	(%)	सीट	(%)	सीट	(%)
बीजेडी	20	44.1	14	37.2	11	30.0	10	33.0	9	27.5	–	–	–	–	–	–
कांग्रेस	–	26.0	6	32.7	2	40.4	2	36.9	5	41.0	16	44.9	13	44.0	3	38.4
भाजपा	1	21.5	–	16.9	7	19.3	9	24.6	7	21.2	–	13.4	–	9.5	–	1.3
जनता दल	–	–	–	–	–	–	–	–	–	4.9	4	30.1	6	34.6	16	49.5
अन्य	0	8.4	1	13.1	1	10.3	0	5.4	0	5.3	1	11.6	2	11.8	2	10.8

पुडुचेरी 1 सीट

पार्टी	2014		2009		2004		1999		1998		1996		1991		1989	
	सीट	(%)	सीट	(%)	सीट	(%)	सीट	(%)	सीट	(%)	सीट	(%)	सीट	(%)	सीट	(%)
ऑल इंडिया एन आर कांग्रेस	1	34.6	–	–	–	–	–	–	–	–	–	–	–	–	–	–
कांग्रेस	–	26.3	1	49.4	–	–	1	37.2	–	32.1	1	40.0	1	53.1	1	50.5
एडीएमके	–	17.9	–	–	–	–	–	–	–	25.1	–	–	–	–	–	–
डीएमके	–	8.2	–	–	–	–	–	–	1	41.1	–	39.9	–	35.8	–	41.6

पीएमके		3.1	–	34.3	1	49.9	–	31.7	–	–	–	4.3	–	3.4	–	6.6
अन्य	0	9.90	0	16.27	0	50.05	0	31.11	0	1.66	0	15.82	0	7.70	0	1.26

पंजाब 13 सीटें

पार्टी	2014		2009		2004		1999		1998		1996		1991		1989	
	सीट	(%)	सीट	(%)	सीट	(%)	सीट	(%)	सीट	(%)	सीट	(%)	सीट	(%)	सीट	(%)
कांग्रेस	3	33.1	8	45.2	2	34.2	8	38.4		25.8	2	35.1	12	49.3	2	26.5
अकाली दल	4	26.3	4	33.9	8	34.3	2	28.6	8	32.9	8	28.7	–	2.6	–	1.3
आप	4	24.4	–		–	–	–	–	–	–	–	–	–	–	–	–
भाजपा	2	8.7	1	10.1	3	10.5	1	9.2	3	11.7	–	6.5	–	16.5	–	4.2
अकाली दल(मान)	–	0.3	–	0.4	–	3.8	1	3.4	–	2.7	–	3.8	–		6	29.2
बसपा	–	1.9	–	5.7	–	7.7	–	3.8	–	12.6	3	9.4	1	19.7	1	8.6
अन्य	0	5.4	0	4.7	0	9.6	1	16.6	2	14.2	0	16.5	0	11.9	4	30.3

राजस्थान 25 सीटें

पार्टी	2014		2009		2004		1999		1998		1996		1991		1989	
	सीट	(%)	सीट	(%)	सीट	(%)	सीट	(%)	सीट	(%)	सीट	(%)	सीट	(%)	सीट	(%)
भाजपा	25	54.9	4	36.6	21	49.0	16	47.2	5	41.7	12	42.4	12	40.9	13	29.6
कांग्रेस	–	30.4	20	47.2	4	41.4	9	45.1	18	44.5	12	40.5	13	44.0	–	37.0
जनता दल	–	–	–	–	–	–	–	–	–	2.3	–	2.6	–	6.2	11	25.7
अन्य	0	14.7	1	16.2	0	9.6	0	7.7	2	11.6	1	14.5	0	9.0	1	7.7

सिक्किम 1 सीट

पार्टी	2014		2009		2004		1999		1998		1996		1991		1989	
	सीट	(%)	सीट	(%)	सीट	(%)	सीट	(%)	सीट	(%)	सीट	(%)	सीट	(%)	सीट	(%)
एसडीएफ	1	53.0	1	63.3	1	69.8	1	52.6	1	65.7	1	72.1	–	–	–	–
एसएसपी	–	–	–	–	–	1.5	–	42.2	–	–	–	24.5	1	90.1	1	68.5
कांग्रेस	–	2.3	–	29.6	–	27.4	–	4.8	–	33.1	–	–	–	–	–	21.6
एसकेएम	–	39.5	–		–	–	–	–	–	–	–	–	–	–	–	–
भाजपा	–	2.4	–	1.8	–	–	–	–	–	–	–	–	–	–	–	–
अन्य	0	2.9	0	5.3	0	1.3	0	0.5	0	1.2	0	3.4	0	9.9	0	9.9

तमिलनाडु 39 सीटें

पार्टी	2014		2009		2004		1999		1998		1996		1991		1989	
	सीट	(%)	सीट	(%)	सीट	(%)	सीट	(%)	सीट	(%)	सीट	(%)	सीट	(%)	सीट	(%)
एडीएमके	37	44.3	9	22.9		29.8	10	25.7	18	25.9		7.8	11	18.1	11	17.1
डीएमके	–	23.6	18	25.1	16	24.6	12	23.1	5	20.1	17	25.6	–	22.7	–	26.7
भाजपा	1	5.5	–	2.3	–	5.1	4	7.1	3	6.9	–	2.9	–	1.6	–	0.3
डीएमडीके	–	5.1	–	10.1	–	–	–		–	–	–	–	–	–	–	–
पीएमके	1	4.4	–	5.7	5	6.7	5	8.2	4	6.0	–	2.0	–	5.1	–	5.8

कांग्रेस	–	4.3	8	15.0	10	14.4	2	11.1	–	4.8	–	18.3	28	42.6	27	39.9
एमडीएमके	–	3.5	1	3.7	4	5.9	4	6.0	3	6.3	–	4.5	–	–	–	–
सीपीआई	–	0.5	1	2.8	2	3.0	–	2.6	1	2.5	2	2.3	–	2.0	1	2.0
टीएमसी(एम)	–		–		–	–	–	7.2	3	20.2	20	27.0	–	–	–	–
अन्य	0	9	2	12	2	11	2	9	2	7	0	9	0	8	0	8

त्रिपुरा 1 सीट

पार्टी	2014		2009		2004		1999		1998		1996		1991		1989	
	सीट	(%)	सीट	(%)	सीट	(%)	सीट	(%)	सीट	(%)	सीट	(%)	सीट	(%)	सीट	(%)
सीपीएम	2	61.4	2	61.7	2	68.8	2	56.2	2	48.8	2	52.4	–	6.5	–	41.7
कांग्रेस	–	15.4	–	30.8	–	14.3	–	13.9	–	42.1	–	34.1	2	82.8	2	55.5
भाजपा	–	5.0	–	3.4	–	7.8	–	12.8	–	8.2	–	6.5	–	1.5	–	0.6
अन्य	0	18.3	0	4.2	0	9.1	0	17.1	0	0.9	0	7.0	0	9.1	0	2.2

उत्तर प्रदेश 80 सीटें

पार्टी	2014		2009		2004		1999		1998		1996		1991		1989	
	सीट	(%)	सीट	(%)	सीट	(%)	सीट	(%)	सीट	(%)	सीट	(%)	सीट	(%)	सीट	(%)
भाजपा	71	42.3	10	17.5	10	22.2	25	27.0	52	35.9	49	33.5	46	32.4	8	7.6
सपा	5	22.2	23	23.3	35	26.7	25	24.6	20	29.7	16	21.3	–	–	–	–
बसपा	–	19.6	20	27.4	19	24.7	14	22.3	4	21.3	6	21.0	1	9.1	2	9.9
कांग्रेस	2	7.5	21	18.3	9	12.0	9	13.4	–	5.2	5	8.0	5	17.4	12	31.38
अपना दल	2	1.0	–	0.8	–	1.4	–	1.6	–	1.0	–	0.5	–	–	–	–
आरएलडी	–	0.9	5	3.3	3	4.5	2	2.8	–	–	–		—	–	–	–
जनता दल	–		–		–	–	–		–	0.5	2	4.5	22	21.4	52	36.54
अन्य	0	6.5	1	9.5	4	8.5	5	8.2	4	6.4	2	11.1	6	19.7	6	14.6

'उत्तर प्रदेश का विभाजन 2000 में हुआ था लेकिन इस टेबुल में वर्तमान सीट के हिसाब से पुराने आंकड़े को भी दर्शाया गया है। 1999 से लेकर 1989 तक के नतीजे 80 सीटों पर आधारित हैं।

उत्तराखंड 5 सीटें

पार्टी	2014		2009		2004		1999		1998		1996		1991		1989	
	सीट	(%)	सीट	(%)	सीट	(%)	सीट	(%)	सीट	(%)	सीट	(%)	सीट	(%)	सीट	(%)
भाजपा	5	55.3	–	33.8	3	41.0	4	39.62	5	47.34	3	31.96	5	40.06	–	3.81
कांग्रेस	–	34.0	5	43.1	1	38.3	1	38.14	–	20.15	–	9.85	–	28.86	3	38.48
जनता दल	–	–	–	–	–	–	–	–	–	–	–	0.11	–	18.42	2	24.90
अन्य	0	10.7	0	23.1	1											
	20.7	0	22.2	0	32.5	2	58.1	0	12.7	0	32.8					

उत्तराखंड का गठन 2000 में हुआ था लेकिन इस टेबुल में वर्तमान सीट के हिसाब से पुराने आंकड़े को भी दर्शाया गया है। 1999 से लेकर 1989 तक के नतीजे 5 सीटों पर आधारित हैं।

पश्चिम बंगाल 42

पार्टी	2014	2009	2004	1999	1998	1996	1991	1989

	सीट	(%)	सीट	(%)	सीट	(%)	सीट	(%)	सीट	(%)	सीट	(%)	सीट	(%)	सीट	(%)
तृणमूल कांग्रेस	34	39.3	19	31.2	1	21.0	8	26.0	7	24.4	–	–	–	–	–	–
सीपीएम	2	22.7	9	33.1	26	38.6	21	35.6	24	35.4	23	36.7	27	35.2	27	38.4
भाजपा	2	16.8	1	6.1		8.1	2	11.1	1	10.2		6.9		11.7		1.7
कांग्रेस	4	9.6	6	13.5	6	14.6	3	13.3	1	15.2	9	40.1	5	36.2	4	41.4
आरएसपी	–	2.4	2	3.6	3	4.5	3	4.3	4	4.5	4	4.8	4	4.5	4	4.7
सीपीआई	–	2.3	2	3.6	3	4.0	3	3.5	3	3.6	3	3.8	3	3.7	3	3.9
फॉरवर्ड ब्लॉक	–	–	–	–	–	–	–	–	–	–	–	–	–	–	3	3.9
जीएनएलएफ	–	–	–	–	–	–	–	–	–	–	–	–	–	–	1	1.4
अन्य	0	6.8	3	9.0	3	9.3	2	6.3	2	6.7	3	7.8	3	8.7	0	4.7

❑❑